精神保健福祉士国家試験
受験ワークブック

公益社団法人日本精神保健福祉士協会〔編集〕

専門科目

2025

中央法規

はじめに

近年、生活上のさまざまな困難を抱える人々の背景にメンタルヘルスの問題があることがどの分野でも注目されるようになりました。それに伴い精神保健福祉士に寄せられる期待が高まるとともに、専門職としての質が問われています。そうした期待に応え、さまざまな社会状況の変化に対応することが精神保健福祉士に求められています。精神保健福祉士法は2022（令和４）年に一部改正され、精神保健福祉士の定義に「精神障害者及び精神保健に関する課題を抱える者の精神保健に関する相談に応じること」が加えられました（2024（令和６）年４月１日施行）。精神保健医療福祉の政策理念である「精神障害にも対応した地域包括ケアシステムの構築」や、さらには地域共生社会の実現に向けて、より多くの精神保健福祉士の参画が必要とされています。

2022（令和４）年に精神保健及び精神障害者福祉に関する法律（精神保健福祉法）も改正され、同法の目的には新たに「精神障害者の権利の擁護」が加わりました。さらに2024（令和６）年４月からは、入院者訪問支援事業や入院している精神障害者に対する虐待防止措置も始動しており、精神医療における権利擁護者としての精神保健福祉士の役割や機能が重要となります。

本書はこれから精神保健福祉士の資格を得て、熱意をもって国民の精神保健福祉の向上および精神障害者の福祉の増進に寄与していこうと考えている方々に、受験勉強の一助としていただくことを目的として、公益社団法人日本精神保健福祉士協会が編集したものです。

2025（令和７）年２月に実施される第27回精神保健福祉士国家試験からは、新しい科目での試験になります。そのため、本書の「重要項目」は新出題基準に基づき構成しました。側注にはこれまでの試験の出題実績も掲載していますので、試験で出題されやすいところが一目でわかります。

本書を十二分に活用されれば、必ずや専門科目での合格点が取れることと確信しています。また、学習を通して、精神保健福祉士を目指す志を再確認し、合格後、専門職としてスタートラインに立つ準備もできることでしょう。みなさまがめでたく試験に合格し、私たちとともに精神障害者の社会的復権のために活躍されることを祈念いたします。

公益社団法人日本精神保健福祉士協会

本書の使い方

『最新　精神保健福祉士養成講座』『最新　社会福祉士・精神保健福祉士養成講座』を基に、国家試験対策に必要な内容を「重要項目」としてわかりやすく解説しています。

重要ワード（色文字）や出題実績、受験対策アドバイスも参考にしながら、効率・効果的な学習を進めることができます。

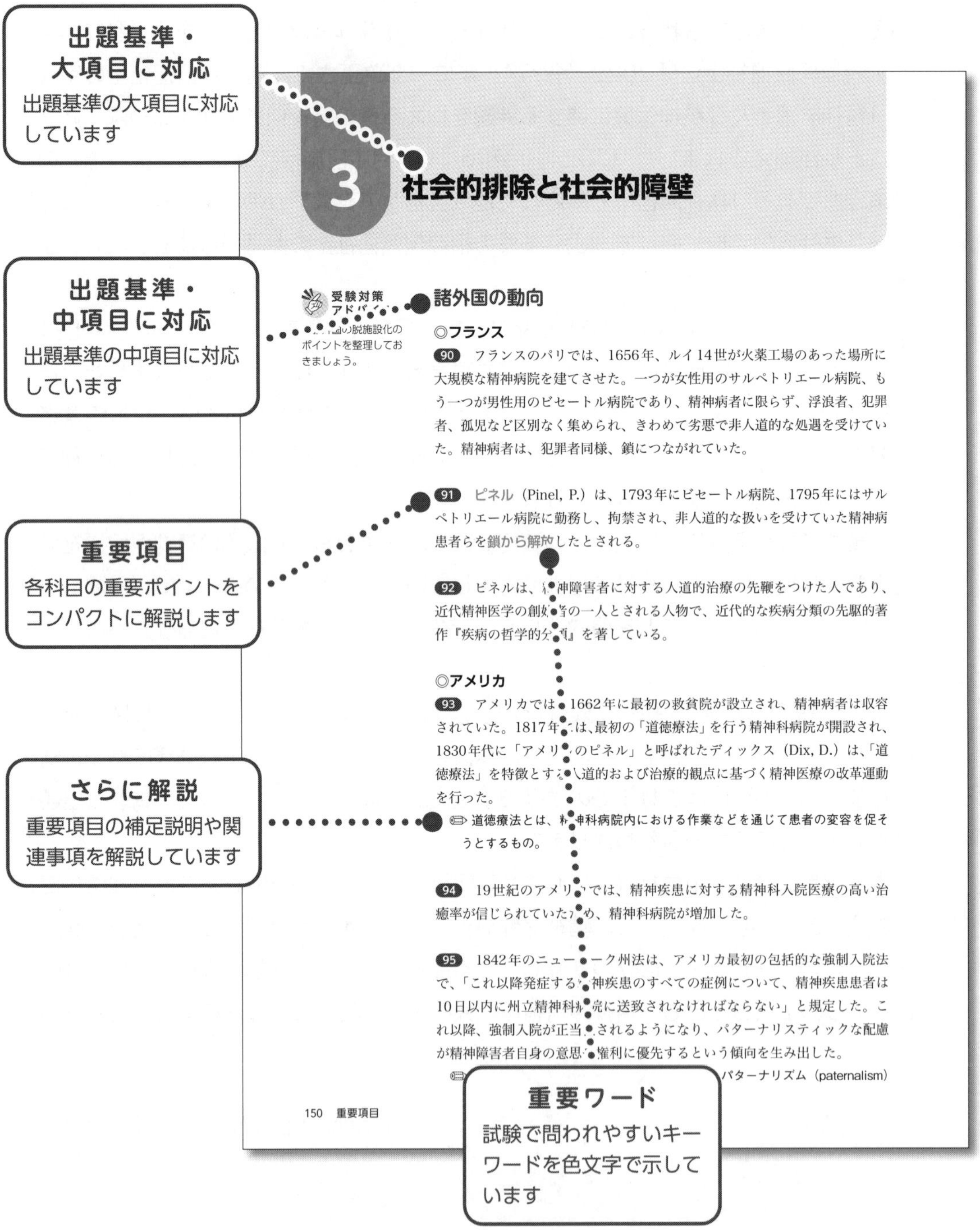

図表まとめ
関連内容を図表で整理しています

26 **精神保健指定医**は、患者本人の意思によらない入院、行動制限の判定を行う。一定の精神科実務経験と研修を修了することが必要であり、厚生労働大臣が指定する（**法第18条**）。指定医の職務は、①医療機関等における医療保護入院等の入院の要否や行動制限の要否の判定、②公務員として行う措置入院の要否判定などがある（**法第19条の4**）。　出 22-71

27 都道府県は、精神科病院を設置しなければならない（**法第19条の7**）。また、指定病院とは、措置入院患者の入院に対応するため、一定の基準に適合する民間の精神科病院を都道府県知事（指定都市市長）が指定したものをいう（**法第19条の8**）。

図表6 入院形態の特徴

入院形態	入院要件			備考
	本人の同意	家族等の同意	指定医診察	
任意入院	必要	不要	不要	
措置入院	不要	不要	必要　2名以上	・自傷他害のおそれがある ・都道府県知事の決定による
緊急措置入院	不要	不要	必要　1名	・72時間以内 ・自傷他害のおそれがある ・都道府県知事の決定による
医療保護入院	不要	必要	必要　1名	
応急入院	不要	不要	必要　1名	・72時間以内

受験対策アドバイス
◆精神科病院における各入院形態とその手続きについて理解しておきましょう。また、入院中から退院に向けての取り組みについても確認しておくことが望ましいです。

04 精神保健福祉制度論

◎任意入院

28 **任意入院**は、精神障害者本人の同意に基づく入院形態である。精神科病院の管理者は、精神障害者を入院させる場合には、本人の同意に基づいて入院が行われるように努めなければならないとされている（**法第20条**）。

29 任意入院を行う場合には、入院中の権利事項等について書面で説明を行い、患者から入院同意書を得なければならない（**法第21条第1項**）。任意入院者から退院の申出があった場合は退院させなければならない（**法第21条第2項**）。ただし、精神保健指定医による診察の結果、医療および保護のため入院を継続する必要があると認めたときは、　時間に限り退院制限することができる（**法第21条第3項**）。一定の要件を満たしている医師である、特定医師の診察による場合は　時間を限度として制限を行うことができる（**法第21条第4項**）。　出 26-70

出題実績
国家試験の精神専門科目の出題実績を示しています
例：「26-1」は第26回試験・問題1で出題されたことを指す

対策アドバイス
今後の試験対策や学習の参考になります

赤シート付き
繰り返し学習や暗記に活用できます

実力チェック！ 一問一答

※解答の横の番号は、本科目で該当する重要項目や図表の番号です。

1 精神保健福祉法上の家族等とは、精神障害者の配偶者、扶養義務者および後見人または保佐人のほかに親権を行う者である。	1 ○ 23
2 精神保健福祉センターは、都道府県（指定都市）が設置する。	2 ○ 24
3 措置入院は、都道府県知事（指定都市市長）の権限による入院形態である。	3 ○ 32
4 緊急措置入院は、1名の特定医師によって行うことができる。	4 × 36
5 医療保護入院は、診察結果が、精神障害者であり、家族等の同意があれば、入院させることができる入院をいう。	5 × 37
6 2022（令和4）年12月の精神保健福祉法改正により、「入院措置をとる理由」を患者本人だけでなく家族等にも告知することとした。	6 ○ 39

実力チェック！一問一答
各科目の最後に一問一答を掲載。理解度チェック、重要項目の復習を通して学びを深めます

目　次

04 ソーシャルワークの理論と方法（専門）

05 精神障害リハビリテーション論

06 精神保健福祉制度論

01

精神医学と精神医療

※【　】内は精神専門科目の問題番号
※共【　】内は共通科目の問題番号
※　は新カリにおける新規項目

① 精神医学と精神医療

大項目	中項目	小項目（例示）	出題実績 第 26 回	第 25 回	第 24 回
1 精神疾患総論	1）精神医学・医療の歴史	・諸外国における精神医療の歴史 ・日本における精神医療の歴史		【1】	【1】
	2）精神現象の生物学的基礎	・脳の構造と機能 ・こころの生物学的理解			【2】
	3）精神障害の概念	・健康 ・精神症状 ・精神疾患 ・精神疾患に由来する障害			
	4）精神疾患の診断分類	・内因性、外因性、心因性 ・国際疾病分類（ICD） ・精神疾患の診断・統計マニュアル（DSM）			
	5）診断、検査	・診断手順と方法 ・心理検査 ・生理学的検査 ・生化学検査		【7】	
	6）代表的な疾患とその症状、経過、予後	・認知症 ・高次脳機能障害 ・依存症 ・統合失調症 ・気分（感情）障害 ・不安障害 ・神経症性障害、ストレス関連障害 ・摂食障害 ・発達障害 ・てんかん	【1】 【2】 【3】 【4】 【5】 【6】 【7】	【2】 【3】 【4】 【5】 【6】	【3】 【4】 【5】 【6】
2 精神疾患の治療	1）薬物治療	・薬理作用と副作用			【7】
	2）精神療法	・精神療法の種類と内容 ・集団精神療法 ・認知行動療法 ・社会生活技能訓練（SST、社会生活スキルトレーニング）	【8】 【9】	【8】	【8】 【10】*
	3）脳刺激法	・電気けいれん療法 ・経頭蓋磁気刺激療法			
	4）作業療法				
	5）地域精神医療	・訪問診療、往診 ・訪問看護 ・アウトリーチ ・精神科デイ・ケア			
3 精神医療の動向	1）精神疾患患者の動向	・630 調査、患者調査 ・入院患者数の推移（疾病別、年齢階級別） ・外来患者数の推移（疾病別、年齢階級別） ・在院期間、退院先 ・精神科病院数の推移 ・病棟の機能分化の推移			
	2）医療制度改革と精神医療	・医療法（医療施設の類型、医療計画） ・保健医療政策 ・診療報酬制度	共【73】	共【73】	共【73】
	3）医療機関の医療機能の明確化	・病床機能分化 ・クリニカルパス ・地域医療連携（地域完結型医療）			
4 精神科医療機関における治療	1）入院治療	・専門病棟			

大項目	中項目	小項目（例示）	出題実績		
			第26回	第25回	第24回
	2）入院治療と人権擁護	・入院治療の歴史 ・精神保健福祉法における入院形態（任意入院、措置入院、緊急措置入院、医療保護入院、応急入院） ・医療保護入院における退院促進 ・インフォームド・コンセント ・精神科病院における処遇（隔離、身体拘束）、行動制限の最小化 ・退院および処遇改善請求 ・精神保健指定医制度 ・精神医療審査会 ・移送制度	【10】	【10】 【70】*	【9】 共【74】
	3）外来治療、在宅医療	・外来 ・精神科診療所 ・訪問診療、往診 ・訪問看護	共【74】		【60】*
	4）医療観察法における入院・通院治療	・指定入院医療機関 ・医療観察病棟 ・指定通院医療機関 ・鑑定入院			
	5）精神科医療機関における精神保健福祉士の役割	・相談援助 ・人権擁護 ・入院・退院時の関わり ・退院支援、退院後生活環境相談員 ・地域連携 ・多職種カンファレンス ・家族への助言、指導 ・制度の説明・提案・相談			
	6）精神保健福祉士と協働する職種	・医師、薬剤師、保健師、看護師、作業療法士、管理栄養士、公認心理師		【27】	【39】 共【75】
5 **精神医療と保健、福祉の連携の重要性**	1）治療導入に向けた支援	・早期介入 ・保健所、市町村保健センター、精神保健福祉センターの連携と役割 ・学校保健の役割 ・産業保健の役割 ・精神科救急医療システム ・認知症初期集中支援チーム			
	2）再発予防や地域生活に向けた支援	・服薬自己管理の支援 ・精神障害にも対応した地域包括ケアシステム ・地域生活を支える多機関の役割 ・障害福祉サービス		【9】	

＊は複数の項目に該当する問題

1 精神疾患総論

精神医学・医療の歴史

◎諸外国における精神医療の歴史

出24-1

1 18世紀、フランスのビセートル病院の**ピネル**（Pinel, P.）は、精神障害者を鎖から解放し、病める人間として扱った。この影響によってイギリスのテューク（Tuke, W.）は、ヨーク診療所を設立して**道徳療法**を行い、コノリー（Conolly, J.）は精神障害者に対する「無拘束の原理」を確立した。

2 **シャルコー**（Charcot, J.）は、神経学と神経症学、特に催眠とヒステリー研究の開祖となり、**フロイト**（Freud, S.）は、ヒステリーの催眠療法から出発して、精神分析を創始した。

出24-1

3 **カールバウム**（Kahlbaum, K.）は、ヘッカー（Hecker, E.）とともに破瓜病を、さらに弛緩メランコリーを緊張病へと発展させ、新しい臨床的疾患型を規定した。

出24-1

4 **クレペリン**（Kraepelin, E.）は、特に、統合失調症については、精神障害の一群を早発性痴呆という一つの疾患概念にまとめ、その特徴は人格の崩壊していく過程であるとし、不良な転帰を診断上重視した。

出24-1

5 **ブロイラー**（Bleuler, E.）は病名として、早発性痴呆に代わり精神分裂病（現在は統合失調症に改称）を提唱した。

出25-8

6 **ベック**（Beck, A. T.）は、うつ病に対する精神療法として認知行動療法を開発した。やがてうつ病などの気分障害、不安障害やストレス関連障害、パーソナリティ障害、摂食障害（神経性大食症）、統合失調症などの治療や再発予防に広く使用されるようになった。

◎日本における精神医療の歴史

7 日本独自の精神療法としては、森田正馬《まさたけ》による**森田療法**や**内観療法**がある。

8 1875（明治8）年に京都、南禅寺の境内に設立された**京都癲狂《てんきょう》院**が、わが国最初の公立精神科病院である。

9 東京帝国大学教授の呉秀三《くれしゅうぞう》は、1902（明治35）年に**精神病者慈善救治会**を組織した。また私宅監置の実情を調査してその悲惨な状況を批判し、1919（大正8）年の**精神病院法**の制定に尽力した。 出24-1

10 都道府県において**精神科病院**および**精神衛生相談所**が設置されるようになったのは、精神衛生法（1950（昭和25）年）においてである。

- 精神衛生法の成立によって、「精神病者監護法」「精神病院法」は廃止された。ここで初めて、精神障害者の私宅監置が禁止された。
- 措置入院と保護義務者の同意による同意入院の制度や精神障害者の拘束の要否を決定するための精神衛生鑑定医制度がつくられた。

11 1987（昭和62）年に制定された**精神保健法**では、**任意入院**が新設された。また、精神障害者社会復帰施設の規定が初めて設けられ、社会復帰が促進されることとなった。その後、この法律は**精神保健及び精神保健福祉に関する法律（精神保健福祉法）**に改正され、精神障害者保健福祉手帳、精神障害者社会復帰施設の体系化等が新たに盛り込まれた。

精神現象の生物学的基礎

◎脳の構造と機能

12 脳は**大脳**、**間脳**、**小脳**、および**脳幹**からなり、脳幹は、**中脳**、**橋**、**延髄**からなる（図表1参照）。

図表1 脳の構造

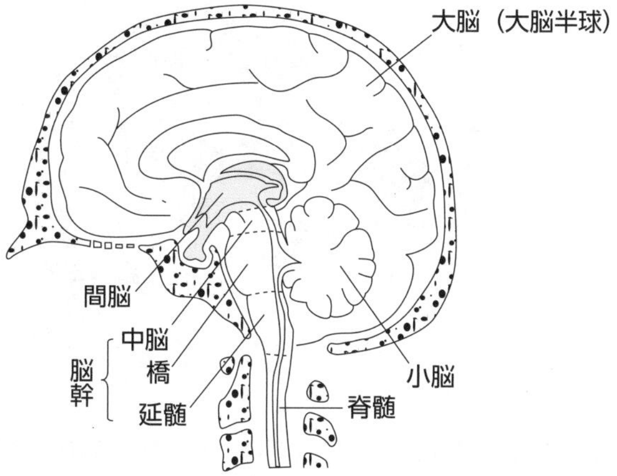

13 大脳は、左右の大脳半球からなり、内部に側脳室がある。表面は灰白質である大脳皮質で、内部は大脳白質となり、ここに大脳基底核が含まれる。

14 大脳半球は、**前頭葉**、**頭頂葉**、**側頭葉**、**後頭葉**という4脳葉に分けられる（図表2参照）。

15 大脳基底核は不随意運動を調整しており、この障害により起こるパーキンソン病、ハンチントン病などでは**不随意運動**が出現する。

出23-1 **16** 間脳には、**視床下部**があり、視床下部は体温、摂食、情動など**自律神**
出24-2 **経系**の総合中枢である。

出24-3 **17** 小脳は筋肉運動や筋緊張を調整しており、障害によって運動機能障害や**平衡機能障害**（小脳失調症等）を生じる。

出23-1 **18** 脳幹部には、延髄から橋、中脳にかけて、背側部に神経細胞が網のように散在している**網様体**があり、ここに生命維持に不可欠な**呼吸**中枢、**心臓**中枢などがある。

19 大脳辺縁系は、大脳皮質内側部の領域であり、**乳頭体**、**扁桃体**、**海馬**、**海馬傍回**、**帯状回**、**中隔核**、**梨状葉**、**島**などによって構成される。また帯状回、海馬、島は発生上古い領域である。

◎こころの生物学的理解

20 前頭葉は**意思**や**意欲**、**運動機能**に関係し、側頭葉は**判断**と**記憶**に関係している。また後頭葉は視野に関係し、頭頂葉は感覚野によって**知覚**に関係している（図表２参照）。

図表2 大脳の機能局在

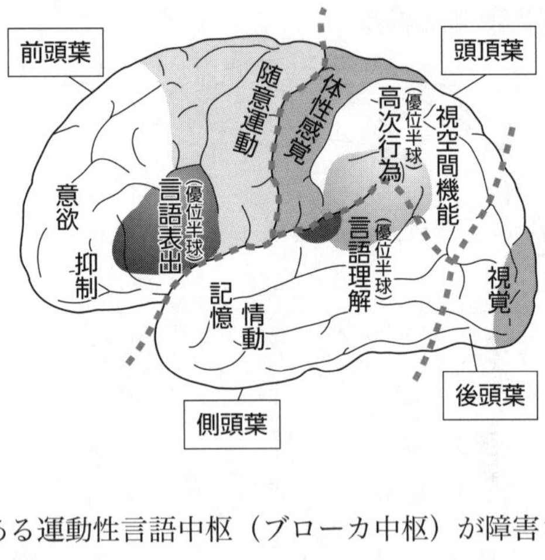

21 前頭葉にある運動性言語中枢（ブローカ中枢）が障害されると**運動性失語**（**ブローカ失語**）が生じる。また抑制が欠如して周囲に無関心になったり、反社会的な行為を行ったりする。

✎ 運動性失語（ブローカ失語）とは、言葉を理解はできるが、話すときうまく言葉が思い浮かばないのが特徴の失語症である。

22 側頭葉にある感覚性言語中枢（ウェルニッケ中枢）が障害されると、**感覚性失語**（**ウェルニッケ失語**）が生じる。

感覚性失語（ウェルニッケ失語）は、自分から話すことはできるが、相手の話を聞いて言葉を理解することがうまくできないのが特徴の失語症である。

23 頭頂葉が障害されると、運動障害がなく、行うべき動作や行為がわかっているのに、それができない**失行**が認められる。

24 日常動作に必要な機能は、大脳の各部位が分担している。したがって大脳の各部位が損傷されると、失語、失行、失認、記憶障害、注意障害などが生じる。

25 後頭葉が障害されると、**視覚失認**が生じる（**図表3参照**）。

図表3 大脳半球の4脳葉

脳葉名	作用	障害による症状
前頭葉	運動機能に関与	**運動性言語中枢**（**ブローカ中枢**）の障害により**運動性失語**となる。
	意思や意欲の統合	前頭葉症候群では**自発性低下**や**抑制欠如**（**脱抑制**）などの症状や遂行機能障害が現れる。
頭頂葉	感覚情報の統合 身体や空間の認知	**失行**
側頭葉	判断と記憶の統合 言語理解	情動障害 **感覚性言語中枢**（**ウェルニッケ中枢**）が障害されると**感覚性失語**となる。
後頭葉	視覚の統合	**視覚失認**
辺縁系（扁桃体・海馬を含む部位）	情動の表出 自律神経の統合 記憶	うつ 自律神経系の障害 記憶の障害

26 大脳辺縁系は、自律神経、嗅覚、本能、記憶などに関係し、大脳半球の内側面にある海馬の損傷では、新しいことが覚えられず、**記憶**の障害をきたす。

◎神経系の構成

27 人体の神経系は、脳と脊髄からなる**中枢神経**と、この中枢神経と身体をつなぎ情報伝達を行う**末梢神経**がある。

28 中枢神経は、大脳、間脳、小脳、中脳、橋、延髄からなる。間脳は、**視床**が大部分を占める。また**視床下部**は、摂食、体温維持、情動などの調節にかかわっている（**図表4参照**）。 出23-1 出24-2

図表4 神経系の構成

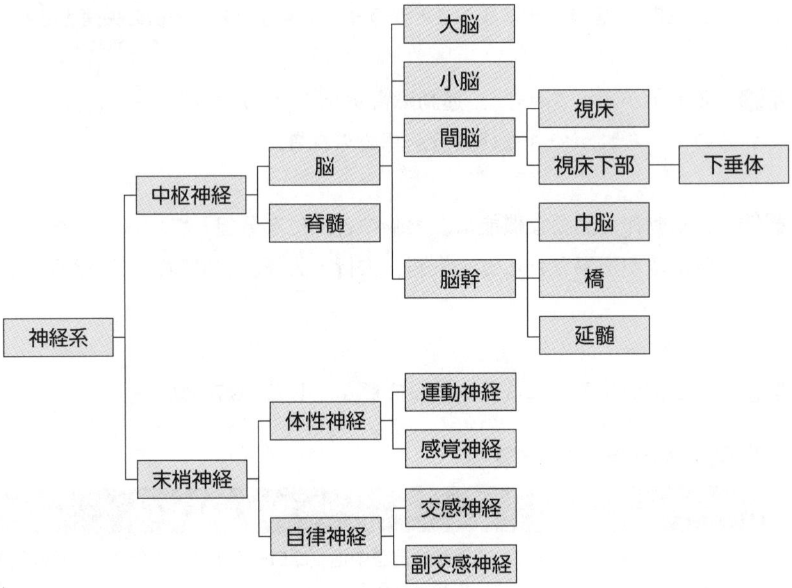

29 末梢神経は、**体性神経**と**自律神経**に大別され、体性神経は、**運動神経**と**感覚神経**に分かれる。

30 感覚神経とは、身体や内臓の感覚を中枢神経に伝達する神経の総称であり、運動神経とは身体や内臓の筋肉に、その動きを中枢神経から伝達する神経の総称である。

出22-1

31 自律神経は、**交感神経**と**副交感神経**からなり、意思に関係なく反応する内臓や血管などの器官を支配する。

32 交感神経は、**運動時**や**興奮時**に活動亢進して循環器系の促進、消化器系を抑制する。副交感神経は、**休息時**、**睡眠時**に活動亢進して消化器系の促進、循環器系を抑制する。

精神障害の概念

◎健康・障害とは

33 WHO（世界保健機関）憲章の前文において「健康とは、病気でないとか、弱っていないということではなく、身体的にも、精神的にも、そして社会的にも、すべてが満たされた状態にあることをいう」と定義している。

34 **国際生活機能分類（International Classification of Functioning, Disability and Health：ICF）**は、人間の生活機能と障害の分類法として、2001年5月、WHO総会において採択された。これまでの「国際障害分類（ICIDH）」がマイナス面を分類するという考え方が中心であったのに対し、

ICFは生活機能というプラス面からみるように視点を転換し、さらに背景因子として環境因子等の観点を加えたことが特徴である。

35 ICFは人間の生活機能と障害について、「**心身機能・身体構造**」「**活動**」「**参加**」の三つの次元とそれらの背景因子となる「**環境因子**」「**個人因子**」から構成される。ICFの最大の意義は、障害を人間と環境との相互作用の下で理解しようとした点である。

36 厚生労働省は、こころの健康を、いきいきと自分らしく生きるための重要な条件とし、具体的に「情緒的健康」「知的健康」「社会的健康」としている。

✏ 上記以外に主体的に人生を選択する「人間的健康」も大切な要素であり、こころの健康は「生活の質」に大きく影響するものである。

◎精神保健とは

37 WHOは、精神保健を「人が自身の能力を発揮し、日常生活におけるストレスに対処でき、生産的に豊かに働くことができ、かつ地域に貢献できるような満たされた状態である」と定義している。

38 精神保健には、個人的要因だけでなく、社会的、文化的、経済的、政治的、環境要因も影響する。

39 **ユニバーサル・ヘルス・カバレッジ（UHC）**とは、すべての人々が、必要なときに負担可能な費用で基礎的な保健医療サービスを利用できる状態のことである。

◎精神障害とは

40 障害者については、障害者基本法第2条において「身体障害、知的障害、**精神障害**（**発達障害を含む。**）その他の心身の機能の障害がある者であって、障害及び**社会的障壁**により継続的に日常生活又は社会生活に相当な制限を受ける状態にあるものをいう」としている。

41 精神障害者とは、精神保健及び精神障害者福祉に関する法律（精神保健福祉法）第5条において「統合失調症、精神作用物質による急性中毒又はその依存症、知的障害その他の精神疾患を有する者をいう」としている。

◎精神症状

42 **意識混濁**とは、意識の覚醒機能が低下した状態のことをいい、**意識狭窄・意識変容**とは、特異な病的体験や異常行動がみられる状態をいう。

43 **せん妄**とは、意識水準の低下にもかかわらず精神的な興奮として活発

な幻覚、錯覚、不穏・興奮などを伴う状態をいい、顕著で急速に出現または消失する。

44 **見当識障害**とは、自分が置かれている時間や空間、自分の位置づけ、人間関係などを正しく認識できない状態をいい、意識障害があれば、見当識障害は必発である。

45 **幻覚**とは、実在していない物や人物、感覚として捉えられているものを、あたかも実在しているかのように信じている現象のことをいう。感覚で認識された対象に、言葉、意味、感情などを与える心の働きである**知覚**の障害である。

46 記憶作用には、**記銘**、**保持**、**再生**の三つの作用があり、情報を覚える過程を記銘、情報を保存しておく過程を保持、情報を思い出す過程を再生と呼ぶ。

47 **記銘障害**とは、新しく言葉や物事を覚えられない状態であり、「朝食は何を食べたか」「昨日はどんな天気だったか」といった数分､数時間といった**短期記憶**の障害である。

48 **健忘**とは、ある特定の期間のことが思い出せない状態であり、その期間すべてを思い出せない**全健忘**と一部が思い出せない**部分健忘**に区別される。

◎精神疾患に由来する障害

49 精神疾患は「心身機能・身体機能」に影響するだけでなく「活動」の制限や「参加」の制限をもたらす場合がある。

50 精神障害者保健福祉手帳では、診断書に記載された精神疾患（機能障害）の状態と能力障害（活動の制限）の状態をもとに**障害等級**の判定を行う。

機能障害においては、統合失調症では異常体験や症状の残遺状態を、気分障害では病相期の持続と頻度を、気分障害では病相期の持続と頻度を、てんかんではてんかん発作の頻度等を、器質性精神障害では記憶障害、遂行機能障害、注意障害や社会的行動障害を検討する。能力障害（活動の制限）においては、金銭管理能力や通院、服薬、意思伝達、対人関係、身辺の安全保持、文化的社会活動への参加等を検討する。

精神疾患の診断分類

◎内因性、外因性、心因性

51 精神障害の成因は、**身体的原因**（**身体因**）と**精神的原因**（**心因**）とに大別され、さらに身体因は内因と外因に分けられる（図表5参照）。

図表5 精神障害の成因による分類

成因	説明	含まれる精神障害
内因性	精神疾患の発症が、主に遺伝や生まれもった体質、素質による脳の機能障害に起因していること。	いわゆる内因性精神病であり、うつ病（単極性障害）、双極症（躁うつ病、さらに広義には躁病や反復性うつ病も双極症に含まれる）、統合失調症など。
外因性	外部から加えられた原因として、身体的な疾患や負傷、障害、外的刺激などが、精神疾患の主な発症要因となっていること。	脳の損傷・外傷、パーキンソン病、脳血管障害、甲状腺疾患、炎症性疾患、感染症、脳の萎縮、薬物・アルコール・タバコへの依存などによる精神障害、認知症など。
心因性	過度のストレスやトラウマ、ある種の性格傾向など心理的な問題が疾患の主な要因となっていること。	心身症、病気不安症、神経症性障害、適応障害、パニック症、自律神経失調症、摂食障害、睡眠・覚醒障害、性関係障害、ストレス因関連症など。

出典：一般社団法人日本ソーシャルワーク教育学校連盟編集『最新 精神保健福祉士養成講座①精神医学と精神医療』中央法規出版、p.37、2021. を一部改変

52 **内因性**精神障害は明らかな外的要因がなく、遺伝的素因の関与と、何らかの身体的基盤の存在が疑われているもので、**統合失調症**、**双極性感情障害**（**躁うつ病**）、**妄想性障害**などを指す。

53 **外因性**精神障害は、脳腫瘍や脳髄膜炎、頭部外傷などの脳器質性疾患に伴う**器質性**精神障害と、内分泌や代謝、あるいは感染症などに伴い二次的に脳に障害が起こることによる**症状性**精神障害（症状性精神病）がある。

✏ 症状性精神障害（症状性精神病）の代表的な疾患として、ビタミン不足によるウェルニッケ脳症や膠原病による全身性エリテマトーデス（SLE）やベーチェット病、内分泌疾患による甲状腺機能低下症があり、またインターフェロンによる精神症状など治療終了により改善されるものなどが挙げられる。

54 **心因性**精神障害は、強いストレスや心的外傷、性格的な特徴などの心理的な問題が主な要因となって生じる疾患で、**適応障害**、**解離性障害**、**心気症**、**ストレス関連症**などがある。

◎国際疾病分類（ICD）および精神疾患の診断・統計マニュアル（DSM）

55 **国際疾病分類・第10版**（**ICD-10**）は、国際的に統一した診断のためにWHOが作成したガイドラインで、「器質性」や「神経症性」という従

来の診断概念を残している。

56 WHOは、2018年に30年ぶりの改訂となる**国際疾病分類・第11版（ICD-11）**を公表し、2019年の世界保健総会で承認された。特徴として「F分類」が廃止され、また「**ゲーム行動症／ゲーム障害**」や「**性別不合**」など新しい疾患概念の導入などの特徴がある。

57 **精神疾患の診断・統計マニュアル・第5版（DSM-5）**はアメリカ精神医学会が作成し2013年に公表された。DSM-ⅢやⅣで採用していた多軸診断を廃止したことや重症度を判定するための**多元的診断**を導入したことが特徴である。また9年ぶりに改訂されたDSM-5-TRにおいては、身近な人の死後に長い期間とらわれ続ける**遷延性悲嘆症**の追加や、日本語訳の変更として緊張病が**カタトニア**、適応障害が**適応反応症**となった。またこれまで○○性障害や○○障害と呼ばれていたものの多くが○○症と日本語訳が変更された。

診断、検査

◎診断の手順と方法

58 適切な診断を導くためには、面接と検査を行いすべての知見を照合して診断がなされる。

59 主に面接では**問診・病歴の聴取等**と**神経・精神症状の評価**を行い、検査では**心理検査**と**脳波検査**を行う。

◎心理検査

出25-7 **60** **知能検査**には、ウェクスラー成人知能検査（WAIS-Ⅳ）、ウェクスラー児童用知能検査（WISC-ⅣあるいはWISC-Ⅴ）、改訂長谷川式簡易知能評価スケール、ビネー式知能検査、コース立方体組み合わせテストなどがある。

61 **ウェクスラー児童用知能検査**（WISC-Ⅳあるいは**WISC-Ⅴ**）は、5歳～16歳11か月の発達段階にある児童・小児を対象とした検査である。全検査IQと四つの指標得点（言語理解指標、知覚推理指標、ワーキングメモリー指標、処理速度指標）を算出することができる。

62 **ウェクスラー成人用知能検査（WAIS-Ⅳ）**は、16歳～90歳11か月の成人を対象としている。五つの指標得点（全検査IQ、言語理解指標、知覚推理指標、ワーキングメモリー指標、処理速度指標）を算出できる。

63 **田中・ビネー式知能検査**は、主に児童を対象とした知能検査で、知的発達の偏りが推測できる検査である。

64 **人格検査**には、**質問紙法**の矢田部・ギルフォード検査（YG性格検査）、ミネソタ多面人格検査（MMPI）、**投影法**のロールシャッハテスト、バウムテストなどがある。その他に状態-特性不安検査（STAI）や認知、知覚機能の検査法であるベンダーゲシュタルトテスト、精神作業能力をみる内田-クレペリン精神作業検査などがある（**図表6参照**）。

✏ 質問紙法とは、質問紙を用いて、被験者に自己評定を回答させる方法である。

✏ 投影法とは、被験者にあいまいな意味をもつ図形を見せ、または設問に答えさせ、そこから、回答者の心理や性質を明らかにする方法である。

65 **コーネル・メディカル・インデックス**（**CMI**）は、質問紙法の人格検査であり、心身両面の自覚症状の評価法として心身症でよく用いられる。

66 ベンダーゲシュタルト検査は、9個の図形を被験者に提示し、模写させることで、作業能力や器質的脳疾患の識別診断の評価を行う検査である。

67 認知症のスクリーニング検査としては、**ミニメンタルステート検査**（**MMSE**）と**改訂長谷川式簡易知能評価スケール**（**HDS-R**）がある。

68 **ミニメンタルステート検査**（**MMSE**）とは、国際的に利用されている認知症検査であり、見当識、記憶力、計算力、言語的能力、図形的能力などを評価する。

69 **改訂長谷川式簡易知能評価スケール**（**HDS-R**）とは、認知症患者の知能程度を簡便に評価するテストで、見当識、記銘力、計算、数唱・逆唱、知識などが系統的に検査でき、認知症の有無とレベルを評価することができる。 出25-7

70 **症状評価尺度**は、臨床診断をするうえでその重症度を判定するためのもので、統合失調症や気分障害などを対象とする。簡易精神医学的評価尺度（BPRS）や**ハミルトンうつ病評価尺度**（HRS）などがある。

71 **神経心理検査**は、言語、行為、意味把握、記憶などの**高次脳機能**の評価に用いられ、記憶検査では言語を用いる**三宅式記銘力検査**と、図形を用いる**ベントン視覚記銘検査**が利用される。

◎脳波・画像検査・血液検査

72 **脳波検査**は、てんかん、器質性脳疾患、意識障害では必須の検査である。

73 画像検査には、脳の形態をみる検査（形態画像）と機能をみる検査（機能画像）がある。

図表6 心理検査に用いられる主な知能検査・人格検査

		検査名	特徴など
知能検査		ウェクスラー式知能検査	ウェクスラー（Wechsler, D.）によって開発された知能検査 パーソナリティに影響されやすい言語的因子とそうではない動作的因子に分けて検査する。成人用知能検査（16～90歳）WAIS-Ⅳと児童用知能検査（5～16歳）WISC-Ⅴがある
		ミニメンタルステート検査 (MMSE)	国際的に利用されている認知症診断用の検査（1975年にアメリカのフォルスタイン（Folstein）夫妻によって考案された質問セット）。30点満点の11の質問からなり、見当識、記憶力、計算力、言語的能力、図形的能力などをカバーする。20点未満では中等度の知能低下、10点未満では高度な知能低下と診断（口頭で答える）
		改訂長谷川式簡易知能評価スケール (HDS-R)	一般の高齢者から認知症高齢者をスクリーニングする目的で作成された簡易知能検査 質問内容：現在の日時や今いる場所、数字の逆唱など（口頭で答える）
		ビネー式知能検査 (鈴木ビネー式知能検査) (田中ビネー式知能検査)	1905年、仏のビネー（Binet, A.）がシモン（Simon, T.）と協力して作成した知能検査 検査により、精神年齢を求め、生活年齢を加味して知能指数を出す。日本人用に鈴木治太郎、田中寛一それぞれによる改定版が存在する 幼稚園から小学校中学年の児童の一般知能の測定に適している
		コース立方体組み合わせテスト	文字を用いるテストではなく作業式テストで、未就学児童や知的障害、ろう児、難聴児、言語障害者等に適用しやすいほか、認知症高齢者にも適している
人格検査	質問紙法	矢田部・ギルフォード検査 (YG性格検査)	120項目からなる自己評定による検査 構成：抑うつ性、回帰性、劣等感、神経質、客観性、協調性、攻撃性、一般的活動性、のんきさ、思考的外向、支配性、社会的外向の12の尺度
		ミネソタ多面人格検査 (MMPI)	550項目からなる自己評定による検査 特徴：①妥当性尺度があるということ ②今後新しい尺度発見の可能性があること
		コーネル・メディカル・インデックス (CMI)	身体的自覚症状の144項目（「呼吸器系・心臓脈管系・神経系・疲労度・疾病頻度・既往症・習慣」などの12尺度）と、精神的自覚症状の51項目（「不適応・抑うつ・不安・怒り」など6尺度）からなる検査 ＊日本版では、男性用16項目と、女性用18項目が追加されている 特徴：ミネソタ多面人格検査の質問よりも、さらに臨床医学的色彩が強い
	投影法	絵画統覚検査（TAT）	絵画を手がかりとしてつくられた空想的な物語を通して、被験者の人格を診断する精神力動的な立場にたつ検査
		ロールシャッハテスト	形態のあいまいなインクのシミをもとに作成した10枚の図版を提示して、それに対する連想反応に表れる認知の様式から人格を把握するテスト
		バウムテスト	自由に描かれた1本の木から、描いた本人の心理状態を診断するテスト
		P-Fスタディ	軽い欲求不満場面が漫画風に描かれている24枚の絵を使って欲求や怒りの表現を測定するためのテスト
		文章完成検査（SCT）	短い刺激文に続く後半の文章を自分が連想したとおりに記入し、文章を完成させるテストで性格の全体を把握する目的で使用される
		状態-特性不安検査 (STAI)	質問紙法：状態不安と特性不安を別々に測定する尺度で、各20項目ずつの質問に答え、自己採点も可能。学校・産業分野などで広く活用できる検査法

その他の検査	ベントン視覚記銘検査	1945年、アイオワ大学神経心理学ベントン（Benton, A. L.）教授によって発表された高次脳機能障害のスクリーニングとして使われる視覚性記憶の検査法。心因性障害と器質性脳障害の鑑別に有用で、器質的脳機能障害の神経心理学的スクリーニングにおいて、視覚認知・視覚記銘・視覚構成能力を評価する
	内田-クレペリン精神作業検査	ひと桁の足し算を用いて作業能力を評価する検査
	ベンダーゲシュタルトテスト	図形の模写をさせて、その模写図形の形状から作業能力を評価する検査
	SDS (Self-rating depression scale)	ツング（Zung, W. K.）によって開発されたうつ病の重症度をはかる自己評価尺度。質問項目に対して自分の気分の状態を４段階のいずれかで選択し、得点に応じて健常群、神経症群、うつ病患者群等の目安が示される

74　形態画像は、脳血管障害や脳腫瘍、大脳変性疾患などの疾患に関する検査に適している。その他、プリオン病や脳炎後遺症などの検査にも有用であり、主にCTやMRIなどがある。

75　機能画像は、脳血流や脳代謝（機能）をみるもので、形態画像と照合しながら所見をみることで多くの情報が得られる。主なものとしてSPECT、PETがある。

76　採血をして行う検査として、血液検査（血球係数や血液像、血液凝固系）、血液生化学検査（電解質、ビタミン、糖尿病等の検査、アンモニア血中濃度等）、免疫検査（腫瘍マーカー、ホルモン検査、感染症検査等）がある。

代表的な疾患とその症状、経過、予後

◎認知症を伴う疾患

77　認知症は、一度正常に達した知的機能や精神機能が後天的な脳の器質障害により、持続的に低下して、日常生活や社会生活に支障をきたしている状態である。

78　認知症の原因として、アルツハイマー病と脳血管障害が多いが、パーキンソン病、プリオン病（クロイツフェルト・ヤコブ病）なども認知症の原因疾患となる。

79　認知症の原因や症状、経過はさまざまであるが、皮質性認知症と皮質下認知症の大きく二つに分けられる。

80　皮質性認知症は、アルツハイマー型認知症、レビー小体型認知症、前頭側頭型認知症の三つに分けられる。

81 皮質下認知症は、**血管性認知症**と大脳基底核の変性による認知症がある。

大脳基底核の変性による認知症には、パーキンソン病、ハンチントン病等が挙げられる。

82 認知症の**中核症状**は、**記憶障害**、**見当識障害**、抽象能力・判断能力の障害、そして失語、失行、失認などの**大脳巣症状**である。

出25-5
出26-4

83 認知症の**行動・心理症状**（BPSD）としては、徘徊、過食、異食、失禁のほか、抑うつ、興奮、睡眠障害、妄想（物盗られ妄想が多い）、何かの作業をしているように動くが、行動にまとまりがない仮性作業などがある。

84 **アルツハイマー型認知症**は、脳の**神経細胞**が病的に壊れていくことにより**全般的**に脳が萎縮していく**進行性**の疾患であり、脳に**アミロイドβ**というたんぱく質が蓄積し、アミロイド斑（老人斑）が現れる。わが国では血管性認知症とともに代表的なものである。日本では、アルツハイマー型認知症の有病率は、**女性**のほうが**男性**よりも高い（図表7、図表8参照）。

85 **血管性認知症**は、脳梗塞や脳出血などの**脳血管障害**が原因で起きる認知症であり、急性発症の血管性認知症や多発性脳梗塞による認知症などがある（図表8、図表9参照）。

86 **レビー小体型認知症**は認知症が徐々に進行し、早期に**幻視**が出現する。認知機能の日内変動が強く、**パーキンソン症状**が認知症とともに、もしくは早期に出現する。脳画像所見では症状のわりに萎縮が強くない（図表8参照）。

87 **前頭側頭型認知症**は、前頭葉や側頭葉に**限局した**脳萎縮を示す初老期認知症であるが、数は少ない。前頭側頭型認知症の約8割を占める**ピック病**の3大特徴は**認知症**、**性格変化**、**言語機能障害**で、初期には**脱抑制**、非常識、反社会的行為などの性格変化や言語機能障害が目立つ。記憶や空間見当識は保たれる（図表8参照）。

88 **クロイツフェルト・ヤコブ病**はプリオン病の一種で、ヒトの屍体からとる硬膜や下垂体ホルモンを移植や治療に使うことで起きる医原性クロイツフェルト・ヤコブ病や、牛海綿状脳症（BSE）からの感染によるものなど、**感染症**の位置づけである。50～60歳代で発症し亜急性に進行する認知症を主症状とし、身体の不随意運動などの神経症状を伴い、脳波検査では、特有の波形が生じる。発病後半年～1年で**脳萎縮**による重度の認知症、寝たきりとなり、予後不良である。

図表7 アルツハイマー型認知症の特徴と危険因子

特徴	・進行に伴って発語が失われるが、その移行段階として軽度認知障害（Mild Cognitive Impairment: MCI）が注目される。 ・感染症などの**身体合併症**を起こしやすく、発病後５年以内での死亡率が高い。
危険因子	・近親者のアルツハイマー型認知症 ・意識障害を伴う頭部外傷 ・不活発な精神生活、社会活動

図表8 認知症型による傾向と比較

	アルツハイマー型認知症	血管性認知症	レビー小体型認知症	前頭側頭型認知症（ピック病）
発症（好発）年齢	70歳以降	60～70歳代	60歳以降	50～60歳代
性差	女性により多い	男性により多い	男性が女性の２倍	性差はない
初発症状	エピソード記憶障害 徐々に顕著になる	脳血管障害の発症に伴い認知症も急性に発症することが多い	初期には記憶障害は軽度 注意、遂行機能、視空間認知の障害が目立つことがある 幻視、錯視、誤認	脱抑制行動 無関心、無気力 共感、感情移入の欠如 病識欠如
経過	進行性	動揺性、段階的	進行性	進行性
身体症状	なし	高血圧、心疾患	運動機能障害、自律神経障害、パーキンソン症状、一過性の意識障害	なし
認知症状	全般	まだら	波がある	同じ時間に同じ行動を繰り返す（行動の障害）

図表9 血管性認知症の特徴と危険因子等

特徴	・**まだら認知症**：記憶障害が高度であっても判断力や理解力、人格が比較的保たれる。 ・**感情失禁（情動失禁）**：些細なことで泣いたり怒ったりする。 ・うつ状態 ・夜間せん妄 ・症状は日によって変化したり、段階的に進行する。
前駆症状	頭痛、めまい、耳鳴り、物忘れなど（障害の部位により構音障害、歩行障害、知覚障害、片麻痺などの神経症状や失語、失行などが現れる）
危険因子	**生活習慣病**（高血圧、動脈硬化、脂質異常症、糖尿病、心疾患など）

89 パーキンソン病は、神経系に変性を生じ、慢性、亜急性の経過をたどる変性疾患である。振戦、筋固縮、無動、姿勢反射障害が四大症状で、病像は仮面様顔貌、前屈姿勢、小刻み歩行などのほか、精神症状として認知症や抑うつが認められることがある。

90 ハンチントン病は、常染色体優性遺伝で、大脳基底核の特に尾状核という部分の萎縮が起こり、舞踏様不随意運動と性格変化、認知症を特徴とする変性疾患である。確定診断は遺伝子の検査によって行われる。

91 正常圧水頭症は、認知症・歩行障害・尿失禁が3主徴であるが、脳脊髄液の循環障害を改善するシャント術により症状が軽快する。

92 エイズ脳症は、ヒト免疫不全ウイルス（HIV）の感染が原因で、中枢神経系の障害や認知症を引き起こす。初期の物忘れ、思考緩慢から中期の認知症、振戦、構音障害、歩行障害、末期の高度認知症、四肢麻痺、けいれん発作に至るが、これらの精神・神経症状は常に進行性である。

◎高次脳機能障害

93 高次脳機能障害は、脳梗塞やくも膜下出血といった脳血管障害や、事故などによる脳外傷、心肺停止による低酸素脳症などで脳がダメージを受けたことにより、失語、失行、失認、記憶障害、判断遂行機能障害、社会的行動障害等が現われる。

◎依存症候群

94 依存症候群には、一度使用すると自分の意志では使用をやめられなくなる状態（精神依存）と、長年精神作用物質を使用した影響により、血中に作用物質があることによって身体の細胞が生理的な均衡を保っている状態（身体依存）がある。

95 精神作用物質とは、認知や情動などの精神機能に影響を与える物質のことで、アルコール、アヘン類（アヘン、モルヒネ、コデイン、ヘロイン）、大麻（マリファナ）、鎮静剤・睡眠剤（バルビツール酸系、ベンゾジアゼピン系）、コカイン、カフェイン、覚醒剤（アンフェタミン、メタンフェタミン）、幻覚薬（LSD、メスカリン）、たばこ、有機溶剤（シンナー、ボンド）などをいう。

96 依存症候群になると精神作用物質を何が何でも手に入れたくなり（渇望）、その摂取に至るまでの行動（薬物探索行動）が、ほかのすべての何よりも最優先となる。

97 急性中毒とは、アルコールその他の精神作用物質の使用後、意識水準、認知知覚、感情、行動などの障害が一時的に生じたものをいう。病的酩酊で

は意識障害や興奮状態が突然出現する。大麻や覚醒剤の場合は1回の使用でも急性の幻覚、妄想状態になることがある。

98 **フラッシュバック**とは、薬物の使用を中止した期間が相当あっても、その薬物を使用中に体験した幻覚などの精神症状が再燃することをいう。

99 **離脱症状**とは、ある物質を反復使用した後にその物質から離脱することにより起きる状態で、その発現と経過は使用した物質の種類と量によって異なる。症状としては発汗や振戦、嘔気、不眠、幻覚、けいれん発作などがあり、身体依存があることを意味する。耐性が生じた状態での物質使用量の**急激な減量**は、緩やかな減量よりも離脱症状を起こしやすい。

100 せん妄を伴う離脱症状としては、**アルコール**離脱時による**振戦せん妄**が代表的である。振戦せん妄は長年の多量飲酒者が離脱したことにより、全身のふるえとともに幻覚（小動物などの幻視）、妄想を伴う意識障害の状態である。 出26-2

アルコール離脱症状に対しては、ベンゾジアゼピン系の抗不安薬や睡眠薬を用いて軽減する。

101 **精神病性障害**は、精神作用物質の使用中または使用直後に起こる精神病様状態であり、幻覚、妄想、人物誤認、精神運動興奮、昏迷、異常な感覚などがある。

102 **ウェルニッケ脳症**は、**ビタミンB_1**の欠乏による脳障害であり、眼球運動障害や歩行障害、**意識障害**をまねき、長年の多量飲酒等がその要因となる。 出26-2

ウェルニッケ脳症の治療はビタミンB_1の大量投与が有効である。

103 **健忘症候群**とは、アルコールその他の精神作用物質の長期使用による短期記憶の障害が著明な障害のことであり、アルコールによる**コルサコフ症候群**（記銘力障害、見当識障害、作話）もここに含まれる。

104 コルサコフ症候群は、記憶障害が中心症状であり、**前向健忘**、**逆行健忘**、**見当識障害**、**作話**、**病識欠如**の五徴が出現する。

105 アルコール依存症者の場合、離脱せん妄やウェルニッケ脳症の後にコルサコフ症候群が出現する。

106 コルサコフ症候群は、離脱せん妄と違い状態が固定し治らない。 出26-2

アルコール依存症の治療では抗酒剤が用いられる場合があり、服用中に飲酒をすると、血中アセトアルデヒドが上昇し、「悪心・嘔吐」「頭痛」「動悸」「呼吸困難」等の反応を引き起こす。

◎統合失調症

107 統合失調症の生涯有病率は約0.7％で、好発年齢は15～35歳であり、40歳以上での発病はまれである。

108 統合失調症の発病の原因は不明だが、遺伝素因などの生物学的要因に社会心理的要因が付加するという説（ストレス耐性脆弱説）が有力である。また、神経伝達物質であるドーパミンに対する脳の感受性の亢進や、脳萎縮、脳室拡大などの形態学的異常、前頭葉への脳血流低下などが認められる。

109 シュナイダーの一級症状とは、精神科医シュナイダー（Schneider, K.）が古典的統合失調症の中核症状として挙げたもので、考想化声（思考化声）、対話性幻聴、させられ体験（作為体験）、被影響体験、思考奪取、妄想知覚などがある。

110 ブロイラーの四つの基本症状とは、感情の障害、自閉性、両価性、観念連合の障害のことであり急性期の派手な症状は含まれていない。ブロイラー（Bleuler, E.）は、幻覚や妄想は病気の本質ではなく副次的な症状と考えた。

出25-3 111 統合失調症の主な症状として、知覚障害、感情・意欲の障害、思考障害（妄想）、自我の障害などがある（図表10参照）。急性期には陽性症状が中心となり、慢性期には陰性症状が中心となる（図表11参照）。

図表10 統合失調症の主な症状

知覚障害	幻覚	幻視、幻聴（幻声）、体感幻覚（身体の奇怪な感覚）
感情・意欲の障害	無為自閉、感情鈍麻、両価感情	
思考障害	思考内容の障害	被害妄想、誇大妄想、注察妄想
	思路の障害	思考途絶、連合弛緩、滅裂思考
	思考制御の障害	強迫、恐怖
自我の障害	能動意識の障害	離人症、させられ体験、自生思考、思考奪取、思考吹入、思考干渉
	境界性の障害	考想察知、考想伝播
	自我の単一性の障害	
	自我の同一性の障害	

図表11 陽性症状と陰性症状

陽性症状	幻覚、妄想、興奮、奇異な動作、滅裂思考によるまとまらない言動
陰性症状	無為、自閉、感情鈍麻、意欲低下

112 **知覚障害**には、感覚されたものが誤って知覚される**錯覚**と、実際に感覚刺激がないのに知覚する**幻覚**がある。幻覚には幻聴（幻声）・幻視・幻触・幻嗅、幻味、体感幻覚などがある。統合失調症においては幻聴（幻声）が多くみられ、その内容には自分に対する悪口やうわさ、命令などが多い。

113 **考想化声（思考化声）**とは、思考の音声化のこと、つまり自分の考えが他人の声になって聞こえてくる幻聴のことをいい、統合失調症などでみられる。

114 思考障害は、思考過程（思路）・思考内容・思考制御の障害に分類される（図表10参照）。

115 **思考途絶**とは、思考が時々突然止まってしまう状態になることをいう。

116 **連合弛緩**とは、思考と思考とのつながりが乱れたりゆがんだりして、思考のまとまりが悪くなっている状態のことをいい、思考形式の障害である。

出 25-5

117 **滅裂思考**とは、連合弛緩の状態が高度になり、話の内容がばらばらで理解できない状態のことである。意識障害があるときの滅裂思考は思考散乱という。

118 妄想は、その出現する形式から、突如、了解不能な不合理な思考が起こる**一次妄想（真正妄想）**と、状況、体験、感情、幻覚、知能から心理的に了解できる**二次妄想（妄想様観念）**とに分類される。このほか、妄想は、きっかけによって、妄想気分、妄想着想、妄想知覚に分類できる。また、内容によって、被害妄想、誇大妄想、微小妄想あるいは憑依妄想、人物誤認などがある（図表12参照）。

出 26-5

受験対策アドバイス

◆一次妄想は、一般に統合失調症特有であり、二次妄想は認知症や気分障害など幅広い精神疾患で見られる妄想です。妄想の分類と種類をしっかり押さえておきましょう。

図表12 妄想の分類

出現する形式による分類	一次妄想（真正妄想）、二次妄想（妄想様観念）	
きっかけによる分類	妄想気分、妄想着想、妄想知覚	
内容による分類	被害妄想	追跡妄想、注察妄想、被毒妄想、嫉妬妄想、関係妄想
	誇大妄想	血統妄想、宗教妄想
	微小妄想	罪業妄想、貧困妄想
	憑依妄想	
	人物誤認	

119 **妄想気分**とは、周囲の世界がなんとなく変わったように感じたり、周囲の出来事を意味ありげに捉えて不気味で不安な感情をもったり、自分に関

出 25-4
出 26-6

係づけて捉えたりすることである。

120 **妄想着想**とは、原因や動機なしに突然に「追跡されている」というように思いつき、確信したりすることである。

出26-5 121 **妄想知覚**とは、実際にある物音や事柄などに対して、異常で了解不能な意味づけを行い、例えば、「狙われている」というような確信をもってしまうことである。

出25-5 122 **被害妄想**は、追跡妄想、注察妄想、被毒妄想、嫉妬妄想、関係妄想に
出26-5 区分されることもある。また、**誇大妄想**は血統妄想、宗教妄想などに、**微小**
出26-6 **妄想**は罪業妄想、貧困妄想、心気妄想に区分されることもある。

- 誇大妄想とは、自分の能力や資質が優れていると過大に評価したり、大げさに空想したりする妄想である。例えば、「自分は血統や遺伝子的に非常に優れている」や「世の中に自分の考えが広まっている」「自分は神と同様の能力が備わっている」といったものである。多くの場合、会話が成立しなかったり、周りから怪訝な目で見られたりと、社会行動を行ううえで大きな損失をもたらす可能性がある。
- 微小妄想とは、高齢者にしばしば認められ、自分に関する事柄を極端に悲観的に捉え、しばし訂正不能で持続する。

123 **注察妄想**とは、いつも誰かに見張られていると思い込む妄想のことで、監視されている、盗聴されているなどと言い出すこともある。

124 **血統妄想**とは、「高貴な家の出である」など自身の血筋に関する誇大的な妄想のことである。

出26-6 125 **感情障害**では、統合失調症の陰性症状である**感情の平板化（感情鈍麻）**などがある。その他、うつ状態にみられる**抑うつ気分**・悲哀感・罪責感、躁状態での**爽快（高揚）気分**・**易刺激性**、認知症や進行性麻痺などにみられる多幸感（上機嫌）、神経症性障害での漠然とした**不安感**などが挙げられる。

126 **感情の平板化（感情鈍麻）**とは、喜怒哀楽の深みに欠け、身の回りにも注意を払わなくなるといった状態をいう。自閉したり、周囲との接触が乏しくなる状態ではない。

127 **情動失禁（感情失禁）**とは、些細なことで感情が激しく揺れて、泣き出したり、怒り出したり、喜んだりすることをいう。

128 **易刺激性**とは、些細なことですぐ反応し、不機嫌や不愉快になる性質をいう。

129 意欲・行動の障害には、活発な精神活動と行動を示す精神運動性興奮・精神運動不穏（躁状態、統合失調症性興奮）、うつ状態に伴う精神運動制止や、外界の刺激への反応が著しく低下する状態の昏迷、無関心や自発性の低下、無為、単純な身体動作を繰り返す常同症などがある。

130 自我意識としては「能動性の意識」「単一性の意識」「同一性の意識」「自他を区別する意識」がある。「能動性の意識」が障害されると、離人症（離人体験）やさせられ体験（作為体験）、自生思考、思考奪取、思考吹入、思考干渉が現れる。「自他を区別する意識」が障害されると、考想伝播や考想察知が現れる。 出 22-2

- 離人症（離人体験）：自分がしている感じがしない。
- させられ体験（作為体験）：ほかから操られていると感じる。
- 自生思考：勝手に考えが浮かぶ。
- 思考奪取：自分の考えが抜き取られるように感じる。
- 思考吹入：他人の考えが吹き込まれるように感じる。
- 思考干渉：考えが操られるように感じる。
- 考想伝播：考えが他に伝わるように感じる。
- 考想察知：他人に知られているように感じる。

131 統合失調症の病型分類（ICD-10）には、破瓜型（解体型）、妄想型、緊張型、単純型等がある。ICD-11においては、これら病型の記載は削除された。

132 統合失調症の破瓜型（解体型）は、思春期に発症し、月、年単位で徐々に進行し、感情鈍麻や自閉といった陰性症状が比較的初期のころから目立つ。何回かの病状増悪期（シューブ：schub）を繰り返し、人格が徐々に解体していく。

133 統合失調症の妄想型は、幻覚や妄想のみの症状が目立つ一方で、陰性症状や人格の崩れは少ない。被害関係妄想の程度がひどくなく日常生活に支障をきたさなければ、職業生活を継続している者も多い。

134 統合失調症の緊張型は、突然の興奮や昏迷、緊張状態で発症する。急性期には精神運動興奮、反響言語（オウム返し）、カタレプシーあるいは突然の激しい緊張状態がみられる。また無言や拒絶、常同もみられ得る。

- DSM-5では、統合失調症緊張型という記載はなくなったものの、この緊張型を含む病態を、緊張病（カタトニア）として独立させた。緊張病（DSM-5）には、暫定的にうつ病や双極性障害など統合失調症以外の疾患による同状態も含まれる。DSM-5-TRからは、病名がカタトニアと変更された。
- カタトニアは、統合失調症以外の精神疾患や脳炎、自己免疫疾患、代謝疾患などで生じることが明らかになり、ICD-11より独立した疾患概念となった。

135 統合失調症の**単純型**は、幻覚や妄想がはっきりせず、陰性症状が1年以上にわたって進行する。

136 **臨界期**とは、統合失調症の急性期の状態から寛解過程への転換期に現れる一時期のことを指し、自律神経症状、薬物の副作用の一過性増強、身体疾患の発症、悪夢、情動と身体的表出の再開などが指摘されている（図表13参照）。

図表13 統合失調症の回復過程

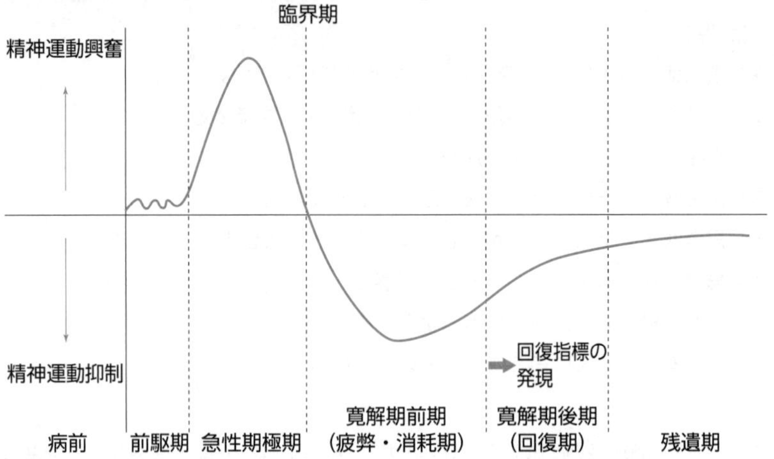

137 統合失調症においては、症状が軽減、消失しても一定期間の服薬や経過観察を要することから、治癒ではなく**寛解**と呼ぶ。**寛解状態**は、中核症状が残存しても患者の行動に影響を与えないまでに軽快し、それが6か月間維持され、その間に入院していないことなどが定義されている（図表13参照）。

138 統合失調症の急性期からの回復過程では、「臨界期」を経た後に、易疲労性や睡眠過剰、集中困難、活動性の低下などがみられる**寛解期前期**といわれる疲弊・消耗の時期が出現する。この時期は睡眠と休養を保障することが優先され、無理な働きかけは避けたほうがよいとされる。

139 「寛解期前期」を経過した後に、疲労感の軽減や季節感の回復、言語活動や対人交流の活発化などが出現すれば、**寛解期後期**といわれる回復期へ移行したことになる。この時期には、心理教育プログラムなどのリハビリテーションプログラムが積極的に導入されることが望まれる。

140 家族の**感情表出（EE）**が高いほど、統合失調症の再発率が高い。

141 **妄想性障害**は、通常中年期以降に発症し、単一の妄想が長期にわたって持続するものであって、妄想内容やその出現の時期は、生活環境との関連である程度了解が可能である。

◎気分（感情）障害

142 気分（感情）障害とは、躁病エピソード、うつ病エピソードとともに、双極性感情障害、反復性うつ病性障害、持続性気分（感情）障害を含む。発病には遺伝素因の関与が大きく、また、セロトニン、ノルアドレナリンなどの神経伝達物質の代謝が関係していると考えられる。基本的には完全に寛解し、人格の障害をとどめない。なお、うつ状態での励ましは禁忌である。

143 気分（感情）障害で起こる睡眠異常は、躁病相、うつ病相のどちらでもみられる。

144 反復性うつ病性障害はうつ病エピソードのみを繰り返し、双極性感情 出 24-3
障害は躁病エピソードを交えるが、うつ病エピソードのほうが長期のものが多い。数としては圧倒的に反復性うつ病性障害が多い。

145 うつ状態では自殺企図に注意を要する。日本では、自殺が社会的な問題となっているが、自殺企図者の多くは気分（感情）障害・うつ状態にあると推定されており、専門医への受診による早期介入が自殺予防には有効とされている。

146 うつ状態での感情は、抑うつ気分で悲哀感、劣等感が強く、悲観的、 出 23-4
絶望的で希死（自殺）念慮をしばしば抱く。また、不安、焦燥、苦悶が強い場合や不眠あるいは過眠も多くある。そして、これらの感情については朝方に強く、夕方に軽減する日内変動がある。

147 うつ状態での思考は、考えが浮かばず、先に進まない思考制止や、判断力、決断力の低下、自責的傾向がみられる。重度になると罪業妄想や貧困妄想、不治の病気にかかったなどという心気妄想・微小妄想などを認める。

148 うつ状態での意欲・行動は、意欲が低下し、動作が緩慢になり（精神運動制止）、興味や喜びの喪失もみられる。重度の場合は、自発的な動きがまったくなくなる（うつ病性昏迷）。不安・焦燥の強いタイプでは、いらいらして落ち着かず、動き回ることがある。

149 うつ状態での身体症状は、早朝覚醒が典型的である睡眠障害や食欲の 出 23-4
低下、便秘、口渇、全身倦怠、食欲の減退または増加などがある。また、身体症状を主訴とする（軽症の）気分障害（うつ病）を仮面うつ病ともいう。

150 うつ病においては、感情面では抑うつ気分、思考面では思考制止（思考抑制）、欲動面では精神運動制止が基本的な症状である。

151 うつ状態にみられる思考制止（思考抑制）とは、思考テンポ（速さ、

展開）が全体的に遅く、思考がなかなか出てこないといった状態のことをいう。

152 うつ病において思考制止（思考抑制）の症状が強い時期には、注意や記憶、判断の力が低下する。特に高齢者ではうつ病相の時期は器質疾患の認知症様になる。このような状態を**仮性認知症**（うつ病に伴う特殊な病態）という。

出25-5 **153** 躁状態でみられる**観念奔逸**とは、思考が次々と湧いてきて話題が一定
出26-1 せずに、飛んだり広がったりしてしまう状態のことをいい、また思考内容も
出26-5 誇大的である。

出26-1 **154** 躁状態は、**気分障害**（**躁うつ病**）や**器質性精神障害**、**統合失調症**などにみられる状態である。その程度が軽いものは**軽躁状態**と呼ぶ。

出26-1 **155** 躁状態での感情は、**爽快**で万能感が強く、自己評価が高い。また感情の起伏が激しく、**易刺激的**で易怒的である。睡眠欲求も減少する。

156 躁状態での意欲・行動は、多動・多弁で落ち着かず、思いつきで行動するため、行動にまとまりがない（**行為心迫**）。また、金銭的・性的な部分などで**逸脱行為**もみられる。

157 持続性気分（感情）障害には、**気分循環症**や**気分変調症**などがある。気分変調症は、うつ病エピソードの診断基準を満たさない程度の軽度のうつ状態が長期に慢性的に持続し、うつ病と区別されている。日本では従来は抑うつ神経症と診断されていた。

◎不安障害

出26-6 **158** **恐怖症性不安障害**は、通常は危険ではない具体的な対象や状況に不安や恐怖を抱き、それを回避しようとする障害であり、めまいや動悸、息苦しさなどの**自律神経症状**を伴い、**広場恐怖**や**社交（社会）恐怖**などが挙げられる。

- ✎ 広場恐怖は、屋外の広場や公衆の場に一人でいるときや、旅行で自宅から離れた場所にいるときに起きる。
- ✎ 社交（社会）恐怖は、ほかの人々から注視される恐れを中核とし、社交場面を回避するようになる。

出22-2 **159** **パニック障害**は、特別な状況や環境によらずに突然不安発作が起きて
出26-3 数分間持続し、それが反復する障害である。動悸、胸部痛、窒息感、めまいなどの**身体症状**を伴い、精神面では死への不安や離人感などを訴える。ときに過呼吸発作を伴う。また、発作に対する**予期不安**も特徴的である。

160 **全般性不安障害**とは、特定の状況によらず、全般的で持続的な不安が存在する障害である。不安感や焦燥感のほか、振戦、筋緊張、発汗、ふらつき、動悸、めまいなどの**自律神経症状**を訴える。症状は**動揺的**で**慢性化**の傾向がある。

161 **強迫性障害**とは、繰り返し浮かぶ、常同の不愉快で苦痛な観念や衝動である**強迫観念**と、無意味とわかっていながらも何度も繰り返す**強迫行為**を本質的病像とする障害である。神経伝達物質である**セロトニン**の調節障害の関与が考えられる。 出22-2 出25-6 出26-5

162 **選択性緘黙**とは、小児期および青年期に特異的に発症する社会的機能の障害として、言語能力はあるが、学校などの特定の場面・状況で話せない状態をいう。

◎神経症性障害、ストレス関連障害

163 **急性ストレス反応**とは、自然災害や事故、不同意性交等などの強い身体的・精神的なストレッサーにより生じる重篤な一過性の障害である。感情の麻痺、また、周囲の状況理解や行動化が困難になり、引き続いて抑うつ、不安、激怒、絶望、高揚気分などの精神症状や、頻脈、発汗などの**自律神経症状**が現れる。症状は衝撃から数分以内に出現し、2～3日以内に消失する。

164 **心的外傷後ストレス障害（PTSD）**は、強い身体的、精神的なストレスの後、数週間から数か月経って現れる障害である。 出22-3 出24-3

165 心的外傷後ストレス障害（PTSD）の症状は、心的外傷となった出来事の①**侵入**、②**持続的な回避**、あるいは③認知と気分の**陰性の変化**、④**覚醒亢進**である。これら四つの症状が1か月以上みられる（図表14参照）。

図表14 心的外傷後ストレス障害（PTSD）の症状

①侵入	再体験、フラッシュバック、白昼夢
②持続的な回避	不快な記憶や考え、感情を避ける等
③認知と気分の陰性の変化	疎外感、無感覚、情動鈍麻、アンヘドニア等
④覚醒亢進	交感神経緊張、不眠、激しい怒り、驚愕反応等

166 **適応障害**は、日常生活で体験する葛藤的な出来事による反応で、不安、いらいら、抑うつ、ひきこもりのほか、反抗、暴力、非行などの行動の形をとるものもある。 出24-3

167 適応障害ではストレス要因が解消した場合は、通常**6か月**以内に症状は消失する。ストレス要因が持続して、症状が6か月以上継続する場合には、

持続性（慢性）適応障害と診断する。

出22-2 出22-3

168 **解離性**（**転換性**）**障害**とは､従来はヒステリーと呼ばれていたもので、自己の外傷的な体験や耐え難い問題を身体症状などに転換する**自己防衛機制**である（図表15参照）。

図表15 解離性（転換性）障害の主な症例

症例名	特徴
解離性健忘	外傷的出来事に関する部分的あるいは完全な健忘
解離性遁走	行方不明となった間の健忘
解離性運動障害	失立、失歩、失声など
解離性けいれん	咬舌《こうぜつ》、尿失禁はまれ
解離性知覚麻痺および感覚脱失	視野全体のぼやけや筒状視野の訴え
ガンザー症候群	的外れな応答
多重人格障害	複数の人格が現れる自己意識の同一性障害

出22-2

169 **身体表現性障害**とは、身体諸検査上は正常であるのにそれを受け入れず執拗に身体症状を訴えるものである。**心気障害**とは、重篤な進行性の身体的障害に罹患しているのではないかと妄想的になり、執拗に**身体的愁訴**を訴える障害である。身体表現性障害ではさまざまな症状自体が重大な関心事項であるのに対し、心気障害では症状のもとになっている臓器や器官の病気を探索することを求める。いずれも経過は慢性的で動揺性である。

170 幼児期の虐待などの養育環境がもとで、対人関係上恐怖と過度の警戒を示す、小児期の**反応性愛着障害**、5歳未満に発症し、誰に対しても無分別な愛着行動を示す、小児期の**脱抑制性愛着障害**などがある。

◎摂食障害

出25-2

171 **摂食障害**（食行動障害）には神経性無食欲症と神経性過食（大食）症があり、その経過中にもう一方の症状へ移行を繰り返すことも多い。また、発症は10～20歳代の女性に多い。

出22-4

172 **神経性無食欲症**は、患者の意図的あるいは無意識による体重の**極端な減少**が特徴であり、治療による回復が困難な場合は、長期間、慢性的に症状を繰り返す。甲状腺機能低下症となり、徐脈、低血圧、低体温、寒がり、産毛の密生などがみられるほか、低栄養状態に伴い、女性は無月経などの**内分泌障害**、男性の性機能障害、嘔吐・下痢などによる**血液電解質**の異常、高度の痩せによる**生命危機**が生じる場合もある。

173 神経性過食（大食）症は、心理的・社会的要因や家族関係の問題等の原因によって、発作的に短時間で無茶食いをする。その直後に不適切な代償行為（自己誘発性の嘔吐や下剤・利尿剤の乱用、あるいは不食、過剰な運動）がある。過食後に無気力となり抑うつ気分が生じる。 出25-2

174 神経性過食（大食）症では、過食や嘔吐という表面的な症状だけを取り扱っても改善は難しく、その背後にある気分や自己嫌悪の感情を扱い、修正していく認知行動療法的な介入が必要である。 出25-2

◎発達障害

175 DSM-5-TR、ICD-11では、児童思春期に特化した障害群がなくなり、神経発達症群という新しいジャンルを設けた。

176 神経発達症群では、「知的発達症群」「コミュニケーション症群」「自閉スペクトラム症」「注意欠如多動症」「限局性学習症」「運動症群」が含まれる。

177 精神遅滞（知的障害）とは、精神の発達停止や発達不全の状態であり、発達期に明らかになる、認知、言語、運動および社会的能力などの障害である。その診断の基本は、①IQが70未満であること、②年齢に比べて低い社会的能力とそれによる不適応、③18歳未満の発達期に現れる知能障害（正常に発達した知能の低下である認知症と区別される）である。精神遅滞の重症度による分類は、図表16のとおり。精神遅滞（知的障害）の発生頻度は2～3％である。

図表16 精神遅滞の重症度による分類

重症度	IQ	発達上限精神年齢	割合
軽度	50～69	12歳程度	85%
中度	35～49	9歳程度	10%
重度	20～34	6歳程度	3～4%
最重度	20未満	3歳半程度	1～2%

178 精神遅滞（知的障害）の原因には、出生前における先天性代謝異常（フェニルケトン尿症）や染色体異常（ダウン症候群）、先天性甲状腺機能低下症（クレチン病）、結節性硬化症などや、周産期における胎児の低栄養や未熟、感染など、出生後の感染や外傷などがある。

179 ダウン症候群の原因は、その大半が常染色体21番異常（トリソミー21）であり、精神遅滞（知的障害）は中程度が多く、短頭扁平な丸顔、低い鼻などの身体的特徴がある。

180 ICD-10では、**特異的発達障害**と**広汎性発達障害**とに分け、一般的に発達障害という場合には、これらに**知的障害**（**精神遅滞**）を含めていう。

181 **特異的発達障害**とは、知的障害や運動障害がないにもかかわらず、「会話や言動」「学習能力」「運動機能」のいずれかの領域の発達が遅れるものをいう。

182 会話および言語の**特異的発達障害**では、聴覚系の障害や知的障害がないのに言語の理解や話すこと、適切な語音を使用することが精神年齢水準以下のものをいう。

183 **受容性言語障害**では、言語の理解ができない、すなわち「聞く」ことができない場合をいい、**表出面**も重度に障害される。自閉性障害とは異なり、**非言語的コミュニケーション**は良好であり、社会的相互関係が形成できる。

184 **表出性言語障害**では、言語理解は正常だが表出ができない、すなわち「話すこと」ができない場合をいい、しばしば**構音障害**を伴う。

185 **特異的会話構音障害**では、言語の理解と表出は良好で非言語的知能も正常であるが、語音の発音ができない**構音障害**のみがある。

186 運動機能の特異的発達障害では、協調運動の発達が障害され、ぎこちなさや極端な不器用さが目立つ。神経系の異常や精神遅滞ではなく、**視空間認知**と**遂行の障害**、目と手の**協調運動の障害**を原因としている。

187 **学習障害**（**LD**）は、全般的な知的発達の遅れはないが、学習についての中枢神経機能が損なわれた障害であり、特異的読字障害、特異的書字障害、特異的算数能力障害などがある。

188 **広汎性発達障害**は、広義の自閉的な発達障害群であり、**自閉症**はその中核的なタイプといえる。1960年代後半、自閉症は言語認知障害を基本症状とする発達障害と考えられ、1980年代後半に社会性の障害が中心であると考えられるようになった。

189 **高機能広汎性発達障害**とは、自閉症のグループでIQが70以上あり、明らかに知的障害をもたない自閉症、非定型自閉症、アスペルガー症候群をいう。

出22-5

190 広汎性発達障害のうち、**小児自閉症**は3歳までに発現し、その**70～80％**に軽度の精神遅滞（知的障害）がみられる。発現率の男女比では、**男**児が**女**児の3～4倍である。

191 小児自閉症では、①**相互的社会的関係**の障害、②**コミュニケーション能力**の障害や**反響言語（オウム返し）**、③限局した反復的な行動・執着的な行動等を大きな特徴とする（図表17参照）。

図表17 小児自閉症の特徴

①社会的相互関係の質的な障害が常に存在し、他者の**感情表出に対する反応の欠如**及び社会的に応じた**行動の調節ができない**
②コミュニケーションの際の**言語的**、**非言語的**な働きかけに対する**反応の欠如**
③限局した**常同的反復性行動**や**特徴的な対象**への興味や関心
④**気分と情緒の不安定性**

192 **アスペルガー症候群**は、広汎性発達障害に含まれ、関心と活動の範囲が限局的で常同反復的であること、相互的な社会的関係の質的障害が特徴であるが、全体的知能は正常である点で小児自閉症とは異なる。 出24-5

193 **多動性障害**（DSM-5-TRでは**注意欠如多動症（ADHD）**）とは、通常、幼児期に生じる、**注意**の障害と**多動**、**衝動性**を特徴とする障害である。 出26-7

194 注意欠如については、「しばしば日常活動中の不注意な間違い、忘れっぽい、活動の順序立てや集中することができない」など、多動性については、「必要な着席ができない、しゃべりすぎる、順番を待つことができない」などの状態がみうけられる。小学校低学年児童の５％程度にみられ、一般的には**男**児に多いとされている。 出23-5 出26-7

195 **レット症候群**とは、遺伝性の神経発達障害で、乳幼児早期の女児に発症する進行性の脳障害である。

- 生後5か月までは正常だが、生後5～30か月に発症し、発症までに獲得した手の動きや言語が失われる。
- 年齢とともに、両手をもみ合わせるような常同運動や歩行などの運動機能の失調、体が突っ張ったりねじれたり（ジストニア）などの不随意運動が出現する。
- てんかんが合併し、成人期には重度の精神遅滞となる。

196 **チック障害**とは、不随意的・急速で反復的・非律動的、目的のない運動、あるいは発声が突発する障害である。

197 チック障害は、**運動チック**と**音声チック**に分けられ、それぞれに**単純チック**と**複雑チック**がある。

198 **単純運動チック**には、まばたき、肩すくめ、しかめ顔などがあり、**単純音声チック**には、咳をする、わんわん吠えるなどの行動がある。

199 複雑運動チックには、自傷や飛び跳ねなどがあり、複雑音声チックには、汚言、同語反復などがある。

200 チック障害は、5～8歳の発症が多く、男児の発症率が高い。

201 チック障害は、その経過によって、持続期間が1年未満で自然治癒に至る一過性チックと、運動チックか音声チックのどちらかが1年以上持続する慢性チックがある。

202 トゥレット症候群とは、チック障害の一類型であり、症状として多発性運動チックと音声チックの両方がある。

203 トゥレット症候群は、小児期から青年期に発症し、通常、成人期まで持続する。

◎パーソナリティ障害

204 パーソナリティ障害とは、その人の気質や性格からくる偏った考え方や行動パターンのために、日常生活や社会生活にさまざまな支障をきたす状態の総称である。信頼に基づく円満な対人関係を結ぶことが困難で、自分に対する極端な肯定や否定感情が強いために不適応を起こしやすく、抑うつ状態や自殺未遂を繰り返すこともある。

205 パーソナリティ障害に付随するうつ症状や衝動性亢進などの精神病的な症状に対して、投薬治療や認知行動療法を行う。

206 パーソナリティ障害を治療するために処方される薬剤は、その障害自体に変化をもたらすことはないが、苦痛をもたらす症状を軽減するのに役立つ。

207 パーソナリティ障害の治療において、精神療法は自身が問題を引き起こしていることに患者が気づき、社会的に好ましくない行動を改めるのに役立つことがある。

208 パーソナリティ特性とは、長期にわたって比較的安定している思考、知覚、反応、対人関係のパターンのことである。

209 パーソナリティ障害のある患者は、自身の行動パターンがよい結果を招かなかったり、悪い結果を招いたりすることが繰り返されたとしても、そのパターンを変えようとしない。状況に応じて調節（適応）されることがないため、不適応と呼ばれ、不適応な行動パターンの重症度と持続期間はさまざまである。

210 **情緒不安定性パーソナリティ障害**は、感情の不安定さと衝動性を特徴とするパーソナリティ障害で、衝動の統制が欠如し、暴力や威嚇行為が突発する**衝動型**と、情緒不安定で自己像も不明瞭であり、空虚感、不安定な対人関係、繰り返される自殺企図や自傷行為などを特徴とする**境界性**がある。

出 23-3
出 24-3

211 **妄想性パーソナリティ障害**は、他者から避けられ、拒まれることに過度に敏感で、恨みを抱き続ける傾向にあり、疑い深く、他人の行動を自分に対する敵意や馬鹿にしたものと誤解したり、執拗に個人の権利を主張し、過度の自尊心を抱いたりする特徴がある。

212 **統合失調質パーソナリティ障害**は、冷淡で平板化した感情と、他人に対する温かい感情や怒りの表出に乏しく、何をしても喜びが得られないなどのほかに、孤立した活動を好み、密接な人間関係を望まないなどの特徴がある。

◎てんかん

213 **てんかん**は**痙攣**や**意識障害**、**自動症**などの発作が反復する脳の慢性疾患であり、特発性（**原因不明**あるいは遺伝性）のものと、症候性（**器質性**あるいは代謝性が原因）のものがある。また、てんかん発作は部分発作と全般発作に分類される（図表18参照）。性差はなく、小児期から思春期に好発する。高齢発症の場合は症候性が多い。

図表18「てんかん発作」の種類と特徴

	種類	特徴
部分発作	単純部分発作	身体の一部の痙攣や異常知見、自律神経症状のほかに、強制思考や夢幻状態、不安や恐怖などの精神症状。
	複雑部分発作	意識混濁時に無目的に、ある動作を繰り返す自動症。
全般発作	欠神発作（小発作）	小児期に発病し、突然数秒から数十秒の間意識を消失する。
	ミオクロニー発作	四肢あるいは体幹の一部の筋肉が突然連続して収縮する。意識は清明であるがしばしば強直間代発作に移行し意識が消失する。
	強直間代発作	従来、大発作と呼ばれていたもので、突然の意識消失が起こり、続いて四肢体幹の強直痙攣と、さらに四肢体幹が律動的に激しくふるえる間代痙攣へと続く。

214 **部分発作**（局在関連性てんかん）は、発作の起始部位が脳の**特定の部位**に局在しているもので、意識障害を伴わない**単純**部分発作と、意識障害を伴い、後に健忘を残す**複雑**部分発作がある。

215 **単純部分発作**では、**ジャクソン発作**、**自律神経症状発作**、**偏向発作**、

姿勢発作、**嗅覚発作・味覚発作**、失語症状や記憶異常が一過性に発現するものなど、過剰放電している脳皮質部位の機能に対応するさまざまな症状がある。

✏ ジャクソン発作では、運動野の過剰興奮の範囲が徐々に広がっていくことで、痙攣が口角→顔面→上肢→下肢、さらに反対側に移って（マーチして）いく。

✏ 自律神経症状発作では、内臓が上部に上がってくるような違和感や腹痛など側頭葉由来とする症状や頭痛、めまい、嘔吐など間脳由来の症状がある。

✏ 偏向発作では、眼球や上半身を対側に捻転させる症状がある。

✏ 姿勢発作では、両上肢を伸展した姿勢を保持するものやフェンシング姿勢をとるもの、頸部および体幹の回転あるいはひねりなどの症状がある。

216 複雑部分発作では、意識障害だけのものと、**自動症**を伴うものとがある。

217 **全般発作**（全般てんかん）は、発作の起始部位が不明瞭であり、痙攣を伴うものと伴わないものとがある。

218 全般発作では、意識障害のみの**欠神発作**や両側性の痙攣のみの**ミオクロニー発作**、意識障害も痙攣も生じる**強直間代発作**がある。

219 **欠神発作**（**ピクノレプシー**）では、前触れもなく突然、意識が数秒～十数秒間消失し、突然回復する。発作中のことは、全く思い出せない。

220 **ミオクロニー発作**では、瞬間的に全身、あるいは四肢特に両側上肢の筋肉に、一回ないし数回の強い収縮による痙攣（**ミオクローヌス**）が生じる。通常、ミオクロニー発作のみの場合には、意識は清明であるが、しばしば**強直間代発作**に移行し、意識が消失する。

221 強直間代発作（大発作）では、意識が消失するのと同時に強直発作が数秒～十数秒間出現し、引き続いて間代発作が数十秒間持続し、最後は筋が弛緩し終了する。

✏ 強直発作とは、四肢・体幹の筋が強く収縮し、突っ張ったまま数秒間、強直（強直痙攣）する発作。

✏ 間代発作とは、瞬間的な筋強直と筋弛緩とが１秒間に３～４回交互に反復（間代痙攣）する発作。

222 **ウエスト症候群**は、1歳までの乳児に発症する全般てんかんである。**電撃・点頭・礼拝痙攣**や発作が起こっていないとき（発作間欠期）の脳波で、不規則に表れる異常（**ヒプサリスミア**）がある。

223 **レノックス症候群**は、2歳から5歳の幼児に発症する全般てんかんであり、**脱力発作**やミオクローヌスを伴った**欠神発作**と**強直発作**とが頻発する。

224 **側頭葉てんかん**は、成人期に発症する。**単純部分発作**や**複雑部分発作**、そして精神症状（うつや幻覚妄想）が比較的出現しやすい。

225 てんかんの診断は、発作の症状と**脳波検査**の所見から行うが、頭部外傷性やアルコール性、**熱性痙攣**などの**症候性**てんかんとの鑑別のためには、頭部CTや頭部MRI、血液検査などが必要となる。熱性痙攣の多くは、学童期までには治癒する。

2 精神疾患の治療

薬物治療

◎薬理作用と副作用

226 **向精神薬**は、脳に作用して何らかの影響を精神機能に及ぼす薬物の総称であり、抗精神病薬、抗うつ薬、抗躁薬、抗不安薬、抗てんかん薬、精神刺激薬、睡眠薬、抗パーキンソン薬、脳代謝改善・脳代謝賦活薬などがある。

受験対策アドバイス

◆抗精神病薬においては、構造・作用による分類や副作用についてしっかり押さえておきましょう。

227 **抗精神病薬**は、主として**統合失調症**の治療に使われる。現在、抗精神病薬は、大きく分けて、**定型**抗精神病薬（従来型抗精神病薬／第一世代の抗精神病薬）と、**非定型**抗精神病薬（新規抗精神病薬／第二世代の抗精神病薬）の2種類が存在する（図表19参照）。

図表19 抗精神病薬の種類と副作用

	構造・作用による分類	一般名
定型抗精神病薬（従来型）	フェノチアジン系	クロルプロマジン、レボメプロマジン、フェルフェナジン、プロペリシアジン
	ブチロフェノン系	ハロペリドール、チミペロン、ブロムペリドール
	ベンザミド系	スルピリド、スルトプリド、チアプリド、ネモナプリド
	その他	モサプラミン、ゾテピン
非定型抗精神病薬（新薬）	SDA（セロトニン・ドーパミン遮断薬）	リスペリドン、ペロスピロン、ブロナンセリン
	MARTA（多元受容体作用抗精神病薬）	オランザピン、クエチアピン
	DSS（ドーパミン受容体部分作動薬）	アリピプラゾール

【副作用】	
錐体外路系（錐体外路症状）	急性ジストニア、パーキンソン症状（振戦、筋強剛など）、アカシジア（静座不能）、遅発性ジスキネジア（不随意運動）、遅発性ジストニアなど
循環器系	血圧低下、起立性低血圧、心電図異常、めまいなど
消化器系	口渇、便秘、麻痺性イレウス、食欲不振など
内分泌系（代謝系含む）	高プロラクチン血症、乳汁分泌、高血糖、糖尿病、脂質異常症、体重増加など
悪性症候群	高熱、筋硬直、振戦、発汗、意識障害など

228 抗精神病薬は、脳内の神経伝達物質であるドーパミンの受容体を阻害することで、陽性症状を改善する。症状寛解後も、症状再燃の予防のため、長期にわたる薬物療法の継続が必要である。抗精神病薬は、錠剤、散剤、口腔内崩壊錠、水薬、注射剤、持続性注射剤（デポ剤）など複数の剤形がある。患者の服薬アドヒアランス（服薬遵守）を維持できるよう、適切な剤形を選択する。

✏ 服薬アドヒアランスとは、患者が積極的に服薬による治療方針の決定に参加し主体的に服薬を継続することである。

229 定型抗精神病薬（クロルプロマジン、ハロペリドールなど）は、錐体外路症状や過鎮静、認知機能障害などの副作用が起こりやすく、陰性症状に対する効果が乏しいという欠点がある。

230 非定型抗精神病薬（リスペリドン、オランザピン、クエチアピン、ペロスピロン、アリピプラゾール、ブロナンセリンなど）は、ドーパミンやセロトニンなどの神経伝達物質の受容体に作用し、錐体外路症状や過鎮静などの副作用が定型抗精神病薬より少なく、陰性症状に対しても効果があるといわれている（図表19参照）。

231 クロザピンは、難治性の統合失調症などの治療薬である。副作用として白血球減少症、無顆粒球症などの重篤なものが生じることがあるため、定期的な血液検査による処方管理が義務づけられている。

232 抗精神病薬の副作用には、鎮静作用による眠気や活動性の低下のほかに、自律神経症状（起立性低血圧、口渇、便秘、イレウスなど）、錐体外路症状、月経不順や性機能障害、光線過敏症などがある。また、食欲増加、高血糖や脂質代謝異常の悪化などが生じることもあり、非定型抗精神病薬のオランザピンやクエチアピンでは高血糖による死亡例も報告されており、投与前に糖尿病の合併の有無を確認する必要がある。 出 22-7

233 抗精神病薬の副作用のうち、錐体外路症状には、パーキンソン症状（振戦、筋固縮、無動、姿勢反射障害など）、ジストニア（筋肉の痙縮による斜頸、舌突出など）、アカシジア（下肢のソワソワ感、足踏み、静座不能など）、遅発性ジスキネジア（口をモグモグさせる、手足が勝手に動くなどの不随意運動）などがある。パーキンソン症状やアカシジアは、抗精神病薬の投与初期に生じることが多く、抗パーキンソン病薬の併用を行うことがある。 出 24-7

234 難治性の統合失調症治療薬であるクロザピンの使用においては、一定の基準（副作用の無顆粒球症に検査対応できる）を満たす医療機関において投与できるようになった。

235 抗精神病薬により生じる重篤な副作用として**悪性症候群**がある。**悪性症候群**では、高熱、強い錐体外路症状、発汗や頻脈などの強い自律神経症状、**横紋筋融解症**による**高CPK血症**などが生じ、生命に危険を生じることもあるため、服薬中止や補液治療などの適切な処置が必要である。

236 従来、わが国では、抗精神病薬の多剤併用・大量療法がしばしば行われていたが、最近では、**副作用の最小化**、**服薬アドヒアランス**向上の観点から、**非定型**抗精神病薬による**単剤**での治療が推奨されている。ただし、非定型抗精神病薬よりも定型抗精神病薬のほうが効果が優れる患者もおり、また、急激な処方の変更・減量により、精神病症状の悪化や**抗コリン性**の離脱症状などが生じることがあるため、薬物調整は、慎重に時間をかけて行う必要がある。

237 抗うつ薬は、化学構造により、**三環系**抗うつ薬、**四環系**抗うつ薬、SSRI（選択的セロトニン再取り込み阻害薬）、**SNRI**（セロトニン・ノルアドレナリン再取り込み阻害薬）、**NaSSa**（ノルアドレナリン作動性・特異的セロトニン作動性抗うつ薬）などに分類される（図表20参照）。うつ病やうつ状態のほか、不安障害、パニック障害、強迫性障害などに適応のある抗うつ薬もある。

出22-8 **238** 抗うつ薬は、脳内の**セロトニン**や**ノルアドレナリン**などの神経伝達物質を調整することにより、抑うつ気分や、不安・焦燥、不眠などを改善するが、効果が出るまでに時間がかかることが多い。また、症状安定後も、薬物療法は一定期間継続し、徐々に減量する必要がある。

239 **三環系**抗うつ薬は、**抗コリン作用**としての**口渇**、**便秘**、**眠気**、**起立性低血圧**、**めまい**、**排尿困難**、**視力調節障害**などの副作用がある。これらの副作用は**四環系**抗うつ薬では少なく、SSRI、SNRI、NaSSaでは、さらに少なくなっている。ただし、**SSRI**、**SNRI**では、不安、焦燥、攻撃性、衝動性、易刺激性などの症状や自傷・自殺などの行動が出現する**賦活症候群**（**アクチベーション・シンドローム**）や悪心や嘔気等の消化器症状が**服用初期**や**増量**に伴って出現することがある。

240 **双極性障害**の患者では、抗うつ薬の投与中に、躁状態や躁うつ混合状態を呈し、不眠、易怒性、攻撃性の悪化が生じることがある。

241 **気分安定薬**は、双極性障害の治療薬で、躁状態の改善のみならず、躁・うつの気分変動の改善、双極性障害の再燃予防に効果があるといわれている。気分安定薬には、炭酸リチウム、バルプロ酸ナトリウム、カルバマゼピン、ラモトリギンなどがある。バルプロ酸ナトリウム、カルバマゼピン、ラモトリギンには、**抗てんかん薬**としての作用もあるが、**炭酸リチウム**は、**てんか**

図表20 代表的な抗うつ薬

構造・作用による分類	一般名
三環系抗うつ薬	塩酸クロミプラミン、塩酸ドスレピン、アモキサピン、塩酸ロフェプラミン、塩酸アミトリプチリン、マレイン酸トリミプラミン、塩酸イミプラミン、塩酸ノルトリプチリン
四環系抗うつ薬	塩酸マプロチリン、塩酸ミアンセリン、マレイン酸セチプチリン
SSRI（選択的セロトニン再取り込み阻害薬）	マレイン酸フルボキサミン、塩酸パロキセチン水和物、塩酸セルトラリン
SNRI（セロトニン・ノルアドレナリン再取り込み阻害薬）	塩酸ミルナシプラン、ヴェンラファキシン、デュロキセチン、ネファゾドン
NaSSa（ノルアドレナリン作動性・特異的セロトニン作動性抗うつ薬）	ミルタザピン
その他の抗うつ薬	塩酸トラゾドン
【副作用】	
抗コリン作用	三環系・四環系抗うつ薬は、抗コリン作用を有しているため、口渇や便秘、尿閉、目のかすみ、せん妄が起こりやすい。また、眼圧上昇をきたすため緑内障では注意が必要である。
セロトニン症候群	悪性症候群とよく似た症状を示す。自律神経系の異常（頻脈、高血圧、発汗、下痢、反射の亢進）に加え、精神症状（錯乱、亢奮）、発熱、振戦、ミオクローヌス（突然起こるピクッとした筋肉の収縮）が出現。
セロトニン再取り込み阻害作用	消化管のセロトニン受容体に対する作用のため、悪心や嘔気等の消化器症状が服薬初期に出現しやすい。ほかに、性機能障害が出現することがある。

ん等の脳波異常を悪化させることがある。

242 **炭酸リチウム**には、手指振戦や嘔気、甲状腺機能異常などの副作用がある。また、過量服用によりめまい、下痢、複視などの中毒症状が生じ、重篤な場合には、意識障害、循環機能不全、腎不全などにより生命に危険を生じることもあるため、定期的な**血中濃度**の測定が必要である。

243 **抗不安薬**は、神経症などに伴う不安・緊張を軽減する作用がある。**ベンゾジアゼピン系**抗不安薬（ジアゼパム、エチゾラムなど）には、眠気、筋弛緩作用によるふらつきの副作用がある。また、長期の連用により、依存・耐性が生じ、服薬中断により不眠や不安が悪化することがある。

244 睡眠薬には、**バルビツール酸系**睡眠薬、**ベンゾジアゼピン系**睡眠薬、**非ベンゾジアゼピン系**睡眠薬、**メラトニン作動系**睡眠薬がある。また、作用時間によって、超短時間型、短時間型、中間型、長時間型に分類される。**バルビツール酸系**睡眠薬は、依存性の強さや呼吸抑制などの致死性の高さのた

め、ほとんど使用されなくなった。ベンゾジアゼピン系睡眠薬は、バルビツール酸系睡眠薬と比較して呼吸抑制の副作用が少ないが、長期の連用により身体依存・耐性が生じ、服薬中断で反跳性不眠が生じる。

245 てんかんでは、てんかん発作の予防のため、長期にわたる抗てんかん薬の服用が必要になるので、てんかんの診断や薬剤の選択は慎重に行う必要がある。また、薬の大幅な減量や突然の服薬中断により、てんかん発作重積を誘発し、生命の危険が生じることもあるため、患者への服薬指導が必要である。

246 精神刺激薬の一つであるメチルフェニデートは、ナルコレプシーと注意欠如多動症（ADHD）の治療薬として使用される。過去にはうつ病の治療薬としても使用されたが、安易な処方による依存、乱用が問題となり、適応から削除された。

247 アルツハイマー型認知症に対する治療薬として、アセチルコリンエステラーゼ阻害薬（ドネペジル、ガランタミン、リバスチグミンなど）、NMDA受容体阻害薬（メマンチン）がある。これらは、認知症そのものの改善効果はないが、記憶障害や認知機能障害などの症状の進行を抑制するとされている。また、副作用として消化器症状、徐脈、精神症状などがある。レカネマブは、アルツハイマー病による軽度認知障害、軽度のアルツハイマー型認知症を対象とし、原因物質であるアミロイドβに直接働きかけ、取り除くための初めての薬として、2023（令和5）年の12月に保険認証された。

248 パニック障害や社交不安障害などの不安障害の治療には、抗うつ薬のSSRI（選択的セロトニン再取り込み阻害薬）や、ベンゾジアゼピン系抗不安薬が用いられる。認知行動療法は、薬物療法と同等の効果があるとされている。

精神療法

◎精神療法の種類と内容

249 精神療法は、療法の対象を個人とするか集団とするかにより、個人精神療法と集団精神療法の二つに分けることができる。また治療者と患者のかかわり方から、支持的精神療法、洞察的精神療法、表現的精神療法、訓練的療法の大きく四つに分類することができる（図表21参照）。

250 支持的精神療法は、不適応を起こしている患者の心的防衛力を強化し、自己評価や自我機能などを改善させることで、不安を除去し、より好ましい行動様式の獲得を図る技法である。具体的な手法としてリフレーミングなどが挙げられる。

図表21 精神療法の分類

支持的精神療法	慰め、説得、励まし、助言などにより患者の防衛力を強化し、より優れた行動様式の獲得を図る。
洞察的精神療法	代表的なものが、フロイトが創始した「精神分析療法」で、ほかに交流分析やゲシュタルト療法などがある。
表現的精神療法	体験的精神療法とも呼ばれる。不安や解決困難な出来事を言葉やその他の方法で表現することにより感情の発散を促す。心理劇（サイコドラマ）、芸術療法、遊戯療法、箱庭療法などがある。
訓練的療法	新しい学習や訓練などを通じて適応性の改善を図ろうとする療法。行動療法や認知行動療法などがある。

251 精神療法では、自己の思考や行動パターンを意識化し、その背景や意味について理解することを**洞察**という。

252 **洞察的精神療法**は、患者自身が病気の症状やその背景について理解を深め、人格の構造的変化がもたらされることを通じて状態の改善を目指す方法である。

253 主な洞察的精神療法は、**来談者中心療法**、**精神分析療法**、**力動精神療法**などがある。 出 26-9

- 来談者中心療法は、ロジャース（Rogers, C. R）が提唱したもので、治療者が傾聴の姿勢をとり、クライエントに受容的、非審判的、共感的に接するなかで、洞察を促す技法である。
- 精神分析療法は、フロイト（Freud, S.）によって創始されたもので、自由連想法や夢分析といった特徴がある。
- 力動精神療法は、フロイトの精神分析から派生したもので、あらかじめ治療回数を定め問題解決を図る短期精神療法や集団内での人間関係を扱い参加者の洞察を深めようとする力動的集団療法等がある。

254 **表現的精神療法**は、葛藤や解決困難な悩みを言葉やそのほかの方法によって表現させることで、不満や不安、悲しみ、悔しさなどの感情の発散を促す方法である。発散によって得られる効果を**カタルシス効果**という。

255 表現的精神療法には、**芸術療法**、**遊戯療法**（**プレイセラピー**）、**箱庭療法**などがある。

- 芸術療法とは、芸術活動を取り入れた精神療法であり、絵画、描画、コラージュ、音楽など、さまざまな芸術活動を取り入れた技法である。
- 箱庭療法は、用意された箱にミニチュアの人形や玩具を自由に配置し、信頼する治療者の前で内的世界を表現することで問題解決が進むとされる。
- 遊戯療法（プレイセラピー）は、基本的には３～12歳までの幼児・児童などを中心に、人形やゲーム、積木などの遊具を用いて行われる療法である。

256 **訓練的療法**は、**指示的精神療法**とも呼ばれ、**学習理論**に基づき、観察可能な行動を対象として、新しい学習、再学習、あるいは訓練などの体験を通じて適応性の改善を図ろうとする療法の総称である。学習理論には、**古典的条件づけ理論**、**オペラント条件づけ理論**、社会学習理論、認知的行動変容と自己統制理論などがある。

257 訓練的療法には、**認知行動療法**、**行動療法**、**森田療法**、バイオフィードバック、自律訓練法などがある。また日本で開発された**内観療法**も訓練的療法に属する。

出22-9
出23-7

258 **森田療法**は、森田正馬によって考案され、主として神経症を適応とし、**絶対臥《が》褥《じょく》**—軽作業—中等度作業—重度作業という体験を通して心的態度の改善を図る精神療法である。

259 **認知行動療法**は、出来事に対する認知（受け止め方や解釈）に働きかけ、**否定的**な認知のパターン（自動思考）を修正することにより、不快な感情や不適応行動の改善を図る治療法である。うつ病と不安障害に対する治療効果が証明されており、発達障害、統合失調症の精神症状、摂食障害、心的外傷後ストレス障害（PTSD）等に対しても応用されている。

260 **行動療法**には、**系統的脱感作法**、フラディング（暴露療法）、**オペラント技法**、モデリングなどの技法がある。

261 **自律訓練法**とは、自己暗示や自己催眠の手段を利用して自律神経系の反応を支配しようとするもので、全般性不安障害などに生じる動悸や振戦などの**自律神経症状**の鎮静を図る。

262 気分障害（うつ病）には、自己否定的な認識を修正する目的での**精神療法**や**カウンセリング**を用いるのも有効である。なお、悲観的な思考になりやすいため、うつ病の経過中は重要な決定を促すことは控える。

263 広義の**集団精神療法**には、病棟で毎週行われる「患者会」から対象を限定して行う特殊精神療法までさまざまなものが含まれる。

264 **集団精神療法**における共通する治療的因子として、アメリカ集団精神療法学会は、①普遍性、②他愛主義、③希望をもたらすこと、④情報の伝達、⑤原家族経験のやり直し、⑥ソーシャルスキルの発達、⑦模倣行動、⑧凝集性、⑨実存的要因、⑩カタルシス、⑪対人関係—インプット、⑫対人関係—アウトプット、⑬自己理解の13因子を挙げている。

265 **心理劇（サイコドラマ）**は、集団精神療法の一種であると同時に、芸

術療法的な側面も併せもっている。すなわち、心理劇では集団療法の長所に加え、作劇の過程で言語や身体の動きによる表現効果も期待できる。

266 家族療法は、家族のいずれかの構成員に生じている心理的問題を、その他の構成員も参加する集団面接のなかで解決しようとする治療法である。

267 家族療法には、多くの技法があるが、その背景には、家族は構成員によって形成されるシステムであるという家族システム論の認識がある。

268 社会生活技能訓練（SST）とは、リバーマン（Liberman, R. P.）によって開発された認知行動療法や社会学習理論を基盤とした技法であり、主として精神障害者のコミュニケーションや行動を改善・修正することを目的とした支援方法である。

脳刺激法

◎電気けいれん療法

269 電気けいれん療法（ECT）は、頭部に通電して人為的にけいれん発作を誘発する治療法である。

270 電気けいれん療法は、重症のうつ病、躁うつ病、統合失調症による昏迷状態、緊張病状態、拒食・拒薬などにより、早期の症状改善が必要な場合や、薬物療法の効果が不十分、あるいは副作用のために薬物療法が困難な場合などに行われる。

271 けいれんによる脱臼や骨折などの重篤な副作用を防止するため、全身麻酔下で筋弛緩剤を用いて実施する、修正型電気けいれん療法（m-ECT）の普及が進んできている。

272 電気けいれん療法の副作用として、せん妄や逆行性健忘、見当識障害が生じることがあるが、ほとんど一時的なものである。

◎経頭蓋磁気刺激療法

273 経頭蓋磁気刺激療法（TMS）は、主にうつ病に対して用いられ、治療抵抗性のうつ病にも効果があるといわれている。

274 経頭蓋磁気刺激療法は、電気けいれん療法と比較して、記憶障害などの副作用も目立たないが、効果が発現するためには反復して行う必要があり、即効性という点では、電気けいれん療法に劣る。

作業療法

275 作業療法（Occupational Therapy：OT）は、リハビリテーション効果を期して、患者に何らかの作業を実施させる治療法の総称である。

276 作業療法は、「身体又は精神に障害がある者に対し、主としてその応用的動作能力又は社会的適応能力の回復を図るため、芸術、工作その他の作業を行なわせることをいう」と定義されている（理学療法士及び作業療法士法第２条第２項）。

277 作業療法は、さまざまな疾患に対し、異なる回復段階で実施され、またほかの患者と場を共有しながら、自分の目的に応じた利用ができる。

278 精神科作業療法は、18世紀に欧米で行われた道徳療法にその起源があり、1920年にアメリカのマイヤー（Meyer, A.）が、精神障害を「生活の障害」と捉えて作業の意義を再評価したことなどから、今日の形ができていった。

279 加藤普佐次郎は、1930年代から都立松沢病院において、精神障害者のリハビリテーションとして、園芸療法を中心とした作業療法や開放治療を提唱、実践した。

280 精神科作業療法は、1974（昭和49）年に診療報酬の対象として認められた。

281 精神科作業療法は、精神障害を有する者を対象とし、その生活のしづらさの出現の予防や改善を図る。

地域精神医療

◎訪問診療、往診

282 さまざまな理由で通院が困難な患者のもとに医師が出向いて行う在宅医療は、訪問診療と往診に大別される。

283 訪問診療は、患者の同意のもとに、定期的かつ計画的に医師が患家を訪問して診療を行うものである。

284 往診は、患者の要請によって医師がそのつど、患家に出向いて診療を行うものである。

285 **通院・在宅精神療法**は、2008（平成20）年度の診療報酬改定で、訪問診療および往診に加算可能となった。初診の場合は30分を超える診療、再診の場合は、5分を超える診療を行った場合に請求が認められている。

286 **精神科在宅患者支援管理料**は、2018（平成30）年度の診療報酬改定で新設となり、患者の状態に応じた評価が導入され、退院後の患者だけでなく、地域で困難を抱えている患者も対象となった。

◎訪問看護

287 **精神科訪問看護**は、医師の指示のもと保健師、看護師、准看護師といった看護職だけでなく、精神保健福祉士、作業療法士等による訪問でも算定可能である。

288 提供施設は、医療機関と訪問看護ステーションの2種であり、それぞれ「精神科訪問看護・指導料」「精神科訪問看護基本療養費」として算定される。

289 現行、医療機関からの訪問では、精神保健福祉士や作業療法士も診療報酬の算定が可能であるが、訪問看護ステーションからの単独による訪問では、精神保健福祉士は算定できない。

◎アウトリーチ

290 精神障害にも対応した地域包括ケアシステムの構築に資する**アウトリーチ事業**として、以下のような事業が整備されている。一つは、都道府県の地域生活支援事業として、①**精神障害者地域生活支援広域調整等事業（必須事業）におけるアウトリーチ事業**（訪問支援を円滑に実施するための多職種チームの設置）やアウトリーチ事業評価検討委員会の開催、②**精神障害関係従事者養成研修事業（任意事業）**におけるアウトリーチ関係者に対する研修など。もう一つは、**地域生活支援促進事業**として、**精神障害にも対応した地域包括ケアシステムの構築推進事業**に位置づけられた**アウトリーチ支援に係る事業**である。

291 **包括型地域生活支援（ACT）**は、1970年代にアメリカで開発された心理社会療法の一つである。国際的に普及したアウトリーチの代表的な支援モデルである。

292 ACTは、ACTそのもので制度化されていないため、精神科訪問看護・指導料、在宅患者訪問診療料、精神科在宅患者支援管理料等の既存の診療報酬制度を活用して実施・運用されている。

◎精神科デイ・ケア等

293 精神科のデイ・ケアには、精神科デイ・ケア、精神科ナイト・ケア、精神科デイ・ナイト・ケア、精神科ショート・ケアの3種類がある。

294 精神科のデイ・ケアとは、精神障害者の安定した日常生活や社会復帰を目的とした通所型リハビリテーションである。

295 精神科のデイ・ケアでは、精神疾患の再発防止や生活リズム改善、対人関係スキル向上などを目的に、人との交流や各種プログラムへの参加などを通じて、リハビリテーションを行っている。

296 在籍しているスタッフは、施設や規模によって異なるが、**精神科医師**、**作業療法士**、**精神保健福祉士**、**看護師**等がいる。

297 **精神科デイ・ケア**は、精神障害者の**社会生活機能の回復**を目的として、個々の患者に応じたプログラムに従ってグループごとに治療するものであり、実施される内容の種類にかかわらず、その実施時間は患者1人当たり1日につき6時間を標準とする。

298 **精神科ナイト・ケア**は、精神障害者の**社会生活機能の回復**を目的として行うものであり、その開始時間は午後4時以降とし、実施される内容の種類にかかわらず、その実施時間は患者1人当たり1日につき4時間を標準とする。

299 **精神科デイ・ナイト・ケア**は、精神障害者の**社会生活機能の回復**を目的として行うものであり、実施される内容の種類にかかわらず、その実施時間は患者1人当たり1日につき10時間を標準とする。

300 **精神科ショート・ケア**は、精神障害者の**地域への復帰を支援**するため、**社会生活機能の回復**を目的として個々の患者に応じたプログラムに従ってグループごとに治療するものであり、実施される内容の種類にかかわらず、その実施時間は患者1人当たり1日につき3時間を標準とする。

3 精神医療の動向

精神疾患患者の動向

◎630調査

301　2023（令和5）年度（6月30日時点）の入院患者の入院形態別割合は、任意入院が48.5％、医療保護入院が50.4％、措置入院が0.6％である（**図表22参照**）。

受験対策アドバイス

国家試験によく出る統計として「患者調査」や病院報告における「精神病床の平均在院日数」などがあります。広範囲にわたるため覚えるのも一苦労かもしれません。数値よりも傾向や動向を押さえるようにしましょう。

図表22 精神科病院における入院形態別入院患者数

入院形態	人数（％）
措置入院	1601人（0.6％）
医療保護入院	12万9072人（50.4％）
任意入院	12万4282人（48.5％）

資料：厚生労働省「精神保健福祉資料（630調査）　令和５年度」

302　**病院**とは、20床以上の入院施設をもっている医療機関をいい、**診療所**は、病床を有しないものまたは19床以下の病床を有するものをいう。

303　精神科病院における在院期間は、1年以上5年未満が7万8910人と最も多く、次に5年以上10年未満（3万4390人）、1か月以上3か月未満（3万840人）となっている。

304　2023（令和5）年度（6月30日時点）の全体の入院患者を年齢層別で見ると、75歳以上の患者数が、10万1754人と最も多く、次に40歳以上65歳未満で7万7131人となっている。65歳以上の患者数は、全体の約63.1％（75歳以上では39.7％）を占めている（**図表23参照**）。

305　2019（令和元）年度と2023（令和5）年度の調査を比較した場合、入院患者総数は27万2096人から25万6309人と1万5787人減少している。入院形態別患者数で見た場合、医療保護入院と措置入院はほぼ横ばいであり、任意入院では**減少**傾向である（**図表24参照**）。

図表23 2023（令和5）年度　年齢層別入院者数

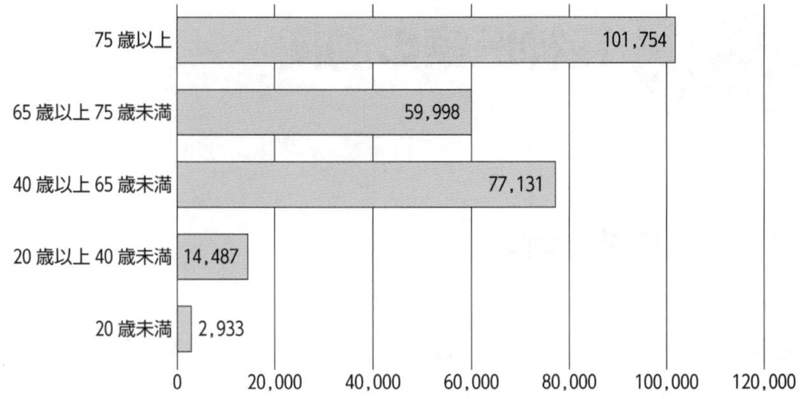

資料：厚生労働省「精神保健福祉資料（630調査）　令和5年度」

図表24 入院患者総数と入院形態

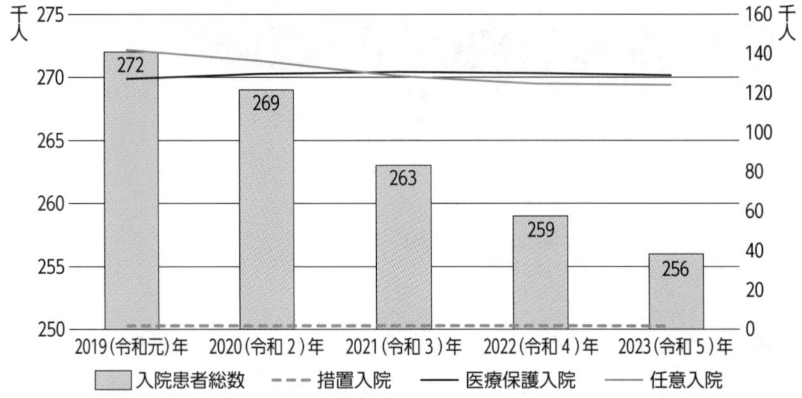

資料：厚生労働省「精神保健福祉資料（630調査）　令和5年度」

◎患者調査

306　2020（令和2）年の患者調査によると、精神疾患の患者数は入院患者で28万8000人、外来患者で586万1000人であり、入院患者数では**減少**傾向にある。一方、外来患者数は1999（平成11）年以降ほぼ増加傾向にあり、2020（令和2）年から総患者数の推計方法が変更されているので単純に比較はできないものの、2017（平成29）年との比較において200万人近く増加している（**図表25参照**）。

◎入院

307　2020（令和2）年の精神病床入院患者数について、疾患別にみると、「統合失調症、統合失調症型障害及び妄想性障害」が14万1000人、「アルツハイマー病」および「血管性及び詳細不明の認知症」が合計で5万8000人である。「統合失調症、統合失調症型障害及び妄想性障害」については漸減傾向にある。また、認知症では「血管性及び詳細不明の認知症」の入院が減っていることに比べ「アルツハイマー病」での入院は大きく**増えて**いる（**図表26参照**）。

図表25 精神疾患を有する総患者数の推移

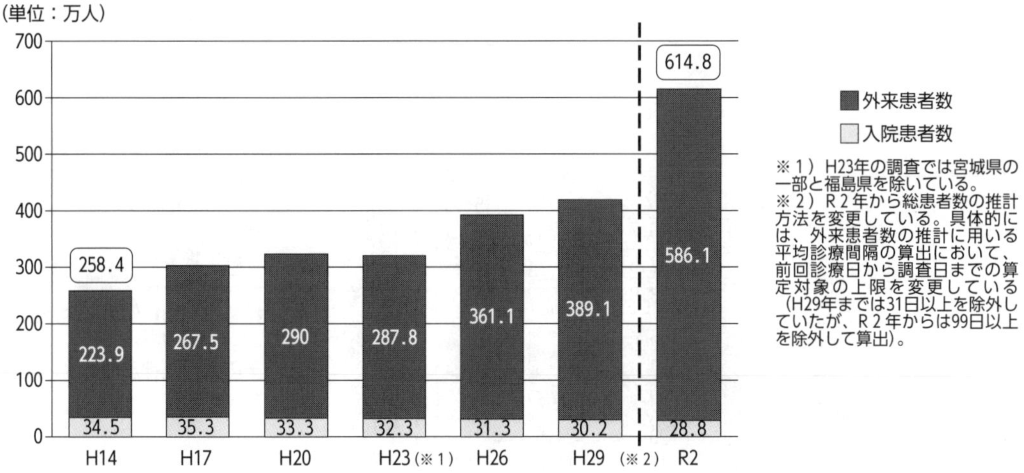

資料：厚生労働省「患者調査」より作成

図表26 精神疾患を有する入院患者数の推移（疾患別内訳）

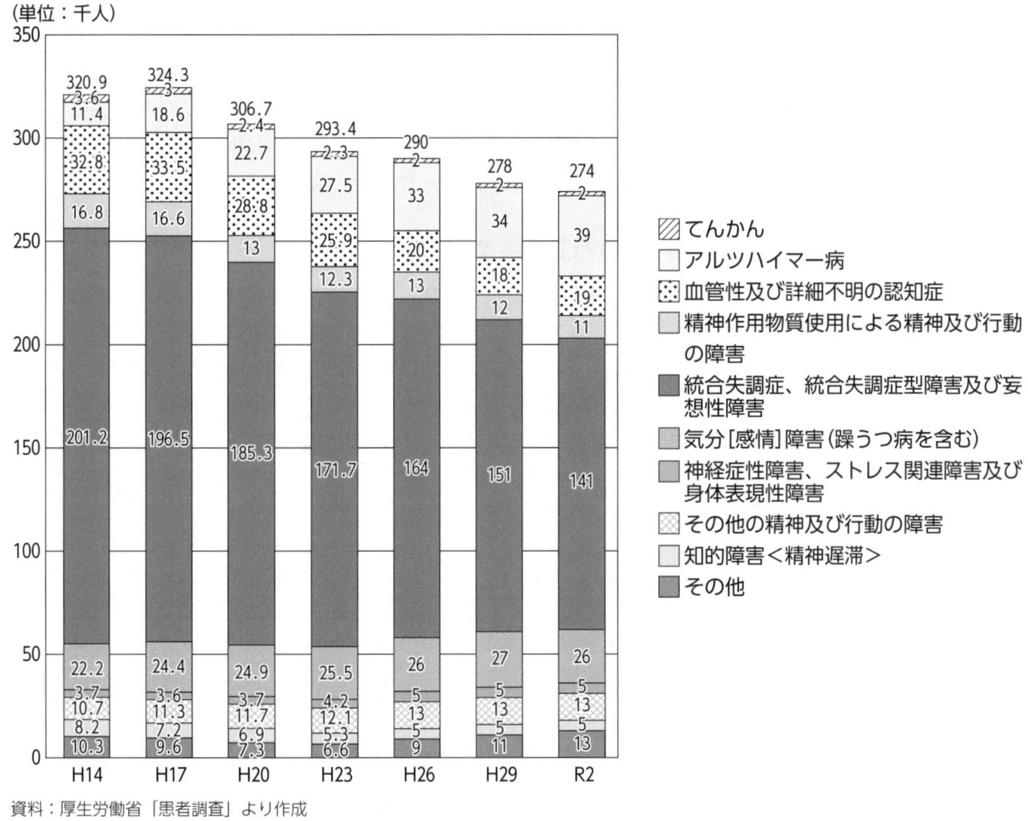

資料：厚生労働省「患者調査」より作成

◎外来

308 2020（令和2）年の精神疾患外来患者数の疾患別内訳をみると、「統合失調症、統合失調症型障害及び妄想性障害」が73万7000人、「気分［感情］障害（躁うつ病を含む）」が169万3000人、「アルツハイマー病」が74万3000人である**（図表27参照）**。

図表27 精神疾患を有する外来患者数の推移（疾患別内訳）

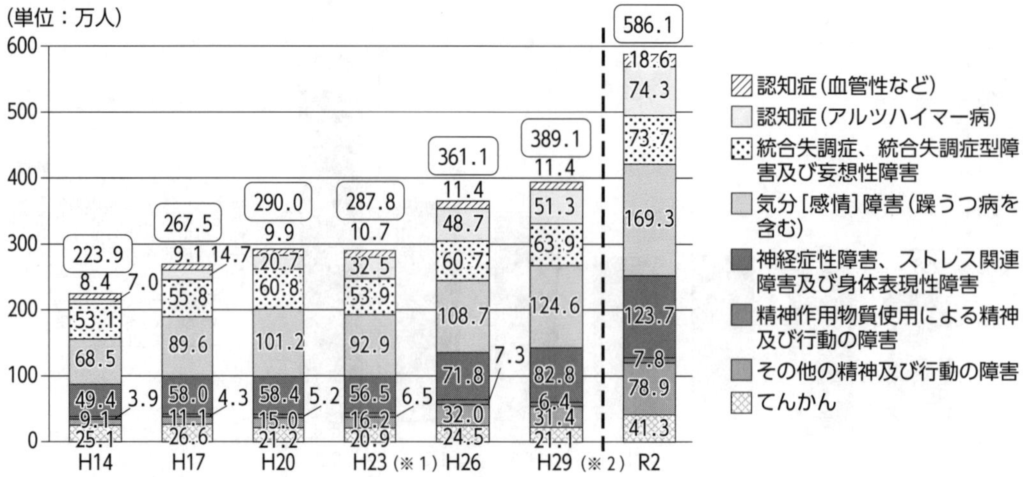

※1）H23年の調査では宮城県の一部と福島県を除いている。

※2）R2年から総患者数の推計方法を変更している。具体的には、外来患者数の推計に用いる平均診療間隔の算出において、前回診療日から調査日までの算定対象の上限を変更している（H29年までは31日以上を除外していたが、R2年から99日以上を除外して算出）。

資料：厚生労働省「患者調査」より作成

◎在院

309 2020（令和2）年の「精神及び行動の障害」における平均在院日数は、294.2日である。前回調査と比較すると、17.1日増加し、2002（平成14）年の調査以降の水準とほぼ同じとなっている**（図表28参照）**。

図表28『精神及び行動の障害』平均在院日数

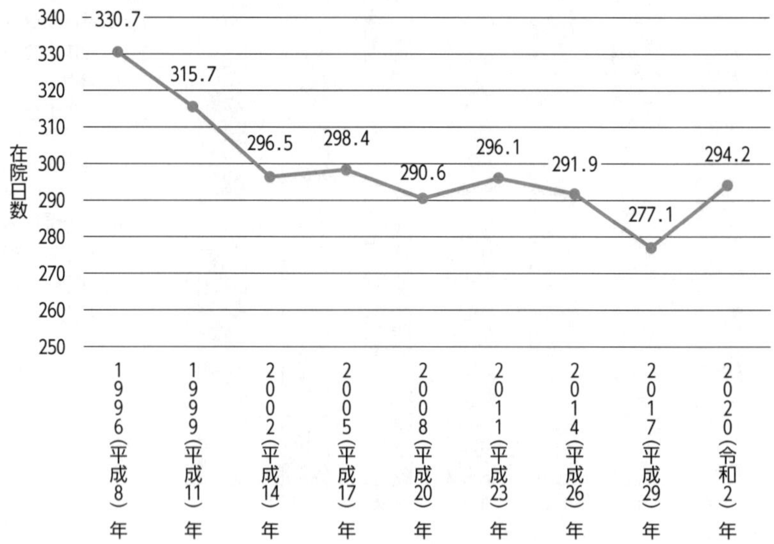

310 「精神及び行動の障害」の平均在院日数を年齢別でみると、0～14歳では、32.5日、15～34歳では69.3日、35～64歳では214.9日と長くなり、65～74歳では490日を超える（75歳以上は476.7日）。

311 2020（令和2）年の平均在院日数を疾患別で前回調査と比較すると、

「統合失調症、統合失調症型障害及び妄想性障害」「気分［感情］障害（躁うつ病を含む）」では、増加しているものの「血管性及び詳細不明の認知症」では減少している（図表29参照）。

図表29 疾患別平均在院日数

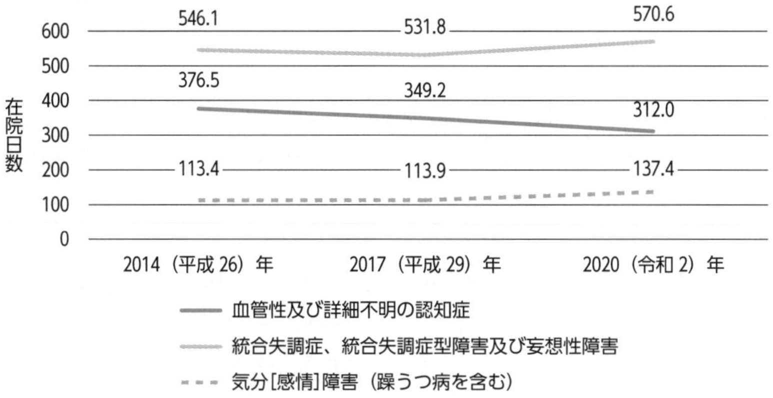

医療制度改革と精神医療

312 かつての精神科医療は、長期間にわたる入院治療が一般的であり、そこでは患者と職員が一体となって施設内で生じる問題の解決にあたる**治療共同体**などの**心理社会的アプローチ**や、**院内作業療法**、**院外作業（外勤）療法**などのさまざまな工夫がされた。その後、社会生活を送りながらデイケア、ナイトケア、訪問診療、訪問看護・指導などを利用する、**社会療法**とも呼ばれる治療的アプローチが重視されるようになった。

313 2004（平成16）年9月に策定された**精神保健医療福祉の改革ビジョン**では、**入院医療**中心から**地域生活**中心へという理念が示され、またこの理念を支えるための医療の実現に向けて、2014（平成26）年の精神保健及び精神障害者福祉に関する法律（精神保健福祉法）に基づく「良質かつ適切な精神障害者に対する医療の提供を確保するための指針」により、精神障害者に対する保健医療福祉に携わるすべての関係者が目指すべき方向性が示された。

314 2017（平成29）年の「これからの精神保健医療福祉のあり方に関する検討会」における報告書で新たな理念として明確化された「**精神障害者にも対応した地域包括ケアシステム**」の構築は、障害者のためだけでなく、住民一人ひとりの暮らしと生きがい、地域をともに創る「**地域共生社会**」の実現に寄与するものとされている。

医療機関の医療機能の明確化

315 「地域における医療及び介護の総合的な確保を推進するための整備に関する法律（医療介護総合確保推進法）」による医療法改正に基づき都道府県は、**地域医療構想**を策定し、医療計画に反映させることが義務づけられた。

◎病床機能分化

316 **病床機能分化**とは、病床を「高度急性期機能」「急性期機能」「回復期機能」「慢性期機能」の４機能に分け、「地域医療構想」とともに機能分化と連携を推進する仕組みである。

317 **地域医療構想**とは、医療機能ごとに2025年の医療需要と病床の必要量を推計し、中長期的な人口構造や地域の医療ニーズの変化に対応するため、各地域に適した医療体制をつくろうとする取り組みである。

318 **病床機能報告制度**とは、医療法に基づいて実施する制度であり、医療機関のそれぞれの病棟が担っている医療機能を把握し、その報告をもとに、地域における医療機能の分化・連携を進めることを目的としている。

◎クリニカルパス

319 **クリニカルパス**とは、良質かつ標準的な医療を、効率的かつ適正に提供するための手段として開発された診療計画表である。日本ではある疾患の治療スケジュールを患者にわかりやすく記載した一覧表的な側面が重視されている。

320 クリニカルパスは、医師・看護師・作業療法士・公認心理師・精神保健福祉士等が共同して作成し、ガイドラインや標準治療法などを基盤に工程を管理することで、医療の質を向上させることを目的としている。

321 地域連携クリニカルパスは、急性期から回復期を経て、早期に自宅に帰るところまでを視野に入れた診療計画である。

◎地域医療連携（地域完結型医療）

322 地域連携システムの確立は、単一の医療機関における救命や治療、社会復帰を目的とした「病院完結型医療」から病気や障害と共存しながら住み慣れた地域全体で病者を支えていこうとする「**地域完結型医療**」への変容につながる。

4 精神科医療機関における治療

入院治療

◎入院治療が考慮される状況

323 入院治療は、精神科治療において一時的に必要となる措置である。

受験対策アドバイス
精神科医療における入院治療や外来治療、在宅医療など精神保健福祉士としてしっかり押さえておく必要があります。また人権擁護、各種法・制度に関する項目は、他科目でも問われる内容であり、併せて理解しておくとよいでしょう。

324 入院治療が考慮される状況として、①精神症状が重篤である場合、②身体の状態が重篤である場合、③自殺の危険性が高い場合、④他人に危害を加える危険性が高い場合、⑤治療上、環境を変えることが望ましい場合などがある。

- 精神症状が重篤である場合には、幻聴や妄想等による異常行動や興奮が激しく、外来や訪問による治療が著しく困難あるいは不可能な状況などがある。
- 身体の状態が重篤である場合には、大量服薬による急性薬物中毒や摂食障害による著しい低栄養状態、脳器質疾患による意識障害といった状況などがある。
- 自殺の危険性が高い場合には、さまざまな原因により強い希死念慮が生じており、自殺の危険が切迫している状況などがある。
- 他人に危害を加える危険性が高い場合には、幻聴の命令に従い、他人を傷つけようとした場合などがある。
- 治療上、環境を変えることが望ましい場合には、家族関係などに問題があり、一時的に家庭環境から離れたほうが治療によい状況や、さまざまな事情により自宅では心理的な休養をとることが困難な状況などがある。

325 **精神保健指定医**は、上記状況を踏まえ入院治療の処遇が医療的に適切であるか、そうではないかの判断を行う。

◎専門病棟

326 わが国の病院の病床は、医療法において、①**精神病床**、②**感染症病床**、③**結核病床**、④**療養病床**、⑤**一般病床**と定められている。このうち、精神保健及び精神障害者福祉に関する法律（精神保健福祉法）に基づく入院治療は**精神病床**に区分される病床で行われる。

327 一部の病院では、疾患別の専門治療病棟で治療が行われている。代表的なものとして、①**依存症治療病棟**、②**認知症病棟**、③**児童・思春期病棟**、④**身体合併症治療病棟**などがある。

328 **依存症治療病棟**では、内科的な評価や治療とともに、依存症に関する教育的治療が行われる。これは個別・集団の精神療法を組み合わせて行われ、精神療法としては**認知行動療法**などが取り入れられている。最近では、物質依存のみならず、ギャンブル依存等、**行動嗜癖**の治療を目的とした病棟もある。

329 **認知症病棟**では、**認知症の行動・心理症状**（**BPSD**）が激しい場合は、精神病床による治療が必要となる場合もある。

330 **児童・思春期病棟**では、発達障害や摂食障害、境界性パーソナリティ障害など若年者に特有または多く見られる患者の治療を行い、心理的な側面や療育的な視点からの治療が求められる。

331 **身体合併症治療病棟**では、精神科と身体科が協力して治療にあたる。精神疾患、身体疾患両方について、精神科を担当する医師と内科または外科を担当する医師が協力し治療が展開される。治療が計画的に提供される場合には「**精神科身体合併症管理加算**」を算定することができる。

入院治療と人権擁護

◎入院治療の歴史

332 **相馬事件**をきっかけに精神障害者の収容や監置が、法的手続きが不明瞭なまま行われていたことが問題となり、その状況に対処するため1900（明治33）年に**精神病者監護法**が成立した。精神病者監護法では、手続きをとれば**私宅監置**が認められ、この状況は精神衛生法制定まで続いた。

333 1987（昭和62）年に精神衛生法は、宇都宮病院事件をきっかけに**精神保健法**へと改正された。これにより**任意入院**が新設された。

334 精神保健法においては、任意入院や**医療保護入院**、**措置入院**、**緊急措置入院**、**応急入院**、仮入院といった入院形態が規定され、このうち仮入院以外は、1995（平成7）年に成立した**精神保健及び精神障害者福祉に関する法律**（**精神保健福祉法**）に引き継がれた。

◎精神保健福祉法における入院形態

出 22-10 **335** 入院形態には主に、①**任意入院**（患者本人の意思による入院）、②**医
出 23-9 療保護入院**（精神保健指定医が患者の医療および保護のために入院が必要と
出 23-10 判断し、家族等のうち1名が同意した場合の入院）、③**措置入院**（自傷他害
出 24-9 のおそれのある患者に対して、精神保健指定医2名が必要と判断した場合に
出 25-10 都道府県知事または指定都市の長の命令に基づく入院であり、④**緊急措置入
院**の場合には、精神保健指定医1名の判断で足りるが入院期間は72時間に

限られる)、⑤応急入院(直ちに入院させることが必要であると精神保健指定医が判断し、①～③の方法で入院させることが困難な場合に、72時間に限り、患者の同意なく行われる入院)がある。

✎ 家族等とは、配偶者、親権者、扶養義務者、後見人または保佐人をいう。

336 2022(令和4)年の精神保健福祉法改正(2024(令和6)年4月1日施行分)において、医療保護入院の入院期間が「最大6か月以内で省令で定める期間」とされた。期間に達した場合は、精神保健指定医の診察の結果、任意入院ができない状態にあり入院の必要があると判断した場合に限り、「対象患者への退院支援委員会の開催」、「家族等の同意」、「更新届の提出」の要件を満たすことで入院の期間が更新できる。

337 2022(令和4)年の精神保健福祉法改正(2024(令和6)年4月1日施行分)において、医療保護入院に際し家族等が同意・不同意の判断ができない場合には、家族等は意思表示を行わないとすることができるようになった。家族等の全員意思表示を行わない場合には、医療機関は市町村長同意の申請ができる。

338 精神保健指定医は勤務する病院で入院患者に対して適正な処遇がなされるように配慮する義務がある。特に本人の同意に基づかない入院や、隔離、身体的拘束などの行動制限を要するか否かの判断は精神保健指定医が行う。

◎医療保護入院における退院促進

339 2013(平成25)年の精神保健福祉法改正により、①退院後生活環境相談員の設置、②地域援助事業者との連携体制の整備、③医療保護入院者退院支援委員会の設置などが定められた。

340 医療保護入院者退院支援委員会では、①入院継続の必要性、②入院継続が必要な場合、更新後の入院期間、③今後の退院に向けた取り組みの方針について審議が行われる。

341 退院後生活環境相談員は、入院早期(7日以内)に入院患者1人当たり1名選任する。

342 退院後生活環境相談員の資格要件は、①精神保健福祉士、②看護職員(保健師を含む)、作業療法士、社会福祉士、公認心理師として精神障害者に関する業務の経験者、③3年以上精神障害者およびその家族等との退院後の生活環境についての相談および指導に関する業務に従事した経験を有するものであって、厚生労働大臣が定める研修を修了した者とされている。

343 退院後生活環境相談員1人当たりの担当患者は、おおむね50人以下

とされている（「06 精神保健福祉制度論」図表７参照）。

344 病院の管理者は、医療保護入院者が円滑に地域生活に移行できるように、必要に応じて障害福祉サービスや介護サービス事業者等を紹介することが**努力義務**とされていたが、2022（令和4）年精神保健福祉法改正（2024（令和4）年4月1日施行分）において義務化された。

345 **医療保護入院者退院支援委員会**は、医療保護入院者の入院の必要性について審議するための体制として、病院に設置が**義務**づけられた。

◎措置入院における退院促進

346 従来、医療保護入院時に精神医療審査会でその必要性の審査が行われてきたが、精神保健福祉法改正（2024（令和6）年4月1日施行分）で**措置入院**時にも入院の必要性について審査が行われるようになった。

347 これまで医療保護入院者に対して選任されていた退院後生活環境相談員について、精神保健福祉法改正（2024（令和6）年4月1日施行分）により**措置入院者**に対しても選任することが**義務化**された。また、患者本人またはその家族等から求めがあった場合、医療保護入院者と**措置入院者**が地域生活に移行できるよう相談援助を行う地域援助事業者の紹介を行うことが、医療機関に対して**義務化**された。

◎インフォームド・コンセント

348 **インフォームド・コンセント**は、ニュルンベルク綱領やヘルシンキ宣言など、医学的人体実験における倫理基準として生まれ、その後、広く医療の領域で用いられるようになった。

349 インフォームド・コンセントを得るプロセスは、**心理教育**の一部ともいえ、患者自ら主体的に治療の選択に参加し、その必要性を理解したうえで治療を継続する姿勢（**アドヒアランス**）を高める意義もある。

◎精神科病院における処遇（隔離、身体的拘束）、行動制限の最小化

出26-10 350 入院患者に対する、身体的拘束および**12時間**を超える隔離は、精神保健指定医が必要と認めなければ行うことができない。精神保健指定医が**行動制限**を行う場合には、できる限り患者や家族等にその内容、目的、理由等を説明することが必要である。また、行動制限の内容・理由、症状、開始および解除した年月日および時刻、指定医の氏名などを診療録に記載しなければならない（精神保健福祉法第36条・第37条）。

出26-10 351 「精神保健及び精神障害者福祉に関する法律第37条第1項の規定に基づき厚生労働大臣が定める基準」では、患者の隔離に関して、本人の意思に

より閉鎖的環境の部屋に入室させた場合は隔離には当たらないこと、隔離を行っている閉鎖的環境の部屋にさらに患者を入室させることを禁止し、隔離を行っている間は定期的な会話等による注意深い臨床的観察と適切な医療および保護が確保されなければならないとしている。

352 行動制限最小化委員会は、医師、看護師、精神保健福祉士等で構成される院内組織で、精神保健福祉法第36条に示される隔離や身体的拘束、通信・面会の制限等の行動制限を最小のものにとどめるための検討を行う会議である。

✏ 行動制限最小化委員会は、「医療保護入院等診療料」の一つの要件とされている。

◎退院および処遇改善請求

353 退院および処遇改善請求とは、精神科病院に入院している患者が、自身の入院や病院の処遇について、退院や処遇の改善を指示するよう、都道府県知事・指定都市の長に請求することができる制度である（精神保健福祉法第38条の4)。患者自身のほか、家族等や市町村長、代理人である弁護士も請求できる。

354 2022（令和4）年の精神保健福祉法改正において、精神障害者に対してDVや虐待等を行った者等は、医療保護入院の同意者である「家族等」から除かれることになった。

◎精神保健指定医制度

355 精神保健指定医の指定は、精神保健福祉法第18条に基づいて行われており、1987（昭和62）年の精神衛生法改正（精神保健法の成立）により創設された。

356 精神保健指定医の資格申請のために必要な要件には、①5年以上の臨床経験（うち3年以上の精神科実務経験）があること、②厚生労働省が定める精神科臨床経験があること（所定のケースレポートの提出)、③規定された研修（申請前3年以内に行われたものに限る）課程を修了していることなどがある。

◎精神医療審査会

357 精神医療審査会は、精神保健福祉法第12条に規定され、精神障害者の人権に配慮しつつその適正な医療および保護を確保するために、都道府県および指定都市に設置された機関である。

358 精神医療審査会では、精神病院に入院している精神障害者の処遇等について専門的かつ独立的な機関として審査を行うために設置されたものであ

る。

359 **精神医療審査会**の運営にあたって、**都道府県知事**（指定都市の長を含む）、審査会委員、その他関係者は、審査会の設置の趣旨を踏まえ、公平かつ迅速な審査を行うなど、精神障害者の人権擁護のために最大限の努力を払わなければならないとされている。

360 精神医療審査会は5名の**合議体**であり、精神障害者の医療に関する学識経験者（指定医に限る）2名以上、法律に関する学識経験者（弁護士、検事等）1名以上、精神障害者の保健または福祉に関する学識経験者（精神保健福祉士、保健師等）1名以上で構成されている。

361 精神医療審査会の主な業務は、①精神科病院の管理者から医療保護入院の届出、措置入院患者および医療保護入院患者の**定期病状報告**があった場合、その入院の必要性が適切であるか審査をすること、②措置入院患者および医療保護入院患者本人、またはその家族等から**退院請求**や**処遇改善請求**があった場合、その入院の継続が必要であるかどうか、またその処遇が適切であるかどうかの審査を行う等である。

362 **都道府県知事**（指定都市の長を含む）は、精神医療審査会での審査の結果、その入院が必要でない、あるいはその処遇が適切でないと認めた場合、精神科病院の管理者に対して、該当患者を退院させること、または処遇改善に必要な措置をとることを命じる。

363 退院等の請求を行った患者に対しては、都道府県知事（指定都市の長を含む）から審査の結果について通知される。

◎移送制度

364 **移送制度**は、医療保護入院に相当する状態である本人が病院に行くことに同意せず、ほかの方法を用いることが困難で緊急性の高い場合に限って適用され、家族等の同意の有無に応じて医療保護入院または応急入院をさせるため、**都道府県知事**、**指定都市の長**により**応急入院指定病院**に限って移送することができる。

365 措置入院のための移送は、精神保健指定医**2**名が要措置と診断しなければならず、**公立精神科**または**指定病院**にのみ入院させることができる。

366 移送制度は、精神保健福祉法第34条に規定されており、利用にあたっては、相談を受けた保健所の**精神保健福祉相談員**等は、精神保健福祉法第47条に規定されている**地域精神保健福祉活動**を展開し、本人を訪問する機会を通じて受診をすすめる。そうした活動のなかでも状況に変化がなく、病

状悪化が進んでいく場合、移送制度の利用を検討する（**図表30参照**）。

✎ 精神保健福祉相談員とは、保健所や精神保健福祉センター等において、精神保健や精神障害者の福祉に関する相談に応じ、精神障害者やその家族等に必要な指導や援助を行う者をいう。

図表30 精神保健福祉法第34条移送の実施の流れ

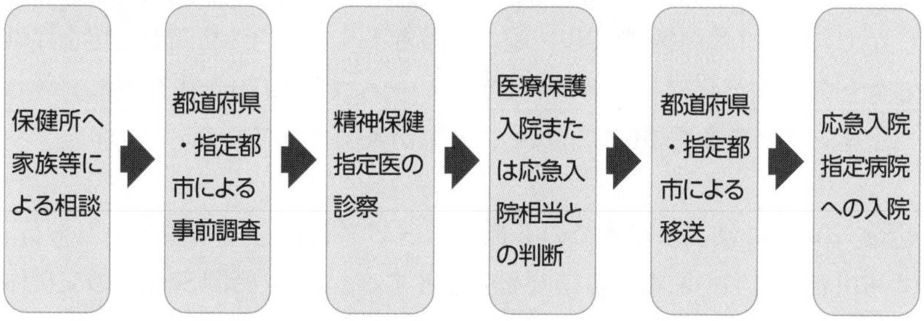

出典：一般社団法人日本ソーシャルワーク教育学校連盟編集『最新 精神保健福祉士養成講座①精神医学と精神医療』中央法規出版、p.258、2021. を一部改変

367 措置入院のための移送においては、移送の開始は都道府県職員が事前調査を行い、措置入院の必要性を判定するために精神保健指定医による診察および移送が必要であると判断した時点からとなっている。

368 措置入院のための移送手続きの終了は、移送先の応急入院指定病院に入院した時点、または措置入院が不要となった時点としている。

外来治療、在宅医療

◎外来治療

369 精神科外来治療を提供する医療機関には、精神科診療所、単科精神科病院、総合病院精神科がある。

370 2022（令和4）年に精神障害にも対応した地域包括ケアシステムにおいて、地域での生活を継続する支援体制の構築を推進する観点から**包括的支援マネジメント**に基づいた相談・支援等を実施した場合について、通院精神療法における**療養生活継続支援加算**が新設された。2024（令和6）年度の診療報酬改定により、在宅精神療法も加算の対象となった。

371 療養生活継続支援加算の算定基準として、精神科を担当する医師の指示の下、保健師、看護師または精神保健福祉士が、当該患者またはその家族等に対し、医療機関等における対面による20分以上の面接を含む支援を行うとともに、関係機関と連絡調整を行った場合に、1年を限度として、月1回に限り算定できる。

372 2022（令和4）年に、孤独・孤立による影響等により精神障害また

はその増悪に至る可能性が認められる患者に対して、自治体と連携しながら多職種で当該患者をサポートする体制を整備している場合、こころの連携指導料が算定されるようになった。

◎包括型地域生活支援（ACT）

373 包括型地域生活支援（ACT）は、重度の精神障害者が、地域社会のなかで自分らしい生活を実現・維持できるよう包括的な訪問型支援を提供するケース（ケア）マネジメントモデルの一つで、1970年代初頭にアメリカで生まれてから多くの国に普及し、効果が実証されている。

374 ACTには、①在宅での多様なサービス提供を多職種チームで行う、②利用者の自宅や職場への訪問を中心とする、③24時間365日の支援体制をとるなどの特徴がある。

375 ACTの多職種チームは、看護師・精神保健福祉士・作業療法士・精神科医などからなり、スタッフ1人が担当する利用者を10人以下とし、支援では個別化された直接サービスを提供する。

376 利用者の希望やストレングスを大切にし、利用者のパーソナル・リカバリーとともに援助の理念となっている。

医療観察法における入院・通院治療

◎医療観察法の概要

377 心神喪失等の状態で重大な他害行為を行った者の医療及び観察等に関する法律（医療観察法）は、対象者に適切な医療を提供し、社会復帰を促進するために生活環境を調整することを目的とし、指定医療機関と地域の関係機関・関係者が連携するコーディネートの役割を担う社会復帰調整官を保護観察所に配置している。

378 医療観察法における対象者は、心神喪失または心神耗弱の状態で重大な他害行為を行った精神障害者である。

重大な他害行為とは、殺人、放火、強盗、不同意性交等、不同意わいせつ、傷害（軽微なものを除く）の6罪種（未遂も含む）である。

379 医療観察法の審判の申し立ては、精神障害を理由に不起訴処分となった者、あるいは裁判において自由刑を科せられなかった者を対象に、検察官が地方裁判所に対して行う。

380 医療観察法での審判は、地方裁判所で行われ、裁判官以外に精神保健審判員と精神保健参与員が対象者の処遇決定に関与することになっている。

✏ 精神保健審判員とは、医療的な観点から審判の判断を行うため、精神科医療の専門家として経験のある精神科医から選任される。身分は地方裁判所の特別職であり、非常勤の国家公務員という位置づけである。

✏ 精神保健参与員とは、審判において精神保健福祉の観点から必要な意見を述べるため、精神保健福祉士として5年以上の実務経験を有する者から選任される。身分は地方裁判所の特別職であり、非常勤の国家公務員という位置づけである。

◎指定入院医療機関

381 対象者の治療についてはチーム外の職員を交えて検討する**治療評価会議**や、外部有識者を入れた**外部評価会議**などを行い、高い透明性を確保している。

382 入院または通院の決定は裁判所が行い、対象者は国により医療を受けることが義務づけられる。入院では、医師、看護師、精神保健福祉士、臨床心理技術者、作業療法士からなる**多職種チーム**（マルチディシプリナリ・チーム：MDT）が、治療の進捗状況に応じて、**急性期**、**回復期**、**社会復帰期**の3期の入院ステージに応じた治療目標を、可能な限り本人も交えて話し合って設定し、**疾病教育**や**服薬心理教育**、各種**精神療法**を実施する。 出 23-10

383 指定入院医療機関における処遇では、おおむね18か月で対象者の退院を目指し、急性期、回復期、社会復帰期の各期に分けて、標準期間と治療目標を設定し医療を行っている。

384 急性期は、3か月を目安とし、精神状態の改善、心身の安定、治療の動機づけの確認、対象者との信頼関係の構築などを行う。

385 回復期は、9か月程度を目安として、病識や自己コントロール能力の獲得や治療プログラムへの参加を通して日常生活能力の回復等を行う。

386 社会復帰期は、6か月を目安とし、病状の安定、障害受容および退院準備や社会参加への準備を行う。

387 **指定入院医療機関**の病棟の職種の配置基準には、精神科5職種として、医師、看護師などとともに、精神保健福祉士の専任配置が義務づけられ、ガイドラインでは、その多職種チームによりチーム医療を提供しなければならないことが明記されている。

◎医療観察病棟

388 医療観察病棟とは、指定入院医療機関内に設置された**司法精神医療**を行う専門病棟である。

389 標準的な医療観察病棟では、棟内を急性期、回復期、社会復帰期などに区分したユニットをもち、各種セラピールームや作業療法室、ケア会議室を整備している。

◎指定通院医療機関

390 医療観察法による通院処遇期間は、裁判所において通院決定を受けた日から、原則3年間とされているが、対象者の病状や状況から2年を超えない範囲で通院処遇期間を延長されることもある。

391 通院処遇中は、**保護観察所**が作成する**処遇実施計画**に基づき対象者個々の病状や生活環境に応じ、必要となる医療や**精神保健観察**、援助が提供される。

392 通院処遇中、指定通院医療機関では、1か月に1回以上対象者に個別の治療計画を策定し、定期的に対象者の評価を行うなど多職種による**多職種チーム会議**を開催することが**義務づけ**られている。

393 指定通院医療機関における多職種チーム会議では、必要に応じて当該医療機関外の地域の医療・保健・福祉関係者および社会復帰調整官の参加を求めていく。

394 保護観察所では、指定通院医療機関が行う多職種チーム会議とは別に、地域社会における処遇に携わる関係機関と定期的または必要に応じてケア会議を開催する。

◎鑑定入院

395 医療観察法では、鑑定のために厚生労働省が指定した鑑定医療機関に地方裁判所が対象者を入院させ、審判決定がなされるまでの期間（標準で2か月、延長した場合3か月程度）の入院を命令する。

精神科医療機関における精神保健福祉士の役割

◎精神保健福祉士の成立背景およびその支援

396 障害者基本法、地域保健法、障害者プラン、精神保健及び精神障害者福祉に関する法律（精神保健福祉法）の成立を背景に精神障害者の人権擁護と地域生活支援の推進、社会的入院の解消など精神障害者の保健医療福祉をさらに推進するため1997（平成9）年に精神保健福祉士法が成立した。

397 精神保健福祉士法第2条では、精神保健福祉士とは、専門的知識および技術で、精神科治療を受けている者や福祉施設を利用している精神障害者に対して、地域相談支援に関する相談や社会復帰に関する相談または精神障

害者および**精神保健に関する課題を抱える者**の精神保健に関する相談に応じ、助言、指導、日常生活への適応のために必要な訓練その他の援助を行う者であるとしている。

398 精神科医療機関での精神保健福祉士の役割は、精神科医療保健福祉領域のソーシャルワーカーとして、精神障害者の権利擁護や退院調整、社会復帰支援に対して、患者本人やその家族への助言や指導、チーム医療を行う多職種チームへの参画などが挙げられる。

◎人権擁護

399 精神科医療機関における精神保健福祉士は、精神保健福祉法における入院形態とそれに伴う要件や書面告知などの手続き等に関すること、行動制限等の入院患者の処遇に関すること、精神医療審査会への退院等の申立てに関することなどの役割が求められる。

400 心身喪失等の状態で重大な他害行為を行った者の医療及び観察に関する法律（医療観察法）において、精神保健福祉士の入院患者への権利擁護に関する役割が、厚生労働省の**入院処遇ガイドライン**等に明記されている。

✏ 入院処遇ガイドラインには、入院決定の不服申立てである抗告の手続きを適切に説明し、必要に応じ弁護士や裁判所への調整など医療観察法における入院患者の諸権利等の情報提供を行うことなどが定められている。

◎入院・退院時の関わり

401 精神保健福祉士は、援助対象となる精神障害者の精神症状を把握するため、精神科医より援助に必要な医学的な知識や情報を受け、精神科医療と**連携**して援助活動を展開する。

402 精神保健福祉士の行う受診・受療援助には、電話や直接の来院による相談などへの対応を通して、適切に治療に導入していく窓口としての役割がある。

403 2013（平成25）年の精神保健福祉法の改正では、**退院後生活環境相談員**の選任や**医療保護入院者退院支援委員会**の設置などが**義務づけ**られ、いずれも精神保健福祉士が主要な職種や構成メンバーに位置づけられている。

◎家族への助言、指導

404 精神保健福祉士が行う「家族相談」は、入院初期の家族に対する心理的サポートや社会保障、社会福祉制度の紹介、退院後の病院や地域での支援システムや社会資源の活用および説明など多岐にわたる。

405 精神保健福祉士は、病院全体または特定の疾患（依存症や認知症）ご

と、部門ごとに組織されている家族会に対して、多職種チームとともに活動に協力し、家族と病院との調整や家族会自体の運営などの役割を担うこともある。

精神保健福祉士と協働する職種

406 現在、精神科医療機関では、チームによる治療が展開されている（図表31参照）。医師・看護師・薬剤師については、**医療法**の基準や入院患者数等により、**配置基準**が決まっている。

図表31 医療機関における多職種チームによる医療体制

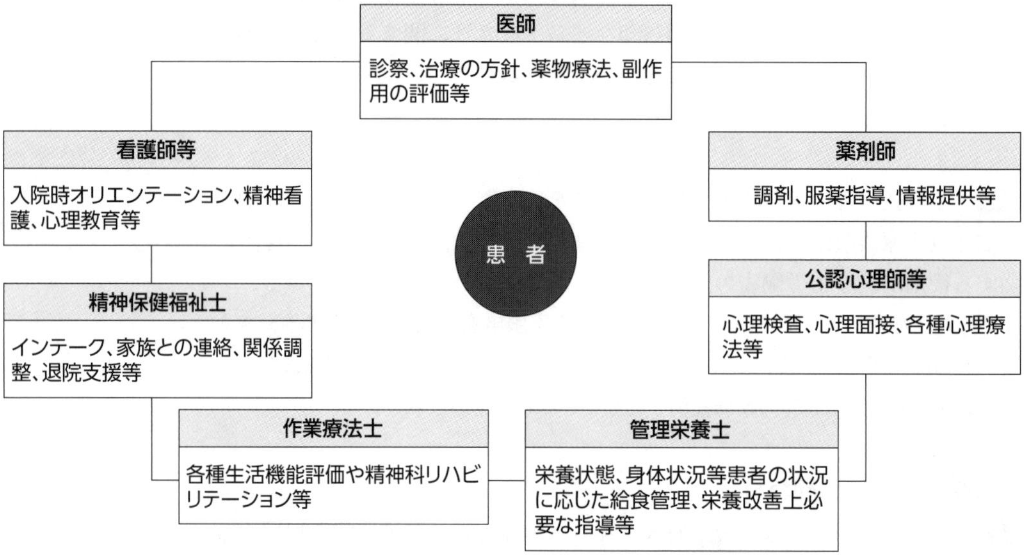

407 **医師**は、医師法第1条に「医療及び保健指導を掌ることによって公衆衛生の向上及び増進に寄与し、もって国民の健康な生活を確保するものとする」と規定されている。精神科においては、患者の訴えを精神病理学等の知識を活用して診断を行い、その患者に合った精神療法や薬物療法を用いて治療を行う。

出25-27 408 **薬剤師**は、薬剤師法で規定された国家資格であり、主な役割に調剤、服薬指導、情報提供等がある。精神科においては、安全かつ適切な薬物療法が行えるよう、医療チームのなかで、患者の社会復帰を支える目的がある。

409 **保健師**は、看護師免許を取得していることが前提の国家資格であり、保健所や市町村に所属し、公衆衛生業務を担当することが多い。

出25-27 410 **看護師**は、保健師助産師看護師法で規定された国家資格であり、精神科においては、精神看護、心理教育等を通して、患者が自立した生き方を見つけられるよう、個別性に合わせた看護が求められている。

411 **作業療法士**は、理学療法士及び作業療法士法に規定された国家資格であり、精神科においては、各種生活機能評価や精神科リハビリテーション等を行う。また入院と外来の患者を対象に、個人や集団で行う治療プログラムを、「精神症状の安定」「生活リズムの安定」「社会生活の準備」などを目的として実施している。 出25-27

412 **管理栄養士**は、栄養士法に規定された国家資格であり、栄養状態、身体状況等患者の状況に応じた給食管理、栄養改善上必要な指導等が主な役割である。精神科においては、認知症や統合失調症により食事が困難な患者や糖尿病を合併している患者、向精神薬の副作用により食事に対してのケアが必要な患者など、患者一人ひとりに合わせた対応力が必要になる。

5 精神医療と保健、福祉の連携の重要性

治療導入に向けた支援

受験対策アドバイス

精神医学の地域社会での実践や役割については、精神保健福祉士としてもっておかなければならない知識であるため、キーワードを中心にしっかり学習しておきましょう。

◎早期介入

413 精神疾患の早期予防においては、一次予防であるメンタルヘルスリテラシーの向上が重要である。

414 メンタルヘルスリテラシーの構成要素として、①精神疾患の状態を認識する能力、②精神疾患の危険因子や原因に関する知識、③精神保健の情報を得る方法に関する知識、④入手可能な専門家の支援に関する知識、⑤自助努力（自己対処に関する知識)、⑥認識や援助希求をバックアップするうえでの姿勢が挙げられる。

415 精神疾患の早期発見・早期介入の重要性については、統合失調症の治療臨界期仮説において、発症後約5年以内の治療の成否が長期予後を決定づけるうえで重要であるとされている。

416 明らかな精神障害の症状が発現してから精神科治療の開始までの期間をDUP（精神病未治療期間）といい、統合失調症の顕在発症に向かう過程において、発症するリスクのある精神状態をARMS（精神病発症リスク状態）という。

417 統合失調症の早期介入の意義について、最近の研究実践の成果として、発病から未治療で経過する期間を指すDUPが長いほど予後が悪くなると考えられ、海外先進地では、知識・情報の普及啓発や多職種チームのアウトリーチによる早期発見・介入によるDUP短縮の取組みが行われている。

◎保健所、市町村保健センター、精神保健福祉センターの連携と役割

418 精神保健福祉センターは、精神保健及び精神障害者福祉に関する法律（精神保健福祉法）第6条に基づき各都道府県・指定都市に必置される支援機関である。

419 精神保健福祉センターは、心の病気に関する困りごとの相談に対するアドバイス、医療機関や支援機関についての情報提供、精神科デイケアなどのプログラムを行っている。各センターの規模によって異なるが、医師や精神保健福祉士、公認心理師などの専門家が在籍しており、精神保健福祉に関

する技術的中核機関である。

420 保健所とは「地域保健法」第３条に基づき、公衆衛生行政を実施する機関である。

421 保健所は都道府県や指定都市、中核市や特別区などが設置し、健康づくりや健康問題への対応、健康危機管理などの地域における拠点として位置づけられている。

422 保健所の具体的な役割は、難病や精神疾患などに関する相談を受け付けているほか、結核や感染症などの対策、薬事・食品衛生・環境衛生に関する指導など、専門性の高い業務を行っている。

423 保健所に配置されている職員も多職種にわたり、医師や保健師、薬剤師や獣医師、栄養士や精神保健福祉士などが在籍している。

424 市町村保健センターは市区町村が設置する公的機関である。地域における母子保健や老人保健などの拠点としての機能ををもち、地域住民が直接受ける健康づくりに関するサービスの提供を業務の中心としている。

◎学校保健の役割

425 学校保健とは、学校教育活動に必要な健康や安全への配慮や、健康の保持増進を図ることができるような能力を育成するなど、学校における児童生徒等の保健管理と保健教育のことである。

426 児童・生徒の心の問題は非常に幅が広く、教員が個別に対応するだけでは解決できないことが多い。そのため学校内の体制強化が求められ、教職員、管理職、スクールソーシャルワーカー、スクールカウンセラー、学校医などがチームとして、問題解決にあたることが大切である。

◎産業保健の役割

427 産業保健とは、職場において健康で安全に、快適に働ける職場づくりを目的とした取組みである。

428 産業保健に関連する法令のうち基軸となるのが「労働安全衛生法」である。この法律の改正に基づき、2015（平成27）年に義務化されたストレスチェック制度においては、その実施者は、医師、保健師のほか、厚生労働大臣が定める一定の研修を修了した看護師または精神保健福祉士とされている。

◎精神科救急医療システム

429 1995（平成7）年に精神障害者の緊急時における適切な医療および保護の機会を確保するための体制整備として、精神科救急医療システム整備事業が創設された。

430 精神科救急医療システム整備事業は、都道府県または指定都市が地域の実情に応じて病院群輪番制等による精神科救急医療施設を整備し、緊急な医療を必要とする精神障害者等のための精神科救急医療体制を確保することを目的としている。

431 2010（平成22）年の精神保健福祉法の改正で、精神科救急医療体制整備を**都道府県**の**努力義務**とした。

432 **精神科救急**の実施にあたっては、救急対応、緊急措置入院、応急入院、身体疾患を合併する急性期患者の受け入れなどに対応できるよう、精神科救急情報センターの設置や精神科救急医療施設として、病院群輪番型施設・常時対応型施設を、また外来対応施設においても常時型外来対応施設を指定するなどして、体制を確保することが求められている。

433 精神科救急医療体制整備事業は、①精神科救急医療体制連絡調整委員会等、②精神科救急情報センター、③搬送体制、④精神科救急医療確保事業、⑤身体合併症救急医療確保事業からなる。

434 精神科救急医療体制整備事業にあった「**精神医療相談事業**」については、2020（令和2）年度から「**精神障害者にも対応した地域包括ケアシステムの構築推進事業**」に組み替えられた。

◎認知症初期集中支援チーム

435 **認知症初期集中支援チーム**は、認知症になっても本人の意思が尊重され、できる限り住み慣れた地域で暮らし続けられるために、本人やその家族に早期にかかわり、早期診断・早期対応に向けた支援体制を構築することを目的としている。

436 認知症初期集中支援チームとは、**多職種**により認知症が疑われる人や認知症の人、その家族を訪問し、アセスメント、家族支援などの初期の支援を包括的、集中的（**おおむね6か月**）に行い、**自立生活**のサポートを行うチームのことをいう。

437 認知症初期集中支援チームの対象者は、**40歳**以上で、**在宅**で生活しており、かつ**認知症が疑われる人**または**認知症の人**である（図表32参照）。

図表32 認知症初期集中支援チームの対象者

40歳以上で、在宅で生活している、認知症が疑われる人または認知症者で次の基準のいずれかに該当する人
❶医療サービス、介護サービスを受けていない人、または中断している人で次のいずれかに該当する人
・認知症疾患の臨床診断を受けていない人
・継続的な医療サービスを受けていない人
・適切な介護保険サービスに結びついていない人
・診断されたが介護サービスが中断している人
❷医療サービス、介護サービスを受けているが認知症の行動・心理症状が顕著なため、対応に苦慮する人

出典：一般社団法人日本ソーシャルワーク教育学校連盟編集『最新 精神保健福祉士養成講座①精神医学と精神医療』中央法規出版、p.288、2021.

再発予防や地域生活に向けた支援

◎服薬自己管理の支援

438 統合失調症の再発予防のための重要な要素の一つは、**服薬アドヒアランス**である。

◎再発予防の支援

439 統合失調症の維持期においては、服薬アドヒアランスと同等に再発予 出 25-9
防効果があるのは**心理教育**であり、家族の**感情表出**（EE）を下げるための家族への心理教育は家族自身のメンタルヘルスの改善にも有効である。

440 統合失調症の再発予防には、**持効性注射剤**（**デポ剤**）の効果的な併用も行われている。

◎地域生活に向けた支援

441 いわゆる社会的入院患者を多数生みだしてしまった日本の精神科医療と福祉の特殊な歴史を踏まえ、現在は**入院医療**中心から**地域生活支援**中心への転換が図られている。そこでは、入院治療の必要がない患者に積極的にはたらきかけを行うとともに、**地域生活支援体制**を整備し、退院とその後の生活の定着までの一定期間を**ケアマネジメント**の手法を用いて多職種で取り組むことがポイントとなる。**ピアサポーター**の参画も有意義である。

◎精神障害にも対応した地域包括ケアシステム

442 2004（平成16）年に策定した「**精神保健医療福祉の改革ビジョン**」において「**入院医療中心から地域生活中心**」という理念を明確にした。

443 2017（平成29）年の「これからの精神保健医療福祉のあり方に関する検討会」報告書では、精神障害の有無や程度にかかわらず、誰もが地域の一員として安心して自分らしい暮らしをすることができるよう、医療、障害

福祉・介護、住まい、社会参加（就労）、地域の助け合い、教育が包括的に確保された「**精神障害にも対応した地域包括ケアシステム**」の構築を目指すことを新たな理念として明確にした。

444 厚生労働省は、2017（平成29）年度より「精神障害にも対応した地域包括ケアシステムの構築推進・支援事業」を立ち上げ、都道府県等の取組みに対して財政的な補助や技術的な支援等を行っている。

445 2021（令和3）年の「精神障害にも対応した地域包括ケアシステムの構築に係る検討会」報告書には、同システムの構築において日常生活圏域を基本として、市町村などの基礎自治体を基盤として進めること等が盛り込まれた。

◎地域生活を支える多機関の役割

446 地域で精神障害者を支えていくためには、**都道府県**（精神保健福祉センター、精神保健福祉主管課等）、**市町村**、**保健所**、**医療機関**、**基幹相談支援センター**等が、重層的で補完的な連携支援体制を構築することや、教育機関や医療機関、社会参加（就労等）を支える機関、地域の助け合いなどの連携が重要である。

447 保健所は、精神保健福祉業務の中心的な行政機関として、精神障害者の**早期治療促進**、**社会復帰**、**自立**と**経済活動への参加**を図る役割を担っている。また、市町村の精神保健福祉業務が円滑に実施できるように、専門性や広域性が必要な事項について支援していくことが必要とされている。

448 行政機関（都道府県・市町村）では、障害福祉サービスや生活に関する相談窓口や、地域における生活支援などの基本的なサービスを担っている。また**障害者計画**や**障害福祉計画**を策定し、障害者の施策に関する基本的な計画を立てる役割を担っており、地域移行に向けた方策を計画し、精神科病院から地域への移行を具体的に進めていく役割がある。

449 基幹相談支援センターでは、総合的な相談支援の実施や地域課題の解決を図るために、地域ネットワークの強化や資源の創出に取り組んでいる。

◎障害福祉サービス

450 わが国では「精神保健福祉施策の改革ビジョン」以来、「**入院医療中心から地域生活中心へ**」の基本理念の下、施策を進めてきた。

451 精神障害者地域移行・地域定着支援事業は、2006（平成18）年の創設以降、精神科病院からの退院促進のための事業として役割を担っている。

452 障害者基本法の「全て障害者は、可能な限り、どこで誰と生活するかについての選択の機会が確保され、地域社会において他の人々と共生することを妨げられないこと」（第3条第2号）という理念を実現するためには、精神障害者の病院からの地域移行の取組みを進めることは今後も非常に重要である。

実力チェック！一問一答

※解答の横の番号は、本科目で該当する重要項目や図表の番号です。

	問題	解答	番号
1	ブロイラーは、精神分析を創始した。	×	2 5
2	クレペリンは、精神病を内因性と外因性に分類した。	○	4
3	視床下部は、体温、摂食、情動の調節にかかわっている。	○	16
4	小脳が障害されると運動機能障害や平行機能障害（小脳失調症等）を生じる。	○	17
5	脳幹部は、乳頭体、扁桃体、海馬、海馬傍回、帯状回、中隔核、梨状葉、島などによって構成される。	×	18 19
6	前頭葉のブローカ中枢に障害が起こると感覚性失語が生じる。	×	21 22
7	知能検査には、質問紙法の矢田部・ギルフォード検査がある。	×	60 64
8	認知症の症状の徘徊、過食、異食、失禁などは中核症状と呼ぶ。	×	82 83
9	アルツハイマー型認知症は、進行性の疾患である。	○	84
10	シュナイダーの一級症状には、考想化声（思考化声）などがある。	○	109
11	連合弛緩とは、滅裂思考の状態が高度になった状態である。	×	116 117
12	妄想気分とは、突然「追跡されている」というように確信したりすることである。	×	119 120
13	うつ状態では、不眠あるいは過眠も多くある。	○	146
14	躁状態での感情は、万能感が強く、自己評価が高い。	○	155
15	神経性過食（大食）症は、過食後に無気力となり抑うつ気分が生じる。	○	173
16	抗精神病薬の副作用には、錐体外路症状がある。	○	233
17	四環系抗うつ薬では、副作用として抗コリン作用が出やすい。	×	239
18	賦活症候群は、抗うつ薬の服用初期や増量に伴い出現することがある。	○	239
19	炭酸リチウムは、定期的な血中濃度の測定が必要である。	○	242
20	自律訓練法には、系統的脱感作法、フラディング（暴露療法）、オペラント技法などがある。	×	260 261

02

現代の精神保健の課題と支援

※【　】内は精神専門科目の問題番号
※共【　】内は共通科目の問題番号
※■は新カリにおける新規項目

② 現代の精神保健の課題と支援

大項目	中項目	小項目（例示）	出題実績 第26回	第25回	第24回
1 現代の精神保健分野の動向と基本的考え方	1）精神保健の動向	・精神保健の歴史 ・精神障害にも対応した地域包括ケアシステム ・衛生行政報告例、地域保健・健康増進事業報告 ・受療率に見る課題（受療格差と受療バリア、受療までの期間（DUP）と受療促進）			【75】
	2）精神保健活動の三つの対象	・支持的精神保健 ・積極的精神保健 ・総合的精神保健			
	3）精神の健康に関する心的態度	・否認、受容、回復 ・ストレス ・対処（コーピング）			【11】
	4）生活と嗜癖	・嗜癖、乱用、依存			
2 家族に関連する精神保健の課題と支援	1）家族関係における暴力と精神保健	・DV ・家族関係			【13】
	2）出産・育児をめぐる精神保健	・育児困難、子育て不安 ・児童虐待 ・発達障害と療育をめぐる精神保健 ・マタニティブルーズ ・産後うつ病	【12】*	共【75】*	
	3）介護をめぐる精神保健	・ケアラー ・不適切ケア ・介護ストレス ・高齢者虐待 ・家族支援		共【75】*	
	4）社会的ひきこもりをめぐる精神保健	・ひきこもりの支援 ・アウトリーチ ・8050問題			
	5）家族関係の課題	・家族形態 ・支配・被支配、依存・共依存 ・家族支援 ・家族問題を相談する機関			
	6）グリーフケア	・死別経験と喪失経験 ・複雑性悲嘆		【13】	
	7）精神保健支援を担う機関	・地域の関連機関			
3 精神保健の視点から見た学校教育の課題とアプローチ	1）学校教育における精神保健的課題	・いじめ、学校における暴力、自殺、自傷 ・不登校、学級崩壊、非行			
	2）教員の精神保健	・相談体制 ・燃え尽き症候群			【25】
	3）関与する専門職と関係法規	・学校保健安全法 ・いじめ防止対策推進法	【13】		
	4）スクールソーシャルワーカーの役割	・学校内におけるチーム体制			
	5）学校精神保健にかかわる社会資源	・精神科医療機関 ・児童相談所		【14】	
4 精神保健の視点から見た勤労者の課題とアプローチ	1）現代日本の労働環境	・過重労働と過労自殺 ・働き方改革	【14】		
	2）産業精神保健とその対策	・ストレスチェックと職場環境改善 ・職場復帰支援	【80】*		【15】
	3）職場のメンタルヘルスのための相談	・ハラスメント相談 ・従業員援助プログラム（EAP） ・企業内保健相談活動			

大項目	中項目	小項目（例示）	出題実績		
			第26回	第25回	第24回
	4）職場内の問題を解決するための機関及び関係法規	・労働基準法 ・労働安全衛生法	【78】*	【15】	
5 精神保健の視点から見た現代社会の課題とアプローチ	1）災害被災者の精神保健	・被災者の心理状態 ・こころのケアチーム ・支援者のケア ・災害派遣精神医療チーム（DPAT）	【15】*	【16】	【17】 共【72】*
	2）犯罪被害者の支援	・トラウマ・インフォームド・ケア ・PTSD	【18】		
	3）自殺予防	・自傷行為、自殺未遂、自死遺族 ・自殺対策基本法	【65】		【12】
	4）身体疾患に伴う精神保健	・精神科リエゾン ・緩和ケア			
	5）貧困問題と精神保健	・相対的貧困 ・貧困とストレス ・新たな貧困問題（子どもや女性）に伴う精神保健			
	6）社会的孤立	・ホームレスと精神保健 ・セルフネグレクト	共【69】		
	7）LGBTと精神保健	・性別違和			【16】
	8）他文化に接することで生じる精神保健上の問題	・異文化ストレス ・文化差に配慮した支援 ・多文化共生社会			
	9）反復違法行為と精神保健	・違法薬物使用・盗癖・性加害・放火・ストーカー行為の反復 ・司法領域との連携 ・違法行為と精神障害		【66】*	
6 精神保健に関する発生予防と対策	1）精神保健の予防の考え方	・公衆衛生 ・予防介入 ・健康日本21		【12】	
	2）アルコール問題に対する対策	・アルコール健康障害対策基本法 ・社会問題としての依存症対策 ・個人及び家族への依存症対策（家族相談・減酒支援・受療支援） ・SBIRTS	【16】	【17】	【10】*
	3）薬物依存対策	・薬物乱用防止教育 ・ハームリダクション	【17】		
	4）ギャンブル等依存対策	・多重債務、貧困、虐待、自殺、犯罪等の関連問題に関する施策との連携			
	5）うつ病と自殺防止対策	・うつ病患者の発見・治療・支援 ・ゲートキーパー			
	6）子育て支援と暴力、虐待予防	・親教育 ・思春期の親グループ			
	7）認知症高齢者に対する対策	・介護家族支援 ・新オレンジプラン			
	8）社会的ひきこもりに対する対策	・世代別関連問題 ・ひきこもり地域支援センター	【62】		
	9）災害時の精神保健に対する対策	・サイコロジカル・ファーストエイド	【15】*		共【72】*
7 地域精神保健に関する偏見・差別等の課題	1）関係法規	・地域保健法 ・母子保健法			
	2）精神保健に関わる人材育成	・ピア・サポーター			
	3）精神保健における偏見	・偏見 ・差別 ・スティグマ		【18】*	

大項目	中項目	小項目（例示）	出題実績		
			第26回	第25回	第24回
8 精神保健に関する専門職種（保健師等）と国、都道府県、市町村、団体等の役割及び連携	1）国の機関とその役割				
	2）精神保健に関係する法規	・精神保健福祉制度の経緯			【14】 【18】
	3）保健師等の役割と連携	・多職種連携			
	4）地域精神保健に係わる行政機関の役割及び連携	・精神保健福祉センター、保健所、市町村（保健センター）	【20】	【77】	【77】
	5）学会や啓発団体	・いのちの電話		【19】	
	6）セルフヘルプグループと地域精神保健を課題とした市民団体	・家族会、当事者の会 ・市民団体、市民活動			
9 諸外国の精神保健活動の現状及び対策	1）世界の精神保健の実情	・障害調整生命年（DALY）			【19】
	2）WHOなどの国際機関の活動	・精神保健ケアに関する法：基本10原則 ・アルコールの有害な使用を低減するための世界戦略 ・WHO（世界保健機関） ・ILO（国際労働機関） ・WFMH（世界精神保健連盟） ・OECD（経済協力開発機構）	【19】	【20】	【20】
	3）諸外国の精神保健医療の実情	・西欧 ・北米 ・アジア			【75】

＊は複数の項目に該当する問題

1 現代の精神保健分野の動向と基本的考え方

精神保健の動向

1 日本の地域精神保健医療福祉に関しては、2004（平成16）年に策定された「**精神保健医療福祉の改革ビジョン**」において「入院医療中心から地域生活中心へ」という理念のもと、さまざまな施策が行われている。

2 2017（平成29）年には「これからの精神保健医療福祉のあり方に関する検討会」報告書において、「**精神障害にも対応した地域包括ケアシステムの構築**」を目指すことが新たな理念として明確にされた。

3 精神障害にも対応した地域包括ケアシステムとは、精神障害の有無やその程度にかかわらず、誰もが安心して自分らしく暮らすことができるよう、医療、障害福祉・介護、住まい、社会参加（就労）、地域の助け合い、教育が包括的に確保されたシステムのことである。

4 **患者調査**とは、統計法に基づく基幹統計調査であり、病院および診療所を利用する患者について、その傷病の状況等の実態を明らかにし、医療行政の基礎資料を得ることを目的とする。調査は3年に1回実施される。

5 調査の内容は、入院・外来の種別、受療の状況などであり、患者数、退院患者数、退院患者の平均在院日数、受療率、総患者数、病床の種類、主疾病などが推計値として出される。

6 「令和2年（2020）患者調査」によれば、精神疾患を有する総患者数は約614.8万人（入院：約28.8万人、外来：約586.1万人）であった。入院患者数は過去15年間で減少傾向にあるものの、外来患者数は増加傾向にある（図表1参照）。

図表1 精神疾患を有する総患者数の推移

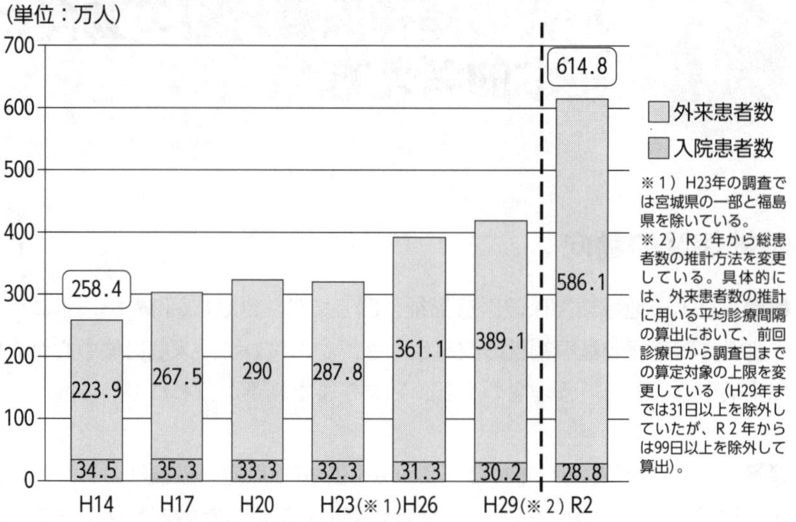

資料：厚生労働省「患者調査」より厚生労働省障害保健福祉部で作成

7 **衛生行政報告例**とは、統計法に基づく一般統計調査であり、各都道府県、指定都市および中核市における精神保健福祉、栄養および生活衛生関係等の衛生行政の実態を把握し、衛生行政運営の基礎資料を得ることを目的とする。

8 「令和4年度衛生行政報告例の概況」（2023年）によれば、令和4年度末現在の精神障害者保健福祉手帳交付台帳登載数（有効期限切れを除く）は134万5468人で、前年度に比べ8万2008人（6.5％）増加している（**図表2参照**）。

図表2 精神障害者保健福祉手帳交付台帳登載数の年次推移

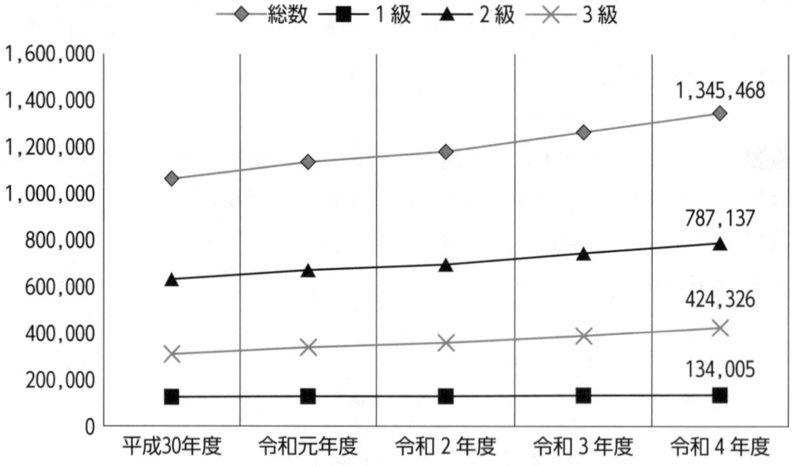

9 **地域保健・健康増進事業報告**とは、統計法に基づく一般統計調査であり、保健所および市区町村ごとに、地域住民の健康の保持および増進を目的とした地域の特性に応じた保健施策の展開等を把握し、国および地方公共団

体の地域保健施策の効率的・効果的な推進のための基礎資料を得ることを目的とする。

✏ 主な報告事項は、①母子保健、健康増進、精神保健福祉等の地域保健事業、②健康診査、訪問指導、がん検診等の健康増進事業である。

10 「令和4年度地域保健・健康増進事業報告」によれば、令和4年度の保健所および市区町村における精神保健福祉の相談等延人員は、「**電話相談**」163万400人が最も多く、次いで「相談」「訪問指導」の順となっている。

11 「相談」を内容別にみると、「その他」を除き、「**社会復帰**」が21万9193人と最も多く、次いで「心の健康づくり」「老人精神保健」の順となっている（図表3参照）。

✏ 「相談」とは、保健所および市区町村の窓口で相談を受けた者をいう。

図表3 精神保健福祉の相談内容の年次推移

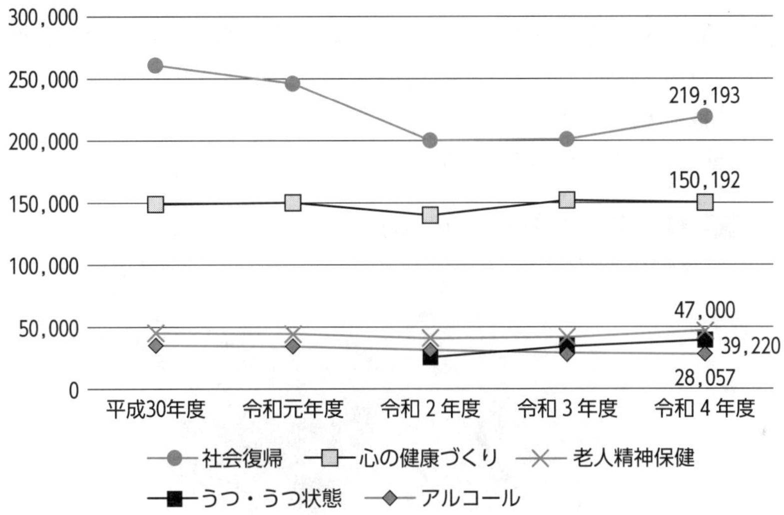

資料：厚生労働省「令和4年度地域保健・健康増進事業報告」

12 **精神病未治療期間**（DUP）とは、明らかな精神障害の症状が発現してから精神科治療の開始までの期間をいう。多くの研究でDUPが長いほど精神病の予後は不良であるという結果が示されており、短縮させる取り組みが課題となる。

13 都道府県ごとに精神疾患の受療率の地域格差（**受療格差**）は大きく、外来で約2.9倍、入院で約3.9倍となっている。この背景として、人口比精神病床数の格差や精神科診療所の増加などの要因が挙げられている。

14 近年、精神科の**受療バリア**は低くなったといわれているものの、依然として未受診の患者は多い。その背景として、入院中心に行われてきた日本の精神科医療、精神疾患に対するネガティブなイメージやスティグマによる

影響が示唆される。

15 思春期や青年期がさまざまな精神疾患の好発年齢であることを考慮すると、**受療促進**のためには、学校教育において児童生徒のメンタルヘルスリテラシー向上を目的にした取り組みが重要である（**204**参照）。

✏ 高等学校学習指導要領の改訂により、2022（令和4）年度から、すべての高校生が「精神疾患の予防と回復」について学んでいる。

精神保健活動の三つの対象

出 22-11
出 25-12

16 地域精神保健活動は、地域住民を対象としたこころの健康問題への対応やこころの健康づくりを視野に入れた活動が重要となる。地域精神保健活動には三つの対象があり、精神保健福祉士は、適切な判断のもとで展開していく必要がある。

17 **精神保健活動の三つの対象**とは、①精神障害者福祉の対象者（精神疾患があるため長期間にわたり日常生活または社会生活に相当な制限を受ける者）、②精神障害者の医療の対象者（精神疾患を有する者）、③精神保健の対象者（健常者）をいう（図表4参照）。

図表4 **精神保健福祉の対象者の範囲**

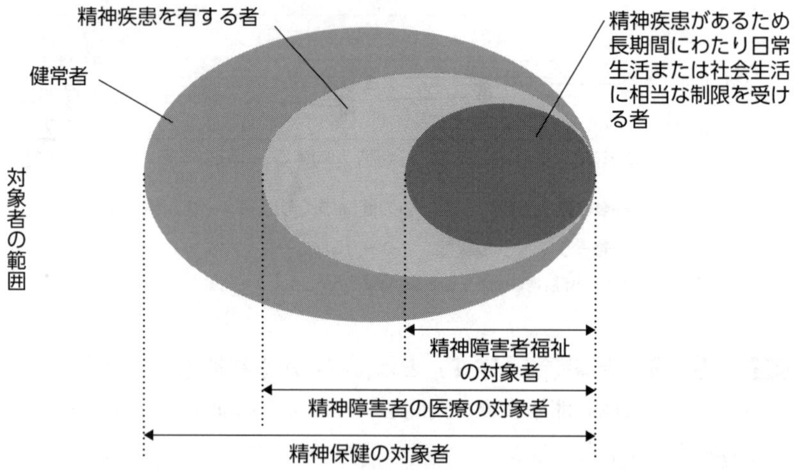

出典：厚生省大臣官房障害福祉部精神保健福祉課公衆衛生審議会精神保健福祉部会「精神保健福祉法に関する専門委員会資料」

18 これらの対象者に対する精神保健活動のアプローチについては、①積極的精神保健、②支持的精神保健、③総合的精神保健の考え方をもって対応していくことが重要である。

19 **積極的精神保健**は、地域住民を対象として、こころの健康づくりを積極的に行い、啓発活動や教育活動を中心に行う。

20 **支持的精神保健**は、精神障害者や医療を中断しがちな人などを対象として、相談・リハビリテーション・訪問活動など、必要な地域生活支援を適切に行う。

21 **総合的精神保健**は、積極的精神保健と支持的精神保健の統合を目指す理念的なものであると同時に、地域住民の理解と協力を得つつ、地域の精神障害者を支援するための拠点づくりや普及啓発活動等の実践的な活動を行う。

精神の健康に関する心的態度

22 心理学者の**マズロー**（Maslow, A.）は、健康な心理状態にあるときの人間の欲求を①生理的欲求、②安全の欲求、③所属と愛の欲求、④承認の欲求、⑤自己実現の欲求の5段階に分けた。

◎否認、受容、回復

23 心理学者の**フィンク**（Fink, S. L.）は、マズローの理論をもとに、**危機プロセスモデル**を提唱した。危機とは、人が出来事に対して自分がもっている通常の対処能力が、その状況を処理するのには不十分であると認識したときの状態をいう。

24 フィンクは、危機を体験した人がたどる心理的プロセスを、①衝撃（強烈な不安・パニックなど）、②防衛的退行（無関心・現実逃避など）、③承認（無感動・怒りなど）、④適応（不安の減少など）の四つの段階で説明した。

25 **エンゲル**（Engel, G. L.）は喪失の反応について、急激な喪失に続く心理過程を、①ショック、②否認、③意識化、④復元の4段階で説明した。また**デーケン**（Deeken, A.）は4段階の心理過程をさらに12段階に細分化した（図表5参照）。

◎ストレス

26 **セリエ**（Selye, H.）は、ストレスを「外部環境からの刺激によって起こるゆがみに対する非特異的反応」と考え、「ストレスを引き起こす外部環境からの刺激」を**ストレッサー**、それにより生体に生じる反応を**ストレス反応**と定義した。

受験対策アドバイス

◆社会福祉士との共通科目「心理学と心理的支援」の日常生活と心の健康（特に、ストレス理論）と一体的に学習しましょう。

27 **ストレス・コーピング**（対処）とは、特定のストレスフルな問題や状況に対するストレス対処方法をいう。コーピングには、問題解決型（状況を変化させる、問題を明確にするなど）と情動焦点型（問題に対する情動的な反応をコントロールしたり変化させたりする、逃避したり最小化したりするなど）がある。

図表5 エンゲル、デーケンの提唱した喪失反応モデル（悲嘆の心理過程）

エンゲル		デーケン
段階	特徴	段階
①ショック	麻痺状態	①精神的打撃と麻痺状態
②否認	否認、抑うつ	②否認 ③パニック ④怒りと不当感 ⑤敵意とルサンチマン（うらみ） ⑥罪意識 ⑦空想形成、幻想形成
③意識化	悲しみ、不安、怒り、引きこもり、表面的受容	⑧孤独感と抑うつ ⑨精神的混乱とアパシー ⑩あきらめ
④復元	理想化、適応、現実的受容	⑪新しい希望 ⑫立ち直り——新しいアイデンティティの誕生

出典：一般社団法人日本ソーシャルワーク教育学校連盟編『新・精神保健福祉士養成講座②精神保健の課題と支援 第3版』中央法規出版、p.54、2018.

出24-11 **28** **ホームズ**（Holmes, T.）は、個々のライフイベントとストレスの相関に注目し、そのライフイベントから「立ち直って再適応した状態になるのに必要な力」に関する質問調査を行った。調査結果から、心理的ストレッサーとなるライフイベントの多くが、壮年期、中年期ないし老年期に遭遇しやすいものであることに注目した。

✎ 1968年、ホームズとレイ（Rahe, R. H.）は社会的再適応評価尺度を開発した。

29 復元力（**レジリエンス**）とは、危機的状況からの回復力をいう。私たちは日常生活、仕事や対人関係からくる悩み、不安、ストレスから憂うつな気分になるが、健康な人では、何らかの症状や変化が出ていても、ストレスが去れば元の状態に戻る力がある。

30 **メンタリング**とは、知識や経験の豊かな人々（メンター）が現時点で経験の少ない人々（メンティ）と交流し、キャリア（成功体験）の実現のために、個別にキャリアや心理・社会的な側面から一定期間継続して行う支援行動のことである。

生活と嗜癖

31 **嗜癖**とは、アルコールやニコチンなどの物質や、ギャンブルやゲームなどの行動に伴う刺激や快感（報酬効果）を得ることにのめり込み、健康や家庭、人間関係など社会生活の問題を引き起こすようになった状態をいう。

嗜癖は、物質依存と行動嗜癖に大別される（図表6参照）。

図表6 嗜癖：アディクション

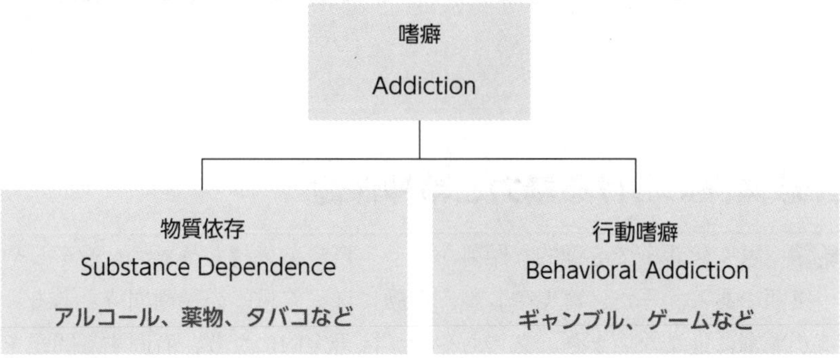

○嗜癖
特定の物質や行動、関係性に心を奪われ、のめり込み、制御をできなくなる。
「やめたくても、やめられない」習慣に陥る。

○依存
嗜癖のなかで、耐性（慣れ）と離脱（禁断症状）を起こす物質使用に対して使う。

出典：一般社団法人日本ソーシャルワーク教育学校連盟編『最新 精神保健福祉士養成講座②現代の精神保健の課題と支援』中央法規出版、p.28、2021.

32 病的賭博（**ギャンブル障害**）は、ギャンブルにのめり込む、ギャンブルをしないと落ち着かない、ギャンブルをやめたくてもやめられない状態である。2022年に改訂されたDSM-5-TRでは「ギャンブル行動症（gambling disorder）」に、また2019年に発表されたICD-11では「ギャンブル行動症」（予定）にそれぞれ改称されている。

33 ゲーム症（障害）は、ゲーム使用のコントロールが困難になり、多くの時間やお金を費やし、健康や社会生活などに支障が生じる状態である。DSM-5-TRでは「インターネットゲーム行動症（internet gaming disorder）」という名称で、またICD-11では「ゲーム行動症」（予定）と新規に疾病化、収載された。

2 家族に関連する精神保健の課題と支援

家族関係における暴力と精神保健

34 家族は親密で心理的な距離が近く、自分の気持ちや考えを投影しやすい集団である。また、育児や看護、介護には家族員への役割期待もある。物事が順調に進まないとき、気持ちや考えは否定的になり、直面する問題を力によって解決しようとする暴力が、どの家族においても生じ得る。

35 **ドメスティック・バイオレンス（DV）**とは、家庭内での暴力のことであり、妻や夫、子どもや高齢者への暴力など、家庭におけるさまざまな暴力が含まれ、明確な定義はない。

36 日本では「配偶者や恋人など親密な関係にある、またはあった者から振るわれる暴力」という意味で使用されることが多く、配偶者からの暴力に限定されない。恋人からの暴力は「デートDV」と呼ばれることがある。

出22-19

37 2001（平成13）年4月、**配偶者からの暴力の防止及び被害者の保護等に関する法律（DV防止法）**が制定された。DVは配偶者（事実婚や離婚した者を含む）からの暴力を指し、法律ではその暴力から被害者を守るためにDVを犯罪としたうえで被害者を保護する**一時保護委託制度**が設けられた。

出22-19

38 各都道府県が設置する**女性相談支援センター**や男女共同参画センター、児童相談所、福祉事務所等の適切な施設が、**配偶者暴力相談支援センター**の機能を果たしている。配偶者暴力相談支援センターは、配偶者からの暴力の防止および被害者の保護のため、図表7に掲げる業務を行う。

図表7 配偶者暴力相談支援センターの業務

①相談または相談機関の紹介
②カウンセリング
③被害者および同伴者の緊急時における安全の確保および一時保護
④自立して生活することを促進するための情報提供、助言、関係機関との連絡調整などの援助
⑤保護命令制度の利用についての情報提供、助言、関係機関への連絡などの援助
⑥被害者を居住させ保護する施設の利用についての情報提供、助言、関係機関との連絡調整などの援助

39 **地方裁判所**は、配偶者からの身体に対する暴力または生命等に対する脅迫を受けた被害者の申立てに基づき、配偶者に対して**保護命令**を発する。保護命令に違反すると、2年以下の懲役または200万円以下の罰金に処される（図表8参照）。 24-13

図表8 保護命令の種類

①被害者への接近禁止命令
②被害者への電話等禁止命令
③被害者の子への接近禁止命令
④被害者の子への電話等禁止命令（創設）
⑤被害者の親族等への接近禁止命令
⑥退去等命令

40 2024（令和6）年4月、保護命令制度の拡充・保護命令違反の厳罰化を図るため、改正DV防止法が施行された。接近禁止命令等の申立てをすることができる被害者について、自由、名誉、財産に対する脅迫を受けた者が追加された。また、命令の発令要件が、**心身に重大な危害**を受けるおそれが大きいときに拡大された。

✏ 心身に重大な危害のうち、心（精神）への重大な危害としては、うつ病、心的外傷後ストレス障害（PTSD）、適応障害、不安障害、身体化障害が考えられる。

41 2024（令和6）年4月、**困難な問題を抱える女性への支援に関する法律**（女性支援新法）が施行された。本法に基づき、「女性の福祉」、「人権の尊重や擁護」、「男女平等」といった視点に立ち、本人の立場に寄り添って、困難な問題を抱える女性一人ひとりのニーズに応じて、切れ目のない包括的な支援を実施している。

42 「困難な問題を抱える女性への支援のための施策に関する基本的な方針」では、①困難な問題を抱える女性への支援に関する基本的な事項、②困難な問題を抱える女性への支援のための施策の内容に関する事項、③都道府県等が策定する基本計画の指針となるべき基本的な事項が規定されている。

✏ 対象期間は、2024（令和6）年度から2028（令和10）年度までの5年間とされている。

出産・育児をめぐる精神保健

43 **マタニティブルーズ**とは、気分障害の診断基準を満たさない、軽いうつの状態をいう。出産3～7日頃に起こり、1日から数日で回復する。出産後の女性の30～50％の人が経験する。

44 **産後うつ病**は、産後1～6か月に出現する、抑うつ気分、不安・焦燥、

自責感を中心とした気分障害像を呈する。

45 現代の日本社会では、拡大家族の減少により、大部分の家庭は祖父母等と同居をしておらず、夫婦のみもしくはひとり親で子育てをしている。

46 子育てを取り巻く環境として、従来得られていた祖父母等からの支援は日常的に得られず、また地縁組織などの社会のつながりも希薄となっており、身近に相談する人や、手助けをしてもらったりする人がいないなかで、1人で子育てしている母親も多い。

47 母親は、妊娠・出産を機に仕事を辞め専業主婦になる場合もあり、子どもをずっと見ていなければならず、安らぐ時間がないなどの子育ての時間的課題や**育児不安**を抱えながら子育てをしている。

出 22-19
出 23-13

受験対策アドバイス
◆他の虐待や暴力の防止に関連する法規とあわせて、規定されている定義や機関等を押さえましょう。

48 近年の児童虐待の深刻化を受け、児童虐待の防止等に関する施策の促進や児童の権利利益を擁護することを目的として、2000（平成12）年に児童虐待の防止等に関する法律（児童虐待防止法）が制定された。児童虐待防止法における**児童虐待の定義**については図表9のとおりである。

図表9 児童虐待の定義

「**児童虐待**」とは、保護者（親権を行う者、未成年後見人その他の者で、児童を現に監護するものをいう。）が、その監護する児童（18歳に満たない者をいう。）について行う次に掲げる行為をいう（**法第2条**）。
・**身体的虐待**：児童の身体に外傷が生じ、又は生じるおそれのある暴行を加えること
・**性的虐待**：児童にわいせつな行為をすること又はさせること
・**ネグレクト**：保護者としての監護を著しく怠ること（同居人による虐待の放置も含む。）
・**心理的虐待**：児童に著しい心理的外傷を与える言動を行うこと（DVを含む。）

49 2021（令和3）年度の児童虐待の相談対応件数を種類別にみると、**心理的虐待**が12万4724件と最も多く、次いで**身体的虐待**が4万9241件、ネグレクト（保護の怠慢ないし拒否）、性的虐待が続いている。

50 児童虐待は家族の社会的、経済的、心理的背景が複雑に絡みあって生じると考えられている（**図表10参照**）。

51 保護者の精神障害や、子どもの発達障害等による育てにくさといったリスク要因がある場合、適切な教育や**療育**等につながらず、**育児困難**から児童虐待に至ることがある。

✏ 発達障害者支援法によると、発達障害は「自閉症、アスペルガー症候群その他の広汎性発達障害、学習障害、注意欠陥多動性障害その他これに類する

図表10 児童虐待の要因

①家庭の状況	親自身の被虐待体験、経済的困難、親族・近隣・友人からの孤立、夫婦の不和
②子どもの状況	望まぬ妊娠による出生、低体重など養育に苦労が多い子ども
③親子の問題	親や子どもが病気などで入院していたため親子関係が形成されにくい

脳機能の障害であってその症状が通常低年齢において発現するもの」と定義されている。

介護をめぐる精神保健

52 一般社団法人日本ケアラー連盟は、**ケアラー**を「こころやからだに不調のある人の『介護』『看病』『療育』『世話』『気づかい』など、ケアの必要な家族や近親者、友人、知人などを無償でケアする人」と定義している。

✏ イギリスではケアラー（career）、アメリカではケアギバー（care giver）と呼ばれている。

53 **ヤングケアラー**とは、家族にケアを要する人がいる場合、本来大人が担うと想定されている家事や家族の世話などを日常的に行っている18歳未満の子どものことをいう。それらの責任や負担の重さにより、学業や友人関係などに影響を及ぼすことがある。

54 2021（令和3）年度「ヤングケアラーの実態に関する調査研究」（日本総合研究所）によれば、家族の世話をしている大学生のうち、約50％が就職に関して何かしらの不安があると回答している。また、精神的なきつさを感じている割合が37.1％であった。

55 **介護ストレス**は、要介護者特性、介護者特性、環境特性から構成されている。介護者における第一の心理的原因は「緊張」であり、第二の心理的原因は「喪失」である。

56 **不適切介護・不適切ケア**が生じる要因として、要介護者等の認知症の症状、介護者の介護疲れ・介護ストレス、知識や情報の不足、不安定な精神状態、介護者と要介護者等との人間関係等が挙げられる。

57 2005（平成17）年11月に、高齢者虐待の防止、高齢者の養護者に対する支援等に関する法律（高齢者虐待防止法）が制定され、高齢者を65歳以上の者と定義し、高齢者虐待を、①**養護者**による虐待、②**養介護施設従事者等**による虐待に分類した。

58 2022（令和4）年度「高齢者虐待の防止、高齢者の養護者に対する支援等に関する法律」に基づく対応状況等に関する調査結果によれば、養護者による虐待の相談・通報件数は3万8291 件、虐待判断件数は1万6669件であった。

相談・通報件数は過去最多で、10年連続増加している。

59 養護者による虐待の相談・通報者の割合は、「**警察**」（34.0％）、「介護支援専門員」（25.0％）、「家族・親族」（7.5％）の順であった。

60 虐待の発生要因の割合は、「被虐待者の『**認知症の症状**』」（56.6％）、「虐待者の『介護疲れ・介護ストレス』」（54.2％）、「理解力の不足や低下」（47.9％）の順で高かった。

61 虐待者との同居の有無では、同居が86.8％であった。虐待者との続柄では、「**息子**」が39.0％で最も多く、次いで「夫」22.7％、「娘」19.3％であった。

62 「令和4年度障害者虐待対応状況調査（養護者による障害者虐待）」によれば、市区町村等への相談・通報件数は8650件、市区町村等による虐待判断件数は2123件、被虐待者数は2130人であった。

被虐待者の障害種別（重複障害あり）の割合は、「知的障害」（45.0％）、「精神障害」（43.4％）、「身体障害」（19.0％）の順で高かった。

社会的ひきこもりをめぐる精神保健

63 ひきこもりは不登校と同様、病名や疾患概念と異なり、状態像に対する名称で、①さまざまな要因の結果として社会的参加を回避し、原則的には**6か月**以上にわたっておおむね家庭にとどまり続けている状態で、②統合失調症などの精神病ではないものと考えられている（「ひきこもりの評価・支援に関するガイドライン」より）。

64 内閣府の定義では、「ふだんは家にいるが、近所のコンビニなどには出かける」「自室からは出るが､家からは出ない」「自室からほとんど出ない」者を狭義のひきこもり、「ふだんは家にいるが、自分の趣味に関する用事のときだけ外出する」者を準ひきこもりとし、「狭義のひきこもり」と「準ひきこもり」を合わせて、広義のひきこもりとしている。

65 2022（令和4）年度の内閣府「こども・若者の意識と生活に関する調査」において、15歳から64歳までの年齢層では、「広義のひきこもり群」の割合が2％余りであった。推計146万人いるとされており、ひきこもりが大きな社会問題となっている。

66 **アウトリーチ**とは、「手を差し伸べる」という意味であり、専門職側が住民の所まで出向いてサービスを行う支援のことをいう。近年、地域に潜在化し、自ら「SOS」を出しづらい人々への接近方法として、アウトリーチが注目されている。

67 **8050問題**とは、80歳代の親と50歳代の子どもの組み合わせによる生活問題をいう。その背景として、急速な高齢化とひきこもりの長期化が指摘されており、親子の社会的孤立や生活困窮につながっている。

家族関係の課題

68 近年、国際結婚、シングルマザー、未婚の子どもと老親の同居、同棲、内縁関係、同性カップルなど**家族形態**自体が多様化している。

69 アルコール依存などの依存症の家族関係の特性は**共依存**である。共依存は、相手を世話することが自分のアイデンティティに結びついていることで、相手から依存されることに無意識的に自分の存在価値を見出すようになる。その結果、無意識に相手をコントロールし、自分の望む行動を取らせてしまう。

70 「世話をする－世話を受ける」という共依存関係は、無意識に「**支配－被支配**」といった関係性が存在する。共依存者は、非意図的、無意識的に患者の回復行動を妨害し、自立させないようにしている場合があり、こうした家族は**イネイブラー**と呼ばれる。

71 今日の医療、看護、介護、福祉、教育、保育の専門職に求められている共通のニーズは、対象者のみならず家族関係の特性に配慮した介入を行うことである。家族に関与する役割が多いソーシャルワーカーは、家族関係を理解し支援するための知識と技術が不可欠である。

72 家族問題を相談する機関として、市役所などに設置されている子ども・家庭支援課、家庭裁判所、社会福祉協議会などの公的機関、スクールカウンセラー、養護教諭、保育士、ソーシャルワーカー、保健師、助産師などが挙げられる。

グリーフケア

73 身近な人と死別して悲嘆に暮れる人のそばにいて、その悲しみから立ち直れるよう、支援するプロセスを**グリーフケア**という。日本では1990年頃から始まり、民間の支援団体や遺族同士の自助グループのほか、病院の終末期医療でも実施されている。一方的に励ますのではなく、相手に寄り添う

出 25-13

姿勢が大切といわれている。

74 **キューブラー・ロス**（Kübler-Ross, E.）は死を宣告された際に、①否認（事実の否認）、②怒り（自分や周囲への怒り）、③取り引き（神仏への願い）、④抑うつ（喪失感）、⑤受容（死の受入れ）の**5段階**の過程を経て死を受容すると説明した。

75 **複雑性悲嘆**（悲嘆の機能不全）では、通常の範囲の喪の過程ではなく、専門的な手助けが必要となるような困難な過程をたどる。これらは「病的悲嘆」「遷延化された悲嘆」「外傷性悲嘆」とも呼ばれる。

精神保健支援を担う機関

76 精神保健の支援は、精神障害者や精神保健の課題を抱える本人だけではなく、その家族等への支援を求められることもままある。また、当事者等の抱える課題は、保健・医療・福祉のみならず、教育、司法、産業・労働などの領域と重なりあうこともある。精神保健福祉士には、多様な支援機関と連携を図ることが求められている。

77 福祉事務所には、生活保護の受給申請にかかわる相談や保護受給者の指導にあたる**現業員**（**ケースワーカー**）や**査察指導員**（**スーパーバイザー**）、身体障害者福祉司、知的障害者福祉司、母子・父子自立支援員などが配置されている。

78 福祉事務所には経済的困難や障害を抱える家族の相談、配偶者からの暴力から逃れるために**母子生活支援施設**への一時保護を希望する場合の窓口が置かれている。

79 **市町村保健センター**は、地域保健法に基づいて多くの市町村に設置されている。住民に対し、健康相談、保健指導および健康診査その他地域保健に関して必要な事業を行うことを目的とする施設である。

80 **児童家庭支援センター**は、児童に関する家庭その他からの相談のうち、専門的な知識および技術を必要とするものに応じるとともに、児童相談所からの委託を受けた児童およびその家庭への指導、その他の援助を総合的に行う。

3 精神保健の視点から見た学校教育の課題とアプローチ

学校教育における精神保健的課題

◎いじめ、学校における暴力、自殺、自傷

81 2013（平成25）年、いじめの防止等のための対策の基本理念、いじめの禁止や関係者の責務等を定めた、いじめ防止対策推進法が成立・施行した。

受験対策アドバイス
いじめの定義や国・地方公共団体等の責務、基本的施策等、いじめ防止対策推進法の概要を押さえましょう。
出 26-13

82 いじめ防止対策推進法では、いじめを「児童等に対して、当該児童等が在籍する学校に在籍している等当該児童等と一定の人的関係にある他の児童等が行う心理的又は物理的な影響を与える行為（**インターネットを通じて行われるものを含む。**）であって、当該行為の対象となった児童等が心身の苦痛を感じているもの」と定義している。

83 文部科学省が2009（平成21）年にとりまとめた「教師が知っておきたい子どもの自殺予防」によれば、子どもの自殺の危険因子として、「自殺未遂、心の病、安心感の持てない家庭環境、独特の性格傾向、喪失体験、孤立感、安全や健康を守れない傾向」が挙げられている。

84 こころが不安定になった子どもは、リストカットや火で肌を焼くといった**自傷行為**を行うことがある。その理由はさまざまであり、つらい感情から逃れる方法がほかに見つからない、「自分を罰したい」、あるいは「死にたい」という思いで行っている場合もある。

◎不登校、学級崩壊、非行

85 文部科学省は、**不登校**を「何らかの心理的、情緒的、身体的あるいは社会的要因・背景により、登校しないあるいはしたくともできない状況にあるために年間**30日**以上欠席した者のうち、病気や経済的な理由による者を除いたもの」と定義している。

86 文部科学省の「令和４年度児童生徒の問題行動・不登校等生徒指導上の諸課題に関する調査結果について」によれば、小・中学校の不登校の要因の主たるものは、多いものから順に「**無気力・不安**（51.8％）」、「生活リズムの乱れ、あそび、非行（11.4％）」、「いじめを除く友人関係をめぐる問題（9.2％）」である。

87 文部科学省は、いわゆる**学級崩壊**を「子どもたちが教室内で勝手な行動をして教師の指導に従わず、授業が成立しないなど、集団教育という学校の機能が成立しない学級の状態が一定期間継続し、学級担任による通常の手法では問題解決ができない状態に立ち至っている場合」と定義している。

✏ 文部科学省は、学級崩壊ではなく「学級がうまく機能しない状況」という表現を用いている。

88 少年法では、20歳未満を「少年」とし、さらに14歳未満の少年については刑事責任が問われないことが定められている。また**非行少年**には、犯罪少年、触法少年、虞犯少年の三者が含まれている。

✏ 犯罪少年とは、14歳以上で罪を犯した少年をいう。

✏ 触法少年とは、14歳未満で刑罰法令に触れる行為を行った少年をいう。

✏ 虞犯少年とは、その性格や環境などからみて、将来罪を犯し、または刑罰法令に触れる行為をするおそれがある少年をいう。

89 非行は、虞犯を含めるために、犯罪よりもかなり広い概念となっており、また、これは少年だけに適用される。もし対象が大人であれば、純然たる法的規制で対応される。

教員の精神保健

90 文部科学省の「令和4年度公立学校教職員の人事行政状況調査結果」によれば、2022（令和4）年度の全国の教員の精神疾患による病気休職者数は6539人（在職者の0.71％）であり、2021（令和3）年度から642人増加し、過去最多となった。

91 教員の精神疾患による休職者数増加の理由には、業務量の増加や複雑化、職場の人間関係に加え、2020（令和2）年度以降は、新型コロナウイルス感染症対応の職務により、精神的な緊張や心身の過度な負担などの要因が重なっている。

92 **燃え尽き症候群**（バーンアウトシンドローム）は、それまで人一倍活発に仕事をしていた人が、何らかのきっかけで、あたかも燃え尽きるように活力を失ったときに示す心身の疲労症状をいう。

93 バーンアウトシンドロームの主要症状には、心身の疲労消耗感（情緒的消耗感）のほか、人と距離をとり感情的接触を避ける（脱人格化）、個人的達成感の低下などが認められる。精神医学的には、うつ病と診断されることがあり、エネルギッシュで高い理想をもって仕事に取り組む性格特徴の人に多いといわれている。

94 文部科学省が発表した「心と行動のネットワーク（2001）」では、「教職員がチームを組み、児童生徒の心の相談・指導を行う体制づくり」として、**「行動連携」のシステムづくり**を強調している。

関与する専門職と関係法規

95 **養護教諭**は、保健室に登校する生徒への個別指導が急増している。健康診断、保健指導、救急処置などの従来の職務に加え、心の健康問題にも対応した健康の保持増進を実践できる資質向上が求められている。

96 **学校医**は、学校における保健管理に関する専門的事項に関し、技術および指導に従事する。児童、生徒の健康診断、健康相談などを行う。学校医には、主に内科医や小児科医が従事し、精神科医との連携をとる役割がある。

97 **スクールカウンセラー**は、児童生徒に対する相談・助言のほか、保護者および教職員に対する相談、教職員や児童生徒への研修や講話、事件・事故等の緊急対応における被害児童生徒の心のケアなど、児童生徒が抱える問題に対して、学校で対応しづらい多くの役割を担っている。

98 **要保護児童対策地域協議会**（要対協）とは、各市町村等で要保護児童等として登録されたケースについて、①情報を共有し、②アセスメントに基づいて、③支援の方法を協議する機関である。要保護児童対策地域協議会の構成員および構成員であった者には守秘義務が課せられている。

99 **学校保健安全法**は、学校における児童生徒等および職員の健康の保持増進を図るため、学校における保健管理に関し必要な事項を定めている。また、学校における教育活動が安全な環境において実施され、児童生徒等の安全の確保が図られるよう、学校における安全管理に関する必要な事項を定めている。

100 **いじめ防止対策推進法**は、社会全体でいじめの問題に向き合い、対処していくための、基本的な理念や体制を定めた法律である（**図表11参照**）。 出 26-13

図表11 いじめ防止基本方針

文部科学大臣	関係行政機関の長と連携協力して、**いじめ防止基本方針**を定めるものとする。
地方公共団体	いじめ防止基本方針を参酌し、その地域の実情に応じ、**地方いじめ防止基本方針**を定めるよう努めるものとする。
学校	いじめ防止基本方針または地方いじめ防止基本方針を参酌し、その学校の実情に応じ、**学校いじめ防止基本方針**を定めるものとする。

スクールソーシャルワーカーの役割

101 文部科学省は、教育現場に福祉の視点を取り入れた**スクールソーシャルワーカー活用事業**を実施している。その実施主体は、**都道府県**・**指定都市**・**中核市**、間接補助事業として行う場合は、市区町村（市町村の組合および広域連合等）とされている。

102 スクールソーシャルワーカー活用事業は、いじめ、不登校、暴力行為、児童虐待など生徒指導上の課題に対応するため、社会福祉等の専門的な知識・技術を用いて、児童生徒の置かれたさまざまな環境に働きかけて支援を行う**スクールソーシャルワーカー**を教育委員会・学校等に配置し、教育相談体制を整備することを目的としている。

103 スクールソーシャルワーカーは学校現場で活動し、福祉的な視点から子どもの生活や権利を守る役割をもつ。子どもたちを個人としてみるだけでなく、環境とともに支援を行う。子どもの可能性、自己決定を支援し必要な環境調整を行う。そのため学校内だけでなく、地域の関係機関と連携し、諸問題の改善を図る。

104 スクールソーシャルワーカー活用事業実施要領では、①問題を抱える児童生徒が置かれた環境への働きかけ、②関係機関等とのネットワークの構築、連携・調整、③**学校内におけるチーム体制の構築**、支援、④保護者、教職員等に対する支援・相談・情報提供、⑤教職員等への研修活動の五つの職務内容が示されている。

学校精神保健にかかわる社会資源

105 **児童相談所**は、児童虐待通告や学校等の関係機関からの情報提供を受け、子どもと家族の状況の把握、対応方針の検討を行った上で、一時保護の実施や保護者への指導、来所によるカウンセリング、家庭訪問による相談助言、里親委託、児童福祉施設への入所措置など必要な支援・援助を行う。

106 学校精神保健においては、いじめや不登校、ひきこもり、発達障害や気分障害等の精神疾患など、さまざまな課題が児童・生徒や保護者、教職員の大きな負担となっている。精神疾患が疑われる場合は、**精神科医療機関**と連携し、受診・受療の支援を行うことが重要である。

4 精神保健の視点から見た勤労者の課題とアプローチ

現代日本の労働環境

107 厚生労働省の「令和4年『労働安全衛生調査（実態調査）』の概況」によれば、**メンタルヘルス対策**に取り組んでいる事業所の割合は63.4％となっている。

108 取組内容（複数回答）をみると、「**ストレスチェックの実施**」が最も多く、次いで「メンタルヘルス不調の労働者に対する必要な配慮の実施」、「職場環境等の評価及び改善（ストレスチェック結果の集団（部、課など）ごとの分析を含む)」の順となっている。

109 現在の自分の仕事や職業生活での不安、悩み、ストレスについて「相談できる人がいる」とする労働者の割合は91.4％であった。「相談できる人がいる」労働者があげた相談相手（複数回答）は、「**家族・友人**」（68.4％）が最も多く、次いで「**同僚**」（68.0％）となっている。

110 長時間にわたる**過重労働**は、疲労の蓄積をもたらす最も重要な要因と考えられている。また、脳・心臓疾患等の発症との関連性が強いという医学的知見が得られている。過重労働による健康障害を防ぐためには、時間外・休日労働時間の削減や事業場における健康管理体制の整備等、労働者の健康管理に係る措置の徹底が重要である。

✏ 業務の過重性は、労働時間のみによって評価されるものではなく、就労態様の諸要因も含めて総合的に評価される。

111 **過労死等**とは、業務における過重な負荷による脳血管疾患や心臓疾患を原因とする死亡、業務における強い心理的負荷による精神障害を原因とする自殺、または死亡には至らない脳血管疾患、心臓疾患、精神障害をいう。 出25-15 出26-14

112 2019（令和元）年労働施策の総合的な推進並びに労働者の雇用の安定及び職業生活の充実等に関する法律（労働施策総合推進法）の改正により、**パワーハラスメント**防止対策が法制化された。

✏ 大企業に対する職場のパワーハラスメント防止措置は2020（令和2）年から、中小企業は2022（令和4）年から義務化された。

113 改正法に基づき、厚生労働大臣は、「事業主が職場における優越的な

関係を背景とした言動に起因する問題に関して雇用管理上講ずべき措置等についての指針」を定め､職場におけるパワーハラスメントの内容を規定した。

114 職場におけるパワーハラスメントとは、職場において行われる①優越的な関係を背景とした言動であって、②業務上必要かつ相当な範囲を超えた言動により、③労働者の就業環境が害されるものであり、①から③までの要素をすべて満たすものをいう（**図表12参照**）。

- 客観的にみて、業務上必要かつ相当な範囲で行われる適正な業務指示や指導については、該当しない。

図表12 職場のパワーハラスメント　六つの類型

①身体的な攻撃（暴行・傷害など）
②精神的な攻撃（脅迫・名誉毀損・侮辱・ひどい暴言など）
③人間関係からの切り離し（隔離・仲間外し・無視など）
④過大な要求（業務上明らかに不要なことや遂行不可能なことの強制、仕事の妨害）
⑤過小な要求（業務上の合理性なく、能力や経験とかけ離れた程度の低い仕事を命じることや仕事を与えないこと）
⑥個の侵害（私的なことに過度に立ち入ること）

115 業務による心理的負荷を原因とする精神障害については、**心理的負荷による精神障害の認定基準**に基づき労災認定が行われている。

116 2023（令和5）年、近年の社会情勢の変化や労災請求件数の増加等を勘案し、最新の医学的知見を踏まえ、心理的負荷による精神障害の認定基準は、①業務による心理的負荷評価表の見直し、②精神障害の悪化の業務起因性が認められる範囲の見直し、③医学意見の収集方法の効率化等の改正がなされた。

117 認定の要件は、①対象疾病を発病していること、②対象疾病の発病前おおむね6か月の間（ハラスメントやいじめが継続しているときは6か月を超える期間を評価）に、業務による強い心理的負荷が認められること、③業務以外の心理的負荷および個体側要因により対象疾病を発病したとは認められないことである。

出 25-15 **118** 厚生労働省が策定した**労働者の心の健康の保持増進のための指針**（**メンタルヘルス指針**）では、心の健康づくり計画の実施にあたっては、以下の内容について円滑に行われる必要があるとした。

- 一次予防：ストレスチェック制度の活用や職場環境等の改善を通じてメンタルヘルス不調を未然に防止する。
- 二次予防：メンタルヘルス不調を早期に発見し、適切な措置をする。
- 三次予防：メンタルヘルス不調となった労働者の職場復帰を支援する。

119 2019（平成31）年4月1日より、働き方改革を推進するための関係法律の整備に関する法律（**働き方改革関連法**）が順次施行され、時間外労働の上限規制が導入された。

120 時間外労働の上限は、**月45時間**、**年360時間**を原則とし、臨時的な特別な事情がある場合でも年720時間以内、単月100時間未満（休日労働含む）、複数月平均80時間（休日労働含む）以内、月45時間を超えることができるのは年6か月を限度とする。 出 26-14

産業精神保健とその対策

121 **産業精神保健**とは、産業保健活動の一分野であり、職場における労働者のメンタルヘルス対策に取り組む。

122 メンタルヘルス指針の取組みとして、①セルフケア、②ライン（管理監督者）によるケア、③事業場内産業保健スタッフ等によるケア、④事業場外資源によるケアの「**4つのケア**」を継続的かつ計画的に行うことが重要である。

受験対策アドバイス
◆ストレスチェック制度の根拠法、実施義務の対象事業場、実施者の要件、実施に係る流れ等を押さえましょう。

◎ストレスチェックと職場環境改善

123 労働安全衛生法の改正に伴い、メンタルヘルス対策の充実・強化として**ストレスチェック制度**が創設され、2015（平成27）年12月に施行された。

124 ストレスチェック制度では、医師や保健師等による労働者の心理的な負担の程度を把握するための検査（**ストレスチェック**）の実施を事業者に**義務**づけている（ただし労働者数**50人未満**の事業場は当分の間、**努力義務**とする）。 出 24-15

✏ 医師、保健師のほか、一定の研修を受けた歯科医師、看護師、精神保健福祉士または公認心理師がストレスチェックを実施できる。

125 事業者は、ストレスチェックの検査結果を通知された労働者の申し出に応じて医師による面接指導を実施し、その結果、必要に応じて労働者の作業の転換、労働時間の短縮その他の適切な就業上の措置をとらなければならないとされた。 出 25-15

◎職場復帰支援

126 2004（平成16）年、厚生労働省は、職場復帰支援に関するルールづくりの手引きとして、**心の健康問題により休業した労働者の職場復帰支援の手引き**（2009（平成21）年改訂）を発表した。

127 心の健康問題で休業している労働者が円滑に職場に復帰し、業務が継

続できるようにするためには、休業の開始から通常業務への復帰までの流れをあらかじめ明確にしておく必要があるとしている。

128 同手引きでは、職場復帰支援の流れとして第1ステップから第5ステップの5段階を示している（図表13参照）。

図表13 心の健康問題により休業した労働者の職場復帰支援の手引き

STEP1 病気休業開始及び休業中のケア	▶労働者からの休業についての診断書提出 ▶労働者が療養に専念できるよう、休業期間の制度の説明　など
STEP2 主治医による職場復帰可能の判断	▶社員からの職場復帰の意思表示 ▶社員からの職場復帰可能の診断書の提出 ▶産業医等による精査 ▶主治医への情報提供　など
STEP3 職場復帰の可否の判断及び職場復帰支援プランの作成	▶社員の復帰意思確認 ▶産業医による診断、情報の収集と評価 ▶職場復帰支援プランの作成　など
STEP4 最終的な職場復帰の決定	▶就業上の措置等に関する産業医意見書の作成 ▶事業者による最終的な職場復帰の決定　など
職場復帰	
STEP5 職場復帰後のフォローアップ	▶復帰後の健康状態の確認 ▶勤務状況及び業務遂行能力の評価 ▶職場復帰支援プランの評価と見直し ▶職場環境改善 ▶管理監督者、同僚への配慮　など

資料：厚生労働省・労働者健康安全機構「改訂 心の健康問題により休業した労働者の職場復帰支援の手引き」2019. より作成

129 うつ病などの**メンタルヘルス不調**により休職中の労働者の、復職を可能とする目安には、①医学的に就業に耐え得る状態であること、②復職の意思を示していること、③職場に職場復帰を受け入れる準備があること、という3点が挙げられる。

職場のメンタルヘルスのための相談

130 職場におけるパワーハラスメントやセクシュアルハラスメントおよび妊娠・出産・育児休業等に関するハラスメントを防止するために、事業主が雇用管理上講ずべき措置として、図表14に掲げる措置が厚生労働大臣の指針に定められている。事業主は、これらの措置を必ず講じなければならない。

図表14 事業主が雇用管理上講ずべき措置

①事業主の方針の明確化およびその周知・啓発
②相談（苦情を含む）に応じ、適切に対応するために必要な体制の整備
③職場におけるハラスメントへの事後の迅速かつ適切な対応
④併せて講ずべき措置（プライバシー保護、不利益取扱いの禁止等）

※職場における妊娠・出産・育児休業等に関するハラスメントに関しては、その原因や背景となる要因を解消するための措置が含まれる。

131 企業内に相談窓口がない場合や周りの人に相談できない場合は、各都道府県労働局や全国の労働基準監督署等に設置されている総合労働相談コーナー、都道府県労働委員会、法テラス等の相談機関を利用することができる。

132 **従業員援助プログラム**（EAP）とは、職場内または個人の問題を抱える従業員を支援するプログラムである。

133 EAPは、アルコール依存や薬物依存から、うつ病や不安障害、適応障害、心身症、家庭問題へとその対象を拡大していった。EAPでは、問題を抱えた従業員に対する支援のほか、管理職や産業保健スタッフに対する研修なども行われる。 出26-14

134 EAPには、企業内の産業保健スタッフが支援を行うものと、企業が外部団体（独立したEAP会社）と契約して従業員の心の健康をサポートするシステムとがある。

135 企業内保健相談活動においては、保健医療スタッフによる個別の事例に応じたコンサルテーションや、従業員のメンタルヘルス不調を未然に防止するための管理職に対するラインケアのあり方、職場環境の改善、従業員のパフォーマンスの向上、職場内コミュニケーションの促進などに関する研修が求められる。

職場内の問題を解決するための機関及び関係法規

◎メンタルヘルスに関する職場内の問題解決のための機関

136 **医療機関**では、精神疾患の診断や治療を行う。治療継続と再発予防の観点から、疾患に関する知識提供や助言等を行うほか、職場の求めに応じて、医学的見地から就業に関する意見を提示する。

137 **リワーク・デイケア**では、復職（リワーク）支援に特化したプログラムが実施され、再休職の予防を最終目標として働き続けるための病状の回復と安定を目指す。精神科デイケア等において、医師、看護師、精神保健福祉士等の多職種による医学的リハビリテーションとして実施する。

138 **地域障害者職業センター**は、公共職業安定所との密接な連携のもと、障害者に対する専門的な職業リハビリテーションを提供する施設である。障害者一人ひとりのニーズに応じて、職業評価、職業準備支援、**職場適応援助者**（ジョブコーチ）支援事業、精神障害者総合雇用支援、事業主に対する相談・援助等を実施する。

139 **労働基準監督署**は、労働基準法、労働安全衛生法等の法令に基づき、 出26-78

労働者の労働条件の確保・改善、職場の安全や健康の確保を図るための取り組みを行っている。また、労働災害による精神疾患や障害の被災者や遺族からの請求に基づき、調査、労働者災害補償保険の保険給付を行っている。

◎労働者のメンタルヘルスの問題を解決するための関係法規

140 1947（昭和22）年、**労働基準法**は日本国憲法第27条第2項に基づいて制定された。労働組合法、労働関係調整法と合わせて労働三法と呼ばれる。

141 労働基準法では、労働条件について「労働者が人たるに値する生活を営むための必要を充たすべきものでなければならない」として、労働条件の最低基準を定め、これを低下させてはならないことやその向上を図るように努めなければならないことが定められている（第1条）。

142 **労働安全衛生法**には、労働災害の防止や責任体制の明確化などが明記されており、職場における労働者の安全と健康を確保するとともに、快適な職場環境の形成を目的としている。

143 2014（平成26）年の労働安全衛生法の改正では、精神疾患による労災認定件数が増加していることもあり、事業者に**心理的な負担の程度を把握するための検査（ストレスチェック）**の実施を義務づけ、**職場環境改善**による精神疾患の予防の強化が図られている。

144 2014（平成26）年、過労死等が多発し大きな社会問題となったことにより、**過労死等防止対策推進法**が施行された。

145 過労死等防止対策推進法の制定により、過労死等に関する調査研究等を行い、過労死等の防止のための対策を推進し、過労死等がなく、仕事と生活を調和（**ワークライフバランス**）させ、健康で充実して働き続けることのできる社会の実現を目指している。

5 精神保健の視点から見た現代社会の課題とアプローチ

災害被災者の精神保健

146 災害被災者が示す心理状態の変化には、①**茫然自失期**、②**ハネムーン期**、③**幻滅期**、④**再建期**の４段階の過程があるとされる（図表15、図表16参照）。時期に応じて被災者のニーズも変化していくため、それに合わせながら支援を行っていく必要がある。

図表15 災害後の被災者の心理過程

①茫然自失期	災害によるショックのため無感覚、感情の欠如、茫然自失の状態となる。一方で、危険を顧みず行動的になる者もいる。
②ハネムーン期	生活ストレスが続くものの、災害を共有し乗り切ってきたことで、被災者同士が強い連帯感で結ばれ、積極的な気分になる。
③幻滅期	災害後の混乱が収まり始め、被災者の間にも被害や復旧の格差が出始める。無力感や疲労感が強くなり取り残された者は、虚脱感や怒り、うつ気分などが生じる。
④再建期	復旧が進み、生活の目途がつき始める。現状を受け入れ、気分が安定し、将来のことを考えられるようになる。

図表16 被災者の心理状態の変化

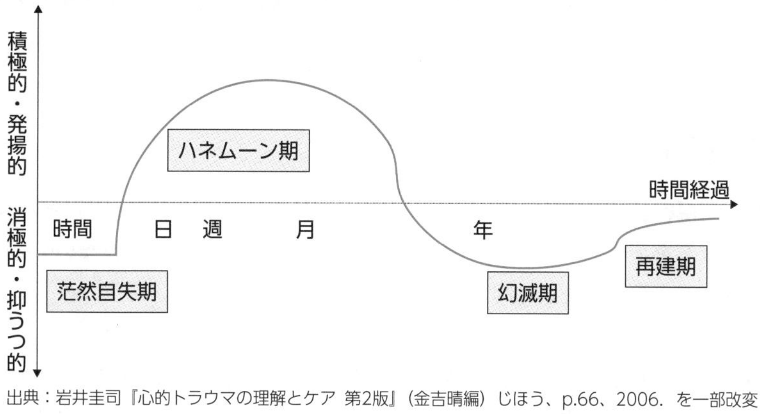

出典：岩井圭司『心的トラウマの理解とケア 第2版』（金吉晴編）じほう、p.66、2006. を一部改変

147 2011（平成23）年に発生した東日本大震災では、災害対策基本法に基づき、岩手県、宮城県、福島県および仙台市から、厚生労働省に長期間、複数県にまたがった最初の**心のケアチーム**の派遣要請がなされた。

148 被災地支援を行う支援者は、被災地の悲惨な状況を目の当たりにする

など、深刻なメンタルヘルスの課題を抱えることがある。災害時のこころのケアは被災者だけではなく、被災地で活動する**支援者のケア**も重要である。

出25-16 149 **災害派遣精神医療チーム**（DPAT）とは、災害時に被災地域において、
出26-15 専門性の高い精神科医療の提供と精神保健活動の支援を行う、都道府県に
よって組織される、専門的な研修・訓練を受けたチームをいう。

犯罪被害者の支援

150 犯罪被害者等が事件後に直面する困難な状況として、①心身の不調、②生活上の問題、③周囲の人の言動による傷つき、④加害者からのさらなる被害、捜査・裁判に伴うさまざまな問題などがある。そのなかでも、心身の不調としての**精神的ショック**は非常に大きい。

出26-12 151 **トラウマ・インフォームド・ケア**とは、支援者がトラウマとその影響に関する知識や対応を身につけ、支援の対象者にその知識や情報に基づいた関心・配慮・注意を向けたかかわりをすることをいう。

152 PTSD（**心的外傷後ストレス障害**）は、その人にとってきわめて重大な出来事に遭遇した後に発症するとされている。具体的には、死の恐怖にさらされるような事故や災害、不同意性交等罪等の犯罪など、心理的衝撃がきわめて大きな出来事に遭遇することを指す。

153 PTSDは、本人が直接体験した場合だけではなく、そのような光景を目撃した場合や、身近な人が体験したことに直面した場合でも発症するとされている。

自殺予防

154 **自傷行為**とは、自分自身に苦痛を与えたり、自らの身体に傷をつけたりする行為をいう。自傷行為のうち、死に至ることを意図していないものを非自殺的な自傷行為と鑑別することがある。

155 厚生労働省の「令和5年版自殺対策白書」によれば、2022（令和4）年の状況を自傷行為歴の有無別にみると、自傷行為歴があったのは自殺者全体の10.3％であった。また、**自殺未遂**歴の有無別にみると、自殺未遂歴があったのは自殺者全体の19.5％であった。

156 **自死遺族**とは、家族を自死で亡くした者をいう。自殺は、遺族に怒りや自責の念、罪悪感、否認、混乱や拒絶等、さまざまな感情や思いを抱かせる。自死遺族等の支援にかかわる際は、自死遺族の置かれた状況を理解し、

丁寧な支援を行う必要がある。

157 2006（平成18）年6月、自殺死亡者数が高い水準で推移していることから、**自殺対策基本法**が制定され、自殺対策の基本理念や国、地方公共団体、事業主、国民の責務が明らかにされた。

158 自殺対策基本法は、自殺対策の総合的な推進とともに、自殺者の親族等に対する支援の充実を図ることとしている（図表17参照）。政府による**自殺総合対策大綱**の策定と国会への年次報告を義務づけ、厚生労働省に自殺総合対策会議を置いた。

受験対策アドバイス

◆自殺対策に関しては、これまで多様な出題がされており、日本の自殺の状況や自殺対策の変遷、自殺総合対策大綱の内容等について、要点を確認しましょう。

図表17 自殺対策基本法における基本的施策

①調査研究等の推進及び体制の整備
②人材の確保等
③心の健康の保持に係る教育及び啓発の推進等
④医療提供体制の整備
⑤自殺発生回避のための体制の整備等
⑥自殺未遂者等の支援
⑦自殺者の親族等の支援
⑧民間団体の活動の支援

159 アメリカの社会学者フィリップス（Phillips, D. P.）は、マスメディアによる著名人などの自殺に関する報道の影響により、その後連鎖的に自殺者が増える現象を**ウェルテル効果**と名付けた。

出 24-12

身体疾患に伴う精神保健

160 **器質性精神病**とは、頭部外傷や脳血管疾患あるいはがんの脳転移などによる、脳自体の損傷のために精神症状が生じている状態をいう。

161 **症状精神病**とは、身体疾患が原因で生じた精神障害であり、感染症、代謝性疾患、内分泌疾患などが原因になりやすい。ステロイドや麻薬などの薬剤治療中に精神症状が生じた場合も含まれる。

162 **精神科リエゾン**とは、精神科と他科とが密接に連携し、身体疾患に関連した精神症状や心理的問題、身体合併症のある精神障害者の治療を支援する活動をいう。精神科リエゾンチームは、精神科医、看護師、精神保健福祉士等の多職種のメンバーで構成される。

163 **せん妄**とは、さまざまな原因で生じる脳症候群で、意識と注意力、知覚、思考、記憶、行動、感情、睡眠や覚醒のリズムが同時に障害される病態をいう。

✏ せん妄は、髄膜炎や脳炎、がんなどの腫瘍、電解質異常、低たんぱく血症など、さまざまな原因で生じる。

164 **緩和ケア**とは、生命を脅かす病に関連する問題に直面している患者とその家族の苦痛を予防したり、和らげたりすることで、QOLを向上させるアプローチをいう。痛みやその他の身体的・心理社会的・スピリチュアルな問題を早期に見出し、的確に評価を行い対応する。

165 緩和ケアでは、人間の全人的な苦痛を、①痛みや呼吸困難などの身体的苦痛、②不安や怒りなどの精神的苦痛、③社会的立場や役割の喪失などの社会的苦痛、④人生の価値など根源的な問いにかかわる霊的（スピリチュアル）苦痛の四つに分類して対応する。

貧困問題と精神保健

166 **相対的貧困率**とは、貧困線に満たない世帯員の割合をいう。貧困線とは、等価可処分所得（世帯の可処分所得を世帯人員の平方根で割って調整した所得）の中央値の半分の額をいう。

167 **子どもの貧困率**とは、17歳以下の子ども全体に占める、等価可処分所得が貧困線に満たない状態にある子どもの割合のことである。

168 日本の子どもの貧困率は先進国のなかでも高く、また、生活保護世帯の子どもの高等学校等進学率も全体と比較して低い水準になっている。

169 子どもの将来がその生まれ育った環境によって左右されることのないよう、貧困の状況にある子どもが健やかに育成される環境を整備するとともに、教育の機会均等を図るため、2013（平成25）年に**子どもの貧困対策の推進に関する法律**が公布され、2019（令和元）年に一部が改正された。

170 改正法では、目的として、子どもの「将来」に加え「現在」の生活等に向けても子どもの貧困対策を総合的に推進することが明記され、子どもの最善の利益が優先して考慮されること等の基本理念が新設された。

171 市町村の子どもの貧困対策計画策定の**努力義務**が規定されるとともに、子どもの貧困対策大綱の記載事項として、子どもの貧困対策に関する施策の検証および評価その他の施策の推進体制に関する事項が追加された。

172 2019（令和元）年に**子供の貧困対策に関する大綱**が改定された。基本的な方針として、①親の妊娠・出産期から子供の社会的自立までの切れ目ない支援、②支援が届いていない、または届きにくい子供・家庭への配慮、

③地方公共団体による取組の充実が示された。

173 「ひとり親世帯」である**シングルマザー**を対象としたアンケートによれば、約8割の女性が「実母など家族との関係」「DVストレス」「子どもとの関係」を原因とするメンタルヘルス不調を経験しているという。

社会的孤立

174 ホームレスの自立の支援等に関する特別措置法において、**ホームレス**は、「都市公園、河川、道路、駅舎その他の施設を故なく起居の場所とし日常生活を営んでいる者」と定義されている。

175 「令和3年ホームレスの実態に関する全国調査（生活実態調査）」によれば、「よく眠れない日が続いた」が16.2％、「2週間以上毎日のように落ち込んでいた時期があった」が6.6％となっており、うつ病等の精神疾患を有すると考えられる者が一定程度みられた。

176 本調査の結果から明らかとなった、ホームレスの高齢化や路上（野宿）生活期間の長期化など、最近のホームレスの動向やそれを取り巻く環境の変化等を踏まえ、2023（令和5）年7月、新たな**ホームレスの自立の支援等に関する基本方針**が策定された。

177 **セルフネグレクト**とは、生活環境や栄養状態が悪化しているのに、それを改善しようとせず、自ら周囲に助けを求めない状態をいう。

178 2024（令和6）年4月、**孤独・孤立対策推進法**が施行された。社会の変化により、日常生活や社会生活において孤独を感じることや、社会から孤立していることによって心身に有害な影響を受けている状態にある者への支援を推進することを目的としている。

✏ 本法では、「孤独および孤立の状態」は定義されているものの、「孤独」および「孤立」について、明確な定義は設けられていない。

LGBTと精神保健

179 **セクシュアリティ**とは、性にかかわる個人の人間の中核的な特質の一つをいう。セクシュアリティは、①身体的性別、②性的指向、③性同一性（性自認）など、多様な要素から構成される。

180 **性的指向**とは、性的魅力を感じる対象の性別が何かということであり、異性愛、同性愛、両性愛、無性愛（男女いずれにも魅力を感じない）などがある。

181 **性同一性（性自認）**とは、「自分は男性である」「自分は女性である」「自分は男性でも女性でもない」というような、自己の性別の認識をいう。トランスジェンダーの場合、性同一性と身体的性別とは一致せず、「自分の体は男性だが心は女性だ」などのように自認している。

182 **LGBT**とは、「Lesbian（レズビアン）」「Gay（ゲイ）」「Bisexual（バイセクシュアル）」「Transgender（トランスジェンダー）」のそれぞれの頭文字をまとめたもので、性的指向と性同一性に関する性的少数者の総称である。

183 **性別違和**とは、その人により体験または表出されるジェンダーと、指定されたジェンダーとの間の不一致に伴う苦痛をいう。

184 指定されたジェンダーとは、通常出生時に行われる、婦人科医や助産師によって指定される性別をいう。

185 体験または表出されるジェンダーとは、必ずしも反対のジェンダー（男性に対して女性、女性に対して男性）に限らず、指定されたジェンダーとは異なる別のジェンダーも含まれる。

✏ 「自分は男性でも女性でもなく中性だ」、「自分は男性でも女性でもある」といったジェンダーの者も含まれる。

186 2003（平成15）年、**性同一性障害者の性別の取扱いの特例に関する法律（性同一性障害特例法）**が制定され、家庭裁判所の審判を経て戸籍上の性別変更が認められるようになった（図表18参照）。

図表18 性別変更の5要件

①18歳以上であること
②現に婚姻をしていないこと
③現に未成年の子がいないこと
④生殖腺がないことまたは生殖腺の機能を永続的に欠く状態にあること
⑤その身体について他の性別にかかる身体の性器にかかる部分に近似する外観を備えていること

187 2023（令和5）年6月、**性的指向及びジェンダーアイデンティティの多様性に関する国民の理解の増進に関する法律**（LGBT理解増進法）が公布・施行された。本法は、性的指向やジェンダーアイデンティティの多様性に寛容な社会の実現に資することを目的としている。

✏ 「性的指向」を、恋愛感情または性的感情の対象となる性別についての指向と定義している。

✏ 「ジェンダーアイデンティティ」を、自己の属する性別についての認識に関するその同一性の有無または程度に係る意識と定義している。

他文化に接することで生じる精神保健上の問題

188 **異文化ストレス**とは、異国に移住し、生活し続けたときに、移住者が感じるストレスをいう。短期滞在者群、長期滞在者群、移住者群により、異文化ストレスと精神障害の発症との関連に違いがみられる。

図表19 外国人のこころの問題

異文化ストレス
①異文化、異言語の中での葛藤や混乱
②異なる習慣や生活様式からくる不適応
③対人コミュニケーションにおける葛藤
④コミュニケーションの不足による職場でのトラブル
⑤失業や経済的悩み
⑥親子間のコミュニケーションギャップ
⑦学校における子どもの悩み
⑧家族の病気における悩み
⑨母国に残してきた家族の心配
⑩将来に対する悩み

出典：阿部裕『多文化精神医療』ラグーナ出版、p.247、2019.

189 **多文化コンピテンス**（**多文化対応能力**）とは、多様性を尊重し、文化的知識を獲得しながら、自分自身の文化的特性を理解したうえで、多様性や文化コミュニティに柔軟に対応できる能力をいう。精神保健福祉士が、文化の狭間（**文化差**）で苦しむ外国人にかかわるうえで、まず求められるものは多文化コンピテンスである。

190 **多文化共生社会**とは、国籍等の異なる人々が、互いの文化的差異を認めあい、対等な関係を築こうとしながら、地域社会の構成員としてともに生きていける社会をいう。

反復違法行為と精神保健

191 令和5年版犯罪白書によれば、2022（令和4）年における刑法犯の検挙人員総数のうち、精神障害者等の比率は、0.8％であった。また罪名別でみると、**放火**（12.6％）が最も高かった。

192 **違法薬物**とは、法律で規制されている薬物のことで、心身に重大な影響を及ぼす物質をいう。違法薬物には、覚醒剤、大麻、コカイン、ヘロイン、MDMAなどがあり、薬物により依存性や副作用が異なる。

193 病的窃盗（**窃盗症**、**クレプトマニア**）とは、個人的に所有するためでもなく、また経済的な問題のためでもなく、物を盗み取ろうとする衝動により、窃盗を繰り返す状態をいう。窃盗直前の緊張感や窃盗後の快感、満足感

を得るために窃盗行為を反復する。

194 性犯罪はパラフィリア症群に基づくものと、基づかないものに大別される。パラフィリア症群とは、質的な性障害の一つで、普通でない対象、行為、または状況に関して、反復的に強烈な性的衝動を感じたり、空想を抱いたり、性的行動を反復することを特徴とするものをいう。

✎ パラフィリアにはさまざまな行為が存在するが、繰り返される性加害行為として露出症や窃視症、窃触症などがある。

195 病的放火（**放火癖**）とは、明白な動機がなく、火災を見ることへの強い興味があり、行為に伴う強い緊張と興奮を感じ、放火後には強い満足感と解放感を得るために放火を繰り返すことをいう。

196 **ストーカー行為**の反復には、恋愛妄想がある統合失調症や妄想性障害等の精神病性障害や、自己愛性・反社会性パーソナリティ障害、自閉スペクトラム症等の精神障害によるものもみられる。

197 違法行為を繰り返す精神障害者は、衝動のコントロールが難しく、嗜癖行動に陥っているという共通点はあるものの、疾病分類として決して同質のものはなく、ほかの精神障害の一症状として現れている事例も少なくないことから、**心理社会的要因**を幅広く考慮することが求められる。

198 2003（平成15）年、心神喪失等の状態で重大な他害行為を行った者の医療及び観察等に関する法律（**医療観察法**）が制定され、**司法と医療の連携**が始まった。

6 精神保健に関する発生予防と対策

精神保健の予防の考え方

199 ウインスロウ（Winslow, C-E. A.）は「公衆衛生は組織された地域社会の努力を通して、疾病を予防し、生命を延長し、身体的そして精神的機能の増進をはかる技術であり科学である」と説明している。

200 公衆衛生学における予防は、疾病の発生を未然に防止する第一次予防、疾病の早期発見と治療である第二次予防、発症した疾病の増悪防止とリハビリテーションである第三次予防に区分される（図表20参照）。 出 22-11

201 ポピュレーションアプローチとは、リスクの有無に関係なく集団に働きかけることにより、集団全体の健康障害のリスクを軽減したり、予防したりすることをいう。

図表20 予防の分類と実際

予防の分類	目的	予防の例
一次	疾病/障害の予防・健康維持増進	ストレスマネジメント 自殺やうつ病の予防 薬物乱用の防止、インターネット依存の予防 運動の増進、良質な睡眠の確保、未成年の飲酒予防、人との交流の維持増進
二次	早期発見・早期治療（早期介入）	職場におけるストレスチェック制度を用いたスクリーニング、児童の発達スクリーニング検査 定期健康診断を活用したメンタルヘルス対策の有用性 初期のカウンセリング メンタルヘルスリテラシー教育（短期的には一次予防）
三次	再発防止・リハビリテーション（リカバリー）	心理教育、ACT（Assertive Community Treatment）、認知行動療法 WRAP（Wellness Recovery Action Plan）やメンタルヘルスリテラシー教育への参加（当事者が伝え手の場合） 訪問看護、社会生活技能訓練（social skills training：SST）、職業訓練、リワークプログラム

出典：一般社団法人日本ソーシャルワーク教育学校連盟編『最新 精神保健福祉士養成講座②現代の精神保健の課題と支援』中央法規出版、p.183、2021.

出25-12

202 ハイリスクアプローチとは、健康障害を引き起こす可能性のある集団のなかから、より高いリスクをもっている人に対して働きかけ、予防することである。

出23-12
出25-12

203 カプラン（Caplan, G.）は『予防精神医学』で地域精神医学を予防精神医学と呼び、予防的介入を第一次予防、第二次予防、第三次予防という3段階に分けて考えた。カプランの予防精神医学とは、精神障害の予防および管理に関する地域プログラムである。

204 精神保健におけるメンタルヘルスリテラシーとは、ジョーム（Jorm, A. F.）によって提唱された概念であり、知識や信念、また特定の問題を、精神的不調と認識する能力、精神の健康に役立てる態度や行動であり、精神保健についての総合的な活用力をいう。

205 2024（令和6）年度より、国民の健康の増進の総合的な推進を図るための基本的な方針に基づき、第5次国民健康づくり対策である「21世紀における第三次国民健康づくり運動（健康日本21（第三次））が開始された。

健康日本21（第三次）の計画期間は、2024（令和6）年度から2035（令和17）年度までの12年間とされている。

206 「全ての国民が健やかで心豊かに生活できる持続可能な社会の実現」をビジョンとし、そのために、①誰一人取り残さない健康づくりの展開（Inclusion）、②より実効性をもつ取組の推進（Implementation）を行うとしている。

アルコール問題に対する対策

207 飲酒に起因する健康障害には、アルコール性精神病やアルコール依存症の精神障害のほか、肝疾患、脳卒中、高血圧、がんなどの身体疾患がある。また飲酒に関連した問題として労働災害、交通事故、犯罪、家庭崩壊など多くの社会問題を含んでいる。

208 親のアルコール問題などに巻き込まれながら成長したアダルトチルドレン（AC）は、自己評価が低く、うまく自己主張ができないなどの傾向をもつ。

209 アルコール依存症とうつ病との関連は、アルコール依存症にうつ症状がみられる場合や、うつ症状からアルコール依存症に移行する場合がある。また自殺との関連では、自殺した人の3分の1は自殺の直前に飲酒をしており、習慣的な大量飲酒やアルコール依存症は自殺のリスクが高いとされている。

210 断酒の継続には、同じ経験をした仲間の存在が重要であるといわれている。アルコール依存症からの回復や断酒継続のためのセルフヘルプグループとして、**アルコホーリクス・アノニマス**（**AA**）と**断酒会**がある。

211 **ブリーフ・インターベンション**（減酒支援）は、世界保健機関（WHO）が2010年5月に採択したアルコールの有害な使用を低減するための世界戦略において推奨されており、対象者の生活習慣や特定の行動に変化をもたらす短期間のカウンセリングを行う。

212 2010年にWHOが採択したアルコールの有害な使用を低減するための世界戦略を受け、2013（平成25）年に**アルコール健康障害対策基本法**が制定された。本法では、アルコール健康障害対策の基本理念を示し、国や地方公共団体などの責務、10の基本的施策、アルコール関連問題啓発週間の設置などを定めている。

受験対策アドバイス
アルコール、薬物、ギャンブル等の依存症対策に関連する制度、社会資源等を一体的に学習しましょう。

213 政府は、アルコール健康障害対策の総合的かつ計画的な推進を図るため、**アルコール健康障害対策推進基本計画**を策定しなければならない。

出 25-17

214 都道府県は、アルコール健康障害対策推進基本計画を基本とし、その実情に即した**都道府県アルコール健康障害対策推進計画**を策定するよう努めなければならない。

215 **SBIRTS**とは、専門医療機関において早期発見から早期治療につなぐ手法であり、Screening（スクリーニング）、Brief Intervention（簡易介入）、Referral to Treatment（専門治療への紹介）、Self-help groups（セルフヘルプグループへの紹介）から構成される。

216 **AUDIT**（アルコール使用障害同定テスト）は、WHOが問題飲酒を早期に発見するために開発したスクリーニングテストである。10項目の設問から構成され、各項目の合計点（0～40点）で飲酒問題の程度を評価する。15点以上で「アルコール依存症が疑われる」と判定される。

出 26-16

点数はあくまでも判断材料の一つであり、アルコール依存症か否かに関しては医師が総合的に診断する。

薬物依存対策

217 **薬物依存**とは、依存性薬物の乱用を繰り返すうちに薬物を止めようとしても容易に止められない状態をいう。薬物依存は、**精神依存**と**身体依存**の2つのタイプがある。依存性薬物の共通する特徴は精神依存が形成されるところにある。

出 26-17

218 日本で乱用されている薬物は未成年者では有機溶剤が多く、成人では覚醒剤が多くなっている。これらの薬物や大麻、アルコールを長く乱用していると、**幻覚・妄想**を伴った行動異常が現れたり、脳障害をきたしたりする。

219 全国の小中高校では、**薬物乱用防止教育**の一環として、薬物乱用防止教室が実施されている。薬物乱用は未成年期から始まることが多いことから啓発活動は重要である。

220 薬物依存症者には、民間リハビリテーション施設である**ダルク（DARC：Drug Addiction Rehabilitation Center）**の活用が広がっている。

221 精神作用性物質等（合法・違法問わず）の使用量の減少、または中止がなくてもその使用により生じる健康・社会・経済上の悪影響を低減させることを目的とする政策やプログラム、その実践である**ハームリダクション**が注目を集めている。

出22-16 222 ハームリダクションとは、薬物使用による健康被害や社会的弊害を低減するためのヘルスケア、社会福祉サービスの政策および支援実践の理念をいう。

223 ハームリダクションは、欧州、オーストラリア、カナダなどを中心に最も成功している効果的な薬物政策として広がっているが、近年では日本を含めた東アジアなどでもその実践が導入されてきている。

ギャンブル等依存対策

224 **ギャンブル依存症**とは、自分のギャンブル行動を自分でコントロールできずに反復してしまう病的状態をいう。アルコールや薬物依存症のような身体依存はないものの、借金や家庭不和など種々の問題が生じても、ギャンブルを自制できない状態である。

出22-14 225 **ギャンブル等依存症対策基本法**では、ギャンブル等依存症が当事者やその家族の「日常生活又は社会生活に支障を生じさせるもの」であり、「**多重債務**、**貧困**、**虐待**、**自殺**、**犯罪等**の重大な社会問題を生じさせている」として**関連問題**を明記した。

出22-14 226 ギャンブル等依存症対策基本法において、**ギャンブル等依存症**とは、ギャンブル等（法律の定めるところにより行われる公営競技、ぱちんこ屋に係る遊技その他の射幸行為等）にのめり込むことにより、日常生活または社会生活に支障が生じている状態をいう。

227 ギャンブル等依存症対策基本法では、多重債務、貧困、虐待、自殺、犯罪等の問題と密接に関連することから、有機的に連携して施策が進むよう配慮を求めている。

228 ギャンブル等依存症対策基本法により、政府は、**ギャンブル等依存症対策推進基本計画**を策定しなければならない。都道府県は、本計画を基本としつつ、各都道府県の実情に即した**都道府県ギャンブル等依存症対策推進計画**を策定するよう努める（努力義務）。

229 2022（令和4）年、ギャンブル等依存症対策推進基本計画の変更が閣議決定され、**インターネット投票におけるアクセス制限の強化**、各地域の包括的な連携協力体制の構築および包括的な支援の実現等が盛り込まれた。

うつ病と自殺防止対策

230 かかりつけ病院において、医師だけではなく看護師をはじめとした多職種チームでかかわることで、うつ病を適切に発見し、治療に導入することができる。

231 **こころとからだの質問票**（Patient Health Questionnaire-9：PHQ-9）は、9項目からなる自記式のアンケートで、うつ病の診断スクリーニングだけでなく、うつ病と診断された患者の重症度の縦断的な変化を評価することができる。

232 **ゲートキーパー**とは、悩んでいる人に気づき、声をかけ、話を聞いて、必要な支援につなげ、見守る人のことをいう。心理社会的問題や生活上の問題、健康上の問題を抱えている人や、自殺の危険を抱えた人々に気づき適切にかかわることが、自殺対策におけるゲートキーパーの役割である。

子育て支援と暴力、虐待予防

233 **ペアレント・トレーニング**では、子どもの行動変容を目的とし、親がほめ方や指示などの具体的な養育スキルを獲得することを目指す。専門家による療育場面でのトレーニングだけではなく、親が日常生活で子どもに適切にかかわることができるようになることで、子どもの行動改善や発達促進が期待できる。

234 2024（令和6）年4月、改正児童福祉法の施行により、市町村は、すべての妊産婦、子育て世帯、子どもに対し、母子保健・児童福祉の両機能が一体的に相談支援を行う機関として、**こども家庭センター**の設置に努めることとなった（努力義務）（図表21参照）。

✏ 従来の子育て世代包括支援センターと子ども家庭総合支援拠点の機能が統合された。

図表21 こども家庭センターの業務

①児童及び妊産婦の福祉や母子保健の相談等
②把握・情報提供、必要な調査・指導等
③保健指導、健康診査等
④関係機関等との総合調整
⑤支援を要する子ども・妊産婦等へのサポートプランの作成
⑥地域資源の開拓

出典：厚生労働省子ども家庭局「改正児童福祉法について」

235 子育て支援の対象には一般層（子育て支援ニーズが顕在化していない層）、中間層（一般的な子育て支援より手厚い支援が必要な層）、要介入支援層（虐待対応や予防に向けてより積極的・専門的な支援・介入、見守りを必要とする層）がある。

236 思春期は、身体的にも精神的にも大きな変化を伴う時期であり、性別に関係なく心が不安定になりやすく、不登校やひきこもり等、さまざまな問題が表面化してくる。**思春期の親グループ**では、思春期のこころの問題等に悩んでいる親を対象とし、思春期の特徴について理解を深め、子どもへの適切な対応等を学び、身につける。

237 さまざまな実態調査等を通して、児童虐待発生の**リスク要因**が明らかにされてきている（**図表10参照**）。しかし、それらの要因を多く有しているからといって、必ずしも虐待につながるわけではない。

✏ 適切に判断するためには、リスク要因とともに、虐待発生を予防する防御因子とのバランスを意識してアセスメントすることが重要である。

238 保健・医療・福祉等の関係者は、予防的な支援に際し、リスク要因を有し、養育支援を必要としている家庭であるか否かを判断し、早期に支援につなげることが大切である。より多くの機関からリスク要因を有している家庭の情報を収集するよう努め、虐待発生を予防することが重要である。

認知症高齢者に対する対策

239 2015（平成27）年1月、厚生労働省は、認知症の人の意思が尊重され、できる限り住み慣れた地域のよい環境で自分らしく暮らし続けることができる社会を実現するため、新たに「認知症施策推進総合戦略～認知症高齢者等にやさしい地域づくりに向けて～」（**新オレンジプラン**）を策定した（**図表22参照**）。

図表22 新オレンジプランの具体的施策

①認知症への理解を深めるための普及・啓発の推進
②認知症の容態に応じた適時・適切な医療・介護等の提供
③若年性認知症施策の強化
④認知症の人の介護者への支援
⑤認知症の人を含む高齢者にやさしい地域づくりの推進
⑥認知症の予防法、診断法、治療法、リハビリテーションモデル、介護モデル等の研究開発およびその成果の普及の推進
⑦認知症の人やその家族の視点の重視

240 2019（令和元）年には、**認知症施策推進大綱**が取りまとめられた。これは、認知症になっても住み慣れた地域で自分らしく暮らし続けられる**共生**を目指し、認知症バリアフリーの取組みを進めていくとともに、共生の基盤のもと、通いの場の拡大など**予防**の取り組みを政府一丸となって進めていくことを定めたものである。

241 同大綱では、五つの柱として、①普及啓発・本人発信支援、②予防、③医療・ケア・介護サービス・介護者への支援、④認知症バリアフリーの推進・若年性認知症の人への支援・社会参加支援、⑤研究開発・産業促進・国際展開を掲げている。

242 2024（令和6）年1月、認知症の人を含めた国民一人ひとりがその個性と能力を十分に発揮し、相互に人格と個性を尊重しつつ支えあいながら共生する活力ある社会（共生社会）の実現を推進することを目的とし、**共生社会の実現を推進するための認知症基本法**（認知症基本法）が施行された（図表23参照）。

図表23 認知症基本法の基本的施策

①認知症の人に関する国民の理解の増進等
②認知症の人の生活におけるバリアフリー化の推進
③認知症の人の社会参加の機会の確保等
④認知症の人の意思決定の支援および権利利益の保護
⑤保健医療サービスおよび福祉サービスの提供体制の整備等
⑥相談体制の整備等
⑦研究等の推進等
⑧認知症の予防等
※その他認知症施策の策定に必要な調査の実施、多様な主体の連携、地方公共団体に対する支援、国際協力

243 認知症基本法では、認知症を「アルツハイマー病その他の神経変性疾患、脳血管疾患その他の疾患により日常生活に支障が生じる程度にまで認知機能が低下した状態」と定義している。

244 **認知症初期集中支援チーム**は、①訪問支援対象者の把握、②情報収集

および観察・評価、③初回訪問時の支援（おおむね2時間以内）、④チーム員会議の開催、⑤初期集中支援の実施（おおむね**6か月**）、⑥引き継ぎ後のモニタリングなどの初期の支援を包括的、集中的に行い、自立生活のサポートを行う。

245 **認知症疾患医療センター**は、「認知症疾患医療センター運営事業」によって都道府県および指定都市が設置する、認知症疾患に関する鑑別診断、専門医療相談、認知症の介護および在宅サービス事業者との連携などを担う認知症の専門医療機関である。

246 認知症疾患医療センターには、病院における基幹型センターと地域型センターに加え、連携型センターがあり、2023（令和5）年10月現在で505か所（47都道府県、19指定都市）設置されている**（図表24、図表25参照）**。

図表24 認知症疾患医療センターの機能

基幹型センター	地域型センター	連携型センター
・専門医療機関としての機能 ・身体合併症に対する救急医療機関としての機能 ・地域連携推進機関としての機能	・専門医療機関としての機能 ・地域連携推進機関としての機能	・専門医療機関としての機能 ・地域連携拠点としての機能

図表25 認知症疾患医療センターの事業内容

(1)専門的医療機能
　①鑑別診断とそれに基づく初期対応
　②周辺症状と身体合併症への急性期対応
　③専門医療相談
(2)地域連携拠点機能
　①認知症疾患医療連携協議会の設置および運営
　②研修会の開催

247 在宅支援を中心に進める施策のなかで、介護者へのケアも重視されてきている。介護離職、介護うつ、さらには介護心中などの深刻な事態も社会的問題となっている。介護者の**レスパイト**（休息、息抜き）という側面も重要な視点である。

社会的ひきこもりに対する対策

出 26-62

248 2009（平成21）年度に事業化した「ひきこもり対策推進事業」に基づき、ひきこもりに特化した専門的な相談窓口となる**ひきこもり地域支援センター**を都道府県、政令指定都市に設置し、社会福祉士、精神保健福祉士、保健師、公認心理師、臨床心理士等ひきこもり支援コーディネーター等を配

置して専門相談を行う。

249　2022（令和4）年度より、ひきこもり地域支援センターの設置主体を**市町村**に拡充するとともに、ひきこもり支援の核となる相談支援・居場所づくり・ネットワークづくりを一体的に実施する「ひきこもり支援ステーション事業」が開始された。

250　雇用環境が厳しい時期に就職活動を行ったいわゆる就職氷河期世代は、おおむね1993（平成5）年～2004（平成16）年に学校卒業期を迎えた世代であり、これまで不安定な就労を繰り返しており、概して能力開発の機会が少なく、企業に評価される職務経歴も積めていない。

251　加齢に伴い、企業側の人事・採用慣行等により、安定した職業に転職する機会が制約されやすく、不安定な就労状態にあるため、収入が低く、将来にわたる生活基盤等が脆弱である。

災害時の精神保健に対する対策

252　自然災害により家族や住居を失った被災者は、喪失体験に加え、プライバシーも保たれない避難所での生活が長期化するにつれ、疲労が蓄積される。また、将来の生活再建への希望がもてない状況のなかで、うつ状態が生じやすい。

253　災害被災者の精神保健には、被災により生じた精神保健の問題と災害発生前からの精神保健の課題を負う被災者の問題がある。避難所では、家族との離別や喪失体験、プライバシーの欠如、物資の不足のほか、過酷な生活環境の問題がある。また、仮設住宅では今後の生活再建への不安や単身生活者の孤独死の問題等がある。

254　**サイコロジカル・ファーストエイド（PFA）**とは、発災後早期（直後～4週間）に心理的、社会的な支援法として推奨される心理的応急処置をいう。深刻な危機的出来事に見舞われた人に対して実際的な支援として行われる。　出22-17　出26-15

7 地域精神保健に関する偏見・差別等の課題

関係法規

255 **地域保健法**の目的は、地域保健対策の推進に関する基本指針、保健所の設置その他地域保健対策の推進に関し基本となる事項を定めることで、母子保健法等の地域保健対策に関する法律による対策が地域において総合的に推進されることを確保し、地域住民の健康の保持および増進に寄与することである。

256 市町村は、**市町村保健センター**を設置することができるとされ、住民に対し、健康相談や保健指導、健康診査その他地域保健に関し必要な事業を行う。

✎ 地域保健の第一線機関であった保健所は、市町村に対する後方支援といった位置づけになっている。

257 **母子保健法**の目的は、母性や乳児・幼児の健康の保持および増進を図るため、母子保健に関する原理を明らかにするとともに、母性と乳児・幼児に対する保健指導、健康診査、医療その他の措置を行い、国民保健の向上に寄与することである。

258 2019（令和元）年、改正母子保健法が成立し、2021（令和3）年度から「産後ケア事業」が市町村の努力義務となった。

精神保健に関わる人材育成

259 **精神保健福祉相談員**は、精神保健及び精神障害者福祉に関する法律（精神保健福祉法）第48条に規定される職員であり、精神保健福祉センターや保健所等に配置され、精神保健や精神障害者の福祉に関する相談に応じ、精神障害者およびその家族等を訪問して必要な指導を行う。

260 **退院後生活環境相談員**は、精神保健福祉法に規定される職員であり、医療保護入院者および措置入院者の円滑な地域生活への移行を図るため、入院者やその家族等からの相談に応じる相談支援業務、退院に向けた地域援助事業者等との連携、退院後の居住の場の確保など生活環境の調整を行う。

261 **精神保健福祉ボランティア**は、社会福祉協議会などの活動の一環とし

て精神保健福祉領域のボランティアとして育成される。社会福祉協議会のボランティアセンターや大学を通じてボランティアを募集し、イベントや日常の活動に参加してもらうことにより、障害への理解が進み、コンフリクトの突破口になることがある。

262 **ピアサポーター**とは、ピアサポートの担い手として、仲間（ピア）同士の関係を大切にし、経験や感情を共有しながら、活動を実施する者をいう。

精神保健における偏見

263 **偏見**とは、客観的な根拠に基づかないまま、特定の人や集団に対してもつ、偏った、またネガティブな判断や意見のことをいう。固定性があり、正しい知識を提供しても容易には変化しない性質がある。

✎ 対象には、個人や集団だけでなく、年齢、性別、職業なども含まれる。

264 **差別**とは、性別、障害の有無、その他の何らかの属性や基準によって区別を行い、その人（たち）に対する対応や扱いなどに差をつけることをいう。

265 **スティグマ**とは、個人や集団に対する否定的な周囲の反応のことをいう。特定の人種、ジェンダー、疾病や障害などの健康状態、社会階級などに関連し、根拠がなくもたれることが多い。

266 **施設コンフリクト**とは、地元住民等が、障害や障害者等に対する無理解や予断と偏見に基づき施設建設等に反対することであり、依然として社会的偏見と誤解のために、障害者は社会生活のさまざまな場面で不利益を被っている実態がある。 出 25-18

267 **NIMBY**とは、「Not In My Back Yard」の頭文字をとった略語で、「その施設の必要は認めるが、自分の住む地域には建ててほしくない」という住民たちの主張や態度をいう。

8 精神保健に関する専門職種（保健師等）と国、都道府県、市町村、団体等の役割及び連携

国の機関とその役割

268 **厚生労働省**において、国の医療政策を統括するのは医政局である。しかし医療のなかでも精神医療だけは例外的に、社会・援護局にある障害保健福祉部精神・障害保健課の所管となっている。

269 第7次医療計画では、計画に盛り込まなければならない**5疾病5事業**として初めて精神疾患が位置づけられた。

- 5疾病：がん・脳卒中・心筋梗塞等の心血管疾患・糖尿病・精神疾患
- 5事業：救急医療、災害時医療、へき地医療、周産期医療、小児医療（小児救急医療を含む）

270 **精神保健福祉資料**とは、精神科病院および精神科診療所等を利用する患者の実態を把握し、精神保健福祉施策推進のための資料を得ることを目的として、厚生労働省社会・援護局障害保健福祉部精神・障害保健課が調査を実施し、得られたデータから作成された資料を指す。

- 毎年6月30日付で都道府県・指定都市に報告を依頼していることから、通称630（ロクサンマル）調査と呼ばれている。

271 2018（平成30）年から公表の精神保健福祉資料は、従来の630調査の集計の掲載だけでなく、レセプト情報等を含めた総合的な新しい精神保健福祉資料として、2018（平成30）年度から実施された医療計画、障害福祉計画、介護保険事業（支援）計画にも活用できる内容となった。

精神保健に関係する法規

272 **プライマリヘルスケア**（PHC）は「西暦2000年までにすべての人に健康を」という**アルマ・アタ宣言**（1978年）の世界戦略理念であり、すべての政府に包括的国家保健システムの一部としてPHCに着手し、維持していくことを求めた。

273 **ヘルスプロモーション**とは、世界保健機関（WHO）が1986年の**オタワ憲章**において提唱した新しい健康観に基づく21世紀の健康戦略で、「人々が自らの健康とその決定要因をコントロールし、改善することができるようにするプロセス」と定義されている。

274 障害者の支援に関連する法規には、障害者基本法、精神保健及び精神障害者福祉に関する法律（精神保健福祉法）、社会福祉法、障害者の日常生活及び社会生活を総合的に支援するための法律（障害者総合支援法）、障害者の雇用の促進等に関する法律（障害者雇用促進法）等がある。 出24-18

275 ライフステージに関連する法規には、児童福祉法、児童虐待の防止等に関する法律（児童虐待防止法）、労働安全衛生法等がある。

276 精神保健諸問題に関連する法規には、心神喪失等の状態で重大な他害行為を行った者の医療及び観察等に関する法律（医療観察法）、発達障害者支援法、自殺対策基本法、配偶者からの暴力の防止及び被害者の保護等に関する法律（DV防止法）等がある。 出24-14

保健師等の役割と連携

277 精神保健福祉士とは、精神保健福祉士法により定められた精神科ソーシャルワーカーの国家資格の有資格者をいう。**名称独占**の資格であり、精神保健福祉士でない者は、精神保健福祉士という名称を用いて業務を行うことができない。

受験対策アドバイス
精神保健福祉士が配置されている機関とその業務、地域精神保健活動においてかかわる専門職種について確認しましょう。

278 精神科医は、精神科医療を専門分野として、精神疾患を有する患者の治療方針を立て治療に当たる。治療は、薬物療法、精神療法などのほか、リハビリテーションにかかわる業務を行う。

279 **精神保健指定医**は、精神保健及び精神障害者福祉に関する法律（精神保健福祉法）第18条に規定される、一定の精神科実務経験を有し、法律等に関する研修を修了した医師のうちから、厚生労働大臣が指定し、これらの業務を行わせることとした者である（図表26参照）。

図表26 精神保健指定医の要件

①5年以上診断または治療に従事した経験を有すること。
②3年以上精神障害の診断または治療に従事した経験を有すること。
③厚生労働大臣が定める精神障害につき厚生労働大臣が定める程度の診断または治療に従事した経験を有すること。
④厚生労働大臣の登録を受けた者が厚生労働省令で定めるところにより行う研修（申請前3年以内に行われたものに限る。）の課程を修了していること。

地域精神保健に係わる行政機関の役割及び連携

280 **精神保健福祉センター**は、精神保健及び精神障害者福祉に関する法律（精神保健福祉法）に基づき、都道府県および指定都市が設置する精神保健福祉に関する総合的技術センターとして、地域における精神保健福祉活動推 出23-19 出26-20

進の中核的な機能を備えなければならない（図表27参照）。

受験対策アドバイス

精神保健福祉センター、保健所、市町村それぞれの役割や関係性について、ポイントを押さえましょう。

図表27 精神保健福祉センターによる精神保健福祉に関する業務

①企画立案
②技術支援
③人材育成
④普及啓発
⑤調査研究
⑥精神保健福祉に関する相談支援
⑦当事者団体等の育成および支援
⑧精神医療審査会の審査に関する事務
⑨精神障害保健福祉手帳の判定および自立支援医療費（精神通院医療）の支給認定
⑩心神喪失等の状態で重大な他害行為を行った者の医療及び観察等に関する法律に係る業務
⑪災害等における精神保健上の課題に関する相談支援
⑫診療や障害者福祉サービス等に関する機能

281 近年、精神保健福祉センターでは、これらの法定業務のほかに、思春期関連問題、アルコール・薬物・ギャンブル依存症、高齢者のうつ病、ひきこもり、虐待予防、犯罪被害者支援、自死遺族支援、性的マイノリティ（LGBT）支援等、心の健康に関する今日的な課題への対応が求められている。

282 **保健所**は、地域精神保健福祉業務の中心的な行政機関として、精神保健福祉センターや市町村、医療機関、障害福祉サービス事業所等と緊密に連携し、「精神障害にも対応した地域包括ケアシステム」の理念を踏まえつつ、住民の精神的健康の保持増進や精神障害に対する誤解や社会的偏見をなくす活動を行う（図表28参照）。

図表28 保健所による精神保健福祉に関する業務

①市町村に対する支援
②相談支援
③地域生活支援
④人材育成
⑤精神保健福祉に関する普及啓発
⑥当事者団体等の育成・支援
⑦入院等関係
⑧企画立案および調整

283 保健所は、市町村が精神障害者等に対する相談支援等の支援施策を円滑に実施し、地域で生活する精神障害者等がより身近な地域で支援を受けることができる体制を構築していくために、専門性や広域性が必要な事項について、積極的に市町村を支援する。

284 **市町村**は、住民の身近な行政機関として、心の健康づくり、精神保健

福祉サービスの提供等の業務を地域の実情に応じて包括的に行う（図表29参照）。

図表29 **市町村による精神保健福祉に関する業務**

①相談支援
②地域生活支援
③医療保護入院に係る市町村長同意および同意後の業務
④精神保健福祉に関する普及啓発
⑤当事者団体等の育成および支援
⑥企画立案および調整
⑦精神障害者保健福祉手帳に関する事務
⑧自立支援医療（精神通院医療）に関する事務

285 2022（令和4）年改正精神保健福祉法により、都道府県および市町村が実施する精神保健福祉に関する相談支援について、精神障害者だけではなく**精神保健に課題を抱える者**も対象とされた。これらの者の心身の状態に応じた適切な支援の包括的な確保を、第一に行わなければならないことが規定された。

286 地域保健法に規定される**市町村保健センター**は、精神保健福祉活動の総合的な拠点として、地域住民の健康増進を促し、保健指導や検診および健康相談などを実施している。

学会や啓発団体

287 公益社団法人**日本精神神経学会**は、1902（明治35）年に呉秀三《くれしゅうぞう》らが中心となり発会した。主な活動として、①学術総会の開催、②機関誌（精神神経学雑誌）の刊行、③専門医制度の運営、④調査・研究事業、⑤教育・研修事業等を行っている。

288 公益社団法人**全国精神保健福祉会連合会**（**みんなねっと**）は、2006（平成18）年に精神障害者の家族と家族会の全国組織として設立された。精神障害者とその家族の福祉の増進に寄与することを目的としている。

289 公益社団法人**日本精神保健福祉士協会**は、1964（昭和39）年に日本精神医学ソーシャル・ワーカー協会として設立され、2013（平成25）年に公益社団法人へ移行した。精神障害者の社会的復権と福祉のための専門的・社会的活動を進めること、国民の精神保健福祉の増進に寄与することを目的としている。

290 **全国精神保健福祉相談員会**（**全精相**）とは、全国の保健所および精神保健福祉センター、市町村等において、精神保健福祉相談をはじめとする精

神保健福祉業務に従事している公務員等で構成される任意団体をいう。

291 **日本精神保健福祉連盟**は、1953（昭和28）年に8団体が参加して「日本精神衛生連盟」として創立され、2012（平成24）年に「公益社団法人日本精神保健福祉連盟」へ移行した。日本における精神保健福祉団体との連絡を密にし、その協力により、精神保健福祉の向上を図ることを目的としている。

出25-19 292 **日本いのちの電話連盟**とは、民間の自殺予防のためのボランティア団体の全国組織をいう。主な活動は「自殺予防いのちの電話」である。最近では、フリーダイヤルやインターネットなどによる相談、自死遺族支援および心の健康増進に関する普及啓発等の事業を行っているところもある。

293 **全国精神障害者地域生活支援協議会**（あみ）とは、精神障害者小規模作業所およびグループホームなど、地域生活支援活動を行っている団体が集まり、1997（平成9）年に設立された特定非営利活動法人をいう。生活者である精神障害者が住みやすい社会の実現に寄与することを目的としている。

セルフヘルプグループと地域精神保健を課題とした市民団体

294 **セルフヘルプグループ**（SHG）とは、ある個人やその家族が自分一人では解決できそうにない共通の悩みをもつ当事者として、対等な関係のもと、課題に取り組む自発的かつ意図的に組織されたグループをいう。

295 **ピアサポートグループ**（PSG）は、それぞれに解決したい共通する悩みや課題のある人が集まり、支えあう、もしくは「支える－支えられる」関係を超えて活動することを通して、ともにリカバリーすることを目的としている。

296 ピアサポートグループは、互いに支えあう場をつくる**ファシリテーター**（促進者）として、トレーニングを受けたピアスタッフや専門職がいる点が特徴である。

297 精神障害者の**家族会**は、1950年代後半より精神科病院単位で全国各地につくられ、1965（昭和40）年に全国精神障害者家族会連合会（全家連）が結成された。2007（平成19）年解散後の後継組織としては、全国精神保健福祉会連合会（みんなねっと）がある（288参照）。

298 家族会は、家族にとって重要な役割を果たす支援組織である。近年は、

兄弟姉妹の会や精神障害のある親をもつ子どもたち（ヤングケアラー）の会など、家族の構成メンバーの変化に合わせたグループが形成されている。

299 **当事者会**の歴史は、アルコール依存症のセルフヘルプグループであるAA（Alcoholics Anonymous）に端を発する。その後、日本では断酒会が発足し、各地域レベルのグループ活動を展開している。アルコールのほかにも疾患・障害や課題ごとにグループが形成されている。

300 精神保健福祉において市民団体とは、地域精神保健福祉にかかわる当事者や家族、ボランティアや専門職等の関係者と、それ以外の「市民」が主体となって活動している団体をいう。

9 諸外国の精神保健活動の現状及び対策

世界の精神保健の実情

受験対策アドバイス
WHOなど、国際的な機関が展開する活動や、諸外国の精神保健医療福祉の動向について整理しましょう。

301 2000年、世界保健機関（World Health Organization：WHO）は世界のメンタルヘルス資源を地図にするため、**メンタルヘルスアトラスプロジェクト**を開始した。このプロジェクトでは、すべての加盟国と地域に調査票が送付され、精神保健医療に関する政策や計画、財政、人材等に関する情報を系統的に収集し公開している。

302 精神神経疾患の疫学には、定義・分類に関する国際的な合意が必要であり、WHOによる**国際疾病分類・第10版（ICD-10）**とアメリカ精神医学会作成の**精神疾患の診断・統計マニュアル（DSM-5-TR）**が最もよく使われている。

303 **障害調整生命年（DALY）**とは、マレー（Murray, C.）らが開発した健康被害指標である。疾患による損失生存年数（YLL）と障害生存年数（YLD）の合計で表される。

304 **SDGs（エスディージーズ）**は、国連加盟193か国が2016年から2030年の15年間で達成するために掲げた国際目標であり、2030年までに**持続可能でよりよい世界**を目指すものである。

305 SDGsは、17のゴール・169のターゲットから構成され、地球上の「誰一人取り残さない（leave no one behind）」ことを誓っている。SDGsは発展途上国のみならず、先進国自身が取り組むユニバーサル（普遍的）なものであり、日本も積極的に取り組んでいる。

WHOなどの国際機関の活動

306 **精神保健ケアに関する法：基本10原則**とは、精神保健ケアに関する法の基本となる10原則をリストアップし、さらにその実施について注釈を加えたものをいう。

✏ 1991年12月に国連総会で採択された「国連原則」が主な内容となっている。

307 この基本10原則は、文化や法的伝統の影響をできる限り排し、普遍性のある精神保健分野の法原則をあらわすことを目指している。これらの原

則を国情に合った様式、枠組み、言語でそれぞれの国内法に具体化することが、各国政府に委ねられている。

308 **WHO**（World Health Organization：**世界保健機関**）は、すべての人々の健康を増進し保護するため、互いに他の国々と協力する目的で設立された。感染症対策だけでなく、高血圧、肥満、がんなど多くの疾患に関する国際的なガイドラインなどを策定している。

309 WHOは2008年、精神・神経・物質使用障害へのケアを拡充することを目的に、精神保健専門家のいない保健医療の場における薬物による介入や心理社会的介入の提供を実行可能とする**メンタルヘルス・ギャップ・アクションプログラム**（**mhGAP**）を開発した。 出24-20

310 WHOは2010年、**アルコールの有害な使用を低減するための世界戦略**を決議し、各国が実施するべき政策の選択肢と介入策を提供した。加盟国には、広告規制や安売り・飲み放題の禁止や制限、課税や最低価格制による酒の価格引き上げなどを含む幅広い対策とともに、その進展について定期的に報告することが求められている。 出24-20

アルコール健康障害対策基本法の制定やアルコール健康障害対策推進基本計画の策定に大きな影響を与えた。

311 **ILO**（International Labour Organization：**国際労働機関**）とは、「世界の永続する平和は、社会正義を基礎としてのみ確立することができる」という憲章原則に基づき、幅広い労働の問題に取り組む国際機関をいう。

312 **WFMH**（World Federation for Mental Health：**世界精神保健連盟**）とは、すべての人と国において、生物学的、医学的、教育的、社会的側面で最高レベルの精神的健康を促進することを目的とした組織をいう。その代表的な活動として世界メンタルヘルスデーが挙げられる。 出26-19

313 **OECD**（Organization for Economic Co-operation and Development：**経済協力開発機構**）とは、あらゆる人々の繁栄、平等、機会、幸福を促す政策を形づくることを目的とした国際機関をいう。近年、持続的な経済成長、開発の観点から、健康・医療分野への関心が高まっており、精神保健についても報告がある。

諸外国の精神保健医療の実情

314 欧米諸国は、1960年代より大規模な精神科病院・施設（アサイラム：asylum）に収容していた精神障害者を退院させ、地域での医療福祉サービスを利用して生活させる**脱施設化**に取り組んできた。

315 大規模精神科病院を閉鎖し、外来、ケアマネジメント、リハビリテーション機能をもつ**メンタルヘルスセンター**（精神保健センター）を人口数万人程度の地区ごとに設置し、精神医療の中核機関として機能させている。

316 メンタルヘルスセンターでは、精神障害者に対して医療と生活支援が一体化したケアマネジメントが提供される。ケアマネジメントは、複数のケアマネジャーがチームとなり、**コミュニティメンタルヘルスチーム**として機能しているところが多い。

317 訪問支援は、コミュニティメンタルヘルスチームが、症状悪化時などニーズに応じて提供する。障害が重く定期的かつ重点的な訪問が必要な場合は、ACTやAOTなどの多職種チームが行う。

AOT（Assertive Outreach Team：積極的訪問チーム）とは、イギリスにおける重症精神障害者を対象とした訪問サービスを包括的に提供する多職種チームのことをいう。

318 イタリアでは、1960年代の初めから北イタリアを中心に脱施設化の改革がはじまった。1978年、**法律第180号（バザーリア法）**として知られる精神医療改革に関する急進的な法律を公布し、新たな入院と精神病院の設立を禁じ、各州に対し公立精神病院を廃止する権限を与えた。

319 アジアの国々は、地域精神医療への転換途中にある。韓国や台湾、香港、マレーシア、シンガポールなどでは、アウトリーチチームなどケアマネジメントサービスやリハビリテーションサービスを地域に導入し、病院から地域精神医療へのシフトを図っている。

実力チェック！一問一答

※解答の横の番号は、本科目で該当する重要項目や図表の番号です。

1	患者調査は、国勢調査に合わせて実施される。	1 ×	5
2	自傷行為を繰り返す若者へのカウンセリングは、支持的精神保健に含まれる活動である。	2 ○	16
3	ストレス反応とは、外部からの刺激によって生じるゆがみのことである。	3 ○	26
4	市町村には、配偶者暴力相談支援センターの設置が義務付けられている。	4 ×	38
5	マタニティブルーズとは、産後うつ病の別名である。	5 ×	43
6	グリーフケアでは、傾聴よりも励ますことが重視されている。	6 ×	73
7	福祉事務所は、精神医療審査会の事務を行う機関である。	7 ×	77
8	要保護児童対策地域協議会は、都道府県の児童相談所に設置される。	8 ×	98
9	スクールソーシャルワーカーは、児童・生徒の養護を行う。	9 ×	103
10	過労死等防止対策推進法が規定する過労死等の原因には、精神障害が含まれている。	10 ○	111
11	著名人の自殺に関する報道の後、自殺者が増える現象をウェルテル効果という。	11 ○	159
12	予防精神医学の概念を提唱した人物は、カプラン（Caplan, G.）である。	12 ○	203
13	ダルクは、民間の薬物依存症回復支援施設である。	13 ○	220
14	サイコロジカル・ファーストエイドとは、不安や恐怖に対する薬物療法のことである。	14 ×	254
15	市町村保健センターの設置は、地域保健法に規定されている。	15 ○	256
16	施設コンフリクトとは、同一施設内の部署間において意見対立が生じることである。	16 ×	266
17	精神保健指定医の指定は、精神保健福祉センターの業務である。	17 ×	280
18	日本いのちの電話連盟は、フリーダイヤル相談を行う。	18 ○	292
19	WHOは、DSM（精神疾患の診断・統計マニュアル）を作成した。	19 ×	302
20	DALYは、疾患による損失生存年数と障害生存年数を合計して求める。	20 ○	303

03

精神保健福祉の原理

※【　】内は精神専門科目の問題番号
※　は新カリにおける新規項目

③ 精神保健福祉の原理

大項目	中項目	小項目（例示）	出題実績		
			第26回	第25回	第24回
1 障害者福祉の理念	1）障害者福祉の思想と原理	・優生思想と社会防衛思想 ・基本的人権の保障 ・社会正義の実現 ・法の下の平等			
	2）障害者福祉の理念	・リハビリテーション ・ノーマライゼーション ・エンパワメント、自立生活 ・バリアフリー ・機会均等、インクルージョン	【22】 【23】 【32】*	【25】 【37】	【48】
	3）障害者福祉の歴史的展開	・魔女裁判 ・治安モデル ・隔離、収容 ・パターナリズム ・自立支援・社会参加支援 ・消費者としての権利保障	【36】		
2 「障害」と「障害者」の概念	1）国際生活機能分類（ICF）	・ICIDH ・ICF	【11】		
	2）制度における「精神障害者」の定義	・障害者基本法 ・障害者総合支援法 ・精神保健福祉法		【62】	
	3）精神障害の障害特性	・蜂矢モデル ・ICFモデル ・上田敏モデル ・社会モデル ・被可視的障害 ・疾病と障害の併存			【27】
3 社会的排除と社会的障壁	1）諸外国の動向	・ピネル ・ビアーズ ・精神障害者の保護及び精神保健ケア改善のための諸原則（1991） ・障害者権利条約	【39】	【36】	
	2）日本の精神保健福祉施策に影響を与えた出来事	・相馬事件（精神病者監護法、精神病院法、呉秀三） ・ライシャワー事件（精神衛生法の改正） ・宇都宮病院事件（精神保健法、指定医） ・大和川病院事件（精神保健福祉法における入院制度、地域移行） ・池田小学校事件（医療観察法） ・津久井やまゆり園事件（精神保健福祉法における措置入院の見直し）			
	3）日本の社会的障壁	・欠格条項 ・強制不妊手術 ・コンフリクトの種類 ・人権侵害としての施設コンフリクト ・アルコール・薬物問題の取締法と刑罰の優先 ・自己責任論と受療への障壁		【18】*	
4 精神障害者の生活実態	1）精神科医療の特異性	・非自発的入院・治療 ・精神科特例 ・病床数と在院日数 ・隔離、身体的拘束 ・多剤併用			
	2）家族	・保護義務者の歴史 ・家族とその生活実態 ・家族の多様性			
	3）社会生活	・居住形態、家族の同居率 ・生活保障（生活保護・年金・手帳） ・就労状況			

大項目	中項目	小項目（例示）	出題実績 第26回	出題実績 第25回	出題実績 第24回
5 「精神保健福祉士」の資格化の経緯と精神保健福祉の原理と理念	1）「精神保健福祉士」の資格化に至る経緯	・精神医学ソーシャルワーカー協会の設立 ・Y問題 ・資格化までの経緯			
	2）原理・価値	・社会的復権と権利擁護 ・自己決定 ・当事者主体 ・社会正義 ・ごく当たり前の生活	【24】 【27】 【30】	【28】 【30】 【32】 【33】 【38】	【36】
	3）観点・視点	・人と環境の相互作用 ・生活者 ・エンパワメント ・ストレングス ・リカバリー ・レジリエンス ・アンチスティグマ	【32】* 【38】	【35】	【46】
	4）関係性	・加害者性 ・援助関係 ・循環的関係 ・協働関係	【31】		
6 「精神保健福祉士」の機能と役割	1）精神保健福祉士法	・精神保健福祉士法制定と改訂の経緯 ・法の目的 ・定義 ・義務規定 ・誠実義務 ・信用失墜行為の禁止 ・秘密保持 ・連携等 ・資質向上の責務 ・社会福祉士法及び介護福祉士法と精神保健福祉士法との関係	【21】 【37】	【21】 【22】	
	2）精神保健福祉士の職業倫理	・倫理綱領 ・倫理的ジレンマ ・専門職団体の意義と役割		【24】	【28】
	3）精神保健福祉士の業務特性	・価値、理念、視点、知識、技術による業務構成 ・ミクロ・メゾ・マクロの連続性（包括的アプローチ） ・連携（多職種連携・多機関連携）における精神保健福祉士の役割		【23】	【29】
	4）精神保健福祉士の職場・職域	・配置状況（医療（病院・診療所）、福祉（障害福祉サービス等事業所）、行政（精神保健福祉センター・保健所・市町村・保護観察所）、教育、司法、労働、産業等）	【26】*		【26】 【45】
	5）精神保健福祉士の業務内容と業務指針	・精神保健福祉士業務指針 ・指針に基づく業務の展開例			

＊は複数の項目に該当する問題

1 障害者福祉の理念

障害者福祉の思想と原理

◎優生思想

1 **優生思想**とは、人間を遺伝的に「優れた生」と「劣った生」に分類して、「優れた生」を繁殖させ、「劣った生」の出現を抑制することで人口の質の向上を目指す思想である。

2 優生思想は、19世紀末から20世紀にかけて、先進諸国で強い影響力をもった思想であった。アメリカでは、1907年にインディアナ州で世界初の優生思想による**断種法**を制定し、精神病者や反社会的行動を行う者等に対する不妊手術が行われた。

3 ドイツでは、1933年に発足したヒトラー（Hitler, A.）によるナチス政権下において断種法が制定され、1939年にはT4計画という障害者の安楽死施策が実施され、7万人以上の障害者が特殊な施設で殺害された。

4 デンマークでは1929年、スウェーデンでは1934年に断種法が制定された。障害者を国家の責任で保護する施策をする一方で、そのコストを抑制するために不妊手術が正当化されていた。障害者本人の決定によらない不妊手術は、1970年代半ばまで継続された。

5 日本では、1940（昭和15）年に**国民優生法**、1948（昭和23）年には**優生保護法**が制定された。いずれも優生思想に基づく断種を認めている。不妊手術が障害者の人権を侵害する行為であるとの認識は、1970年代からの障害者運動によって徐々に浸透し、1980年代には**優生保護法**の改正が検討され、1996（平成8）年に優生思想に係る規定を廃止した**母体保護法**に改正された。

6 現在では優生思想による断種は行われていないが、**出生前診断**により、胎児の先天性疾患（障害）の一部がわかるようになり、胎児に先天性疾患（障害）がある場合に中絶することが、優生思想に加担するのではないかと懸念されている。

◎基本的人権の保障

7 基本的人権は、日本国憲法第11条「国民は、すべての基本的人権の

享有を妨げられない。この憲法が国民に保障する基本的人権は、侵すことのできない永久の権利として、現在及び将来の国民に与へられる」により保障されている。

◎社会正義の実現

8 社会正義とは、不正義にあたる「差別、貧困、抑圧、排除、無関心、暴力、環境破壊など」の解決に向けて社会の構成員である一人ひとりが行う取り組みのことをいう。「ソーシャルワーカーの倫理綱領」では、不正義のない「自由、平等、共生に基づく社会正義の実現」や「包摂的な社会」を目指すとしている。

◎法の下の平等

9 法の下の平等は、日本国憲法第14条第1項「すべて国民は、法の下に平等であって、人種、信条、性別、社会的身分又は門地により、政治的、経済的又は社会的関係において、差別されない」に規定されている。

障害者福祉の理念

◎リハビリテーション

10 **リハビリテーション**は、全人間的復権を目的とする。障害のある人とその人が生活する環境の両者に働きかけ、障害者が身体的、精神的、社会的、職業的、経済的な能力を最大限に回復できるように支援する。

◎ノーマライゼーション

11 **ノーマライゼーション**とは、障害者を教育訓練によってノーマルにするのではなく、障害があってもノーマルな（当たり前の）市民生活を保障するという考え方である。これを思想として結実させたのは、デンマークの**バンク-ミケルセン**（Bank-Mikkelsen, N. E.）である。 出 25-25

12 バンク-ミケルセンは、第二次世界大戦後、社会省の担当者として、知的障害者の親の会から、入所施設の処遇改善の陳情を受け、大規模で閉鎖的な施設ではなく、知的障害者であっても当たり前の暮らしをするべきだと考えるようになった。このような考えは、デンマークにおける1959年法で「知的障害者ができるだけノーマルな生活を送れるようにする」という理念として反映され、「ノーマライゼーション」として概念化された。

13 ノーマライゼーションを原理として世界に広めたのは、スウェーデンの**ニィリエ**（Nirje, B.）である。ニィリエは、アメリカの知的障害者に対する大規模施設での収容処遇が人間性を無視していると批判する論文を著した。ニィリエが著した論文により、ノーマライゼーションや**脱施設化**という考え方が一気に広まった。

受験対策アドバイス

◆デンマークのバンク-ミケルセンは、ノーマライゼーションを思想として結実させた人、スウェーデンのニィリエは、ノーマライゼーションを原理として広めた人です。混同しないようにしましょう。

14 ニィリエは、ノーマライゼーションの原理について考察を深め、知的障害者に限らず、すべての障害者に適用される原理と位置づけた。

15 日本では、ノーマライゼーションは、1970年代後半から紹介されるようになり、1996（平成8）年度から2002（平成14）年度の国の障害者プランの副題を**ノーマライゼーション7か年戦略**とするなど障害者福祉の理念として定着している。

16 日本における知的障害児者への実践のなかから生み出された障害者福祉の理念は、糸賀一雄の**「この子らを世の光に」**という理念である。この子らとは、知的障害児のことを指す。

17 当時の障害者福祉予算の少なさから考えると「この子らに世の光を」と訴えて、社会からの支援拡大を求めるほうが一般的であったが、糸賀は「この子らを世の光に」として、知的障害児のもつ光（かけがえのなさ）を相互に認めあう社会にすることが障害者福祉の使命であると訴えた。

◎エンパワメント

出23-28
出25-37

18 **エンパワメント**は「権利や権限を与えること」であり、1960年代の公民権運動などの一連の運動を通して用いられるようになった。社会的に差別や抑圧を受けている人々が、自ら主体性をもって、力を行使できるようになる「プロセス」を意味する。

19 イギリスの当事者運動から出てきた**社会モデル**という考え方は、障害当事者の主張の理論化に大きく貢献した。

20 「社会モデル」に立てば、障害者への機能回復訓練を重視したリハビリテーションにより健常者に近づけるという「個人モデル（医学モデル）」ではなく、障害者を排除しないように社会を変えることが重視される。

◎自立生活運動

21 **自立生活運動（IL運動）**とは、障害者が、どこで、誰と、どのように生活するのか、それを選択する自由を求めた運動であり、1970年代のアメリカで始まった。運動が始まるまでは、多くの障害者は大規模で閉鎖的な施設で生活していた。

22 アメリカの社会学者ゴフマン（Goffman, E.）は、施設の問題点について、施設とは社会から長期間隔絶され社会的役割を剥奪されることで、入所者を「無力化する装置」であると指摘している。

23 IL運動は、障害者を**エンパワメント**し、地域での生活を実現するこ

とで、自らの生活への決定権を取り戻そうとした運動である。

24 IL運動が始まるきっかけは、1962年にカリフォルニア大学バークレイ校に重度身体障害学生として第一号となるロバーツ（Roberts, E.）が入学したことである。1972年には、ロバーツを所長としてバークレイ自立生活センターが設置され、学生に限らず地域生活を支援するプログラムが展開されるようになった。

25 IL運動が提起した「自立」とは、専門家の指導による機能回復訓練を重視したリハビリテーションによって獲得するものではない。障害者が自らの生活のあり方を選択し、決定することを自立としている。

◎バリアフリー

26 **バリアフリー**とは、障害者が生活のなかで感じるバリア（障壁）を取り除いていくことである。施設や建物、公共交通機関などの利用や移動に困難をもたらす物理的な障壁を物理的バリアという。その他、制度的バリア、心理的バリア、情報のバリアがあり、精神障害者の場合は偏見・差別、施設コンフリクトによる心理的バリアが大きいといわれている。 出 26-32

27 高齢者､障害者等の移動等の円滑化の促進に関する法律(バリアフリー法）における基本理念では「高齢者、障害者等にとって日常生活又は社会生活を営む上で障壁となるような社会における事物、制度、慣行、観念その他一切のものの除去に資すること及び全ての国民が年齢、障害の有無その他の事情によって分け隔てられることなく共生する社会の実現に資することを旨として、行われなければならない」**（第1条第2項）** とされている。

◎機会均等

28 1976年に国連は、1981年を**国際障害者年**とすることを決議した。これを受けて日本は1980年、政府内に国際障害者年推進本部を設置、同年民間においても障害者団体が集まり「国際障害者年日本推進協議会」（現・日本障害者協議会)が設立された。1982年国連は､1983年から1992年を**国連・障害者の十年**として宣言し、加盟国において国連が決議した障害者に関する世界行動計画の実施を求めた。

29 「国連・障害者の十年」終了後も、「障害者に関する世界行動計画」を継続するため、1993年に**障害者の機会均等化に関する基準規則**が国連で採択された。アクセシビリティ、教育、就労、所得保障と社会保障、家庭生活と人間としての尊厳、文化、レクリエーションとスポーツ、宗教の八つの分野において、障害者の平等な参加を求めるものであった。

30 機会均等とは、社会的障壁を除去し、すべての人に権利・待遇を平等

に与えることであり、ヨーロッパ、中南米、アフリカ、アラブ地域等でも、「国連・障害者の十年」終了後、「機会均等化」に向けた独自の取り組みがなされた。

◎インクルージョン

出22-48
出24-48
出26-32

31 インクルージョンは、地域福祉の理念の一つで「包括」「包含」「包摂」などを意味する言葉である。

32 ソーシャルインクルージョンは、2000（平成12）年の「社会的な援護を要する人々に対する社会福祉のあり方に関する検討会」報告書において、「すべての人々を孤独や孤立、排除や摩擦から援護し、健康で文化的な生活の実現につなげるよう、社会の構成員とし包み支え合う」という基本理念として整理された。

障害者福祉の歴史的展開

◎魔女裁判

33 **魔女裁判**とは、魔女とされた精神障害者などに対する裁判、刑罰、あるいは適正な手続きを経ない私刑等の一連の迫害（**魔女狩り**）のことである。中世ヨーロッパでは、15世紀頃から、精神障害者に対して組織的に魔女狩りが行われだした。中世後期になるほど対象は一般化し、ほとんどあらゆる階層のあらゆるタイプの人間が危険にさらされていた。

34 魔女狩りの現象は、魔術に対する弾圧行為とは別のもので、貨幣経済の浸透と農村の不安定化、悪天候による不作、伝染病など、社会の不安定化が深刻化し、民衆の不安が高じていったことが要因である。

35 ワイヤー（Weyer, J.）は、魔女とされた人々の多くが精神病者であったことを指摘し、魔女狩りに医学的視点から異を唱えた。

36 オランダでは、1700年頃に魔女狩りが終わったのと同時に、大学において精神病者の診察が始められた。

37 ヨーロッパでは、ルター（Luther, M.）による宗教改革（1517年）を機に、解体されたカトリックの修道院が精神病者を含む障害者たちの収容所として転用され、その一部が精神科病院となった。

◎隔離、収容

38 日本の社会における精神障害者に対する施策は、第二次世界大戦前は**私宅監置**中心であり、戦後は入院中心であった。この変化を可能にしたものとして、抗精神病薬が開発され精神疾患の治療法が進歩したことなどの医療

技術の発展がある。

39 **精神病者監護法**（1900（明治33）年）は、精神障害者の保護に関する最初の一般的法律であり、精神障害者を私宅で監置することを法的に認めた法律である。この法律では、**座敷牢**を**私宅監置**と称し、監護義務という制度を設け監置の責任を家族・親族に負わせた。

40 1918（大正7）年、**呉秀三**《くれしゅうぞう》が報告書「精神病者私宅監置ノ実況及ビ其統計的観察」を発表し、「精神病者監護法はできるだけ早く廃止して、それに代えて医療施設を国の責任で設置、整備しなければならない、そのために新しい法律をつくるべきである」と主張した。

41 1918（大正7）年、呉秀三は報告書において「我邦十何万の精神病者は実に此病を受けたるの不幸の外に、此邦に生まれたるの不幸を重ぬるものと云うべし。精神病者の救済・保護は実に人道問題にして、我邦目下の急務と謂わざるべからず」と述べている。当時の精神障害者が基本的人権はおろか、人間としての扱いを受けていなかったことを調査で明らかにした。

42 1919（大正8）年に**精神病院法**が成立したが、精神病者監護法は廃止されずそのまま残され、精神病院法と併存する形となった。同法が成立したものの、公立の精神科病院の建設は予算不足等の理由で遅々として進まなかった。

43 精神病者監護法と精神病院法は戦後、**精神衛生法**（1950（昭和25）年）の制定によって廃止されたが、精神障害者の置かれた状況は劇的に改善しなかった。精神障害者の居場所が私宅から精神科病院へ移っただけで、精神障害者を社会にとって危険な存在として捉え、**社会防衛**の観点から精神障害者に対する施策を講じていたことからも、精神障害者に対する見方や扱いは戦前と何ら変わることはなかった。

44 **治安モデル**とは、精神障害者に対する社会的な位置づけや処遇が疾病の治療ではなく、治安維持のための収容を目的としていたことを表している。

45 精神衛生法が制定される前までの法の対象は「精神病者」とされていたが、精神衛生法はこれを「精神障害者」とし、同法第3条に新たな定義を設けた。

46 精神衛生法が制定された後、日本では精神科病院の建設ブームが始まり、民間主導で精神科病院を増やす施策がとられた（**低医療費政策**）。1958（昭和33）年、精神病床における医師その他の従業員数については医療法施行規則上の人員配置標準によらず、医師数は他科の3分の1、看護職員数は

3分の2でもよしとする精神科特例が設けられ、1960（昭和35）年には、医療金融公庫が民間精神科病院の設立について低利長期融資を始めたことにより、全国に精神病床が増加していった。

47 精神衛生法は、1987（昭和62）年の改正により**精神保健法**へ改正され、精神障害者自身の同意に基づき入院する任意入院が初めて設けられたほか、権利擁護に関する規定も盛り込まれた（**図表1参照**）。

図表1 各法律の目的

法律	目的
精神衛生法	この法律は、精神障害者の医療及び保護を行い、且つ、その発生の予防に努めることによって、国民の精神的健康の保持及び向上を図ることを目的とする
精神保健法	この法律は、精神障害者等の医療及び保護を行い、その社会復帰を促進し、並びにその発生の予防その他国民の精神的健康の保持及び増進に努めることによって、精神障害者等の福祉の増進及び国民の精神保健の向上を図ることを目的とする
精神保健福祉法（制定時）	この法律は、精神障害者等の医療及び保護を行い、その社会復帰の促進及びその自立と社会経済活動への参加の促進のために必要な援助を行い、並びにその発生の予防その他国民の精神的健康の保持及び増進に努めることによって、精神障害者等の福祉の増進及び国民の精神保健の向上を図ることを目的とする

48 1993（平成5）年、心身障害者対策基本法が障害者基本法に改正され、精神障害者が「障害者」として初めて法的に位置づけられ、法制上、福祉の対象となった。

受験対策アドバイス

◆障害者福祉の歴史的展開について理解するときは、時代背景、歴史的な事件と法改正の内容、社会福祉制度の変遷をたどりながら整理していくとよいでしょう。

49 **社会的入院**とは、医療上は入院の必要がないにもかかわらず、社会福祉制度の不備や差別・偏見等により退院して地域に住むことができずに、入院を余儀なくされている状態のことをいう。

50 **社会的入院**を解消する動きで重要なものとなったのが、精神保健医療福祉の改革ビジョン（2004（平成16）年）である。改革ビジョンは、「入院医療中心から地域生活中心へ」を掲げ、受け入れ条件が整えば退院可能な者（7万2000人）について、10年後の解消を図るとした。

51 政府・厚生労働省は、2017（平成29）年2月の「これからの精神保健医療福祉のあり方に関する検討会報告書」にある「地域生活中心」という理念を基軸としながら、精神障害者のいっそうの地域移行を進めるための地域づくりを推進する観点から、**精神障害者にも対応した地域包括ケアシステム**の構築を目指すことを新たな理念として明確に打ち出した。

◎消費者としての権利保障

52 障害者施策については、2005（平成17）年に、三障害を一元化する新たな法律として**障害者自立支援法**が創設された。精神障害者に対する福祉サービスも、本法に基づき提供されることになった。サービス利用については、利用者である障害者が直接事業者と契約し利用する仕組みへ変わった。

53 利用者は自ら福祉サービスを選択し契約を結ぶなかで、消費者として主体的な立場でサービスを利用する権利を有しているとともに、それらが保障されなければならない。

2 「障害」と「障害者」の概念

国際生活機能分類（ICF）

54 **国際生活機能分類**（International Classification of Functioning, Disability and Health：**ICF**）は、機能障害と社会的不利に関する分類である**国際障害分類**（International Classification of Impairments, Disabilities and Handicaps：**ICIDH**）の改訂版である。ICIDHやICFは、障害を構造的に理解するモデルである。

✏ ICIDHは、1980年に世界保健機関（WHO）が発表し、障害を「機能・形態障害」「能力障害」「社会的不利」の三つのレベルから階層的に捉える「障害構造モデル」である。

55 ICFの目的は、健康に関する状況、健康に影響を及ぼす因子を深く理解するための科学的基盤を提供すること、健康に関する共通言語を確立し、さまざまな関係者間のコミュニケーションを改善すること、また、各国、各種専門分野および各種サービスなどの違いを超えたデータの比較等である。

56 ICFは、障害の否定的な側面を捉えるモデルではなく、**「心身機能・**

図表2 ICFの構成要素

定義

健康との関連において

心身機能（body functions）とは、身体系の生理的機能（心理的機能を含む）である。

身体構造（body structures）とは、器官・肢体とその構成部分などの、身体の解剖学的部分である。

機能障害（構造障害を含む）（impairments）とは、著しい変異や喪失などといった、心身機能または身体構造上の問題である。

活動（activity）とは、課題や行為の個人による遂行のことである。

参加（participation）とは、生活・人生場面（life situation）への関わりのことである。

活動制限（activity limitations）とは、個人が活動を行うときに生じる難しさのことである。

参加制約（participation restrictions）とは、個人が何らかの生活・人生場面に関わるときに経験する難しさのことである。

環境因子（environment factors）とは、人々が生活し、人生を送っている物的な環境や社会的環境、人々の社会的な態度による環境を構成する因子のことである。

出典：障害者福祉研究会編『ICF 国際生活機能分類――国際障害分類改定版』中央法規出版、p.9、2002.

身体構造」「活動」「参加」の三つの概念で構成される「生活機能」の肯定的および否定的な両側面を捉える、中立的な立場の分類コードである。「心身機能・身体構造」「活動」「参加」が障害された状態はそれぞれ、「機能障害・構造障害」「活動制限」「参加制約」である（図表２参照）。

57 活動と参加はその内容により、「能力」と「実行状況」に分類されている。

- 「能力」は、ある課題や行為を遂行する個人の能力（できる活動）。
- 「実行状況」は、個人が現在の環境のもとで行っている活動および参加（している活動）。

58 ICFでは、人が「生きることの全体像」として、六つの要素を挙げている（図表3参照）。生活機能は、「心身機能・身体構造」「活動」「参加」の三つのレベルで構成されている。この生活機能に影響を与える因子として「健康状態」「環境因子」「個人因子」がある。

図表3 ICFの構成要素間の相互作用

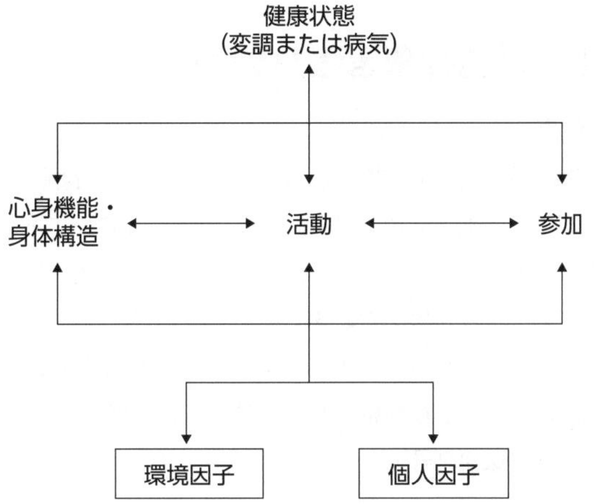

出典：障害者福祉研究会編『ICF 国際生活機能分類――国際障害分類改定版』中央法規出版、p.17、2002.

- 健康状態は、疾病やけがだけでなく、妊娠や加齢、ストレスなど幅広い概念も含む。個人の生活機能の低下をもたらすあらゆる変化が健康状態の状況として捉えられる。
- 環境因子は、生活機能に外的な影響を及ぼすものとして定義された。おおむね、①物的（物理的）環境、②人的環境、③社会的環境の三つの種類に分類されている。
- 個人因子は、その人の固有の特徴からなる。年齢、性別、人種、その他の健康状態、体力、ライフスタイル、環境、生育歴、困難への対処方法、社会的背景などを含む。

59 ICFは、従来の医学モデル（個人モデル）と社会モデルを統合するこ

とによって生まれた統合モデルに基づいている。

60 医学モデルは、障害を個人の心身機能や身体構造の問題として捉えている点に特徴があり、アプローチとしては、専門職による個別的な治療やリハビリテーションという形をとる。

61 社会モデルは、障害を主として社会環境の不備によって生じた問題とみなしている点に特徴があり、問題の解決は、社会的アプローチとしての社会変革である。

受験対策アドバイス

◆障害を構造的に理解するICF（国際生活機能分類）のモデル図を確実に理解しておくことが大切です。

62 統合モデルとは、医学モデルと社会モデルを統合することにより、生物学的、個人的、社会的観点を総合した見方である。特徴は、①「健康状態」「環境因子」などの特定のレベルや要素を過大視せずに全体を見て全体を捉える、②生活機能の３レベルが互いに影響しあう相互作用を重視する、③プラス面を重視し、マイナス面もプラス面のなかに位置づけて捉える、といった点である。

制度における「精神障害者」の定義

◎障害者の定義

出 25-62

受験対策アドバイス

◆法制度が整備されていく過程で、精神障害者の定義がどのように変わっていったのかを理解しておきましょう。

63 障害者基本法で「障害者」とは、「身体障害、知的障害、精神障害（発達障害を含む。）その他の心身の機能の障害がある者であって、障害及び社会的障壁により継続的に日常生活又は社会生活に相当な制限を受ける状態にあるもの」とされている（**第2条第1号**）。

✎「社会的障壁」とは、「障害がある者にとって日常生活又は社会生活を営む上で障壁となるような社会における事物、制度、慣行、観念その他一切のものをいう」（第２条第２号）。

64 根拠法ごとの障害者の定義は、身体障害者福祉法では、視覚、聴覚、音声、肢体、内臓などの身体の機能ごとに具体的に定められている。知的障害者福祉法では、知的障害者の定義に関する条文はない。精神保健及び精神障害者福祉に関する法律（精神保健福祉法）では、具体的な疾患名が記載されている。

65 精神保健福祉法で「精神障害者」とは、「統合失調症、精神作用物質による急性中毒又はその依存症、知的障害その他の精神疾患を有する者」とされている（**第5条第1項**）。

出 24-14

66 発達障害者支援法では、機能障害名が列挙され（**第2条第1項**）、「社会的障壁」との関係で社会参加できないことに触れられている（**同条第2項**）。

67 障害者の雇用の促進等に関する法律（障害者雇用促進法）で「障害者」とは、「身体障害、知的障害、精神障害（発達障害を含む。）その他の心身の機能の障害があるため、長期にわたり、職業生活に相当の制限を受け、又は職業生活を営むことが著しく困難な者」とされている**（第2条第1号）**。

68 障害者の日常生活及び社会生活を総合的に支援するための法律（障害者総合支援法）で「障害者」とは、「身体障害者福祉法第４条に規定する身体障害者、知的障害者福祉法にいう知的障害者のうち18歳以上である者及び精神保健及び精神障害者福祉に関する法律第５条第１項に規定する精神障害者（発達障害者支援法第２条第２項に規定する発達障害者を含み、知的障害者福祉法にいう知的障害者を除く。）のうち18歳以上である者並びに治療方法が確立していない疾病その他の特殊の疾病であって政令で定めるものによる障害の程度が主務大臣が定める程度である者であって18歳以上であるもの」とされている**（第4条第1項）**。

69 障害者総合支援法において難病は、政令で定めるとされ、具体的な病名が指定されている。なお、難病の患者に対する医療費助成等に関する法律があるが､障害者総合支援法ではその対象よりも多くの難病を指定している。

◎精神障害者保健福祉手帳

70 精神障害者保健福祉手帳は、一定の精神障害の状態にあることを証明することによって、手帳の交付を受けたものに対し、各方面の協力や援助により、「精神障害者」の社会復帰促進と自立、社会参加の促進を図ることを目的とするものである。

71 手帳の対象者は、精神疾患を有する者（精神保健福祉法第５条の定義による精神障害者）のうち、精神障害のために継続的に日常生活または社会生活への制約がある者（障害者基本法の障害者）とされる。つまり、精神保健福祉法でいう「精神障害者」と障害者基本法の「障害者」の定義を併せもっている。

精神障害の障害特性

◎蜂矢モデル

72 蜂矢英彦は、精神障害は**「疾病と障害の共存」**の状態であり、医療の対象であるとともに福祉の対象であるということを示した。加えて、疾患が社会的不利に影響を与えるため､職業､所得､住居などの福祉的アプローチの必要性を強調した。

73 蜂矢モデルは、上田モデル（ICIDH版）を準用し、精神疾患も含む慢性疾患は、「疾患」を有することにより、日常生活に何らかの困難さが生

じる「障害」の状態になるとし、この疾患と障害の共存を精神障害の特性とした障害構造を示したものである（図表4参照）。

図表4 精神障害における疾患と障害の構造

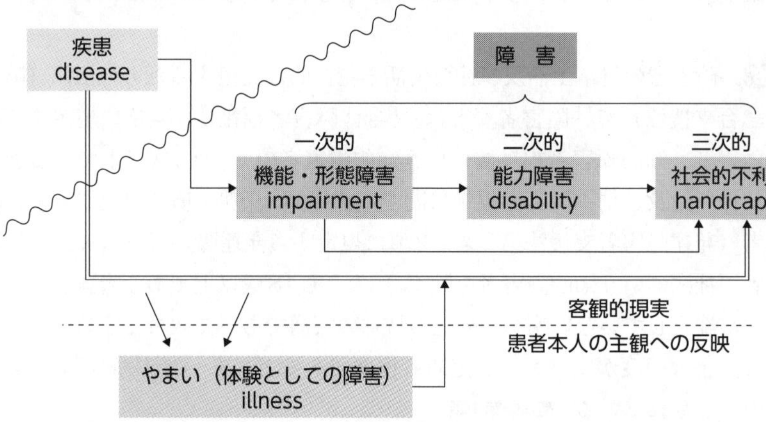

出典：蜂矢英彦『私の精神障害リハビリテーション論』金剛出版、p.125、2016.

74 蜂矢は、客観的現実が患者本人の主観である「やまい（体験としての障害）」に影響を与えることを示すとともに、「やまい」から客観的現実への矢印も加え、本人の主観と客観的現実との相互作用があることを示した。

75 精神障害者には、障害受容が重要な課題となる。精神障害は、本人にも周囲にもみえにくく、実社会に触れるなかで、生きにくさが明らかになることも多い。

◎上田モデル

76 上田モデルは、リハビリテーションの基本的意義を「全人間的復権」とし、新たな概念である「体験としての障害」を加え、主観への反映（体験）を視野に入れた障害構造を示したものである。

77 上田敏は、世界保健機関（WHO）のICIDHをもとに障害の構造化に取り組んだ。ICIDHが示していた、①機能・形態障害（impairment）、②能力障害（disability）、③社会的不利（handicap）の三つに、④体験としての障害（disablement as experience）を加え、①〜③を客観的障害（objective disablement）、④を主観的障害（subjective disablement）として示した（図表5参照）。そして障害間の関係を図表6のように表した。

78 上田は、ICFへの変更に合わせて、ICIDH（上田モデル）の①〜③を「心身機能・身体構造」「活動」「参加」という中立的な概念に、④を主観的体験に修正した。主観的体験のある主観的次元と客観的次元が交互に影響しあう関係性を双方向性の矢印で示した（図表7参照）。

図表5 上田の障害分類（国際障害分類（ICIDH）の用語による）

客観的障害	機能・形態障害 (impairment)	障害の一次的レベルであり、直接疾患（外傷を含む）から生じてくる。生物学的レベルで捉えた障害である。能力障害または社会的不利の原因となる、またはその可能性のある、機能的（身体的または精神的な）または形態的な何らかの異常をいう。
	能力障害 (disability)	障害の二次的レベルであり、機能・形態障害から生じてくる。人間個人のレベルで捉えた障害である。与えられた地域的・文化的条件下で通常当然行うことができると考えられる行為を実用性をもって行う能力、あるいは疾患の発症前にすでに有していた能力の制限あるいは喪失をいう。
	社会的不利 (handicap)	障害の三次的レベルであり、疾患、機能・形態障害、あるいは能力障害が与えられた物理的・社会的環境において不利益を生むことから生じてくる。社会的存在としての人間のレベルで捉えた障害である。疾患の結果として、かつて有していた、あるいは当然保障されるべき基本的人権の行使が制約または妨げられ、正当な社会的役割を果たすことができないことをいう。
主観的障害	体験としての障害 (disablement as experience)	疾患と三つの客観的障害（機能・形態障害、能力障害、社会的不利）のすべての主観への反映（体験）であり、これらの問題に対する個人の認知的・情動的・動機づけ的な反応として生じてくる。これは受動的なものではなく、その人の人格特徴、価値体系、自己像、理想、信念、人生の目的等に基づいた能動的な反応であり、実存としての人間レベルで捉えた障害である。

出典：上田敏『リハビリテーションを考える――障害者の全人間的復権』青木書店、1983．より作成
注1：各項目をICFの用語に置き換える（上から、機能・構造障害、活動制限、参加制約、障害体験）と、図表7につながる。
　2：なお、disabilityの語は現在、国際的には「障害」全体を示す語として用いられている。また、handicapには差別的なニュアンスがあるとして、障害関連では使用されない。
（注1・2：上田、2020.）

図表6 ICIDHの考え方を発展させた障害の構造

■障害の構造
The structure of disablement

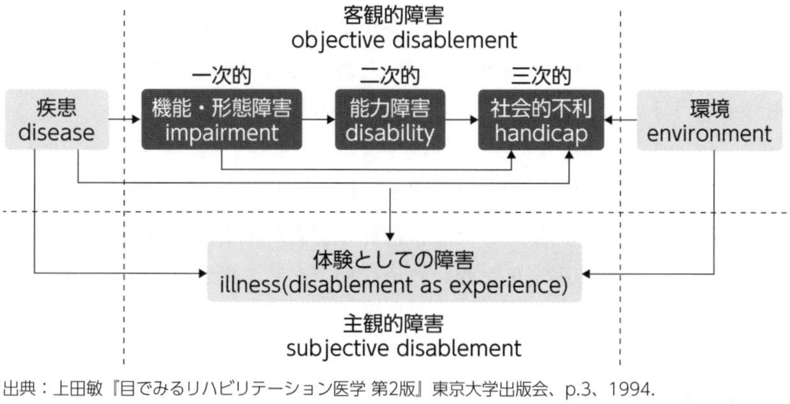

出典：上田敏『目でみるリハビリテーション医学 第2版』東京大学出版会、p.3、1994.

図表7 人が「生きることの全体像」

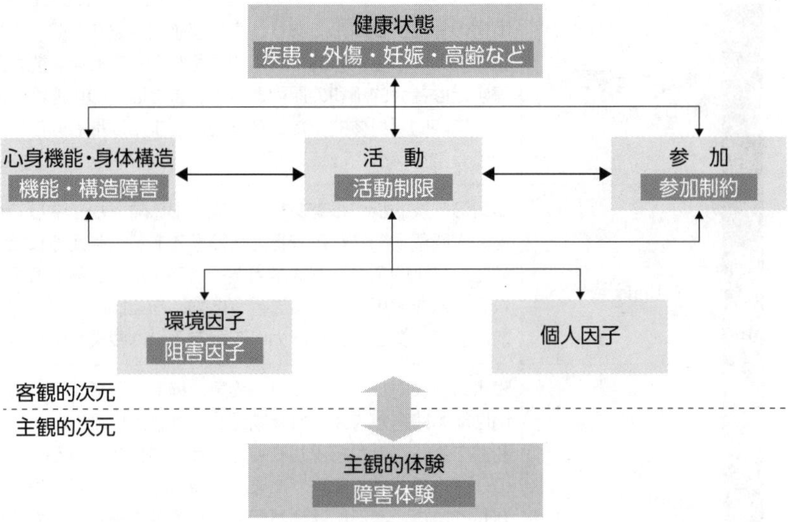

出典：上田敏『ICF（国際生活機能分類）の理解と活用――人が「生きること」「生きることの困難（障害）」をどうとらえるか』きょうされん、p.35、2005.

79 体験としての障害は、障害を有することで生じた障害者の苦しみや悩みを意味し、「内なる偏見」が自身の障害受容に影響することがある。

◎被可視的障害

80 精神障害者の障害特性として、精神障害者の心身機能、活動や参加の状況を理解するにも、一見して可能なものは少なく、時間的経過が伴う観察を通じて可能になることが多く、視覚的把握の難しさがある。障害は見えるものという多くの人に浸透している先入観や思い込み、偏見、差別が当事者の障害受容や生活上の生きづらさに影響している（被可視的障害という捉え方）。

◎障害の可逆性

81 精神障害は、障害の程度が重くなることもあれば、軽くなることもある可逆性のある障害であり、精神機能がまったく機能しなくなるということはない。一方で、障害が固定化しないため、昨日できていたことが今日できないというように、作業を安定して継続することが難しい。

82 障害の可逆性は、精神障害者が利用する制度やサービスのあり方にも影響を与えてきた。長年にわたり、精神障害者が障害者福祉の対象外とされてきたのは、障害が固定化しないために病者として扱われ、医学的保護の下に置かれたためである。

◎環境因子との相互作用

83 精神障害は、環境因子との相互作用により、機能障害、活動制限、参加制約が生じることが多い。

84 精神障害は、人間関係の病といわれるように、他者との関係が本人の症状や生活に影響を与える。

85 精神障害者は、ある環境ではできることが、異なる環境ではできなくなるというように環境因子の影響を受けやすい。このように環境の変化への対応の困難さがあるため、生活上の変化を回避する姿勢が強まり、やればできるかもしれないことを行わなくなる傾向が生じる。

86 精神障害者には、施設症（institutionalism）による意欲のもちにくさがある。施設症とは、長期にわたる入院生活により、入院患者が無気力になったり、自発性が欠如して意見を表明できなかったり、興味や関心を喪失したりというように意欲が減退する状態になることを意味する。 出 22-30

◎生活のしづらさ

87 生活のしづらさという概念は、精神障害者の生活上の困難さを示す概念である。精神科医の臺弘《うてなひろし》は、「生活のしづらさ」を精神障害者に特有の困難さとして、ソーシャルワーカーの谷中輝雄は、誰にでもある生活上の困難さとして説明している。

88 臺は、ICIDHにおける能力障害にあたるものを「生活障害（生活のしづらさ）」という用語で表現し五つに分類している（**図表8**）。

図表8 **臺による「生活のしづらさ」**

生活技術の不得手	食事の仕方、金銭の扱い、服装の整え方、服薬管理、社会資源の利用の仕方などの日常生活の仕方に課題がある。
対人関係の課題	人づきあい、挨拶、他者に対する配慮や気配りに問題があり、尊大と卑下がからんだ孤立が生じる。
仕事場での課題	生まじめさと要領の悪さによる仕事のやり方などについての飲み込みの悪さや習得の遅さ、手順への無関心、能率の悪さ、技術の低さなどから、他者との協力を必要とする仕事に困難が生じる。
安定性・持続性の課題	障害の可逆性などの影響により、作業能力なども安定性に欠け、持続性も乏しくなる。
生き甲斐の喪失、動機づけの乏しさ	統合失調症の場合、現実離れした空想にふけることが多く、生き甲斐の喪失、動機づけの乏しさが大きな問題となる。

出典：臺弘「生活療法の復権」『精神医学』第26巻第8号、1984．を一部改変

89 やどかりの里を創設したソーシャルワーカーの谷中輝雄は、地域での実践を通して精神障害者を患者や障害者としてではなく、生活者として捉えた。彼らが抱える「生活のしづらさ」とは、「だれにでもある、不器用で、要領の悪い、それぞれの苦手な部分」であり、経験不足、自信のなさ、要領の悪さなどが原因で、改善の可能性があると考えた。

3 社会的排除と社会的障壁

受験対策アドバイス

◆諸外国の脱施設化のポイントを整理しておきましょう。

諸外国の動向

◎フランス

90 フランスのパリでは、1656年、ルイ14世が火薬工場のあった場所に大規模な精神病院を建てさせた。一つが女性用のサルペトリエール病院、もう一つが男性用のビセートル病院であり、精神病者に限らず、浮浪者、犯罪者、孤児など区別なく集められ、きわめて劣悪で非人道的な処遇を受けていた。精神病者は、犯罪者同様、鎖につながれていた。

91 **ピネル**（Pinel, P.）は、1793年にビセートル病院、1795年にはサルペトリエール病院に勤務し、拘禁され、非人道的な扱いを受けていた精神病患者らを**鎖から解放**したとされる。

92 ピネルは、精神障害者に対する人道的治療の先鞭をつけた人であり、近代精神医学の創始者の一人とされる人物で、近代的な疾病分類の先駆的著作『疾病の哲学的分類』を著している。

◎アメリカ

93 アメリカでは、1662年に最初の救貧院が設立され、精神病者は収容されていた。1817年には、最初の「道徳療法」を行う精神科病院が開設され、1830年代に「アメリカのピネル」と呼ばれたディックス（Dix, D.）は、「道徳療法」を特徴とする人道的および治療的観点に基づく精神医療の改革運動を行った。

道徳療法とは、精神科病院内における作業などを通じて患者の変容を促そうとするもの。

94 19世紀のアメリカでは、精神疾患に対する精神科入院医療の高い治癒率が信じられていたため、精神科病院が増加した。

95 1842年のニューヨーク州法は、アメリカ最初の包括的な強制入院法で、「これ以降発症する精神疾患のすべての症例について、精神疾患患者は10日以内に州立精神科病院に送致されなければならない」と規定した。これ以降、強制入院が正当化されるようになり、パターナリスティックな配慮が精神障害者自身の意思や権利に優先するという傾向を生み出した。

パターナリスティック（paternalistic）とは、パターナリズム（paternalism）

の形容詞で、パターナリズムは父権主義、父性的保護主義などと訳されている。

96 **ビアーズ**（Beers, C. W.）は、1908年に自叙伝『わが魂にあうまで』を出版し、躁うつ病に罹患した自らの経験をもとに、当時のアメリカの精神科病院の悲惨な入院環境や処遇を述べた。ビアーズは、精神医療改革、精神障害者の人権擁護の運動に邁進し、アメリカで精神衛生運動を興した。

97 ビアーズが取り組んだ精神衛生運動はアメリカ全土へ広がり、1908年、ビアーズの出身地であったコネチカット州に精神衛生協会が設立された。さらに運動は広がり、1909年には全国精神衛生委員会が組織化された。

98 アメリカにおける脱施設化の動きは、戦後、ケネディ大統領が議会に提出した精神疾患および知的障害に関する特別教書（ケネディ教書）（1963年）により進展した。 出22-36 出26-36

99 脱施設化をはばむ非自発的入院の仕組みは、ビアーズの取り組みの後にも続いた。その理由は、精神障害者に対する治療の必要性と社会防衛のためというものであり、精神障害者には自傷他害のおそれがある＝判断能力の問題があるというものであった。

◎イタリア

100 **バザーリア**（Basaglia, F.）は、イタリアの精神科医であり、地域精神医療の展開に尽力した。イタリアの精神医療改革を具体化するため1978年に法律第180号（通称バザーリア法）の制定を行った。 出22-36 出24-75 出25-36

101 バザーリアが最初に院長に就任したゴリツィア病院では、1960年代初頭から始まった**アッセンブレア**という集まりが実践されていた。アッセンブレアは、患者たちの間で議長が持ち回りになる、患者とスタッフとの集まりであり、患者や訪問者、街の住人など誰でも出入り自由であり、誰も参加を強制されない自発的なイベントであった。

102 アッセンブレアは、一般的なミーティングとは明らかに異なり、スタッフによる運営や誘導もなく、中心的な話題は患者のニーズであり、患者が自分自身を表明する安全な場所であった。

103 イタリアの精神医療改革の影響は、ヨーロッパ各国に及んでいる。バザーリアが40年前に述べた「自由こそ治療だ」という価値観が今もトリエステの精神保健サービスを支える基盤枠組みとして機能している。

トリエステは、イタリアの精神医療改革を先導したバザーリアが活動した町である。イタリアで最も早く精神科病院を廃止し、それに代わる精神保健センターが24時間体制でサービスを提供している。

◎「精神病者の保護および精神保健ケア改善のための諸原則」

出22-37
出26-39

104 精神障害者の人権保障に関する国際的な取り組みとして、1991年12月、国連総会において**「精神病者の保護および精神保健ケア改善のための諸原則」**が採択された。この決議には、25原則に及ぶ具体的な人権基準を定めた附属文書が付されており、精神障害者の諸権利を明確に規定し、かつそれが確立されることを目的としている。

105 「精神病者の保護および精神保健ケア改善のための諸原則」では、精神病者の基本的自由および、法的諸権利を擁護するうえで、国連の最低基準を示しており、その焦点は、「特に精神保健施設に非自発的に入院を要する極く少数の患者」に当てられている。

◎障害者権利条約

受験対策アドバイス

◆日本は、2014（平成26）年に障害者権利条約を批准していますが、ここに至るまでには、障害当事者や家族も含めた議論のなかで、障害者の制度の改革が行われてきました。重要な法整備の流れなので整理しておきましょう。

106 2006年に**障害者の権利に関する条約（障害者権利条約）**が国連総会で採択され、2008年に批准国が20か国に達したのを受けて発効した。この障害者権利条約の作成過程では、障害当事者団体が審議での発言を認められ、**“Nothing About Us Without Us”**（私たちのことを、私たち抜きに決めないで）と繰り返し主張した。

107 国連総会では、**女性差別撤廃条約**（1979年）や児童の権利に関する条約（**子どもの権利条約**）（1989年）など、人権侵害を受けやすい立場の人を守る権利条約が制定されていたことから、同様の理由で障害者を対象とする権利条約が認められた。

108 **障害者権利条約**は、「人は誰でも自分のことは自分で決めることができるのであり、決めるにあたっては最大限の支援を受けることができる」ことを示している。つまり、どんなに重い障害の人も自己決定できることを前提に、その意思決定を支援する方法や環境を確保することを求めている。

日本の精神保健福祉施策に影響を与えた出来事

◎相馬事件

109 **相馬《そうま》事件**は、1883（明治16）年から1895（明治28）年にかけて世の中を騒がせたお家騒動である。旧中村藩主の主君であった相馬誠胤《ともたね》の精神病症状が悪化したため、1879（明治12）年に家族が宮内省に自宅監禁を申し入れ、以後自宅で監禁、のちに癲狂院《てんきょういん》へ入院した。1883（明治16）年、旧藩士の錦織剛清が主君の病状に疑いをもち、家族による不当監禁であるとして関係者を告発したことから事件が表面化した。

110 明治政府は、開国と列強の国々に対しての対面を守るため、また社会防衛的な側面から、物乞い、路上生活者、精神障害者などを社会の表から隠

す必要があった。結果的に相馬事件は、**精神病者監護法**（1900（明治33）年）の創設に影響を与えたが、**呉秀三**らは、私宅監置に強く反対した。

✎ 精神病者監護法は、監護義務者を定め、精神病者を私宅に監置することを認め、監置や身体拘束が必要な者と対象を規定した。

◎ライシャワー事件

111 **ライシャワー事件**は、1964（昭和39）年、駐日アメリカ大使ライシャワー（Reischauer, E. O.）が、当時19歳の日本人少年に右大腿部を刺され重傷を負った事件である。少年には、精神科病院への入院歴があった。

112 翌1965（昭和40）年、**改正精神衛生法**（精神衛生法の一部改正）が公布、施行された。保健所による在宅精神障害者への訪問指導等の強化や精神衛生センターの設置、また通院医療費公費負担制度が新設された。一方で、警察官等による通報・届出制度の強化、緊急措置入院制度が設けられる等、社会防衛的な側面が強調されており、ライシャワー事件により法改正に負の影響があったことは否めない。

◎宇都宮病院事件

113 **宇都宮病院事件**は、栃木県の宇都宮病院において行われた、入院患者2名に対する職員らによる暴行死事件である。1983（昭和58）年8月22日に患者1名が不審死し、同年12月30日にも患者が殺害された。その他、患者への日常的な虐待、無資格者による医療行為、不必要な入院などが行われていた。

114 宇都宮病院事件では、国連人権小委員会や国際法律家委員会（ICJ）から視察団が来日し調査が行われた。日本政府は国際的批判を受け、1987(昭和62）年に精神衛生法を**精神保健法**に改める改正法を公布し、精神障害者の社会復帰施設の法定化、任意入院制度、精神医療審査会制度、精神保健指定医制度など精神障害者の人権に配慮した法改正が実施された。

◎大和川病院事件

115 大阪府内の**大和川病院**において、1993（平成5）年に入院中の患者が暴行を受け、搬送先の病院で死亡するという事件が発覚した。裁判において、大和川病院の医師・看護師数の不足が明らかになった。その他、①医師、看護師数の水増し報告、②出勤簿、タイムカード、賃金台帳の偽造、③資格のない職員による医療行為、④死亡診断書を看護師が記載、⑤投薬は病名ごとで一律に指示、⑥ヘルパーや看護師不足による身体拘束の常態化などが明らかになった。

116 この時期の精神障害者の社会復帰に向けた動きとして、1995（平成7）年に、精神保健法の改正により、精神保健及び精神障害者福祉に関する法律

（**精神保健福祉法**）が制定された。精神障害者保健福祉手帳の創設、精神障害者社会適応訓練事業の法定化、精神障害者社会復帰施設4類型を明示、市町村の役割の明示、公費負担医療の保険優先化など、社会復帰施策が強化された。

117 1999（平成11）年の精神保健福祉法の一部改正では、精神医療審査会の機能強化、仮入院の廃止、移送制度の新設、保護者の自傷他害防止監督義務の削除、居宅生活支援事業の創設など、在宅福祉サービスや人権擁護に関する要素が多く含まれた改正となった。

◎池田小学校事件

118 **池田小学校事件**とは、2001（平成13）年、大阪府池田市の大阪教育大学附属池田小学校での無差別殺傷事件である。実行犯は自ら精神障害者を装っていたため、精神障害者による事件との報道がされた。のちに詐病であったことがわかったが、それまでの報道により精神障害者に対する社会の厳しい見方や意見が改められることはなかった。

119 池田小学校事件が精神障害者とその家族に与えた影響は大きかった。あらためてマスコミ報道のあり方や差別・偏見の除去に向けた取り組みの重要性について考えるきっかけとなった。

120 池田小学校事件が一つの契機となり、心神喪失と認められ、無罪あるいは不起訴処分になった者（触法精神障害者）に対する処遇のあり方について議論され、2003（平成15）年に**心神喪失等の状態で重大な他害行為を行った者の医療及び観察等に関する法律**（**医療観察法**）が制定された。

◎相模原障害者殺傷事件（津久井やまゆり園事件）

121 **相模原障害者殺傷事件**は、2016（平成28）年7月26日未明に神奈川県立の知的障害者施設「津久井やまゆり園」にて発生した大量殺人事件である。元同施設職員が施設に侵入して所持していた刃物で入所者19人を刺殺、入所者・職員計26人に重軽傷を負わせた。加害者は、優生思想をもとに重度障害者の生きる権利を否定し命を奪った。

受験対策アドバイス

◆日本の精神保健福祉施策に影響を与えたさまざまな事件は、精神専門科目「精神保健福祉制度論」における各法制度が関連していますので、併せて学習することで知識の定着を図りましょう。

122 相模原障害者殺傷事件では、精神保健福祉法による措置入院のあり方について、加害者に対する解除の判断や解除後の支援体制、警察・関係団体との連携などが十分ではなかったとの指摘があった。

123 本事件では厚生労働大臣の指示により、「相模原市の障害者支援施設における事件の検証及び再発防止策検討チーム」がつくられた。2016（平成28）年9月に公表された中間報告において、加害者の措置入院先の北里大学東病院と相模原市が、本来必要な退院後のケアや復帰プログラムなどを

検討せずに退院させていたことや、ほかの精神障害の可能性、生活環境の調査、心理検査が行われていなかったことなどが問題とされた。

124 2016（平成28）年12月の最終報告書では、措置入院の後に「退院後支援計画」を義務づけることを発表したが、2017（平成29）年2月に「保安処分や患者の監視強化につながる」として障害者団体が反対するなかで、厚生労働省は「精神保健及び精神障害者福祉に関する法律改正案」を国会に提出した。本法案は参議院厚生労働委員会で審議されるも、数か所を削除する事態となり2017（平成29）年9月の国会にて廃案となった。

日本の社会的障壁

◎欠格条項

125 **欠格条項**には、病気や障害等を理由として取得できない資格や就くことができない職業、あるいは選挙権など当然に認められる権利の制限が示されている。欠格条項は障害者を排除するものであり、社会的障壁である。

126 欠格条項には、絶対的欠格と相対的欠格の2種類がある。日本は長らく絶対的欠格を主としてきたが、人権侵害のおそれがあるとして、相対的欠格ないしその条項の廃止が進められている。

- ✏ 絶対的欠格は、資格を与える余地がないもの。
- ✏ 相対的欠格は、場合によって資格の与奪を決めるというもの。

◎強制不妊手術

127 **国民優生法**（1940（昭和15）年）は、精神障害者らに**不妊手術を強要**した。この法律は戦後、優生保護法（1948（昭和23）年）の制定により廃止となったが、優生思想に基づく考え方はそのまま引き継がれた。

128 当時の厚生省は優生保護法が定める障害者が子どもを産んだり家族をつくることは「公共の福祉に反する」とし、「憲法の精神に背くものではない」と示した。公共の福祉を優先することが、人権侵害を伴う法制度を正当化する根拠とされてきた。

129 「第12条手術」とは、保護義務者の同意があれば、審査のうえ、強制優生手術が行えることであり、遺伝性ではない精神疾患でも保護義務者の同意があれば手術が可能であった。

130 優生保護法は、1996（平成8）年に母体保護法に改正されたが、半世紀近い年月のなかで、1万6000人以上の人が**強制不妊手術**の被害を受けた。

◎コンフリクト

131 **施設コンフリクト**とは、障害者施設等を地域につくろうとした際に、建設予定地の地域住民等が反対の意思を表明し行動することをいう。

132 多発する施設コンフリクトのなかで最も多いのは、精神障害者施設へのコンフリクトであると指摘されている。反対する理由は「障害者を危険視」「住環境の悪化」「説明が不十分」などが多くみられた。

133 **障害を理由とする差別の解消の推進に関する法律（障害者差別解消法）**では、国や自治体に対し障害者施設を認可する際は周辺住民の同意を求めず、住民の理解を得るため積極的に啓発活動をするよう附帯決議で定めている。

出 25-18

134 **バリアフリー・コンフリクト**とは、特定の障害のためのバリアフリー化が、ほかの障害のある人や障害がない人にとって新しいバリアになることをいう。具体的には、点字ブロックの設置が車いす利用者や高齢者にとっては移動時の障壁になってしまうことなどである。

◎アルコール・薬物問題

受験対策アドバイス

◆依存症については、「精神障害リハビリテーション論」の依存症回復プログラム、「現代の精神保健の課題と支援」の生活と嗜癖、「精神医学と精神医療」の代表的な疾患の内容を併せて整理し、多角的な理解をしておくことをお勧めします。

135 **薬物依存症**に対する施策は、覚醒剤取締法など刑罰を優先して進められてきた。しかし、刑罰を科すだけでは再犯が繰り返されることから、欧米諸国にみられる特別な処遇プログラムの適用がこの状況への変化をもたらしている。

136 **アルコール**や**薬物**などへの依存症は病気であり、再犯の繰り返しを断ち切るためにも、司法と福祉が連携し生活支援を図らなければならない。一方で、一般の人々の依存症に対する意識は、依存症を断ち切れない本人の意思の弱さなど、本人の性格や人格の問題であると認識されている傾向がある。

◎自己責任論

137 食事、喫煙、運動などの習慣を変えられず健康を害した場合は自己責任であり、当人に対して自らが納めている医療費が使われるのはおかしいのではないかという、公的保険適用に関する**自己責任論**を根拠とした批判がある。具体的には、生活習慣病といわれる糖尿病治療や喫煙者の禁煙外来治療であるが、これは患者の受療行動をはばむものである。

138 疾病を安易に自己責任と結びつけるのではなく、**疾病の社会性**を認識し、健康格差が拡大していることを踏まえた対応をしていくことが必要である。

「疾病の社会性」とは、疾病は生活習慣や職業などによる影響も受けて発症するものであり、社会性を帯びているという考えのこと。

139 **アンコンシャスバイアス**とは、「無意識の思い込み」「無意識の偏見」「無意識の偏ったものの見方」のことである。近年、社会的障壁の一つである「観念」を変える取り組みとして、アンコンシャスバイアスに焦点を当てた教育・研修が注目されている。アンコンシャスバイアスは、意識化することにより自分でコントロールすることができる。

4 精神障害者の生活実態

精神科医療の特異性

◎非自発的入院

140 非自発的入院（強制入院）とは、精神保健及び精神障害者福祉に関する法律（精神保健福祉法）の入院形態における任意入院以外の入院（措置入院・緊急措置入院・医療保護入院・応急入院）のことをいう。

141 1950（昭和25）年制定の精神衛生法は、治療よりも社会からの隔離と入院収容を主目的とした社会防衛思想によるものであり、精神障害者を病院に隔離収容する**強制入院**の手続きを定めた法律であった。

142 1965（昭和40）年の精神衛生法の一部改正では、ライシャワー事件の再発防止の観点から、通院治療中断患者に対する状況把握と受診指導、警察官の通報範囲の拡大、**緊急措置入院**の新設、無断退去者にかかわる探索の義務化等が盛り込まれ、公安的色彩の強い改正となった。

143 日本の要請により、世界保健機関（WHO）から派遣された**クラーク博士**（Clark, D. H.）が、1967（昭和42）年11月から3か月間各地の精神科病院を視察してクラーク報告書をまとめた。この報告書には、日本の精神科病院には退院可能な長期入院者が多数存在しており早急に対策を打つべきであると示されている。しかし、日本政府がこの勧告を受け入れることはなかった。

144 1969（昭和44）年、川崎市で家族の訴えだけで本人不在のまま入院先行で相談を進め、不法強制入院につなげたことを本人が問題提起した**Y問題**が発生した。この問題により、精神医学ソーシャルワーカー（Psychiatric Social Worker：PSW）の専門性のあり方が問われた。

145 1970年代以降も、精神科の入院患者数は増加の一途をたどり、強制的に入院させられた患者は、閉鎖病棟で長期間を過ごし、無為な生活を送るなかで慢性化していった。クラーク博士は10年後と20年後にも来日したが、事態はますます深刻になりつつあると警告している。

146 **精神科救急急性期医療入院料病棟（スーパー救急）**は、多くの医師・看護師が配置され、年間入院患者の6割以上が**非自発的入院**であること等の

ハードルが設定されている。診療報酬は、精神療養病棟入院料に比べ、約2倍と高額になっている。制度上、患者が納得しての任意入院が追求されることがないため、強制入院（医療保護入院）の増加を招いている。

147 ウィング（Wing, J. K.）は、「施設」という社会と隔絶された空間のなかで長期にわたる集団生活を強いられることで、人は多かれ少なかれ施設症化することを明らかにした（図表9参照）。

図表9 施設症の発生原因（ウィング）

①施設の社会的圧力の強さ
②社会的圧力に対する患者の感受性と抵抗性
③その圧力が作用する時間の長さ

148 精神科医の猪俣好正は、精神科病院の治療構造からみた施設症を生み出す原因を図表10のとおり10点を示した。

図表10 施設症を生み出す原因（猪俣）

①病院の閉鎖構造
②病院外の社会との接触の乏しさ
③狭い居住空間・プライバシーの喪失
④集団的働きかけ・機能別看護と階段式病棟分化
⑤目標のない無為な生活
⑥過剰な代理行為
⑦スタッフのリハビリテーションについての考え方
⑧スタッフ間の望ましくない権威－従属関係
⑨職員の不足
⑩大量薬物投与による過度の鎮静

◎多剤併用

149 **薬物療法**は、1955（昭和30）年頃からクロルプロマジンなどの抗精神病薬が開発され、精神科治療法として行われてきたインスリンショック療法、電気ショック療法や精神外科（ロボトミー手術）等の「荒療治」は減った。欧米諸国では1950年代後半から精神病床が急激に減少し、通院患者の増加とともに地域での生活支援に軸足が移っていった。

150 日本における薬物療法は1960年代に定着したが、抗精神病薬は有効に活用されず、抗精神病薬の**多剤併用**による大量処方が続き、常用量なら安全であるはずの抗精神病薬による致死性副作用（悪性症候群）が増え、社会復帰の取り組みは進まなかった。現在は、非定型抗精神病薬を中心とした単剤使用が浸透している。

◎精神科特例

151 1950年代、精神科病院の急増とともに、急激な患者増加に対して無

資格看護者が多数配置されたが、病院における処遇は劣悪をきわめ不祥事が後を絶たなかった。

152 厚生省は1957（昭和32）年、病院管理者に対し、「精神障害者を劣等視し、非人道的取扱いや冷淡な言動をなすことがないよう、精神病院の長は看護員等日常業務に接する職員を指導されたい」と通知した。

153 1958（昭和33）年、厚生省から**精神科特例**を認める通知が出された。**精神科特例**とは、他の診療科の病床に比べて、精神病床では医師は3分の1、看護職員は3分の2の少ないスタッフでよいとするものであった。

154 精神科特例は、精神科病棟増設を容易にした。病棟では治療的なかかわりは薄く、長期にわたる隔離収容性の高い精神医療構造が定着し、1960年代には、精神病床は10年間で3倍に増えた。

155 2000（平成12）年の医療法施行規則改正により、精神病床における配置人員の標準が設定され「精神科特例」は廃止された。法的には特例ではなくなったが、配置人員の標準では精神病床における職員数は一般病床における職員数より少なく定められており、実際には医師や看護職員が少なくてもよいという状況が続いている。

◎病床数と在院日数

156 厚生労働省の「令和4（2022）年医療施設（動態）調査・病院報告の概況」によれば、精神科病院は1056か所、精神病床は32万1828床、1日平均在院患者数は20万4635人、病床利用率は82.3％に減っている。平均在院日数は1989（平成元）年には496日であったものが、2022（令和4）年は276.7日と半分近くまで減っているが、前年と比べると1.6日長くなっている。

157 入院患者の6割が65歳以上の高齢者であり、入院の長期化とそれに伴う高齢化が退院の意欲や地域生活能力を低下させ、退院を困難にするという悪循環がもたらされている。

◎隔離、身体的拘束

158 精神保健福祉法第36条・第37条では、精神科病院における処遇が定められている。精神科病院は、入院患者に対する医療または保護を目的として、必要な行動制限を行うことができる。強制入院の増加とともに、**隔離・身体的拘束**も増えている。平均実施期間は1か月以上が最も多い。

159 患者の**隔離**は、精神保健指定医の判断により、本人または周囲の者に危険が及ぶ可能性が著しく高く、隔離以外の方法ではその危険を回避するこ

とが著しく困難であると判断される場合のみに行われるものである。

160 **身体的拘束**は、自殺企図・自傷行為が著しく切迫している場合や多動・不穏が顕著である場合、そのまま放置すれば患者の生命にまで危険が及ぶ恐れがある場合に限ると規定されている。身体的拘束は、代替方法が見出されるまでの間のやむを得ない処置として行われる行動の制限であり、できる限り早期に他の方法に切り替えるよう努めなければならない。

161 身体的拘束は、当事者に著しい不安と恐怖を与えるだけでなく、拭い去りようのない恐怖体験から心的外傷後ストレス障害（PTSD）を生むことがある。

受験対策アドバイス

◆精神保健福祉法の第36条と第37条には精神科病院における処遇が示されています。通信・面会、患者の隔離、身体的拘束などについて整理しておくとよいでしょう。

家族

◎保護義務者の歴史

162 1900（明治33）年に制定された**精神病者監護法**では、家族は**監護義務者**として本人を保護し社会の治安のために監護するという二つの役割を担っていた（図表11参照）。

図表11 精神病者監護法における監護義務

①精神病者は監禁・保護される対象とする。
②後見人や親族を監護義務者とする。
③監護義務者が医師の診断書を添えて警察へ届出を行い、行政庁の許可を得て、精神病者を私宅または精神科病院に監置する。
④監護に要する費用は、監護義務者・扶養義務者が負担する。

163 1950（昭和25）年の**精神衛生法**制定により、私宅監置が廃止され、精神障害者は医療・保護の対象とされた。家族は、監護義務者から**保護義務者**に変更されたが、治療協力者としての責任と役割を要請されて、精神障害者の代わりに入院に同意する役割を担うことになった。その後も長い間、保護者として治療を受けさせる義務等、実施困難な任務を課されていた（図表12参照）。

図表12 保護義務者に課された役割

①治療を受けさせる義務
②自傷他害防止監督義務
③財産上の利益の保護義務
④診断にあたり医師に協力する義務
⑤医療にあたり医師の指示に従う義務
⑥退院後の引き取り義務　等

164 1964（昭和39）年に**ライシャワー事件**が発生し、1965（昭和40）

年に精神衛生法の一部改正が行われ、地域精神保健活動が推進されることになったが、家族が担う役割は変わらなかった。

165 1965（昭和40）年、世界で初めて精神障害者家族会の全国組織として全国精神障害者家族会連合会（以下、全家連）が結成された。

166 1987（昭和62）年に成立した精神保健法により、精神障害者社会復帰施設が法定化された。社会復帰施設の設置は努力義務であったためなかなか進まず、精神障害者家族会が小規模作業所を設立し、活動を広げていった。家族については、保護義務者規定が変更されることはなかった。

小規模作業所は、共同作業所・作業所などと呼ばれている。1970年代半ばから設立された。障害者の日中活動の場、働く場、集う場として地域生活を支える重要な役割を担ってきた。

167 1993（平成5）年に精神保健法の一部改正があり、保護義務者は保護者に名称が変更になった。保護者は、精神障害者を引き取る際に、精神科病院の管理者や社会復帰施設の長に相談、援助を求めることができるという権利規定が加えられた。精神障害者と同居する保護者は、保健所の訪問指導の対象になった。

168 1995（平成7）年に精神保健及び精神障害者福祉に関する法律（精神保健福祉法）が成立し、精神障害者が福祉の対象とされ、家族も支援の対象として位置づけられた。保護者については、精神衛生法からの義務規定が継続されており、自傷他害防止監督義務を中心とした過大な義務を家族が負うことについては変化がなかった。

169 1999（平成11）年に精神保健福祉法が改正され、保護者制度については、①自傷他害防止監督義務の削除、②任意入院および通院中の精神障害者を保護義務の対象から除外、③保護者の範囲に成年後見制度の保佐人が加えられる等、保護者の義務の軽減が図られた。

受験対策アドバイス

◆家族が担ってきた保護者制度の歴史を精神保健福祉施策の歴史とともに覚えておこう。

170 2013(平成25)年に精神保健福祉法は大幅に改正された。改正内容は、①精神障害者の医療の提供を確保するための指針の策定、②保護者制度の廃止、③医療保護入院の見直し、④精神医療審査会に関する見直し等であった(図表13参照)。この改正で、1965（昭和40）年の全家連結成以来、約半世紀にわたり家族会が要望し続けてきた「保護者制度」が廃止されることになった。しかしながら、家族等の同意が医療保護入院の要件として残ることとなった。

図表13 **精神保健福祉法による保護者の役割（2013（平成25）年の改正により廃止）**

①任意入院者および通院患者を除く精神障害者に治療を受けさせる義務
②精神障害者の診断が正しく行われるよう医師に協力すること
③任意入院者および通院患者を除く精神障害者に医療を受けさせるにあたって医師の指示に従うこと
④任意入院者および通院患者を除く精神障害者の財産上の利益を保護すること
⑤回復した措置入院者等を引き取ること
⑥⑤の引き取りを行うに際して、精神科病院の管理者または当該病院と関連する精神障害者社会福祉施設の長に相談し、および必要な援助を求めること
⑦退院請求等の請求をすることができること
⑧医療保護入院の同意を行うことができること

◎家族とその生活実態

171 **情報からの孤立**とは、多くの場合、精神疾患の知識がない状況で発症に直面することから、当初は精神疾患とは気づかずに、家族だけで困難な対応に追われることである。病気についての知識がなければ、いつもとは違う様子に戸惑い、過剰に心配したり、時には厳しい言葉をかけてしまうこともある。

172 **人間関係からの孤立**について、特に日本では「身内の問題は身内で解決する」との考えが根強くあるため、家族のことを誰かに相談したり、助けを求めたりすることができず、本人とともに混乱し孤立していく。この状態が続くと、社会との接点は途切れ、外からの情報も入らなくなってしまう。

173 **セルフスティグマ**は、家族の社会参加を阻害する要因といわれている。本人だけでなく、家族も精神科への受診や精神障害に偏ったイメージをもっていると、自ら社会とのかかわりを制限してしまうことがある。

✏ セルフスティグマは、精神障害者本人や家族がもつ偏見であり、精神障害があることによる社会での劣等感や羞恥心などから孤立しやすくなる。セルフスティグマが高い人ほど自尊感情の低下や抑うつ状態につながりやすい。

174 **支援からの孤立**とは、精神障害者を中心に設計されている制度やサービスのため、家族に対する支援が限られていることである。家族が支援につながっても、専門家から支援者としての役割を期待されることがある。その役割を果たさないと「無理解」、一生懸命になり過ぎると「過保護」と認識される状況があると、家族はさらに孤立する。

◎家族の多様性

175 他の障害の家族との違いとして、精神疾患は、親元から離れて自立を始める青年期の発症が多く、長期にわたり治療が必要になるため、親が継続的に子どもの生活を支える立場になりやすい。また、中途障害であるため、

親が中高年期になってから子どもの障害に出会うことが多いのも特徴である。

176 精神疾患に対する偏見や差別が根強い社会では、精神障害者への否定的なイメージが本人と家族の生活に影響を与える。障害が固定化しないため、家族が精神障害を理解するのに時間を要することもある。また本人の孤独感は身近な家族に表出されやすく、暴言や暴力につながることもある。

177 親、きょうだい、子ども、配偶者等の立場による違いについて、精神障害者家族会に所属する家族は「親」の立場が多いが、影響を受けるのはさまざまな立場があり、抱えている問題にもそれぞれ違いがある。近年では、18歳未満の子どもが家事や家族の介護を引き受ける等、**ヤングケアラー**の問題が注目されている。

178 精神保健福祉士は、当事者が地域生活を営むための構成要素として家族を捉えてきた面があるが、家族も「自分らしい生活を営む主体」として理解することが重要である。『精神保健福祉士業務指針（第3版）』においても、「家族成員個々が安心して健康な生活を送れるように支援する」と明記されており、家族支援も業務として位置づけられている。

社会生活

◎居住形態、家族の同居率

受験対策アドバイス
◆精神障害者が地域で暮らしていくための住居や、地域生活を継続していくためのサポート体制について整理しておきましょう。

179 「平成28年生活のしづらさに関する調査」（以下、生活のしづらさ調査）によると、精神障害者の住む場については、65歳未満、65歳以上ともに家族や自分の持ち家を住む場としている人たちが最も多い。一方、一人暮らしをしている人たちは、65歳未満で18.6％、65歳以上では25.0％となっている。

180 今後の暮らしの希望では、65歳未満、65歳以上ともに「今までと同じように暮らしたい」と希望している人たちが多く、65歳未満で「一人暮らしをしたい」が7.6％、「グループホーム等で暮らしたい」が3.0％と、家族と離れた暮らしを希望する人たちの割合は低い（生活のしづらさ調査）。

181 障害福祉施策の拡充により、障害者の日常生活及び社会生活を総合的に支援するための法律（障害者総合支援法）による**共同生活援助（グループホーム）**や**自立訓練（生活訓練）**といった居住支援の場が増えつつある。

182 退院後すぐに民間のアパートで暮らすための**自立生活援助**や**居住サポート事業**といったサービスも整備されてきている。

183 近年、アパートなどでの一人暮らし等を希望し、生活上の支援があれば一人暮らし等ができる者がいることから、グループホームの支援内容に、一人暮らし等を希望する利用者に対する支援や退居後の一人暮らし等の定着のための相談等の支援が含まれることが、障害者総合支援法において明確化された（2024（令和6）年4月施行）。

184 精神疾患の発症年齢は10代後半から青年期が多く、多くの人たちは長く家族と暮らしているか、また家族からの支援を受けて生活している。2016（平成28）年度全国家族調査では、家族との同居が75.6％である。

185 生活のしづらさ調査では、65歳未満の人たちは「家族の持ち家」の居住率が高かったが、65歳以上では「自分の持ち家」が高くなっている。

186 精神障害者本人や家族の高齢化により、8050問題への課題がある。高齢になった親の介護が必要になり、本人が通所していた事業所に来ることができなくなる事態も起こっている。

187 日常生活動作等の状況は、他の障害と比較して日常生活動作（ADL）や意思疎通での一部介助または全部介助の必要性は少なく、手段的日常生活動作（IADL）で65歳未満、65歳以上ともに介助を必要としている割合が高い（生活のしづらさ調査）。

188 日中の過ごし方については、生活のしづらさ調査では全年代ともに「家庭内で過ごしている」が半数近くとなる。また、65歳未満は障害福祉サービス（通所）利用、65歳以上は介護保険サービス利用と続く。利用頻度は週1～2日が多く、短時間の利用である。ここには精神疾患の症状や障害特性である意欲の低下や対人関係の困難さ、**セルフスティグマ**によって社会に出ることへの恐れがあるなど、それぞれの理由がある。

189 **ピアサポート**は、当事者だからこそ理解でき、わかりあえることが特徴である。**ピアサポーター**は、自らの経験をもとに長期入院患者の退院支援から日常生活の相談までさまざまな支えあいを行っている。

◎生活保護

190 被保護者調査（令和4年度確定値）によると、入院・入院外別病類別医療扶助人員のうち精神科病院への入院者は4万303人であり、入院外（在宅者）数は7万838人である。

191 令和4年医療扶助実態統計（令和4年6月審査分）によると、一般診療件数の傷病分類別の構成割合をさらに入院－入院外別にみると、入院では「精神・行動の障害」が37.6％と最も多い。

192 生活のしづらさ調査における生活保護受給者のうち、18歳以上65歳未満は多くなく、家族との同居率に近似していることからも、おおむね一人暮らしをしている精神障害者は生活保護を受給していることが読み取れる。

193 近年、生活扶助等の支給額が基準の見直しにより減額されており、精神障害者は金銭的に余裕がない生活をしている。住む場所についても、住宅扶助の範囲では入居できなかったり、精神障害や生活保護受給者であるという理由で契約を結べないことがある。

◎障害年金

194 年金制度基礎調査（2019（令和元）年）では、「精神障害」という傷病名で、**障害厚生年金**受給者（17万3000人）と**障害基礎年金**受給者（55万2000人）の合計は、72万5000人である。傷病別にみると、「精神障害」は他の傷病より多く、「知的障害（50万1000人）」「脳血管疾患（14万8000人）」と続く。この順番は前回調査と同様である。

195 障害基礎年金では、2級受給者が圧倒的に多い。統合失調症等の発症年齢は10代後半から青年期までが多く、多くの精神障害者が障害基礎年金の対象となる。

196 精神障害者は、精神疾患と精神障害を併せもつ特性から、申請時期や更新時期の病状により、年金の不支給や等級が下がることがある。

197 障害年金の認定は、有効期限の定められていない永久認定と期限が1～5年の有期認定がある。精神障害の場合はほとんどが有期認定であり、病状が固定しにくい特性から認定期間が短くなる傾向がある。

198 障害基礎年金の支給額は全国一律で決まっており、1級：月額8万5000円、2級：6万8000円である（2024（令和6）年度）。

◎特別障害給付金

199 特別障害給付金とは、1991（平成3）年4月の国民年金の法改正まで、国民年金に加入していなくてもよいとされていた学生等の無年金障害者への救済策である。2005（平成17）年に特別障害者給付金という救済策がつくられることとなった。

無年金障害者とは、国民年金制度の発展過程において、国民年金に任意加入していなかったことにより、障害基礎年金を受給することができなかった障害者のこと。学生や被用者の配偶者などが該当する。

◎精神障害者保健福祉手帳

200 **精神障害者保健福祉手帳**は、精神保健福祉法によって定められた社会

保障の制度である。障害年金受給後であれば、医師の診断書がなくても精神障害者保健福祉手帳の申請が可能で、等級も年金と同じになる。

201 障害者の雇用の促進等に関する法律（障害者雇用促進法）に基づく障害者雇用率の算定には、精神障害者保健福祉手帳は必須である。 出23-76

202 令和4年度衛生行政報告例によると、精神障害者保健福祉手帳の保持者数は、134万5468人（精神障害者保健福祉手帳交付台帳登載数（有効期限切れを除く。））で、前年度に比べ8万2008人（6.5％）増加している。

203 厚生労働省の「患者調査」によると、2020（令和2）年の精神障害者数は614万8000人である。年々精神障害者保健福祉手帳を申請する人が増加しているが、患者調査による精神障害者の4分の1しか精神障害者保健福祉手帳を保有していないという事実もある。

204 精神障害者保健福祉手帳には写真添付欄が設けられている。

◎就労

205 就労継続支援Ｂ型事業は、障害者総合支援法における障害福祉サービス事業で実施されており、精神障害者の最も多い通所施設となっている。軽作業を中心としており、2022（令和4）年度の平均工賃月額は、1万7031円である。

206 就労継続支援Ａ型事業は、労働関係法規を適用した働き方を提供することが前提となっているため、「福祉的就労」と「一般就労」が共存している。Ａ型事業所で労働契約を結んでいても、障害福祉サービスの利用者として利用料を支払っている。2022（令和4）年度の平均賃金月額は、8万3551円であり、2015（平成27）年度以降8年連続で増加している。

207 2006（平成18）年に施行された改正障害者雇用促進法で、障害者雇用率制度に精神障害者が算定された。2018（平成30）年の法改正では精神障害者の雇用が義務化し、今後も雇用率の引き上げが予定されている。これらは精神障害者の就労者数の増加につながっている。

208 精神障害者の就労する職種は、精神障害者保健福祉手帳を提示し、通院状況や必要な支援を相談できるようになってきていることから幅が広がっている。一方で離職率の高さが指摘されている。

5 「精神保健福祉士」の資格化の経緯と精神保健福祉の原理と理念

「精神保健福祉士」の資格化に至る経緯

209 戦前の精神科病院におけるソーシャルワーカーの前身は、事務部門における役割と精神医療におけるソーシャルワーク実践が期待されていたと考えられるが、戦前の日本のPSW（psychiatric social worker：精神医学ソーシャルワーカー）は、精神医療の領域における専門性を主張し機能を発揮できるまでには成熟していなかった。

210 日本における精神科ソーシャルワーカーは、1948（昭和23）年に国立国府台病院で院長の村松常雄によって２人の社会事業婦が置かれたのが最初である。

211 1952（昭和27）年に設立された国立精神衛生研究所では、精神科医、心理学者、PSWが共同関与するチーム医療の概念が掲げられ、臨床チームの試みが導入された。

212 村松常雄は、名古屋大学附属病院精神科においてもPSWを常設してチーム医療を実施、1953（昭和28）年には同PSW等による研究会が発足した。その後、各地で研究会が組織された。

213 1959（昭和34）年より国立精神衛生研究所におけるPSWを対象とした社会福祉課程の研修開始や、PSWの集会である**精神病院ソーシャルワーク連絡協議会**の組織化など、職場や都道府県を越えてPSWが連帯し、情報交換や相互研鑽の機会をつくり出していった。

◎日本精神医学ソーシャル・ワーカー協会の設立

214 精神病院ソーシャルワーク連絡協議会は、1963（昭和38）年に全国から76名のPSWが参集し、専門職の全国組織の具体化に向け、1964（昭和39）年に国立精神衛生研究所にPSW推進委員会事務局を設置した。

215 1964（昭和39）年11月、**日本精神医学ソーシャル・ワーカー協会**（現・**公益社団法人日本精神保健福祉士協会**）が設立された。設立目的は、①PSW同士の組織的な情報交換、②関連領域の諸事態に対するPSWの統一見解の表明、③厚生省（現・厚生労働省）に対する責任をもった答申、等の必要性を求める声に応じることであった。

216 専門職団体の課題として、チーム医療におけるPSWの役割を、当時の改正精神衛生法に位置づけることが意識されており、精神医療における他の職種との違いを明らかにするためにも、自己決定の原則など精神医学ソーシャルワークの原理原則を掲げることになった。

217 1982（昭和57）年の第18回日本精神医学ソーシャル・ワーカー協会全国大会（札幌市）で、**「精神障害者の社会的復権と福祉のための専門的・社会的活動」**を精神科ソーシャルワーカーおよび協会活動の基本指針として明文化した**札幌宣言**が採択され、PSWの倫理綱領の制定につながっている。この札幌宣言を達成するためには、国家資格法制定も重要な課題として位置づけられた。

218 日本精神医学ソーシャル・ワーカー協会は、「札幌宣言」の基本方針に基づき、精神障害者福祉論の構築、倫理綱領の制定、業務の構築の三つの課題に着手した。

◎Y問題

219 **改正精神衛生法（1965（昭和40）年）**では、保健所が第一線機関として位置づけられ、**精神衛生相談員**が配置された。精神衛生相談員は、「精神衛生に関する訪問指導、相談業務等に専門的に従事する職員であって精神科ソーシャルワーカーのほか医師、保健婦、看護婦、心理専攻者、社会福祉専攻者等のうちから所定の講習等を経て都道府県知事が任命したもの」（精神衛生審議会中間答申書（1964（昭和39）年7月25日付））とされている。

220 1969（昭和44）年に、家庭内暴力のあったYさんが、両親の**精神衛生相談員**への相談をきっかけに、自身の意向を確認されることがないまま、警察も同行して精神科病院に強制入院させられた。入院時に診察はなく、父親のみの同意により保護室へ入院となった。

221 1973（昭和48）年の第9回日本精神医学ソーシャル・ワーカー協会全国大会（横浜市）で、YさんがPSWに向けて問題提起したことを**Y問題**という。Yさんの問題提起の趣旨は、「私はPSWによって、不当に精神科病院に入院させられた。あなたたちが援助だと思ってやっていることは人権侵害である。二度とこういうことがないよう、現場で働いているPSWに訴える」というものであった。

222 Yさんに対する一連の経緯における保健所の精神衛生相談員（PSW）の対応について法律的な観点から違反とされる行為はなかったが、Yさんに直接会うことなく入院が必要だと判断したことや、強制入院を前提とした警察官への協力依頼などについて、PSWという専門職のあり方が問われることとなった。

223 日本精神医学ソーシャル・ワーカー協会では、Y問題について、患者の人権をめぐる法制度的な問題であるという認識とともに、PSWの専門性や倫理について問い直すべき課題と位置づけた。

224 Y問題を教訓に、本人の立場に立つことこそPSWの基本姿勢や理念であるとした。これは、対象となる人とともに歩む関係の重要性を認識するところから専門性を捉える発想に基づいている。この理念には人権尊重の視点が含まれている。

225 PSWが無資格でありながら専門職の仲間入りをするためには、医師や看護師など他の国家資格の医療専門職とは異なるソーシャルワーカーとしての専門性を発揮できることが必要であったが、当時の日本の精神医療の領域において、社会福祉学を基盤としてソーシャルワークを実践することは容易なことではなかった。

226 精神衛生法における入院制度は現在とは異なり、任意入院制度はなく、家族等の同意による入院（同意入院）と都道府県知事命令による強制入院（措置入院）が大半を占めていた。PSWは、患者自身の声を拾い上げる仕組みがない状況において、Y問題からの教訓のもと患者の**自己決定を尊重**し、ともに歩む関係性の実践を原理に据えようとしていた。

227 日本精神医学ソーシャル・ワーカー協会は、1981（昭和56）年の全国大会のテーマに「PSW業務論とは何か――業務を通してかかわりの視点を明らかにする」を掲げた。同年、Y問題の教訓化を基盤にし、またPSWが本来あるべきソーシャルワーカーとしての働きを確実に行えるようにするため、全国組織としての課題を５点にまとめている（図表14参照）。

図表14 日本精神医学ソーシャル・ワーカー協会：全国組織としての課題

①精神障害のある人々の立場を理解し、その主張を尊重するという本人の立場に立った日常実践を進化させ確立すること
②精神障害者を取り巻く状況分析を通した日常実践をすること
③PSWとクライエントとの関係性はどうあるべきかを明確にし、PSWの倫理綱領と、PSWを規定する枠組みを確立すること
④福祉労働者としてのPSWは、二重拘束性を有するなかで、クライエントとともにあろうとすること
⑤これらの実践や活動の背景となるPSWの専門性を追求し、その確立を図る制度上の課題に取り組むこと

◎国家資格化までの経緯

228 1965（昭和40）年の精神衛生法改正に向けた議論において、「最近における精神医学の進歩に応じて、心理専攻者、精神科ソーシャルワーカー、作業療法士等専門職種の医療チームへの参加が必要であるが、身分資格の確

立を図るとともに、その他の職員も含めて養成訓練について対策を講ずる必要がある」（精神衛生審議会中間答申書（1964（昭和39）年7月25日付））と記され、身分資格の確立と専門教育の必要性は当時すでに認識されていた。

229 1987（昭和62）年に社会福祉士及び介護福祉士法が成立し、社会福祉士が制度化された。当時の国の考え方は、「社会福祉士や介護福祉士は福祉の分野で在宅や社会福祉施設にいる障害者等を対象とし、PSWなどの医療ソーシャルワーカーが対象としているのは、病院にいる傷病者や病人であり医療の一環として業務をしているから別の資格で対応するべき」というものであった。

230 1980年代、精神障害者の社会復帰は進んでおらず、地域で生活し福祉の対象となる者は少なかった。多くのPSWは精神科病院で働いていたため、福祉施設や在宅を対象とする社会福祉士という国家資格には含まれない職種として置き去りにされた。

231 1984（昭和59）年に発覚した宇都宮病院事件は、日本の精神障害者に対する人権および治療に関して諸外国から批判された。日本精神医学ソーシャル・ワーカー協会では声明を出すとともに、調査団来日に際して関係団体とともに調査に参加し、1986（昭和61）年に「精神衛生法改正に伴うPSW配置に関する要望について」を当時の厚生省に提出している。

232 精神衛生法を抜本的に改正し、1987（昭和62）年に成立した**精神保健法**では、保健所に**精神保健相談員**（精神衛生相談員を改称）を「置くことができる」という規定への改正にとどまった。

233 精神障害者の人権に配慮した適正な医療および保護の確保と、精神障害者の社会復帰の促進が目的に掲げられた精神保健法により、精神科病院において業務の中心的な担い手であるPSWの国家資格化は当然のことと期待されたが、衆参両院の附帯決議にとどまり資格法の成立には至らなかった。

234 1993（平成5）年の精神保健法改正にあたり、改めて衆参両院において、PSW国家資格制度の創設が附帯決議され、精神障害者の社会復帰を促進する担い手の必要性が強調された。同年10月に日本精神医学ソーシャル・ワーカー協会は、「精神科ソーシャルワーカーの国家資格化早期実現の要望書」を厚生大臣（当時）に提出している。

235 1993（平成5）年12月に障害者基本法が成立し、精神障害者が「障害者」の定義に明記された。1995（平成7）年に精神保健法が再び改正され、精神障害者に対する福祉法である**精神保健及び精神障害者福祉に関する法律**（**精神保健福祉法**）が成立し、精神保健と精神医療に加えて精神障害者福祉

が同じ法に規定された。

236 日本精神病院協会は、1995（平成7）年日本精神科病院協会総合調査結果として「PSWが多い病院ほど患者の在院日数は短い傾向にある」と報告し、PSWの国家資格創設の後押しが表明された。全国精神障害者家族会連合会（当時）も、他の障害と同等の地域生活支援のための専門職を求めていた。

全家連解散後、新たな全国組織として、2007（平成19）年5月に「全国精神保健福祉会連合会（みんなねっと）」が結成された。

受験対策アドバイス

◆社会福祉の職能団体の設立年や国家資格が制度化された年を正確に覚えておきましょう。

237 1997（平成9）年、**精神保健福祉士法**が成立した。この法において、精神保健福祉士は精神障害者の社会復帰促進の主な担い手である国家資格専門職として位置づけられた。

238 日本精神保健福祉士協会（Japanese Association of Mental Health Social Workers : JAMHSW）は、精神保健福祉士の全国的な職能団体としての組織である。1964(昭和39)年に設立された「日本精神医学ソーシャル・ワーカー協会」が、1997（平成9）年に精神保健福祉士法が制定された後、1999（平成11）年に「日本精神保健福祉士協会」として名称を変更した。

原理・価値

◎社会的復権と権利擁護

239 **社会的復権**とは、一般的な意味では、社会状況において権利が制限あるいは侵害されている状態から本来的に付与されているはずのものを取り戻していく過程と捉えられる。

240 精神保健福祉士による実践の価値・理念が示されている精神保健福祉士の倫理綱領（公益社団法人日本精神保健福祉士協会）の前文では、「クライエントの**社会的復権・権利擁護**と福祉のための専門的・社会的活動を行う専門職」として精神保健福祉士を位置づけている。

241 **社会的復権**が実践の価値・理念として最初に位置づけられたのは1982（昭和57）年の札幌宣言である。「Y問題」を経て、自らの実践を振り返るなかで、精神障害者の社会的復権の樹立を労働実践の終局目標（＝職業的価値）に掲げた。

242 権利擁護が実践の価値・原理として掲げられることになるのは、2000（平成12）年に向けて進められてきた社会福祉基礎構造改革が大きく影響している。当事者が措置の対象から契約を結ぶサービス利用者へと転換されることにより、契約能力が不十分もしくはないと考えられる人たちの権

利を守るとされる仕組みが導入された。

243 障害者が福祉サービスを消費する者として位置づけられるようになり、当事者の自己実現と利益（権利）を守るための支援という難しい課題が生まれた。このことから、権利擁護を再認識するとともに、その具体的実践を検証し続ける姿勢が問われることになった。

244 国際ソーシャルワーク連盟（IFSW）のソーシャルワークの定義が2000年に採択され、「**人権**と**社会正義**の原理は、ソーシャルワークの拠り所とする基盤である」と明記された。人権擁護がソーシャルワークの根底にあたるものであるとの考えが定着していく時期であったといえる。

◎自己決定

245 **自己決定**とは、個人や集団、あるいは自治会や行政区単位の地域住民が自ら抱えている問題やニーズを認識し、その解決あるいは目標達成に向けて、自らがなすべきことや方法も含めて、自分で考え判断し、自己責任で選択し、決定していくことである。

246 精神保健福祉士による実践では、自己決定できるように支援し、自己決定されたことを尊重することが基本である。自己決定できる環境にない場合や自己決定が尊重されずに他者が決定するような状況に置かれたときにどのように対応すべきかを検討する。

247 ケースワークにおける自己決定の原則は、**バイステック**（Biestek, F. P.）が1957年に著した『The Casework Relationship』によると、アメリカでは社会福祉の実践方法が体系化された1920年代からすでに議論されており、1940年頃には広く認められるようになった。

248 バイステックは、自己決定というクライエントの権利は、クライエントの積極的かつ建設的決定を行う能力の程度によって、また市民法・道徳法によって、さらに社会福祉機関の機能によって、**制限**を加えられることがあるとしている。

249 精神保健福祉領域で、自己決定がPSWの実践の価値・理念として明確に位置づけられるのは、1988（昭和63）年の倫理綱領の制定である。現在の**「精神保健福祉士の倫理綱領」**では、クライエントに対する責務の２番目に自己決定の尊重が示されている。

250 精神保健福祉士の倫理綱領の「倫理原則」では、「精神保健福祉士はクライエントの自己決定を尊重し、その自己実現に向けて援助する」とある。

◎当事者主体

251 精神保健福祉士による実践の価値・理念としての**当事者主体**とは、精神障害のある者が保護あるいはケアされる人として諸サービスの対象者としての位置づけから、サービスを主体的に利用する利用者であり、生きていくことの主人公は自分自身であり、自分のことは自分で決めるということを実現していくことである。

252 当事者主体の考え方は、自己決定の尊重として理念化されてきた。自己決定の尊重なしには当事者主体はあり得ないものであり、自己決定の尊重を貫くことが、当事者主体を実現していくことになる。

◎社会正義

出 25-24 253 国際ソーシャルワーカー連盟・国際ソーシャルワーク学校連盟総会採択の「ソーシャルワーク専門職のグローバル定義」(2014年)とその注釈のなかで、社会正義はソーシャルワークの中核をなす一つとされており、不正義にあたるものとして、「不平等・差別・搾取・抑圧」「周縁化・社会的排除・抑圧」「拷問や恣意的拘束」といったものを示している。

254 社会福祉専門職団体協議会が各団体に共通する倫理綱領として2005(平成17)年に制定した「ソーシャルワーカーの倫理綱領」において社会正義に関する部分をみると、まず不正義にあたるものを示し、それらがない社会を創造していくことをソーシャルワーカーの原理、倫理基準としている。不正義にあたるものは、「差別、貧困、抑圧、排除、無関心、暴力、環境破壊など」としたうえで、それらのない「自由、平等、共生に基づく社会正義の実現」や「包摂的な社会」を目指すよう努めるとしている。

◎ごく当たり前の生活

255 精神保健福祉分野で**「ごく当たり前の生活」**という言葉を実践の目標として掲げたのは、やどかりの里(埼玉県)を創設した谷中輝雄といわれている。

256 「ごく当たり前の生活」とは、症状のある人・障害のある人を病者・障害者としてではなく、生活者として捉える視点であり、単に人並みの生活をするということではなく、その人らしい生活であることが含まれている。

257 「ごく当たり前の生活」の「ごく」について、谷中は「その人なりの」とか、「その人らしい」とかいった意味が込められているとした。「その人なりの」は、その人なりの姿をありのままに認め、受け入れ、ともに生活していく、といった意味があり、「その人らしく」は、その人の独自な生き方を認め、受け入れ、ともに生活していく、といったことをいうとした。

観点・視点

◎人と環境の相互作用

258 ジャーメイン（Germain, C. B.）は、生活モデル（Life Model）を提唱し「クライエントが直面する『ニーズ』や『問題』は『生活』のなかで捉えられ、概念化される。すなわち『人間』と『環境』の間の交互作用の結果である」とした。

259 ジャーメインは、生活上の困難をストレスと呼び、「生活上の変化」「衝撃的な生活上の出来事」「環境の圧力」が相互に交互に影響し合うことによって生じるとした。ソーシャルワーカーは、ストレス状態にあるクライエントと環境の関係のあり方に焦点を当て、両者の良好な適合状態を目指して専門的介入を行う。

260 生活モデルでは、クライエントは環境から影響を受けるものの、同時に、環境に適合しながら変化するとし、自らの環境を形成していくと捉えている。

261 アセスメントにおいて、クライエント個人とその個人の社会的・物理的環境の情報を収集しながら、クライエントが抱えている生活上の困難について、人と環境の相互作用の不適応や摩擦について分析する。人と環境・人と状況の全体関連性を俯瞰するツールとして「エコマップ」がハートマン（Hartman, A.）によって開発されている。

◎生活者

262 精神障害者は、本人の意によらない入院や閉鎖病棟における閉鎖処遇などにより、生きる意欲を奪われていく状況が少なくなかったことから、精神障害者とのかかわりにおいて、本人が一人の人間としてもつ尊厳や権利を取り戻し、ごく当たり前の生活を実現するには、「病者」ではなく「生活者」の視点が不可欠であった。

263 岡村重夫は、個人が社会生活の基本的欲求を充足するために、社会制度との間に取り結ぶ関係を「社会関係」と定義し、生活主体者である個人と社会制度の間の社会関係は、各制度が利用者個人に向かって要求する「役割期待」と、各制度が求める役割を統合調和させながら実行していく「役割実行」によって構成されると述べた。

264 精神障害者は、「疾病と障害が共存する」という障害特性があるものの、それらはその人の一部分であり、他にも本人らしさを表す性質や得意分野・関心事などのストレングスも併せもっている。精神保健福祉士は、本人と社会との関係のなかで、本人を一人の生活者として捉える視点をもつことが求

められる。

265 谷中輝雄は、1970年代に生活者の視点に基づく生活支援活動の実践を提唱している（図表15参照）。

図表15 生活者の視点を活用した実践

①精神障害のある本人を自身の生活や人生の主体者であると捉える
②そのかかわりにおいて、ソーシャルワーカーはともに歩む支え手としての関係性を形成し、本人の自己決定を尊重しながら本人の主体性を促す
③本人の生活上の困難を「生活のしづらさ」と捉え、その環境を整えることに重点を置く
④同様の病いの経験をもつ者同士の支え合いを重視し、自分のできることを認識するよう側面的に支援する
⑤地域に憩いの場と相談、仲間づくりと仲間の活動の支援、危機介入の機能をもつ拠点づくりをする

◎エンパワメント

266 エンパワメント理論が生成された背景には、1950年代のアメリカで始まった黒人の人種差別に対する解放運動や憲法にある人権保障を求める公民権運動、貧困地区の住民の生活向上を目指したセツルメント運動などがある。

267 **エンパワメント**は、抑圧された人々同士のまたはソーシャルワーカーとの対話と学習を媒介にして、抑圧的な状況を客観的に批判し、それを主体的に変革していくことを目指す概念である。

268 エンパワメントの「パワー」とは、人と環境の相互作用の過程で生じる関係性のなかで規定される概念であり、個人的、対人的、社会的、政治的レベルで機能する複合的概念である。

出 26-22

269 **ソロモン**（Solomon, B. B.）はエンパワメントについて、「スティグマ化された集団あるいはその集団の構成員が受けた否定的評価によってもたらされるパワーレスな状態の低減を目指して、クライエントもしくはクライエント・システムに対応する一連の諸活動にソーシャルワーカーが取り組む過程である」と定義し、黒人におけるソーシャルワークの理念として概念化した。

270 エンパワメントは、スティグマを受けた人を対象としており、ソーシャルワーカーは集団の**ストレングス**である構成員同士の相互支援（セルフヘルプグループ）や地域にあるネットワークを支援に活用する。

271 社会環境の改善や改革に向けてクライエント個人や集団が活動する

際、ソーシャルワーカーのもつ権限や社会資源を活用しようと思えるように、クライエントとパートナーシップを形成する。

272 1980年代以降、障害者、高齢者、子ども、女性など「社会的弱者」といわれる人々を対象として、エンパワメントはソーシャルワークの理論の一つとして体系化された。

273 2000年に国際ソーシャルワーカー連盟が採択した**「ソーシャルワークの定義」**に「エンパワメント」が明文化されたことにより、ソーシャルワークの理念であり、実践の目標概念として位置づけられるようになった。

◎ストレングス

274 ストレングスとは、個人がもっている属性、才能・技能、関心・願望、環境、個人またはグループなどに備わっている力である。

受験対策アドバイス

◆エンパワメント実践の過程において「ストレングス」や「リカバリー」は重要なキーワードです。併せて理解しておきましょう。

275 精神障害者はストレングスをもちながらも見出すことができず、強さを発揮できずにいることが多い。

◎リカバリー

276 1980年代、多くの精神障害のある当事者がライフヒストリーを語り始めた。当事者たちは精神病からの回復ではなく、一人の人間としての回復を願った。その願いは、政策転換を目指す**リカバリー運動**（recovery movement）に発展し、1990年代以降「リカバリー」という当事者の視点に基づく地域精神保健福祉改革が行われるようになった。

277 **「リカバリー」**における「回復」は、元の状態に戻るのではなく、一人の人間としての尊厳を獲得していく過程や状態を指す。 出 24-46

278 **アンソニー**（Anthony, W. A.）は、「リカバリーは、きわめて個人的なものであり、自分の態度、価値観、感じ方、目標、技能、役割を変化させる独自の過程である。たとえ病気による限界があっても満足し、希望のある、貢献できる生活の仕方である」と定義した。

279 精神障害当事者であり心理学博士である**ディーガン**（Deegan, P. E.）は、「リカバリーは、一つの過程、生活の仕方、姿勢、日々の課題への取り組み方である。それは完全な直線的過程ではない。〔中略〕求められることは課題に立ち向かうことであり、障害がもたらす制限の中であるいはそれを超えて、人生の新たな意味と目的を再構築することである」と定義した。

◎レジリエンス

280 **レジリエンス**は、病気やストレスなどからの回復力、復元力などと訳 出 22-26

出26-38

されている。このような力がもともと個々人に備わっているとされており、リカバリーの土台ともいわれる。

◎アンチスティグマ

281 **アンチスティグマ**とは、スティグマと、反対を意味する「アンチ(anti)」が結合された造語であり、差別や偏見をなくす取り組みである。精神保健福祉領域のアンチスティグマ活動は、精神疾患、病者、医療機関や治療などに対する固定的なイメージや考えを適切な意識や態度に変容することを目的とした活動である。

関係性

◎援助関係

282 精神保健福祉士は、クライエントとの間に良好な関係づくりを意識的に行うことが求められる。両者の間の態度と情緒によって形成される関係性は**援助関係**と呼ばれ、契約に基づく意図的な関係であることから**専門的援助関係**と称されることもある。

283 精神保健福祉士による援助には、クライエントと呼ばれる「人」と、援助者と呼ばれる「人」との、人と人の信頼関係が基盤にあり、その関係性が援助者とクライエントの**援助関係の質**に、そして精神保健福祉士による援助の質に影響する点に特徴がある。

284 **バイステック**(Biestek, F. P.)は、援助関係における態度と情緒による力動的な相互作用をもとに援助者がクライエントと良好な援助関係を形成する**七つの原則**を編み出した。これらの原則は、個々に独立して存在するものではなく、互いに影響しあいながら援助関係に影響を与え、援助の質を決定する要因となる(図表16参照)。

図表16 バイステックの7原則

①個別化(クライエントを個人として捉える)
②意図的な感情表出(クライエントの感情表出を大切にする)
③統制された情緒的関与(援助者は自身の感情を自覚し吟味しながらかかわる)
④受容(受けとめる)
⑤非審判的態度(クライエントを一方的に非難しない)
⑥クライエントの自己決定(クライエントの自己決定を促して尊重する)
⑦秘密保持(秘密を保持して信頼感を醸成する)

285 **相互的関係**では、クライエントは生活上の困難を自らの力で解決できる主体として捉え、問題解決にあたってはクライエントの自己決定に基づく解決が重視される。日々のやりとりでは、相互的関係を用いて解決することが多い。

286 **循環的関係性**とは、ソーシャルワーカーがクライエントの立場に立ち、自らの言動がどのように捉えられているのかを認識するとともに、クライエントの言動がどのような思いからなされるのかを理解するよう努める関係性である。

287 「間主観」の「間」とは、「二人」や「共同」を意味し、相互主観性、共同主観性ともいわれる。「間主観」におけるクライエントと援助者の関係性は、「クライエント」という主体と、「援助者」という主体が互いの価値観を認めあう相互主体性に基づく関係性を表している。

288 クライエントとソーシャルワーカーのパートナーシップに基づく関係性では、社会環境を変えるという点で両者は対等であり、「援助する側－援助される側」の二者関係ではなく、外に開かれた関係性である点に特徴がある。

289 抑圧的な社会環境を対象として、精神障害者自身がその社会環境の改善や変革ができるように、ソーシャルワーカーは、①クライエント本人、②社会の偏見や差別を経験した集団、③その集団と相互作用のある抑圧的な社会環境、④社会システムの構造を規定する政治社会など、四つの次元に働きかける。

◎協働関係

290 **協働関係**（collaborative relationship）における関係性は、クライエントの主観に価値を置き、クライエントのものの見方や考え方が重視される。リカバリーの視点やアンチスティグマの視点に基づく実践でみられることが多い。

291 クライエントとソーシャルワーカーの関係性は、共感、相互理解、およびユニークな人として互いに認めあうことに基づいている。

292 協働関係は、「クライエントこそ専門家である」というフレーズに代表される関係性である。クライエントが語る自己物語は、過去の出来事のなかから本人が選択した出来事と出来事を結びつけて、「過去－現在－未来」の時系列の形式をとる。ソーシャルワーカーの客観性を重視したアセスメントでは得られない事実も確認できる。

293 協働関係における関係性において、ソーシャルワーカーは「無知の姿勢（not-knowing）」でクライエントの語りを聞くことで、今まで当たり前だと思っていた観念や慣行を見直す機会を得るとともに、自らの援助のあり方を問い直すことができるようになる。

294 協働関係における関係性において、ソーシャルワーカーは、ピアサポーターと協働しながら、組織の職業倫理の点検や、ピアサポーターの有用性の社会的発信、リカバリー志向の社会資源の創出を行う。このような協働関係は、パートナーシップの特性と重なる。

295 「コ・プロダクション（co-production）」は、共同創造と訳され、病の経験によって得られた知恵をもつ当事者と、専門的な科学的知識をもつ専門職が互いにもち味を活かしあう協働関係によって、ともに学び合う場を創造することである。

◎加害者性

296 パターナリズムは、「父権主義」を原義とし、強い立場にある者が弱い立場にある者の最善の利益や保護を理由に、その者の自律性を制限したり干渉したりする考え方である。

297 クライエントの利益を最大限に実現することを目指して、援助者は専門的知見からクライエントの生活課題を定義し、その解消や解決方法を図る役割がある。そのため、双方の援助関係において援助者のパターナリズムが生じやすい。

受験対策アドバイス

◆ソーシャルワークの援助関係にはさまざまな種類があります。具体的な援助場面をイメージしながら理解することで、事例問題にも対応できるでしょう。

298 ソーシャルワーカーは自らがもつ**加害者性**を常に意識し、クライエントの自己決定を尊重しながら、援助内容の根拠について責任をもって説明するとともに、法制度に規定される援助者の役割を点検する必要がある。

299 一方的な援助関係とは、ソーシャルワーカーの専門的知識に基づく客観的判断がクライエントの主観的判断よりも優先されることが多い関係性である。このような行為は、クライエントの最善の利益や保護を目的とする場合に限定される。ソーシャルワーカーは、自らの裁量権がもつ加害性を意識しながら、クライエントに自己決定権を保障できる関係づくりを行う必要がある。

6 「精神保健福祉士」の機能と役割

精神保健福祉士法

300 精神保健福祉士法の目的は、「精神保健福祉士の資格を定めて、その業務の適正を図り、もって精神保健の向上及び精神障害者の福祉の増進に寄与することを目的とする」とされている（法第1条）。

301 精神保健福祉士とは、「登録を受け、精神保健福祉士の名称を用いて、精神障害者の保健及び福祉に関する専門的知識及び技術をもって、精神科病院その他の医療施設において精神障害の医療を受け、若しくは精神障害者の社会復帰の促進を図ることを目的とする施設を利用している者の地域相談支援の利用に関する相談その他の社会復帰に関する相談又は精神障害者及び精神保健に関する課題を抱える者の精神保健に関する相談に応じ、助言、指導、日常生活への適応のために必要な訓練その他の援助を行うことを業とする者」と定義されている（法第2条）（____は2024（令和6）年4月施行）。

出 26-37

受験対策アドバイス

◆2022（令和4）年の改正により、精神保健福祉士法の一部改正（第2条（定義））だけでなく、精神保健福祉法、障害者総合支援法、障害者雇用促進法なども一部改正されています。どれも重要な改正です。併せて確認しておきましょう。

302 法第2条は、前回の2010（平成22）年の改正を経て、2022（令和4）年に新たに改正された（2024（令和6）年4月施行）。これは自殺、ひきこもり、虐待など、メンタルヘルスの課題が複雑多様化し、対応に困難を抱えている事例が多くみられ、分野を超えて顕在化していることに関連している。

303 精神保健福祉士になるためには、精神保健福祉士法第7条に規定する受験資格を得て、国家試験に合格し、厚生労働省に備える精神保健福祉士登録簿への登録が必要である（法第28条）。

304 **誠実義務**について、「精神保健福祉士は、その担当する者が個人の尊厳を保持し、自立した生活を営むことができるよう、常にその者の立場に立って、誠実にその業務を行わなければならない」とされている（法第38条の2）。なお、「誠実義務」は精神保健福祉士法の2010（平成22）年の改正時に追加された。

出 25-21

305 **信用失墜行為の禁止**について、「精神保健福祉士は、精神保健福祉士の信用を傷つけるような行為をしてはならない」という義務がある（法第39条）。

306 **秘密保持義務**について、「精神保健福祉士は正当な理由がなく、その

業務に関して知り得た人の秘密を漏らしてはならない。精神保健福祉士でなくなった後においても、同様とする」とされている（法第40条）。なお、秘密保持義務に違反した場合は1年以下の懲役、または30万円以下の罰金および登録の取消し、または期間を定めて精神保健福祉士の名称の使用停止が命ぜられる（法第44条）。

307 **連携**について、「精神保健福祉士は、業務を行うにあたり、保健医療サービス、障害福祉サービス、地域相談支援に関するサービス等が緊密な連携の下で総合的かつ適切に提供されるよう、関係者等との連携を保たなければならない」とし、「精神障害者に主治医があるときは、その指導を受けなければならない」とされている（法第41条）。

308 主治医の指示と指導の違いについては、指示に比べ指導は拘束力が弱いとされている。医師の指導を受けた者は、これを尊重する義務を負うが、これは指示の場合の絶対的な拘束性を課したものとは違い、指導を受けた者にその採否の選択を許すものと解されている。

309 精神保健福祉士でない者は精神保健福祉士という名称を使用してはならない（**名称**独占資格、法第42条）。**名称**独占資格とは、一定の専門職にかかわる有資格者だけがその名称を名乗れる資格をいう。

出25-21

310 「精神保健福祉士は、精神保健及び精神障害者の福祉を取り巻く環境の変化による業務の内容の変化に適応するため、相談援助に関する知識及び技能の向上に努めなければならない」という資格取得後の**資質向上の責務**（法第41条の2）が課せられている。なお、「資質向上の責務」は精神保健福祉士法の2010（平成22）年の改正時に追加された。

311 精神保健福祉士が資質向上の責務を担い、日々多様化するニーズに応えていくためにも、職場内でのスーパービジョンや他職種間のコンサルテーションやケアカンファレンス等のOJT（職場内研修）の機会を活用し、自らを研鑽しなければならない。昨今は、新人精神保健福祉士の教育や継続（ラダー）教育も蓄積され始めている。

312 日本精神保健福祉士協会では、現任の精神保健福祉士のための生涯研修制度を設けており、協会独自に認定される「認定精神保健福祉士」を輩出している。また認定スーパーバイザー養成研修、認定成年後見人養成研修など、さまざまなOFF-JT（職場外研修）を主催することで、資質向上の責務に応えている。

◎社会福祉士及び介護福祉士法

出25-22

313 社会福祉士は、社会福祉士及び介護福祉士法により、1987（昭和

62）年に成立した。精神保健福祉士の対象は医療・保健・福祉サービスを利用している者や精神保健に課題を抱える者であり、「社会復帰」や「精神保健」に関する相談援助を目的としたソーシャルワークや社会リハビリテーションを担うが、社会福祉士は対象となる者の「福祉に関する相談援助」にかかわるソーシャルワーク展開が中心である。

314 社会福祉士とは、「登録を受け、社会福祉士の名称を用いて、専門的知識及び技術をもって、身体上若しくは精神上の障害があること又は環境上の理由により日常生活を営むのに支障がある者の福祉に関する相談に応じ、助言、指導、福祉サービスを提供する者又は医師その他の保健医療サービスを提供する者その他の関係者（福祉サービス関係者等）との連絡及び調整その他の援助を行うこと（相談援助）を業とする者をいう」と定義されている**（社会福祉士及び介護福祉士法第２条第１項）**。

出 26-21

精神保健福祉士の職業倫理

315 1988（昭和63）年に最初の倫理綱領「精神科ソーシャルワーカー倫理綱領」が採択された。その後、複数回の改訂を経て、現在の精神保健福祉士の倫理綱領（2013（平成25）年4月21日採択/2018（平成30）年6月17日改訂）となっている。

受験対策アドバイス
◆ソーシャルワークの定義（ソーシャルワーク専門職のグローバル定義）、倫理綱領（ソーシャルワーカーの倫理綱領・精神保健福祉士の倫理綱領）、業務指針（精神保健福祉士業務指針）については、関連づけて整理してみましょう。

316 倫理綱領とは専門職が遵守すべき理念・価値を文章化したものである。精神保健福祉士の場合は日本精神保健福祉士協会により「精神保健福祉士の倫理綱領」が制定されている。倫理綱領は、前文、目的、倫理原則、倫理基準から構成されている**（363頁参照）**。

317 精神保健福祉士の倫理綱領の前文では、「われわれ精神保健福祉士は、個人としての尊厳を尊び、人と環境の関係を捉える視点を持ち、共生社会の実現をめざし、社会福祉学を基盤とする精神保健福祉士の価値・理論・実践をもって精神保健福祉の向上に努めるとともに、クライエントの社会的復権・権利擁護と福祉のための専門的・社会的活動を行う専門職としての資質の向上に努め、誠実に倫理綱領に基づく責務を担う」と記されている。

318 精神保健福祉士の倫理綱領では目的として、①精神保健福祉士の専門職としての価値を示す、②専門職としての価値に基づき実践する、③クライエントおよび社会から信頼を得る、④精神保健福祉士としての価値、倫理原則、倫理基準を遵守する、⑤他の専門職や全てのソーシャルワーカーと連携する、⑥すべての人が個人として尊重され、共に生きる社会の実現をめざす、といった6項目が示されている。

319 倫理原則と倫理基準には、各々に①クライエントに対する責務、②専

門職としての責務、③機関に対する責務、④社会に対する責務の四つの責務が示されている。

320 精神保健福祉士の秘密保持は、精神保健福祉士の倫理綱領にも示されている。倫理基準では、複数の機関による支援やケースカンファレンス等を行う場合には、本人の了承を得て行い、個人情報の提供は必要最小限にとどめ、また、その秘密保持に関しては、細心の注意を払い、クライエントに関係する人々の個人情報に関しても同様の配慮を行うこととされている。

321 倫理的ジレンマとは、ソーシャルワークの実践において、相反する複数の倫理的根拠や実践価値の存在のなかで、それらが対立する場合に起こるソーシャルワーカーの葛藤をいう。ソーシャルワーカーは倫理的ジレンマが生じる事象について、さまざまな角度から複合的に理解したうえで考え行動することが求められる。

322 リーマー（Reamer, F. G.）は、ソーシャルワーカーが出会う倫理上のジレンマについて、二つのグループに分類している。①クライエント個人、家族、小集団との援助活動（直接的実践）を含む倫理上のジレンマ、②コミュニティオーガニゼーション、社会政策やプランニング、アドミニストレーション、リサーチ、評価などの（間接的実践）活動を含む倫理上のジレンマである。

受験対策アドバイス

◆精神保健福祉士の倫理綱領は、精神保健福祉士がクライエントや組織・社会との関係のなかで大切に育んできた価値を表したものです。特に「前文」は、言葉の一つひとつをしっかり理解する必要があります。出題されることが多い項目なので、繰り返し目を通しておきましょう。

323 精神保健福祉士の不安やとまどい、ジレンマを共有し、課題解決に寄与しようとするのが専門職団体である。倫理綱領はもとより、①日本精神保健福祉士協会の生涯研修制度による認定精神保健福祉士制度、②認定社会福祉士認証・認定機構による認定社会福祉士制度などがある。

精神保健福祉士の業務特性

324 精神保健福祉士の業務は、「精神保健福祉士の価値・理念を具現化する行為」といえる。1989（平成元）年に「精神科ソーシャルワーカー業務指針」が採択された。

325 精神保健福祉士の業務特性は、図表17のように示すことができる。精神保健福祉士の業務をただ受動的にこなすだけでは、精神保健福祉士の業務とはいえない。そこから精神保健福祉士の価値・理念・視点に基づく状況分析を行い、ソーシャルワークを展開することが求められている。

326 精神保健福祉士は、人と環境の相互作用の視点から包括的なアプローチを行う。精神保健福祉士の業務は、ミクロレベル・メゾレベル・マクロレベルそれぞれの現象を包括的に捉え、レベル間の連続性のなかで展開するところに特性がある。

図表17 精神保健福祉士の業務特性①

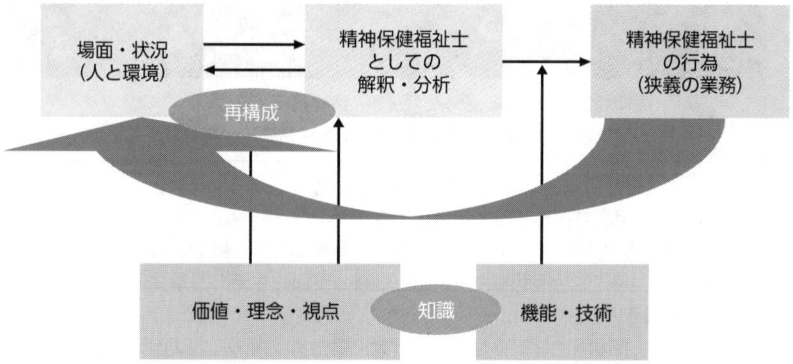

出典：日本精神保健福祉士協会「精神保健福祉士業務指針」委員会編著『精神保健福祉士業務指針 第３版』日本精神保健福祉士協会、p.19、2020.

327 精神保健福祉士の業務は、ソーシャルワークの視点に立ち、専門的知識や技術を活用する一連の行為であり、ミクロ・メゾ・マクロの連続性を踏まえて展開する。図表18が示すように「価値・理念・視点・機能・技術・知識」それぞれをつなぐ縦軸と、「ミクロ・メゾ・マクロ」をつなぐ横軸とが交差するところに現れるものと位置づけることができる。

受験対策アドバイス

◆精神保健福祉士は、相互関連性を探りながら包括的に状況を捉える必要があります。ソーシャルワークの支援をミクロ（micro）・メゾ（mezzo）・マクロ（macro）レベルで整理することができます。ミクロ・メゾ・マクロレベルに含まれる要素を整理し、事例問題を通して具体的に考えてみるとよいでしょう。

図表18 精神保健福祉士の業務特性②

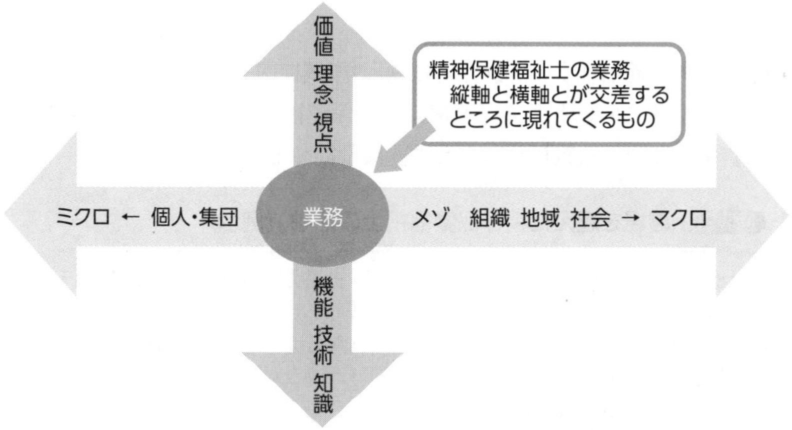

出典：日本精神保健福祉士協会「精神保健福祉士業務指針」委員会編著『精神保健福祉士業務指針 第３版』日本精神保健福祉士協会、p.20、2020.

精神保健福祉士の職場・職域

328 精神保健福祉士の職場には、さまざまな領域がある。一つの職域にはいくつもの職場（機関）があり、職場（所属機関）によっては、精神保健福祉士の職務内容も環境も異なる**（図表19参照）**。 出 24-45

図表19 精神保健福祉士の職域と主な職場

職域（分野）	主な職場
医療	精神科病院（病棟、外来、訪問、精神科デイ・ケア　など） 一般病院（精神科）、認知症疾患医療センター、診療所　など
福祉	【障害者総合支援法における事業所等】 相談支援事業所、地域活動支援センター 就労移行支援事業所、就労継続支援事業所、就労定着支援事業所 共同生活援助事業所、自立訓練事業所、生活介護事業所　など 【その他】 発達障害者支援センター（発達障害者支援法）、救護施設（生活保護法）、障害児・障害者関連福祉施設、高齢者福祉施設、社会福祉協議会　など
行政	精神保健福祉センター、保健所、市町村
司法	保護観察所、更生保護施設、地域生活定着支援センター　など
教育	学校、教育委員会、大学等学生相談室　など
雇用産業	ハローワーク、障害者職業センター、障害者就業・生活支援センター EAP機関　など

出典：厚生労働省「精神保健福祉士の配置状況」（厚生労働省精神保健福祉士の養成の在り方等に関する検討会「精神保健福祉士資格取得後の継続教育や人材育成の在り方について」2020年3月6日より）および日本精神保健福祉士協会「勤務先種別構成員数（2020年2月21日現在）」を参考に作成

329 精神保健福祉士の活動の場は職場（所属機関）だけではない。支援ネットワーク形成に向けた多職種連携、精神保健福祉の向上のための普及啓発、社会資源の開発、政策提言なども重要な役割である（図表20参照）。

図表20 職場を超えた精神保健福祉士の活動（例示）

- 地域における協議会※（自立支援協議会等）への参画
- 地域移行支援・地域定着支援にかかわる協議・活動
- 障害支援区分の審査判定会等への参画
- 障害福祉計画策定等への参画
- 精神医療審査会への参画
- 精神保健福祉審議会への参画
- 成年後見制度に関する活動
- 精神保健参与員としての活動
- 地域連携・ネットワークにかかわる協議・活動
- 他法人等の運営および外部評価にかかわる活動
- 職能団体の運営・研修等における活動
- 地域の人材育成・研修にかかわる協議・活動
- 当事者活動、家族会などの運営協力
- ボランティアにかかわる協議・活動
- 災害支援・被災者支援にかかわる活動
- 精神保健福祉にかかわる調査研究への参画
- 精神保健福祉に関する普及啓発
- 政策提言に関する会議・活動

※　障害者総合支援法（第89条の3）に規定された協議会。福祉、医療、教育、雇用の関係者、障害者および家族、その他の多様な人々により構成され、地域における障害者等の支援体制に関する課題を共有し、その改善に向けた協議を行う。

精神保健福祉士の業務内容と業務指針

330 日本精神医学ソーシャル・ワーカー協会の業務指針は、1989（平成元）

年に「精神科ソーシャルワーカー業務指針」として採択された。その後、2006（平成18）年より新たな業務指針の作成に着手し、2010（平成22）年の総会にて「精神保健福祉士業務指針及び業務分類 第1版」を採択した。以後、さらなる改良を重ね、2014（平成26）年に「精神保健福祉士業務指針及び業務分類 第2版」の公表、2020（令和2）年には「精神保健福祉士業務指針 第3版」が公表され、今日に至っている。

331 「精神保健福祉士業務指針」では、すべての土台に倫理綱領を置き、「精神保健福祉士の倫理綱領」の示す四つの責務を軸に、多様な精神保健福祉士の業務を分類、そこから26の業務を示している（図表21参照）。

図表21 倫理綱領における四つの責務と業務分類

	倫理綱領の示す責務	業務分類
①	クライエントに対する責務	個人・集団に対する業務（ミクロレベル）
②	専門職としての責務	専門職としての業務（メゾレベル）
③	機関に対する責務	機関に対する業務（メゾレベル）
④	社会に対する責務	地域・社会に対する業務（メゾレベル・マクロレベル）

332 「精神保健福祉士業務指針」で提示されている精神保健福祉士の主要な業務（26業務）は、図表22のとおりである。個人や集団に対するミクロレベルの業務のみならず、専門職や期間を対象としたメゾレベル業務、地域・社会を対象としたマクロレベルの業務まで幅広く展開している。

333 「精神保健福祉士業務指針」は、それぞれの業務について、①定義、②価値・倫理・視点、③当該業務を要請する主要なレベル（ターゲットレベル）における業務内容、活用する技術、必要となる知識、④包括的アプローチの四つの枠組みで構成されている。

334 精神科医療機関における精神保健福祉士の業務は、①相談室（受診・受療相談）、②入院病棟、③外来・訪問支援、④精神科デイ・ケアなどにおける業務があり、配属される部署により中心的な業務内容は異なる。

335 退院後生活環境相談員が精神科医療機関に配置されたことに伴い、多くの精神保健福祉士が退院後生活環境相談員として、措置入院者・医療保護入院者に対する早期退院促進のための業務を行っており、重要な役割を担っている。

✏ 退院後生活環境相談員は、措置入院者・医療保護入院者およびその家族等の退院後の生活環境に関する相談に応じ、退院に向けた支援を中心に担う。

図表22 精神保健福祉士の主な業務と定義

①サービス利用に関する支援
精神保健福祉サービスを必要とする人に対して、利用上の問題を調整し、適切なサービスの利用が図れるように支援する。

②受診／受療に関する支援
心身の変調により、受診／受療上の課題を抱えている人に対して、課題を解決、調整し、必要な医療が受けられるように支援する。

③退院／退所支援
病院／施設からクライエントが望む場所へ退院／退所し、その人らしい暮らしを実現するために支援する。

④経済的問題解決の支援
生活費や医療・福祉サービス利用費または財産管理等の経済的問題の調整を通して、クライエントが安心して主体的に生活を営めるよう支援する。

⑤居住支援
住居および生活の場の確保や居住の継続に関して、クライエントの希望を尊重しながら支援することをとおし、地域におけるその人らしい暮らしを実現する。

⑥就労に関する支援
就労に関するクライエントの希望を尊重し、そのニーズに応じた就労環境の調整を通して、主体的に社会参加できるよう支援する。

⑦雇用に関する支援
雇用上の問題解決およびクライエントの職業上の自己実現を支援するとともに、精神障害のある労働者への合理的配慮を雇用主に提案、調整し雇用の安定を図る。

⑧就学に関する支援
就学／復学に関するクライエントの希望を尊重し、そのニーズに応じた環境調整を図り、クライエントが主体的に学ぶことができるよう支援する。

⑨対人関係／社会関係の問題調整
クライエントと周囲の人々との間で生じる問題や葛藤に対して、課題の整理と調整を図り、クライエントが対人関係／社会関係において安心して生活できるよう支援する。

⑩生活基盤の形成・維持に関する支援
衣・食・住・心身の保全などの日常生活における基盤を形成・維持し、安心・安定した地域生活が送れるよう必要に応じた支援を行う。

⑪心理情緒的支援
生活のなかで生じる不安や葛藤、悲哀などの心理・情緒的問題に対して、クライエントが受け止め、見通しをもって取り組めるように支援する。

⑫疾病／障害の理解に関する支援
疾病や障害を抱える体験や思いを受け止め、クライエントが疾病／障害について理解し、それらとつき合いながらその人らしく生きることを支援する。

⑬権利行使の支援
権利侵害の状況に関する点検を行うとともに、クライエントが有する権利を適切に行使できるよう支援する。

⑭家族支援
家族を一つのシステムとしてとらえ、家族が抱える問題の整理と調整を通して、家族成員個々が安心して健康な生活を送れるよう支援する。

⑮グループ（集団）による支援・グループワーク
共通のテーマをもつ人々の問題解決やニーズの充足を目指し、集団の力動を活用した意図的なグループ経験を通じて、個人の成長や目標の達成を支援する。

⑯活動・交流場面の提供
社会的役割をもち、豊かな生活を営む権利を保障するために、安心して過ごせる場、他者との交流の機会、創造的活動の機会を提供する。

⑰セルフヘルプグループ、当事者活動への側面的支援
セルフヘルプグループ、当事者活動（ピアサポーター、ピアスタッフ等含む）などが、当事者性におけるそれぞれの力を発揮し継続的に活動展開できるよう側面的に支援する。

⑱スーパービジョン
精神保健福祉士の業務をソーシャルワークの専門性に基づき遂行し、実践力の向上を図るために、精神保健

福祉士同士で行う相互作用のプロセス（実習指導を含む）。

⑲コンサルテーション

業務遂行上の問題を抱えたコンサルティ（個人、集団、組織、地域社会）からの相談に対して、精神保健福祉士の専門性に基づき助言を行う。

⑳多職種／多機関連携

クライエントの課題解決やニーズの実現に向けて、複数の異なる専門職、専門機関等が互いの役割や機能を理解し協働する。

㉑記録

支援内容や運営管理にかかわる事項を文書化し、ソーシャルワークサービスの向上および機関の支援機能の向上のために活用する。

㉒組織運営／経営

人々の福祉を目指す組織の理念に基づき、安定したサービスが提供できるよう、持続可能な組織基盤の形成と適切な運営管理を行う。

㉓組織介入／組織改革

精神保健福祉士の理念に基づき、人々の権利保障の視点から組織を点検し、クライエントのニーズに対応したサービスの改善・開発を行う。

㉔地域活動／地域づくり

精神保健福祉にかかわる地域課題を発見・分析し、誰もが暮らしやすい地域づくりに向けた資源開発や諸資源のネットワーキングおよび組織化による課題解決を図る。

㉕調査研究

精神保健福祉士がかかわる実践について検証し、よりよい実践につなげるとともに、精神保健福祉にかかる実態把握や状況分析を行い、その結果を社会に発信する。

㉖政策提言／政策展開

精神保健福祉に関連する制度・政策を分析し、改善のための具体的な提言を行い、共生社会の実現に向けた施策の展開に関与する。

出典：日本精神保健福祉士協会「精神保健福祉士業務指針」委員会編著『精神保健福祉士業務指針 第3版』日本精神保健福祉士協会、pp.47-48、2020．を一部改変

336 障害福祉サービス事業所等における精神保健福祉士の業務は、①相談系サービス、②日中活動系サービス、③就労支援系サービス、④居住支援系サービス、⑤訓練系サービスなどがあるが、職場（事業所）の特徴によって事業展開にも特徴がみられるため、地域特性の理解が欠かせない。

337 行政機関における精神保健福祉士の業務は、①精神保健福祉センター、②保健所、③市町村などにおけるものがある。精神保健福祉センター、保健所ともに多くの精神保健福祉士が勤務している。行政機関の業務は、法律や制度に所属機関における業務内容が明確に規定されているため、そのなかで専門性をいかに発揮できるかが鍵になる。

338 精神保健福祉士の業務は、「ミクロ（個人・集団）－メゾ（組織・地域）－マクロ（社会）」の連続性のなかで包括的なアプローチが展開される特性がある。

受験対策アドバイス

◆精神保健福祉士の職域は広がり、職場も多様になってきています。職場の特徴や業務内容を整理しておきましょう。

実力チェック！一問一答

※解答の横の番号は、本科目で該当する重要項目や図表の番号です。

1	優生思想とは、「劣った生」の出現を抑制し、人口の質の向上を目指す思想である。	1 ○	1
2	ノーマライゼーションとは、障害があってもノーマルな市民生活を保障するという考え方をいう。	2 ○	11
3	IL運動は自らの生活への決定権を取り戻そうとした運動である。	3 ○	23
4	精神病者監護法では、監置の責任を家族・親族が担っていた。	4 ○	39
5	ICFでは、人が「生きることの全体像」として、六つの要素を挙げている。	5 ○	58
6	精神保健福祉法で、精神障害者とは、「統合失調症、精神作用物質による急性中毒又はその依存症その他の精神疾患を有する者」と定義している。	6 ×	65
7	ビアーズは、自らの経験をもとに、アメリカで精神衛生運動を興した。	7 ○	96
8	バザーリアは、イタリアの地域精神医療の展開に尽力した。	8 ○	100
9	相模原障害者殺傷事件では、措置入院のあり方が問われた。	9 ○	122
10	優生保護法は、1996（平成8）年に母体保護法に改正された。	10 ○	130
11	セルフスティグマは精神障害者本人がもつ偏見であり、家族には当てはまらない。	11 ×	173
12	障害者雇用促進法に基づく障害者雇用率の算定には、精神障害者保健福祉手帳は必須である。	12 ○	201
13	1982（昭和57）年の「札幌宣言」では、「精神障害者の社会的復権と福祉のための専門的・社会的活動」を、精神科ソーシャルワーカーおよび日本精神医学ソーシャル・ワーカー協会の活動の基本指針として明文化した。	13 ○	217
14	社会福祉専門職団体協議会が各団体に共通する倫理綱領として2005（平成17）年に制定したものは、「社会福祉専門職の倫理綱領」である。	14 ×	254
15	アンソニー（Anthony, W. A.）は、リカバリーを「たとえ病気による限界があっても満足し、希望のある、貢献できる生活の仕方である」と定義した。	15 ○	278
16	コ・プロダクションとは、当事者と専門職がともに学びあう場を創造することである。	16 ○	295
17	精神保健福祉士は、精神障害者に主治医があるときは、その指示を受けなければならないとされている。	17 ×	307
18	倫理原則と倫理基準には、各々に①クライエントに対する責務、②専門職としての責務、③機関に対する責務、④社会に対する責務の四つの責務が示されている。	18 ○	319
19	精神保健福祉士は、人と環境の相互作用の視点からアプローチを行う。	19 ○	326
20	精神保健福祉士は、政策提言を行わない。	20 ×	329

04

ソーシャルワークの理論と方法（専門）

※【　】内は精神専門科目の問題番号
※共【　】内は共通科目の問題番号
※　は新カリにおける新規項目

④ ソーシャルワークの理論と方法（専門）

大項目	中項目	小項目（例示）	出題実績		
			第26回	第25回	第24回
1 精神保健福祉分野におけるソーシャルワークの概要	1）ソーシャルワークの構成要素	・原理、理念、視点、知識、技術			
	2）ソーシャルワークの展開過程	・ニーズ発見 ・インテーク ・アセスメント ・プランニング ・インターベーション ・モニタリング ・支援の終結と事後評価（エバリュエーション） ・アフターケア ・ミクロ・メゾ・マクロレベルにおける展開		【39】 【42】 【49】	【40】
	3）精神保健福祉分野のソーシャルワークの基本的視点	・医学モデル、生活モデル、統合的生活モデル、バイオサイコソーシャルモデル ・人と環境の相互作用 ・精神疾患・精神障害の特性を踏まえたソーシャルワークの留意点	【25】 【33】		【22】* 【23】*
2 精神保健福祉分野におけるソーシャルワークの過程	1）アウトリーチ	・必要な支援にアクセスできない当事者及び家族へのアプローチ ・支援を求めない当事者層へのアプローチ ・多問題を含む家族へのアプローチ ・社会的孤立とセルフネグレクトへのアプローチ			【32】
	2）インテーク	・主訴の把握 ・スクリーニング ・契約（エンゲージメント）	【55】	【26】	【49】 【58】
	3）アセスメント	・情報から情報分析・解釈へ ・本人に関する評価（発達・医療健康面・障害特性、心理・情緒面、ストレスコーピング、好みや価値観等） ・環境に関する評価（社会関係、経済状況、住環境、関連する法制度や支援内容等） ・アセスメントツール（エコマップ、ジェノグラム等）	【34】 【53】*	【55】*	【21】 【30】
	4）援助関係の形成技法	・自己決定、意思決定 ・協働（パートナーシップ） ・心理的防衛機制 ・転移と逆転移 ・バウンダリー ・自己覚知	【47】		【43】
	5）面接技術とその応用	・面接の構造 ・面接技法（マイクロカウンセリング） ・生活場面面接 ・動機づけ面接	【44】	【44】 【45】 【58】	【41】 【50】
	6）支援の展開（人、環境へのアプローチ） 事例分析	・エコロジカルアプローチ（生活モデル）の展開 ・エンパワメントアプローチの展開 ・ナラティブアプローチの展開	【28】 【48】 【52】 【54】 【56】* 【57】*	【40】 【46】 【50】 【51】	【23】* 【33】 【42】
	7）支援の展開（ケアマネジメント）	・ケアマネジメントのプロセス ・ケアマネジメントの実際（ACT、ストレングスモデルに基づくケアマネジメント、障害者総合支援法におけるケアマネジメント等）		【48】	【47】 【55】 【56】
3 精神保健福祉分野における家族支援の実際	1）精神障害者家族の課題	・精神保健福祉法と家族 ・介護家族という社会的役割 ・精神障害に関連したケアラー（ヤングケアラー含む）のニーズと支援			
	2）家族理解の変遷	・家族病因論 ・家族ストレス対処理論 ・家族システム論 ・家族の感情表出（EE）研究 ・ジャクソン７段階説（依存症の家族）	【45】		

大項目	中項目	小項目（例示）	出題実績		
			第 26 回	第 25 回	第 24 回
	3）家族支援の方法	・家族相談面接 ・家族療法的アプローチ ・家族関係における暴力への介入（DV 被害者支援、DV 加害者プログラム） ・家族のリカバリー ・家族のセルフヘルプグループ	【35】 【46】*		【31】
4 多職種連携・多機関連携（チームアプローチ）	1）連携の意義と目的	・連携に関わる概念整理（連携、協働、チームアプローチ、ネットワーキング） ・ニーズの多様化、複合化 ・医療の機能分化、障害福祉サービスの事業化 ・包括的地域生活支援			
	2）多職種連携・多機関連携の留意点	・当事者中心、当事者参加の原則 ・目標の共有 ・情報共有とプライバシー保護 ・他職種・他機関の専門性の理解と尊重 ・役割と責任の明確化	【42】*		【44】
	3）チームビルディング	・リーダーシップ ・メンバーシップ ・ファシリテーション ・パワーゲーム		【31】	
	4）チームの形態と特徴	・マルチディシプリナリーチーム ・インターディシプリナリーチーム ・トランスディシプリナリーチーム	【29】	共【76】	
	5）連携における精神保健福祉士の役割				
	6）多職種連携・多機関連携（チームアプローチ）の実際（事例分析）		【51】 【53】*	【29】 【59】	【22】* 【34】 【35】 【51】*
5 ソーシャルアドミニストレーションの展開方法	1）ソーシャルアドミニストレーションの概念とその意義	・障害福祉計画			
	2）組織と精神保健福祉士の関係性	・組織経営（医療経営・事業経営）とソーシャルワーク ・専門職と被用者（二重のロイヤリティ）			
	3）組織介入・組織改善の実践モデル	・生活モデルにおける組織介入技法 ・準備段階（問題の特定） ・組織分析（アセスメント） ・導入の技法 ・関与の技法（説明法、協働法、説得法、対立活用法） ・実施と制度化			
	4）組織運営管理の実際	・事業計画の策定と実施マネジメント、サービス評価（PDCA サイクル） ・環境整備 ・資源調達 ・人材確保と人材育成			
6 コミュニティワーク	1）精神保健福祉分野におけるコミュニティワークの意義	・地域生活支援 ・ソーシャルインクルージョン ・精神障害にも対応した地域包括ケアシステム			【24】
	2）地域における精神保健福祉の向上	・精神保健福祉に関する普及啓発 ・地域住民の精神保健福祉活動への参画 ・精神保健福祉ボランティアの育成 ・予防的アプローチ		【47】 【55】* 【56】 【57】	

大項目	中項目	小項目（例示）	出題実績		
			第26回	第25回	第24回
7 個別支援からソーシャルアクションへの展開	1）基本的視点	・当事者ニーズを軸とした展開・包括的アプローチ ・ミクロ・メゾ・マクロの連続性と展開方法			
	2）個別支援から地域における体制整備	・個別支援会議 ・地域における協議会（自立支援協議会等） ・地域課題の発見･共有（個別支援の蓄積、ニーズ調査、地域アセスメント） ・地域におけるネットワークの構築 ・地域における社会資源の開発・改善（計画策定及びその実施、評価過程を含む） ・地域住民への啓発と住民参加	【58】 【59】 【60】	【41】	
	3）政策提言・政策展開	・国及び広域圏において共通する課題の抽出・分析（メゾレベルにおける取り組みの限界） ・職能団体・関係団体間での課題の共有とエビデンスの集積 ・法制度上の課題の解決に向けたアクションプランと実施 ・改善・創設された法制度の活用と評価			
	4）精神障害者の地域移行・地域定着に関わる展開（事例分析）	・コミュニティソーシャルワーク			【22】*
8 関連分野における精神保健福祉士の実践展開	1）学校・教育分野	・スクールソーシャルワーク			
	2）産業分野	・従業員援助プログラム（EAP）			【52】 【53】 【54】
	3）司法分野	・地域生活定着支援センター	【66】		
	4）その他				

＊は複数の項目に該当する問題

1 精神保健福祉分野における ソーシャルワークの概要

ソーシャルワークの構成要素

1 ソーシャルワーク専門職のグローバル定義によれば、ソーシャルワークを構成する一つ目は、「**原則**」である。原則には、原理、理念、視点が含まれる。 出25-24

2 ソーシャルワークが目指すべきことは**理念**であり、理念の実現のために求められることが**原則**（広義の原則、価値、倫理）であり、そして原則を具体化するために**原理**（中範囲の原則）がある。

3 ソーシャルワークを構成する二つ目は、「**知**」である。知とは、ソーシャルワークの基盤となる理論、社会科学、人文学、**地域・民族固有**の知である。

✏ 「地域・民族固有の知」とは、西洋（もしくは欧米）の理論によらない、先住民たちの知のことである。

4 ソーシャルワークを構成する三つ目は、「**実践**」である。これは、従来は技術あるいは援助技術といわれていた。

5 **全米ソーシャルワーカー連盟**（NASW）の倫理的原則は、ソーシャルワークの**サービス**、**社会正義**、**尊厳と人の価値**、**人間関係の重要性**、**誠実性**、および**コンピテンス**をコアとなるソーシャルワークの価値としている。

✏ 「コンピテンス」とは、能力・適性、向き不向きのことであり、スキルの適合度合いを表す。

受験対策アドバイス
◆ソーシャルワークに関する理念は毎年出題されています。各理念の内容、代表的な提唱者について必ず押さえておきましょう。

◎理念

6 **ノーマライゼーション**とは、障害者を教育訓練によってノーマルにするのではなく、障害があってもノーマルな（当たり前の）市民生活を保障するという考え方である。 出25-25

7 **ヴォルフェンスベルガー**（Wolfensberger, W.）は、ノーマライゼーションの理念をアメリカに導入し、**ソーシャルロール・バロリゼーション**としてノーマライゼーションの概念を再構築した。 出26-23

8 ソーシャルロール・バロリゼーションは、障害者などに対して、可能な限り文化的に標準となっている手段を用いて、価値ある社会的役割の確立、 出24-48

支持、そして防衛を行うという考え方である。

出22-48 **9** **ソーシャルインクルージョン**とは「社会的包摂」と訳され、すべての
出24-48 人々を孤独や孤立、排除や摩擦から援護し、健康で文化的な生活の実現につ
出26-32 なげるよう、社会の構成員として包み支えあうことである。

10 **インテグレーション**とは、「統合化」の意味であり、障害のある人々を一般社会のなかに当たり前に受け入れていくこと、すべての人があらゆる機会に協力していくことを指す。

11 日本における**インテグレーション**は、教育権の剥奪あるいは施設や特別学校への措置という形で障害児を**セグリゲート**（segregate：分離、隔離）するのではなく、ほかの児童とともに学習する機会を障害児にできるだけ提供することとして展開してきた。

出25-37 **12** **エンパワメント**とは、社会的に不利な状況に置かれた人や**スティグマ**を負った集団のメンバーが、その問題状況を自ら改善するパワーを高め、主体的にその状況に働きかけること、あるいはその過程をいう。

✎ スティグマとは、元は犯罪者や奴隷等の身体に入れた焼き印のことである。障害・性質のほか、人種などのラベルを貼ることで、正常との差異を負わされ差別につながる。

13 **ストレングス**は、「強さ」「強み」と訳され、人は障害があっても潜在的に「強さ」（ストレングス）をもっていると考えることである。

出24-46 **14** **リカバリー**の概念は、アメリカの精神保健領域を中心に1980年代後
出25-35 半から発展し、日本では1998（平成10）年頃からその概念が拡がっている。

15 **アンソニー**（Anthony, W. A.）はリカバリーについて、「精神疾患をもつ者が、たとえ症状や障害が続いていたとしても人生の新しい意味や目的を見出し、充実した人生を生きていくプロセスのことだ」と述べている。

出22-26 **16** **レジリエンス**（resilience）とは、「回復力」「復元力」と訳され、精
出26-38 神保健福祉領域では、「逆境から立ち直り、成長する能力」、あるいは、「極度の不利な状況に直面しても、正常な平衡状態を維持することができる能力」といわれている。

◎視点

出23-28 **17** **生態学システム（エコロジカルシステム）視点**とは、生態学とシステム理論がそれぞれ融合した視点であり、人と環境の相互作用に焦点を当て、そこに介入する方法を理解するための枠組みを提供するものである。

18 **社会構築主義**は、多面的な環境のなかでの意味に焦点が当てられ、人が自らの意味世界のなかで自身をどのように定義するのかを重視する。

19 **バイオサイコソーシャル視点**とは、生物的、心理的、社会的の三つの側面からクライエントの症状や生活の質を理解する枠組みであり、生物的要因だけでなく、認知や感情といった心理的要因と、ソーシャルサポートやライフイベントといった社会的要因なども含めて、包括的にクライエントを理解するような試みである。

20 **ストレングス視点**は、「問題に焦点を当てるよりむしろ、可能性に目を向けること」であり、「ストレングスに基づく専門援助者は人々の潜在的可能性や強さに拠点を置き支援する」としている。 出 24-23

21 **エンパワメント視点**は、社会的抑圧により無力化した個人や状況に対して、個人的、対人関係的、環境的および組織的、社会政治的という四つの次元に焦点を当て、社会的抑圧から解放することを目指すものである。 出 22-57

ソーシャルワークの展開過程

22 ソーシャルワークの展開過程は、①ケース発見、②エンゲージメント（インテーク）、③アセスメント、④プランニング、⑤支援の実施（インターベンション）、⑥モニタリング、⑦事後評価（エバリュエーション）、⑧支援の終結、⑨アフターケアの段階に分けられ、一連の流れで展開されていく（**図表1参照**）。

受験対策アドバイス
◆ソーシャルワークの展開過程についてはプロセスだけではなく、後述する各段階の内容と留意点までしっかりと理解しておきましょう。

図表1 **ソーシャルワークの展開過程**

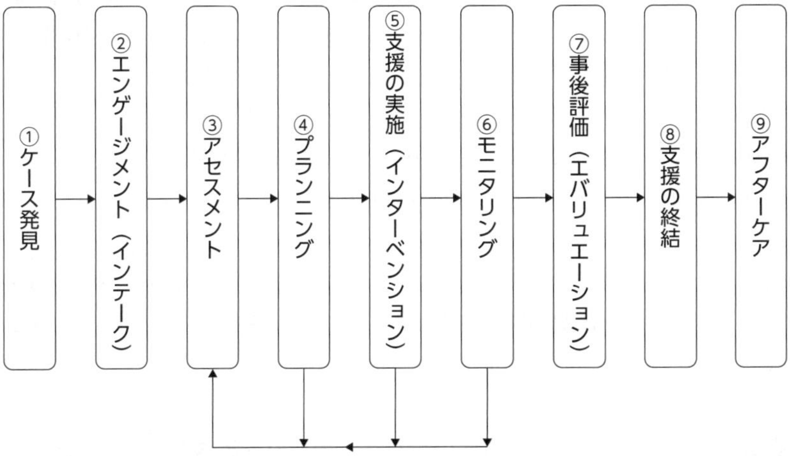

注：プランニングから事後評価までの段階では、その都度新しい情報によってアセスメント以降の段階が修正（再アセスメント）されていく。
出典：一般社団法人日本ソーシャルワーク教育学校連盟編『最新 精神保健福祉士養成講座⑥ソーシャルワークの理論と方法［精神専門］』中央法規出版、p.13、2021. を一部改変

◎ケース発見

23 **ケース発見**とは、精神障害があることによって生活上の困難を抱える人に出会い、その人の困難を発見することである。ケースとは単に人のことを指すのではなく、環境のなかで困難を抱えている人と状況全体のことである。

24 精神疾患の特徴として、**認知**や思考などの障害があるため、精神障害者は困難や苦労を抱えていても自覚や言語化が難しいことがある。そのため、精神障害者本人が主体的に困難を訴え、相談に行くことが難しいことがある。

◎エンゲージメント（インテーク）

25 主にケースワークで使われてきた「**インテーク**（intake）」に代わり、「ジェネラリスト・ソーシャルワーク」においては、「インテーク」を含んだ、より拡大した概念として「**エンゲージメント**（engagement）」が使われるようになってきた。

26 インテークは、生活上の問題を抱えた人や福祉サービスを利用しようとする人とソーシャルワーカーが最初に出会う重要な段階であり、ソーシャルワークの導入時期にあたる。

27 エンゲージメントとは、ソーシャルワーカーがクライエントと出会い、これからその人の抱える生活問題の解決を協働作業で取り組んでいくための関係を築いていくことという意味合いをもつ。

◎アセスメント

28 **アセスメント**とは事前評価であり、相手とのかかわりを通じて、話を聞くことによって精神障害者が抱える困難（困りごと）と環境に関する情報を得て、状況判断（見立て）を行うものである。大きく分けて精神障害者本人に関するアセスメントと環境に関するアセスメントがある。

29 精神障害者本人に関するアセスメントでは、バイオ（生物的）、サイコ（心理的）、ソーシャル（社会的）の視点から見立てを行う。

30 環境に関するアセスメントでは、本人を取り巻く環境についての状況把握と困難との相互関係等の見立てを行う。**ファミリーマップ**、**ジェノグラム**、**エコマップ**などのツールを活用する。

31 アセスメントは専門職だけでなく、**精神障害者本人**とともに行うことが重要である（本人主体）。

◎プランニング

32 **プランニング**とは、アセスメントに沿って、精神障害者とともに、今後どのような支援を行うのかに関する計画を立てることである。 出25-39

33 プランニングでは、本人の社会生活支援のために、さまざまな社会資源（サービス）を組み合わせて**サービスパッケージ**として提供する内容を決め、計画を立てる。

34 プランニングはできるだけ精神障害者本人と行うことが重要であり、それができない場合には､精神保健福祉士がプランニングしたものを説明し、本人が主体的に選べるようにすることが必要である。

◎支援の実施（インターベンション）

35 支援には、個人への支援と環境への支援の二つがある。

36 個人への支援は､面接や面談、プログラム利用など個別の対応のほか、グループで行う活動や**グループワーク**への参加がある。 出24-40

37 環境への支援には、家族を対象とした面接やグループで行う家族への**心理教育プログラム**がある。また、多職種への**コンサルテーション**、会議への参加、他者や他機関、地域住民との交渉がある。このほかに、**ソーシャルアクション**、**アドボカシー**などの活動もある。

◎モニタリング

38 **モニタリング**とは、状態を把握するために観測や測定を行うことであり、提供するサービスについての利用者本人の感想や評価を調べることも含まれる。

39 ソーシャルワークにおけるモニタリングでは、サービスの利用状況をチェックし、プランニングどおりにサービス利用が行われているかどうかを定期的に確認する。 出25-42

40 モニタリングでは、精神障害者本人だけではなく、環境である家族や就職先の上司や同僚からの聞き取り、関係機関を対象とした確認も重要となる。

◎事後評価（エバリュエーション）

41 **事後評価**とは、支援が終結した際に、実施した一連のソーシャルワークの展開過程全体について評価することである。

例）本人と協力してアセスメントできたか、本人だけでなく環境への支援はできていたか、モニタリングは定期的に実施したか、など。

◎支援の終結

42 **支援の終結**とは、本人の意向を確認したうえで、計画していた支援が終了することである。支援の終結には、①想定していた目標が達成できたとき、②本人の死亡など、何らかの理由で支援ができなくなったときの二つがある。

◎アフターケア

43 **アフターケア**とは、支援が終結したあとに行う、必要に応じたケアのことである。精神障害者本人へ連絡してもらってもよい旨を伝え、対応が必要な場合にはケアを開始することもある。

精神保健福祉分野のソーシャルワークの基本的視点

◎医学モデル、生活モデル、統合的生活モデル、バイオサイコソーシャルモデル

44 **医学モデル**は、医学、特に**精神分析理論**からの影響を受け、援助過程を「調査―診断―治療」として展開する。クライエントを病理的な問題をもつ者として捉え、診断によってクライエントの問題を特定し、主に心理面に焦点を当てて治療する。

45 **生活モデル**は、エコロジカルアプローチの代表的な実践モデルであり、**生態学**の視点をソーシャルワークに取り入れて発展した（本科目**117**）。

46 **統合的生活モデル**は、精神障害者の地域生活の継続のために、医療、リハビリテーション、生活支援を包括的に提供するシステムの形成を目指す実践モデルであり、田中英樹によって提唱された。

47 **バイオサイコソーシャルモデル**とは、1977年に精神科医のエンゲル（Engel, G. L.）が提唱し、人間を生物的視点、心理的視点、社会的視点の三つの視点から包括的に捉え、理解する枠組みである。

◎人と環境の相互作用

48 人と環境とを包括的に把握する視点が「人－環境」視点であり、次の三つの側面がある。①課題を抱えている個人への働きかけだけでなく、環境や社会資源を活用することにも焦点を当てる。そして、精神障害者が環境に働きかけ、環境との関係のなかで社会的な役割を果たすことを促進できるように実践を行う。②実践を行う際には、クライエント個人と環境の双方の**アセスメント**を行う。③人と環境の関係が、個人のニーズ充足のために役立つようにする。そのために、人と環境それぞれが機能するように人と環境双方の潜在能力の発揮を促進する。

受験対策アドバイス

◆ソーシャルワークは、人と環境の双方に働きかけること、そして、ストレングスの活用やエンパワメント志向で実践を行っていることを常に頭に入れておきましょう。

49 人－環境の実践では、個人がもつ力を発揮するためのエンパワメントを重視する。これまで発言できなかった人が力を獲得し、生活上の自己決定に際して発言し力を出せるようにする。

50 実践をするにあたって、生活する地域にある**インフォーマル**な近隣同士の助け合い等の人間関係も活用する。また、精神障害者がもつ**ネットワーク**の活用や精神障害者と同様の経験をもつ**仲間**（**ピア**）の力も活用する。

51 環境への介入としては、①家族関係を強める、②家庭環境における補足的な資源（**レスパイトケア**等）を活用する、③サポートシステムを発展させ、強化する、④現在の環境内で生じている問題を解決するために、クライエントを違う環境に動かす、⑤ケアマネジメントの活用、⑥組織と施設の関係を強める、⑦施設環境を改善する、⑧クライエントにパワーを獲得させる、⑨新しい資源を開発する、⑩クライエントのために権利擁護の活動と**ソーシャルアクション**を行うなどがある。

◎精神疾患・精神障害の特性を踏まえたソーシャルワークの留意点

52 精神疾患・精神障害の特性として、①精神疾患・精神障害がわかりにくい、②疾患と障害を併せもつ、③障害がゆれ動く、④誤解や偏見による差別を受けやすいの四つがある。

53 精神疾患・精神障害の特性を踏まえたソーシャルワークの留意点として、①精神障害者の理解、②精神障害者とかかわる人の理解、③日常生活場面での**モデリング**による適切な人間関係の構築の支援、④本人主体や人権擁護による自己決定の尊重の四つがある。

✏ モデリングとは、カナダの心理学者バンデューラ（Bandura, A.）が提唱した考え方である。自己効力感（自信）を生み出すためには、自分以外のうまくできている人をモデルにして観察することが重要であるとした。

◎ミクロ・メゾ・マクロレベルにおけるソーシャルワークの展開

54 ソーシャルワークは、クライエントの抱える生活課題を解決するために、複雑多様な実状をさまざまな要素・要因からトータルに捉え、それらの相互関連性を探る「**包括・統合性**」という特性をもつ。

55 ソーシャルワークでは、クライエントと取り巻く環境を**クライエントシステム**として総合的に理解するために、**ミクロ・メゾ・マクロレベル**で捉える。各レベルはお互いに影響を及ぼし、**交互作用関係**にある。

✏ クライエントシステムとは、ソーシャルワーカーが支援を展開し、サービスを提供する際、クライエントを個人の視点からのみ捉えるのではなく、関係するさまざまな環境側面を含めた体系（システム）として捉えたものである。

2 精神保健福祉分野における ソーシャルワークの過程

アウトリーチ

出23-58

56 アウトリーチとは、支援者が積極的に地域へ出向いていき、支援が必要な対象者を発見し、対象者の生活状況やニーズ等の把握を行いながら、適切な社会資源に結びつけていく取り組みである。

57 アウトリーチにおいて支援者は、対象者が生活する場（生活空間）に入らせてもらう立場であり、対象者との関係づくりが重要となる。対象者との十分な関係が構築できていないとニーズ等の把握が困難となり、対象者のリカバリーを阻む要因ともなる。

◎必要な支援にアクセスできない当事者及び家族へのアプローチ

58 受療中断者や自らの意思では受診することが困難な精神障害のある人に対しては、日常生活を送るうえで生活に支障や危機的状況が生じないためのきめ細やかなアウトリーチや相談対応等を行う必要がある。

59 1960年代後半にアメリカのウィスコンシン州から発展したACT（包括型地域生活支援プログラム）は、精神障害により病院に入院せざるを得なかった人や、頻回に入院を繰り返す重い精神障害のある人が、地域生活を継続していくための効果的な支援方法となっている。

出23-40

60 ACTでは、医師、看護師、作業療法士、精神保健福祉士等の専門職によるチームが、医療・保健・福祉による包括的なサービスを24時間365日体制で当事者の生活の場で提供する。

61 ACTでは、ストレス脆弱性モデルとリカバリーを重視しており、再発リスクを減らす介入が行われるほか、利用者や利用者を取り巻く環境がもつ強さ（ストレングス）にも焦点を当てた支援が行われる。

62 精神科退院前訪問指導（医療機関によるアウトリーチ）は、医療機関の看護師、作業療法士、精神保健福祉士等が、入院中の患者の円滑な退院のため、患者の退院後の生活の場へ訪問し、患者またはその家族等に対して、退院後の療養生活に必要な指導、調整を行うものである。診療報酬に位置づけられており、入院中に原則3回まで（入院期間が6か月を超えると見込まれる場合は6回まで）算定することができる。

63 **精神科訪問看護・指導**（医療機関によるアウトリーチ）は、医療機関の看護師や精神保健福祉士等が入院中以外の精神障害者である患者の自宅を訪問し、患者やその家族等に対して、看護および社会復帰に関する指導等を行うものである。**診療報酬**に位置づけられており、原則週3回まで（退院後3か月の間に行われる場合は週5回まで）算定することができる。 出24-60

◎支援を求めない当事者へのアプローチ

64 地域には、客観的には支援が必要と思われるが、当事者が支援を求めていないケースもある。家庭訪問等の**アウトリーチ**を行う際には、当事者への訪問や対話を重ねながら信頼関係を構築していくことを優先し、当事者が自身の気持ちや課題を表出しやすい雰囲気をつくることが必要である。

◎多問題を含む家族へのアプローチ

65 クライエントのみならず家族内の複数がそれぞれ問題を抱え、それらが複雑に絡みあって**ネグレクト**や虐待、アルコール依存や薬物依存等の問題を引き起こしている場合がある。

66 ソーシャルワーカーは、人と環境との接点における相互作用により「**生活のしづらさ**」が生じていると捉え、情報収集を行いながら複雑に絡みあっている要因を分析し、介入していく。

◎社会的孤立とセルフネグレクトへのアプローチ

67 **セルフネグレクト**とは、社会的孤立の深まりが要因の一つとなり、必要な医療や福祉サービスの拒否、食事や水分を摂らない、生活環境が著しく不衛生など「自分自身による世話の放棄・放任」の状態を意味する。

68 社会的孤立やセルフネグレクトの状態にある人へのアウトリーチでは、生命の危険があると判断されるときは緊急対応を行い、危機的状況でない場合でも、**QOL（quality of life：生活の質）**の尊重などさまざまな切り口で時間をかけて繰り返し本人へ働きかけていくことが重要である。

◎障害福祉サービスにおけるアウトリーチ

69 障害者の日常生活及び社会生活を総合的に支援するための法律（障害者総合支援法）に基づく障害福祉サービスによるアウトリーチとしては、図表2がある。

インテーク

70 インテークのための面接を**インテーク面接**といい、①信頼関係（ラポール）の構築、②情報収集、③事前評価、④支援契約の締結という四つの機能がある。

図表2 障害福祉サービスによるアウトリーチ

名称	内容
相談支援専門員による訪問	サービス等利用計画の作成（計画相談支援）や地域生活への移行・定着に向けた支援（地域移行支援・地域定着支援）、成年後見制度利用に関する支援など、障害のある人が自立した日常生活や社会生活を営むことができるよう全般的な支援を行う。
訪問による自立訓練	自立訓練には、機能訓練と生活訓練があり、事業所内で行うものと、利用者の居宅を訪問して行うものがある。入浴、排泄、食事等の地域で自立した日常生活を営むために必要な訓練のほか、生活等に関する相談や助言等も行う。
地域定着支援	入所施設や精神科病院から退所または退院した人や、地域で安定した生活を営むことが困難な人などに「見守り」としての支援をアウトリーチなどにより行い、地域生活の継続を目指す。利用期間は１年以内となっている。
自立生活援助	地域で単身生活を希望する人やすでに地域で単身生活をしており支援が必要な人などに対し、定期的な居宅訪問や随時の対応等により相談・助言等を行うことで、自立した日常生活や社会生活を営むことができるように支援する。利用期間は１年以内である。

出22-74
出25-75

出25-26

71 インテークでは、クライエントの**主訴**（何を問題だと捉え、どのようにしていきたいと考えているのか）を理解していくことが重要だが、クライエント自身の言葉で表現された問題が、必ずしも真の問題ではないこともあるため、必要に応じてクライエントの了承を得たうえで関係機関へ照会するなど、客観的な情報の収集にも努める。

72 ソーシャルワーカーは、面接時間の十分な確保や適切な面接場所の選定、共感的な態度での**傾聴**やプライバシーへの配慮等、クライエントが安心して話せる環境を提供することで、信頼関係が構築される。

73 インテークを通して得られる情報は、あくまでもクライエントの一部であり、すべてではないことを認識し、主訴を決めつけることや支援のパターンにはめ込むことがないように注意する必要がある。

74 **スクリーニング**とは、ソーシャルワーカーが、クライエントの主訴や収集した情報をもとに、支援の緊急性や複雑性、継続性などの状況から支援が必要であるか、所属機関での支援を展開することが的確か否かを検討・判断することである。

出22-42
出26-55

75 **リファーラル**とは、ソーシャルワーカーの所属機関よりも的確な支援を展開することができる機関があると判断した場合に、適切な機関を紹介す

るとともに、当該機関の支援が円滑に受けられるように調整する機能のことである。

76 ソーシャルワークの支援における**契約**の締結は、クライエントの権利およびクライエントとソーシャルワーカーの責任や役割を明確にすることにより、クライエントが自らの課題に主体的に取り組むことへの意欲を高めるとともに、両者の信頼関係を構築する手段にもなる。

受験対策アドバイス
◆インテークの段階には、スクリーニングやリファーラルなど重要なキーワードがあるほか、傾聴などの基本的な面接技術の内容も問われます。

アセスメント

77 アセスメントとは、クライエントが抱える問題・課題の解決やクライエントのニーズの充足を目的とした支援方針を検討するために、支援に必要な情報を収集し、クライエントの現状を包括的かつ総合的に理解・分析し、評価することをいう。アセスメントは、支援の初期に重点が置かれるが、支援が行われている間は継続的に実施される。

◎情報収集・情報分析

78 インテークにおいて、ある程度の情報収集はなされるが、クライエントの問題・課題の理解や、支援の方針を検討するため、クライエント自身やクライエントの置かれている環境についての基本的かつ可能な限り詳細な情報を得る必要がある。

79 クライエント自身に関する情報としては、生活歴・学歴・職歴・家族歴・現病歴等がある。

80 クライエント自身に関する情報について、身体機能や精神心理、社会生活（文化活動・余暇活動等）に関する情報やクライエントの可能性、関心ごと等の**ストレングス（強さ）**にも着目する。また、クライエントの**ストレスコーピング**の状況についても理解しておくことが望ましい。

81 クライエントの置かれている環境に関する情報としては、現在・過去の生活状況、家族関係、友人関係、近隣住民との関係、経済状況、住環境や社会的環境、社会資源の活用等がある。こうした環境についての情報を**ストレングス視点**から整理し、支援に役立てていく。

出 23-41
出 25-41

受験対策アドバイス
◆ストレングスに着目したアセスメントでは、クライエントだけではなく取り巻く環境のストレングスにも着目することを理解しておきましょう。

82 情報収集にあたっては、クライエントの言語的な表現だけでなく、身なり、目線、態度、表情、声の調子、話し方などの**非言語的**な部分から情報を得ることも大切である。

83 クライエント以外の関係者から情報を得る場合には、クライエントの了承を得るとともに、**秘密の保持**に留意する必要がある。

84 クライエントの抱える問題・課題は、**個人と環境との相互作用**によって生じるものであることから、クライエントのみに問題の原因を見出すのではなく、クライエントが生活する環境とその関係にも焦点を当て、**包括的・総合的**に分析・評価を行う。

◎アセスメントツール

受験対策アドバイス
◆アセスメントツールに関する問題は頻出です。各ツールの内容と特徴について、実際の図表でも理解しておきましょう。

85 クライエントとクライエントを取り巻く環境との関係性を視覚的に理解するためのツール（**マッピング技法**）の代表的なものとして**ジェノグラム**や**エコマップ**、**ファミリーマップ**、**タイムライン**などがある。

86 ジェノグラムは、世代関係図や家族関係図といわれ、三世代以上の拡大家族の関係を図式化した記録である（**図表3参照**）。

出 22-43
出 24-21

87 エコマップは、社会資源関係図や生態地図といわれ、クライエントを取り巻く資源の相互関連状況を視覚的に表したものである。**ハートマン**（Hartman, A.）が考案した（**図表4参照**）。

図表3 ジェノグラム

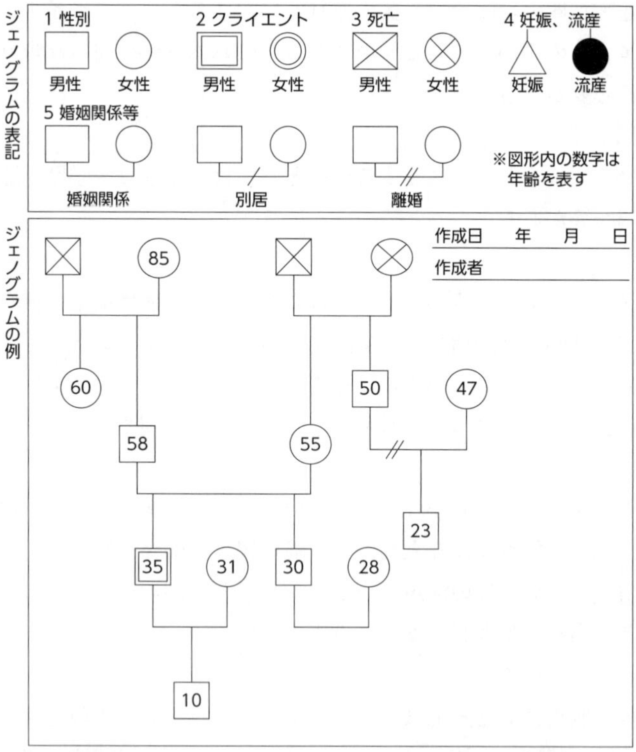

出典：一般社団法人日本ソーシャルワーク教育学校連盟編『最新 精神保健福祉士養成講座⑥ソーシャルワークの理論と方法［精神専門］』中央法規出版、p.59、2021.

図表4 エコマップ

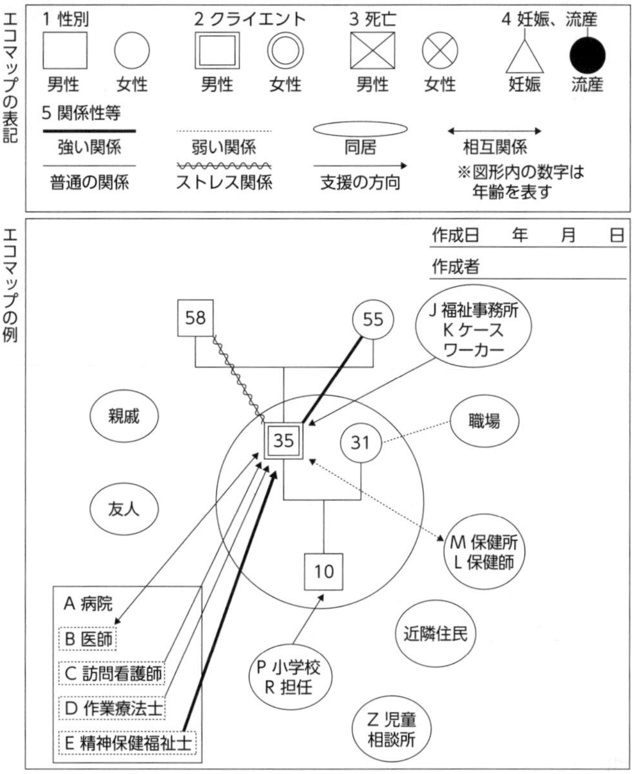

出典：一般社団法人日本ソーシャルワーク教育学校連盟編『最新 精神保健福祉士養成講座⑥ソーシャルワークの理論と方法［精神専門］』中央法規出版、p.60、2021.

88 ファミリーマップは、家族図ともいわれ、家族関係を記号で表したものである。家族のコミュニケーションや力関係、情緒的な結びつきを図示して捉えることができる。

89 タイムラインとは、クライエントのライフサイクルを視覚的に把握することを目的とするツールであり、クライエント個人か、精神保健福祉士と共同で作成する。話のなかで語られるさまざまな出来事を左から右に時系列に表示していく。 出 24-21

90 環境に関するアセスメントでは、組織や地域を四つ（強み：strengths、弱み：weaknesses、機会：opportunities、脅威：threats）のマトリックスで分析する**SWOT分析**の方法がある。 出 25-55

援助関係の形成技法

91 **援助関係**とは、援助という目的があるときに、援助する者とされる者の間で意図的に築かれる、専門的・職業的関係である。

92 援助者は、クライエントが安心して自分のことを語ることができるように受容などを用いて、自分が信頼に足ることを示し、意図的に**信頼関係（ラポール）**を形成していく。

ラポールとは、援助者とクライエントとの間に形成される、対等性や公平性に基づく信頼関係のことである。

93 援助者は、専門的な知識や技術を有することから、相対的にクライエントより力をもつことになるため、**パターナリズム**に陥ることがないよう力関係に自覚的でなければならない。

パターナリズムとは、父権主義や温情主義といわれ、援助者がクライエントに自分で判断するための情報や機会を与えず、「クライエントのため」と言いながら、援助者の思う方向で援助過程を進めていくことである。

94 **バイステック**（Biestek, F. P.）は、ソーシャルワーカーが良好な援助関係を形成するための七つの原則を示した。七つの原則とは、①個別化の原則、②意図的な感情表出の原則、③統制された情緒関与の原則、④受容の原則、⑤非審判的態度の原則、⑥自己決定の原則、⑦秘密保持の原則である（図表5参照）。

図表5 バイステックの7原則

①個別化の原則	クライエントは「不特定多数のなかの１人」としてではなく、独自性をもつ「特定の１人の人間」として対応されるべきであり、援助者はクライエントを常にかけがえのない１人の人間として、それを理解し、対応しなければならないことをいう。
②意図的な感情表出の原則	クライエントは肯定的、否定的にかかわらず感情を自由に表現したいというニーズをもっているということを、援助者は適切に認識し、自由な感情表現がなされるよう支援することである。
③統制された情緒関与の原則	援助者は援助者自身の感情を自覚して吟味し、クライエントの感情に適切な形で反応することで、クライエントの感情を適切に理解することである。援助者は、専門家として自らの感情を整理して、専門的な視点、態度を常に忘れずに処遇していく必要がある。
④受容の原則	クライエントの人間としての尊厳と価値を尊重しながら、否定的な感情や態度を含め、クライエントを現在のありのままの姿で感知し、ありのままの現実として理解することである。しかしそれは、クライエントの社会的に逸脱した態度や行動を容認することとは異なる（制限の原則）。
⑤非審判的態度の原則	クライエントの抱える問題やニーズに対して、クライエントを罰したり、その責任を問うたりするようなことを要求しないことである。しかし援助者はクライエントの感情や態度について、専門職として客観的な評価を加える必要はある。
⑥自己決定の原則	援助者が、クライエントのニーズについて、自ら選択し決定する自由と権利を認め、それを尊重することである。クライエントが利用することのできる適切な社会資源や自らの能力を、クライエント自ら選択して活用できるよう、支援しなければならない。
⑦秘密保持の原則	援助者が、クライエントとの支援過程のなかで知り得た情報を、しっかりと保全することである。クライエントの基本的権利に基づくものであり、援助者の倫理的な義務でもある。他機関や他の専門家にも共有されるべきものである。

95 援助関係の形成に必要な知識や技術にはさまざまな種類がある（**図表6参照**）。

図表6 援助関係の形成に必要な知識や技術

名称	内容
傾聴	クライエントによって言語化される内容の理解のみならず、その背景にある感情も受けとめ共感し理解することである。
共感	援助者がクライエントの立場に立って、彼らがみたり、考えたり、感じたりしていることをわかろうとすることである。
転移・逆転移	転移とは、クライエントが援助者に向けて、支援場面で個人的な感情や態度をもつことであり、陽性転移（愛情や親和感などのポジティブな感情）と陰性転移（怒りや不満などのネガティブな感情）がある。それに対して逆転移とは、援助者からクライエントに向けた、個人的な感情やそれに基づく反応をいう。感情転移を受け入れることで、援助者はクライエントの感情表現の傾向や対人関係における距離感などの客観的理解に役立つことがある。転移を援助者が受けとめきれない場合は、支援の目的や方法が不明瞭になり、支援関係から逸脱してしまうこともあり得るため、経験者によるスーパービジョンが必要なときもある。
防衛機制	**適応機制**とも呼ばれ、精神分析で用いられる概念である。人が不快な状況や欲求が満たされない状況に当面したときに、自分を守るためにとる無意識的な適応の仕方のことである。**抑圧**や**反動形成**、**合理化**、**昇華**などがある。 抑圧：望ましくない衝動や不快な記憶などを無意識の領域に押しやり意識しないようにすること。 反動形成：本心とは逆の言動をとること。 合理化：自分の失敗にもっともらしい理屈をつけて自己の正当化を図ること。 昇華：攻撃的衝動や性的欲求をスポーツなどの社会的に受け入れられるものに置き換えること。
援助者の自己開示	援助者がもつ個人的な感情や価値観、自身の経験に基づく内容を、クライエントに伝え、支援に活用することをいう。
自己覚知	援助者自身が自己の価値基準、感情、言動の傾向性などを的確に熟知し、自己を客観的に理解することをいう。

96 援助者の態度として、①共感する他者、②臨在の証人、③パートナーシップ、④無知の姿勢、⑤逃げない者がある（**図表7参照**）。　出23-34　出26-31

面接技術とその応用

◎面接の構造

97 面接の方法は、**個人**面接や**集団**面接など多様なものがあり、あらかじめ面接の目的が意図され､面接の環境を整えて行われる**構造化された**面接と、電話や電子メールなども含め、状況に応じた手段と場所で柔軟に行われる、**構造化されない**面接がある。　出22-59　出25-58

図表7 援助者の態度

名称	内容
共感する他者	援助者は、他者の苦しみを共感をもって受けとめることができる力を有しながらも、彼らとは異なる考え方や感じ方をもつ他者であるがゆえに、援助を必要とする人に援助を提供することができる。
臨在の証人	援助者は、クライエントと同じように幻聴や妄想などを体験することはできない。彼らが経験している（臨在している）ことの証人になることはできる。
パートナーシップ	援助者は、クライエントを重要なパートナーとみなし、彼らの経験知などを重視する。援助目標の達成に向けて協働する対等性や相互性に基づく関係性をパートナーシップという。
無知の姿勢	クライエントの生きる世界を知っているのは、彼らだけである。援助者は、彼らに教えてもらう無知の姿勢をとり、彼らの主観的な物語の独自性を尊重する。
逃げない者	援助者は、援助したくてもできない「援助の限界点」において、自らの意思で「逃げない」ことを選択することにより、クライエントと「無力さ」を共有するようになる。これにより人と人との関係性が残る。

出22-59
出25-58
出26-44

98 居宅や施設、病棟など、精神障害者の生活の場で行われる面接は**生活場面面接（ライフスペースインタビュー）**と呼ばれる。生活の場での面接は、**ワンダウンポジション（一歩下がった立場）**をとり、クライエントから教えてもらう姿勢をとることが基本となる。

99 ソーシャルワーカーの面接には、対面面接以外の方法として、電話による相談やネットによるオンライン相談がある。面接のコントロールのしにくさ、表情や間を互いに読みとれないために起こる齟齬などに配慮する必要がある。

◎面接で配慮すること

100 傾聴は面接の基本であるが、ソーシャルワーカーは、クライエントの語る話をアテンディング（肯定的注目）して聞いていることを示すために**アクティブリスニング（積極的傾聴）**を行う。

101 面接では、問題の探索に入る前に、まずクライエントの気持ちに寄り添うところから始める。

102 クライエントとの面接では、面接の情報から**感情機能**の特徴を理解することが大切である。感情のコントロールがくずれていないか、言動と感情に不一致がないかなどに関心を寄せる。

103 面接では、クライエントが話す状況について、認知の柔軟性や認知・感情・行動のバランスがとれているかなど、**認知機能**に着目することも大切である。

104 暴力や虐待の問題は、表面にみえず、クライエントも語らないことが多い。ソーシャルワーカーは、これらの問題を発見する**ゲートキーパー**としてスクリーニングする。

105 自殺のおそれのある人に対しては、その可能性について率直に尋ね、場合によってはクライエントの安全を図るため家族や関係機関へつなぐ手助けをする。

106 他人を傷つける可能性を示した人に対しては、アメリカの**タラソフの原則**を踏まえ、必要な手配を自分の所属組織で考える必要がある。

✏ タラソフの原則とは、治療者は患者が特定の人の生命をおびやかす予告をした際に、その危険が及ぶ可能性がある人を守る方策をとるべきであるというアメリカの精神科医療における原則のことである。

107 クライエントは、周囲からの何らかのラベリングにより、**自己効力感**が低下していることが多い。面接では、問題点や病的な状態に着目するのではなく、**ストレングス**と変化の可能性に着目することが大切である。

108 問題についてまずクライエントの家族の話を聞いてから状況をつかむ場合には、家族の認知等のフィルターがかかっていることを前提に、本人と家族の関係性をアセスメントし、家族の認知や情動のパターンを把握する。

109 ソーシャルワーカーは、クライエントと協働姿勢をもって問題に取り組む場合に、相互に共感性を示し、時に応じて自己開示することが求められる。自己開示は、さまざまな感情表現や同じ生活者として問題解決の参考例を**Iメッセージ**で調整して伝えるよう気をつける。

✏ Iメッセージとは、「私」を主語にして相手に配慮しつつ自分の考えを伝えることである。

受験対策アドバイス

◆面接技術は毎年出題されています。最近では場面事例で、使われている面接技術を選択する出題方式もあります。セリフをイメージして理解しましょう。

出23-22

出23-43

出24-41

出24-49

◎面接技法（マイクロ技法）

110 **マイクロ技法**とは、**アイビイ**（Ivey, A. E.）がマイクロカウンセリングとしてまとめた、面接におけるコミュニケーションの技法の単位のことである（図表8参照）。

◎その他のアプローチ

111 精神分析理論に基づくアプローチとは、クライエントが強い葛藤状態にある場合に示すさまざまな自己防衛的な反応（**防衛機制**）を理解してその人を捉えることである。また、パーソナリティの問題がある人と面接する際には、**愛着形成**の観点から捉えることで、ソーシャルワーカーとの関係にもち込まれる問題の理解につながる。

受験対策アドバイス

◆代表的なアプローチについて、その内容と特徴、提唱者を整理しておきましょう。

図表8 アイビイのマイクロ技法

名称	内容
かかわり行動	文化的に適した視線の位置、身体言語や声の調子に配慮して、相手に肯定的な注目をしていることを自然に伝える。相手が語った話題に関心を向け、その世界に参加（ジョイニング）する姿勢を示す。
クライエント観察技法	クライエントとソーシャルワーカーの関係において何が起こっているのかを観察する。繰り返し使われるキーワード、話の具体性と抽象性、語られることの齟齬や矛盾に着目する。
質問技法	「はい」か「いいえ」で答える質問を閉じられた質問（クローズドクエスチョン）といい、それに対してクライエントの自由な言語化が保証される質問を開かれた質問（オープンクエスチョン）という。
繰り返し	相手の話の一部を受けて、繰り返したり適切に言い換えて焦点化する。
励まし・言い換え・要約技法	クライエントの話す言葉を使い、聞いたことを言い換える。励ましには、言語的な伝達とうなずきに代表されるような非言語による伝達がある。
感情の反映	相手の感情を反映し、クライエントが納得する言葉でこちらが感情を表現する。
肯定的言い換え	クライエントの意味づけた話を別の視点から肯定的に言い換え、認知の変容に働きかける。
解釈	現実について新しい意味づけを図る。
保証／評価	相手のしようとしたことをねぎらい、肯定的に評価する。
直面化	クライエントが自分の問題を直視できるようにする。
対決	クライエントの言動と感情のずれに気づき、向きあえるように働きかける。
指示	相手がとるべき行動の方向を示唆する。
情報提供	問題解決に向けて現実的に検討するために必要な情報を示す。
自己開示	これはソーシャルワーカーの「ひとりごと」であり、クライエントが話すことを励まし、クライエントの問題解決の参考にしてもらう。
論理的帰結	「もしこうすればああなるだろう」という問題解決の選択を励ますことに使う。

出典：一般社団法人日本ソーシャルワーク教育学校連盟編『最新 精神保健福祉士養成講座⑥ソーシャルワークの理論と方法［精神専門］』中央法規出版、pp.66-68、2021．をもとに作成

出 22-41

112 **ナラティヴアプローチ**とは、当事者世界を大切に聞き、当事者固有の言葉を使い､固まっている**ドミナントストーリー**（思い込んでいる物語）を、対話のなかで体験の想起・語り直しを行い、**オルタナティブストーリー**（それに代わる物語）に転換していくプロセスである。

113 **認知行動療法的アプローチ**には、認知の変容と行動の変容を目指すものがある。クライエントの苦しい認知を「**自動思考**」として外在化し、柔軟な考え方へ変容を図る技法を**認知再構成法**という。

114 特定の問題状況に対して、改善に向けた具体的な行動の計画を立てたり、そのための考え方を模索する技法を**問題解決技法**といい、**SST**（社会生

活技能訓練）が代表的である。

115 **解決志向アプローチ**とは、当事者が問題について一番よく知っており、 出25-40
解決のために必要な強さと資源をもっていることを前提に、問題にではなく、解決のほうへ焦点づけて面接を行う方法である。特徴的な四つの質問がある（図表９参照）。

図表9 **解決志向アプローチにおける特徴的な質問**

名称	内容
スケーリングクエスチョン	クライエントの見解や印象、予測を１～10の尺度で示してもらい、自身の変化や見通しを語る質問
コーピングクエスチョン	問題へどのように対応して乗り越えたのかを聞くことでクライエントのなかの成功体験という資源を発見するための質問
エクセプションクエスチョン（例外探し）	現在の状況が存在しなかった場合の状態を特定する、問題への焦点を弱める質問
ミラクルクエスチョン	「奇跡が起こり、問題が一夜で解決したらどのような状況になると思いますか？」など、未来志向で想像し、目標を特定する質問

116 **動機づけ面接**とは、ミラー（Miller, W. R.）らが体系化した依存症患 出22-59
者への面接法であり、人の心の両価性について話しあい、変わりたい気持ち 出25-58
を引き出し、考えや行動の変化を支援する技法である。「変化について語る」（チェンジトーク）機会を設けることなどがある。

支援の展開（人、環境へのアプローチ）事例分析

117 **エコロジカルアプローチ**は、一般システム論を継承して、**ジャーメイ** 出22-23
ン（Germain, C. B.）や**ギッターマン**（Gitterman, A.）によって提唱され、 出22-32
理論化された。エコロジカルアプローチの視点を取り入れた**生活モデル**では、 出23-28
有機体である人と環境との交互作用に焦点を当て、利用者の環境への「対処 出24-23
能力」（coping）を高めることと同時に、環境の利用者に向けた応答性（responsiveness）を増すことにも重点をおく。

118 エンパワメントのもとの意味は「権利や権限を与えること」であり、 出23-28
1960年代のアメリカの**公民権運動**などの一連の運動を通して用いられるようになった。社会的に差別や抑圧を受けている人々が、自らの主体性をもって、力を行使できるようになる「プロセス」を意味する。

119 **ソロモン**（Solomon, B. B.）は、1976年に『ブラックエンパワメント』 出26-22
を刊行し、エンパワメントとは、差別的な待遇によってクライエントが陥った「無力な状態」（**パワーレス**）を改善するためにソーシャルワーカーがク

ライエントとともに関与する過程であると定義している（図表10参照）。

図表10 **エンパワメントの段階と視点**

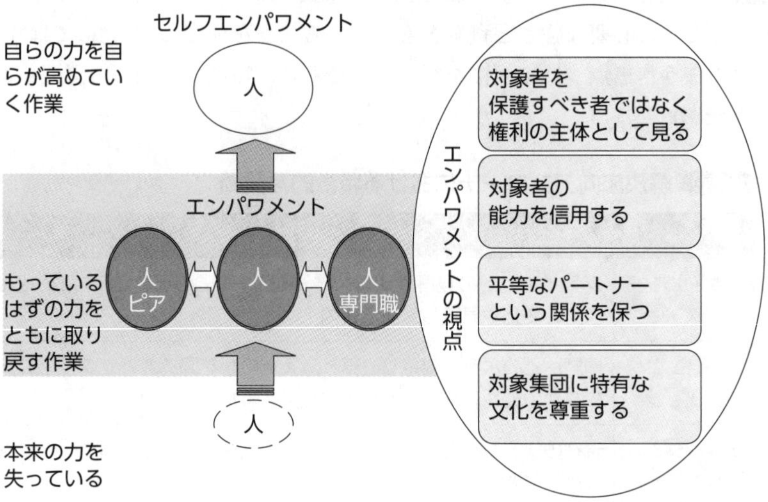

120 エンパワメントアプローチでは、クライエントとソーシャルワーカーの**パートナーシップ**が必要不可欠であり、さまざまな情報や知識、スキルを提供して支援する。また、**ミクロ・メゾ・マクロ**の各次元に介入し、課題の解決にチャレンジしていく方法論である。

支援の展開（ケアマネジメント）

121 **マクスリー**（Moxley, D. P.）は、ケアマネジメントを「多様なニーズをもった人々が、自分の機能を最大限に発揮して健康に過ごすことを目的として、フォーマル及びインフォーマルな支援と活動のネットワークを組織し、調整し、維持することを計画する人（もしくはチーム）の活動」であるとしている。

122 ケアマネジメントの構成要素には、①対象者（要援護者）、②社会資源、③ケアマネジャー、④ケアマネジメントの過程がある。

出 25-48 **123** **ケアマネジャー**は、対象者のニーズを把握し、ニーズの充足のために必要な社会資源を選択し連結する。さらに対象者の意思決定支援にかかわり、各社会資源の調整や情報の「ハブ」（中心点）となる。

124 障害者ケアガイドラインにおけるケアマネジメントの過程は、図表11のとおりである。

図表11 障害者ケアガイドラインにおけるケアマネジメントの過程

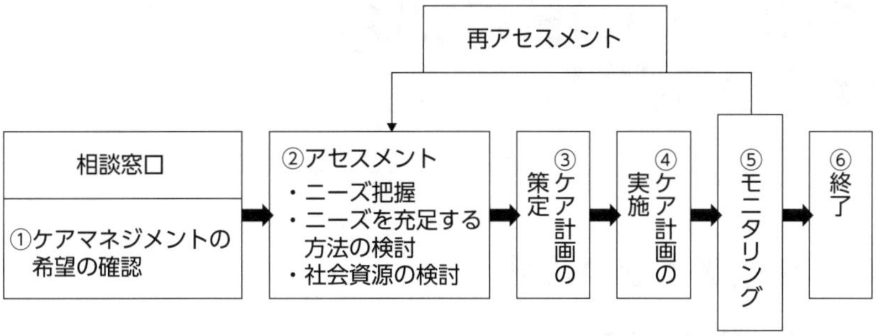

出典：一般社団法人日本ソーシャルワーク教育学校連盟編『最新 精神保健福祉士養成講座⑥ソーシャルワークの理論と方法［精神専門］』中央法規出版、p.102、2021.

125 ケアマネジメントには、「総合型（ACT、包括型ともいう）」「ストレングス型」「仲介型」「臨床型」「リハビリテーション型」「集中型」などの類型がある（**図表12参照**）。 出24-47

図表12 ケアマネジメントの類型

種類	特長
総合型モデル（ACT：包括型地域生活支援）	アメリカのウィスコンシン州で開発された、比較的重度の精神障害者を対象に、訪問活動を主力とする24時間の医療・福祉サービスで、不必要な入院の防止と地域リハビリテーションを目指すものである。我が国でも2002（平成14）年度以降、ACT-Jをはじめ、各地でモデル的に導入され、日本式の包括的支援プログラムの開発と標準となるACTの基準尺度の作成やネットワークの構築が図られている。
ストレングス型モデル	クライエントが本来もっている能力や環境の側の潜在的能力にも着目し、それを引き出したり、活用したり、セルフケア能力を高めることに重点を置いている。
仲介型モデル	イギリスで伝統的に発展したケアマネジメントシステムであり、我が国の介護保険制度でほぼ実践されている地域資源へのあっせん、仲介を主とするサービス形態である。ブローカーモデルとも呼ばれる。
臨床型モデル	固定した支援者が直接・間接、両方のサービスを提供し、治療的関係による効果も期待されることから、医学モデル的色彩が強い。ケアマネジャーと利用者のラポールを特に重視したモデルであり、利用者の心理的・社会的な回復を意図するところに特徴がある。
リハビリテーション型モデル	利用者の能力障害に焦点づけを行い、利用者のもっている潜在能力や生活技能訓練を用いて、利用者が設定する目標の実現を目指す。それに併せて地域資源の開拓、変革を同時に行い、その一致点を見出していくものである。
集中型モデル	集中型ケアマネジメントと訳される。ACTのように多職種協働を前提とせず、ケアマネジャーのアウトリーチ活動を含む個別援助を基本とし、既存のサービスの導入を通して濃厚な支援を展開する。仲介型と総合型（ACT）の中間に位置づけられるものである。

3 精神保健福祉分野における家族支援の実際

精神障害者家族の課題

◎精神保健福祉法と家族

126 精神障害者家族の位置づけとして三つの次元がある。①「ケア提供者・治療協力者としての家族」、②「『精神障害者家族』としての家族」、③「自らの人生を生きる家族」である。

127 精神障害者家族は、近代における最初の精神病者に関する法律「**精神病者監護法**」（1900（明治33）年）以来、本人の治療・入院等に関する過大な責任を背負ってきた。家族の義務規定の変遷は図表13のとおりである。

図表13 精神障害者の家族の法的位置づけの変遷

年	法律名	名称	主な法的内容
1900（明治33）年	精神病者監護法	監護義務者	警察へ届出て行政の許可を得て監置する責任と権限、監護費用の負担
1950（昭和25）年	精神衛生法	保護義務者	治療を受けさせる義務、自傷他害を起こさないよう監督、財産上の利益保護、診断や医療について医師に協力、医療を受けさせるにあたり医師の指示に従う、退院・仮退院の引き取り義務、本人が入院拒否しても家族の同意によって入院できる（同意入院）、私宅監置廃止
1965（昭和40）年	精神衛生法改正	保護義務者	保護義務者による保護拘束の規定の削除
1993（平成5）年	精神保健法改正	保護者	保護者に名称変更 （追加）措置解除により退院した場合等において、必要に応じて精神科病院および社会復帰施設等に対して支援を求めることができる
1999（平成11）年	精神保健福祉法改正	保護者	（削除）自傷他害防止監督義務の削除、任意入院患者と通院患者の保護義務対象から除外 （追加）保護者に成年後見制度の保佐人を加える
2013（平成25）年	精神保健福祉法改正	家族等	保護者制度の廃止、家族等*には医療保護入院の同意 ＊家族等とは配偶者、親権者、扶養義務者および後見人または保佐人

出典：以下の文献をもとに作成
・厚生労働省精神・障害保健課「保護者制度について」第1回保護者制度・入院制度に関する作業チーム、資料2、2010.
・伊藤千尋「第1章 社会制度からみる精神障害者家族」『精神保健福祉領域における家族支援のあり方――統合失調症の子をもつ母親の語りから』萌文社、pp.17-35、2019.

出25-1

128 「**保護者」制度**は、2013（平成25）年の精神保健及び精神障害者福祉に関する法律（精神保健福祉法）の一部改正によって廃止となるが、医療

保護入院において**「家族等」の同意**が求められる条項は残った。これにより入院後の本人と家族の関係性が悪化し、深刻な軋轢を生むことや家族の心理的負担が増す状況は依然変わっていない。

129 精神保健福祉法において保護者制度は廃止されたが、民法（第714条）では家族など扶養義務者による監督義務者としての責任が定められている。

130 **家族主義的福祉**とは、何らかのケアやサポートが必要な個人がいた場合に、福祉（ケア）が第一義的には家族の責任としてゆだねられるあり方のことである。**エスピン＝アンデルセン**（Esping-Andersen, G.）の福祉レジーム論の類型の一つである。

131 多くの場合、ケアを担う家族は母親や妻、娘など女性という**ジェンダー**に割り振られてきた。

◎精神障害に関連したケアラーのニーズと支援

132 **公益社団法人全国精神保健福祉会連合会**（みんなねっと）は、家族への調査を実施し、精神障害者家族が直面してきた困難として、七つの特徴をまとめている。

①病状悪化時に必要な支援がない。
②困ったとき、いつでも相談でき、問題を解決してくれる場がない。
③本人の回復に向けた専門家による働きかけがなく、家族まかせ。
④利用者中心の医療になっていない。
⑤多くの家族が情報を得られず困った経験をもつ。
⑥家族は身体的・精神的健康への不安を抱えている。
⑦家族は仕事をやめたり、経済的な負担をしている。

133 「みんなねっと」は、2010（平成22）年に「わたしたち家族の7つの提言」をまとめている。

①本人・家族のもとに届けられる訪問型の支援・治療サービスの実現
②24時間・365日の相談支援体制の実現
③本人の希望にそった個別支援体制の確立
④利用者中心の医療の実現
⑤家族に対して適切な情報提供がされること
⑥家族自身の身体的・精神的健康の保障
⑦家族自身の就労機会および経済的基盤の保障

134 **ケアラー**としての家族に強い負担やストレスがかかる背景には、法による義務規定、**疾病特性**（若年が発症好機、再発のしやすさ、長期の経過など）、医療や生活支援に関する支援体制の不足、社会的な偏見の強さ、**家族**

の役割期待の大きさなどがある。

「ケアラー」とは、心身に不調を抱える病気や障害・介護、それに伴う家事など、家族の介護等を行うものをいう。ここでは精神障害者の家族を指す。

135　ケアラー支援では、家族のニーズを理解し、家族全体を視野に置いた柔軟な**アウトリーチ型支援**によって、適切な知識・情報提供を行いつつ、関係者と継続した家族支援体制を構築し、本人の病状悪化時にも積極的に対応することが重要である。

136　**ヤングケアラー**とは、家族にケアを要する人がいるために、家事や家族の世話などを行っている、18歳未満の子どものことである。

137　ヤングケアラーの問題は、子の学びや成長に否定的な影響をもたらすこと、遅刻や不登校などの状況が恒常化しやすいこと、子の孤立感や劣等感を高めること、問題状況を子が認識しにくいこと、何が起こっているかを言語化しにくいこと、支援が得にくいことなどがある。

138　ケアがヤングケアラー本人にとって意味ある経験となるために重要なことは、家族全体に視野を置いた具体的な支援と、子どもの経験を共有し理解しようとする仲間や支援者・関係者との出会いである。

家族理解の変遷

139　家族病因論とは、統合失調症の発病の原因が家族、特に親にあるとする理論で、1950年代から1970年代のアメリカで広く唱えられた。

140　**フロム・ライヒマン**（Fromm-Reichmann, F.）は、子どもに対する母親の拒否や支配的な養育態度から「統合失調症を作る母」と表現した。

141　ベイトソン（Bateson, G.）が提唱した**ダブルバインド（二重拘束）**とは、二つの矛盾した意味のメッセージを送ることで、相手が混乱したり、強い心理的ストレスを感じるコミュニケーションのことである。統合失調症の子どもをもつ家庭内のコミュニケーション研究から発見された。

142　家族システム論とは、家族を個々の家族メンバーが互いに影響を与えあう一つのシステムと捉え、問題を維持する原因と結果の関係を直線的ではなく、**円環的な視点**でみる理論である。問題を抱えた家族メンバーをIP（identified patient：患者と見なされた人）と呼ぶ。

143　**感情表出**（EE：Expressed Emotion）とは、家族が患者に対して表出する感情のことである。

144 レフ（Leff, J.）とヴォーン（Vaughn, C.）は、「批判的コメント」「情緒的巻き込まれ過ぎ」「敵意」「暖かみ」「肯定的言辞」の五つからなる感情表出の評価尺度を定めた。

145 「批判的コメント」「情緒的巻き込まれ過ぎ」「敵意」の三つの感情表出のいずれかが高い状態を高EEという。高EEの場合は統合失調症の再発率が高く、低EEでは再発率が低くなることが予測される。**家族心理教育**の発展に貢献した研究である。 出26-45

146 アメリカの**アンダーソン**（Anderson, C. M.）は、家族心理教育を開発した。家族心理教育とは、精神障害者の家族に対して心理面での配慮を行いつつ、病気や障害についての正しい知識や情報を伝えることにより、生活上の問題や困難によりよい対応が可能となるように支援する方法である。

147 **ストレス・コーピング・モデル**とは、統合失調症者の家族が患者の症状や社会生活の困難さという「ストレッサー」によってストレスを与えられる一方、それを緩和する家族関係、友人関係、専門家のサポートといった社会的サポートの「介入因子」によって、よい影響を受ける。そして、家族がそれらを「評価」し、「対処行動（コーピング）」をとっていき、その結果が家族の「心身の健康状態」に影響を与えるというものである（図表14参照）。

図表14 ストレス・コーピング・モデル

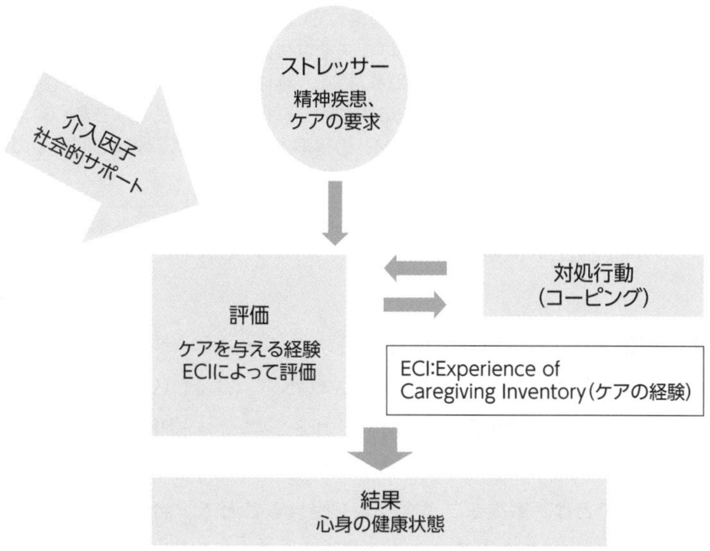

出典：Szmukler, G. I., Burgess, P., Herrman, H., Bloch, S., Benson, A. and Colusa, S., 'Caring for relatives with serious mental illness: the development of the Experience of CaregivingInventory,Social Psychiatry and Psychiatric Epidemiology',*The International Journal for Research in Social and Genetic Epidemiology and Mental Health Services*, 31(3-4), p.139, 1996.をもとに作成

148 ジョイス（Joyce, J.）らは、統合失調症者の家族の心身の健康状態を改善するためには、家族心理教育だけでは不十分で、専門家や同じ経験をもつ家族のグループによる社会的サポートが大切であるとした。

149 社会学者の**ジャクソン**（Jackson, J.）は、アルコール依存症の家族研究において、ストレス学説に基づく家族の対応の7段階説を発表した（**図表15参照**）。

図表15 ジャクソンの7段階説

第1段階　問題を否認する試み
　夫が飲酒問題を起こしても、妻はそれを正常であると思い、世間でいう「アル中」ではないと否認する。
第2段階　問題を取り除こうとする試み
　妻は夫の飲酒が正常ではないと考え始め、どのように対応してよいかわからないなかで、何とか問題を取り除こうとする。
第3段階　解体
　妻は夫の飲酒問題の理解と解決をあきらめ、公的機関に助けを求める。
第4段階　問題があるにもかかわらずの再統合の試み
　さまざまな危機が生じるので、家族は生き延びるための行動を強いられる。この時点で多くの妻たちが夫と別れる。夫は無視されるか、扱いにくい子どもとみなされる。夫が飲酒問題を認め、入院することもある。
第5段階　問題からの逃避の試み
　妻は問題飲酒を続けるような夫、特に暴力をふるう夫はいないほうが家庭はうまくいくと思うようになり、別れることを決心する。
第6段階　（アルコール依存症者抜きの）家族の再統合
　妻は飲酒を続ける夫と別れ、夫抜きで家族の再統合を行う。
第7段階　（アルコール依存症者が回復しての）家族の再統合
　夫が飲酒をやめて回復に向かえば、夫を含めた家族全体の再統合が行われる。しかし、夫が飲酒をやめた後でも問題は残る。妻は一度引き受けた夫の役割や父親の役割を夫に返すことになるが、夫の再飲酒や回復途上で起こりがちな心身の不調を心配する。ストレス説はアセスメントの基準となるが、第7段階の回復期の過程が不十分だと批判されることがある。

出典：一般社団法人日本ソーシャルワーク教育学校連盟編『最新 精神保健福祉士養成講座⑥ソーシャルワークの理論と方法［精神専門］』中央法規出版、pp.128-129、2021.

150 治療への導入や家族と依存症者のコミュニケーションの改善のためのプログラムとして、アメリカで開発されたクラフト（CRAFT：community reinforcement and family training：コミュニティ強化法と家族トレーニング）がある。

CRAFTとは、家族がプログラムを受けることで、治療を受け入れやすい環境をつくり、患者を治療につなぐ方法である。

出 25-59　**151** **アラノン**（**Al-Anon**）は、身近な人のアルコールの問題に影響を受けている、または受けたと感じている人たち、依存症者の家族、友人、そして子どもの頃にアルコール依存症の影響を受けたと感じているアダルトチルドレン（AC）の人たちのセルフヘルプグループである。

✎ アダルトチルドレンとは、アルコール依存症など機能不全家族の家庭で生まれ育ち、生き延びるために身につけた適応の形によって、成人に達してから生きづらさを抱えてしまう大人のことを指す。

受験対策アドバイス

◆セルフヘルプグループにはさまざまな種類があります。誰を対象としたグループなのか整理しておきましょう。

152 **ナラノン**（Nar-anon）は、身近な人の薬物依存の問題によって、影響を受けてきた家族や友人のセルフヘルプグループである。

153 **ギャマノン**（Gam-Anon）は、身近な人のギャンブル依存症の問題により影響を受けた家族や友人のセルフヘルプグループである。

出 22-14
出 25-59

154 **イネイブラー**とは、依存症者が引き起こした問題の責任を肩代わりして、依存症者が問題に直面することを妨げて、問題を助長する人（行動はイネイブリング）を指す。

155 **共依存**は、特定の人との関係において絶えず相手のことが気になり、過剰な世話焼きが生き方になって、自分を失ってしまう状態のことを指す。

家族支援の方法

156 家族支援の機能には、①**相談機能**、②**心理教育的機能**、③**治療的機能**、④**相互支援促進機能**、⑤**開発機能**の五つがある。

157 家族相談面接では、共感的傾聴をもとに主訴となる問題・課題を整理し、「全体としての家族」の視点からアセスメントを行って、制度・サービスの情報提供や調整・連携を行い、家族の問題解決能力、対処能力の向上を図る。

158 家族支援では、家族の思いや苦労を十分にねぎらい、家族の**ストレングス**（力・長所・能力）を引き出し、**エンパワメント**するかかわりを行う。

159 病状悪化や危機介入が必要な場合には、チームで積極的に支援する訪問型の家族支援を行う。近年では、**ACT**や**オープンダイアローグ**などの実践が注目されている。

✎ オープンダイアローグとは、1980年代にフィンランドの西ラップランド地方のケロプダス病院で始まった対話を中心とする訪問型の治療アプローチである。

160 **家族療法的アプローチ**とは、家族を一つのシステムとして捉え、そこでの相互作用を**円環的認識論**によって理解し、家族全体のコミュニケーションに介入していく支援方法である。

✎ 円環的認識論とは、連続した相互作用を捉えていくものの見方で、「原因ー

結果」を一対一で捉える直線的認識論とは対極にある。

161 家族療法的アプローチでは、問題の原因追及ではなく、問題が維持されるような家族システム内の相互作用のパターンを見出し、さまざまな技法（**ジェノグラム**、**リフレーミング**、**問題の外在化**など）を用いて問題を維持してきた相互作用を変えていく支援をする。

✏ リフレーミングとは、利用者のもつ否定的あるいはネガティブなイメージを肯定的な意味に変えるためのコミュニケーション技法のことである。

✏ 問題の外在化とは、ナラティヴアプローチにおける技法の一つである。クライエントの抱える問題は彼ら自身のなかにあるのではなく、外から入り込んだものであり、クライエントと問題を切り離すことができると捉えることである。

162 家族療法的アプローチは、家族の変化する力を信じて原因探しや悪者探しをせず、結果として問題を含まない関係性をつくるという点で実践的な効用がある。

163 近年では、1980年代の社会構成主義の影響を受け、1990年代にはナラティヴアプローチやソリューションフォーカストアプローチ（解決志向アプローチ）などが登場している。

164 **家族心理教育**は、家族療法の一形態として日本に紹介され、現在は「科学的根拠のある実践（Evidence Based Practice：EBP）」の一つとして注目されている。

受験対策アドバイス

◆家族心理教育は、家族に知識を伝達するだけではなく、三つの要素があることを押さえておきましょう。

165 家族心理教育は、共通の枠組みとなる三つの要素がある。①病気や治療法に関する知識を伝達すること、②家族ケアにかかわる対処方法やコミュニケーション技術を練習すること、③家族のストレス軽減を行うことである。

166 家族心理教育のモデルには、国府台モデルやイギリスで開発された**メリデン版訪問家族支援**、「家族による家族学習会」などがある。

167 家族支援では、同じような経験をもったほかの家族との交流が、エンパワメントにつながる。家族同士の経験交流や相互支援関係の構築をねらいとして実施されるのが、小グループを用いた家族のサポートグループと、自助組織としての**セルフヘルプグループ**である。

168 家族のサポートグループでは、家族のニーズに応じて、自由な雰囲気のなかで話し合いや交流が行われるよう、グループワークにおける**相互作用モデル**的なかかわりをとることになる。

✏ 相互作用モデルとは、グループワークの理論の一つでメンバーの相互支援

関係を促進するために支援者が媒介的な役割を担う支援方法である。

169 家族のセルフヘルプグループでは、家族が主体的に活動を行い運営するグループであることから、支援者は側面的な支援にとどまる。

170 **家族レジリエンス**とは、家族がもともとのその家族なりのウェルビーイングな状態（身体的・精神的・社会的に良好な状態）に戻る力があると仮定し、家族機能を病理的な面からではなく、健康さの面から捉えることである。

171 家族に生じる暴力問題には、児童虐待、高齢者虐待、障害者虐待、ドメスティック・バイオレンス（DV）などがある。

172 DVとは、配偶者や恋人などの親密な関係にある人から振るわれる暴力のことで、身体的暴力、精神的・心理的暴力、性的暴力、経済的暴力、社会的隔離、子どもを利用した暴力などがある。

173 DV被害者支援においては、生じていることがDVだと被害者が認識するための知識や情報提供による認知変容のほか、①介入、②希望を示す、③自責感の払拭の3点の支援が重要である。

174 **DV加害者更生プログラム**は、①加害者としての責任を自覚すること、②加害の理由として有する強い被害者意識の認知・行動を変容することがねらいであり、**動機づけ面接法**などを用いた認知行動療法的なかかわりが行われる。 出24-35

175 精神障害者による家族への暴力の原因としては「統合失調症の陽性症状」「認知機能障害」「苦悩、トラウマ」があり、「家族とのコミュニケーション」をきっかけとして家族への暴力が起き、それが連鎖・継続する場合がある。

176 暴力問題が生じている精神障害者家族への支援において必要なことが7点ある。①予防的支援、②暴力問題についてのアセスメント、③家族を継続的に支援する、④家族の認識を変える、⑤本人の一人暮らしを支援する、⑥家族の社会的孤立を防ぐために家族会につなぐ、⑦家族教室などで対処方法を伝える。

4 多職種連携・多機関連携（チームアプローチ）

連携の意義と目的

◎連携に関わる概念

177 **連携**とは、一般的に「同じ目的をもつ人たちがつながり、協力しあって物事を行うこと」であり、ソーシャルワークとして共通する要素は、①目的は個人・組織・地域などを援助すること、②２人以上の異なる機関や組織、個人が結集すること、③双方向的なかかわりがあることである。

178 協働とは、**連携**に内在するプロセスであり、専門性が異なる複数の主体が「対等な関係」「主体性をもった参画」「責任を伴った合意形成」「具体的な実行」といった、いくつかの条件が整った状況で生じるものと捉える。

179 精神保健福祉士にとっての**協働**とは、クライエントの**自己決定の尊重**を支援の価値の中心において、クライエントの生活課題をともに考え、その問題解決の方法をともに探索して取り組んでいくことである。

180 **ネットワーキング**とは、共通の関心や目的のために結集した人たちによる、現状の課題を打開するための方法を協議するなどの実践的なプロセスである。

181 **チームアプローチ**とは、チームの意味合いが特定の目的達成のために統合や調整等の活動をするシステムであり、支援チームが協働的かつ**継続的**な援助を実施することである。

◎ニーズの多様化、複合化

182 我が国では、人口減少や65歳以上の高齢者割合の増加、生産年齢人口における**未婚化**、晩婚化、**非正規雇用者**の増加などの人口・社会構造のなかで、家族間で支えあう力は弱まり、地域のつながりも希薄化し、コミュニティに培われてきた共同体としての機能は低下してきている。

183 医療の発展により、急性疾患だけでなく慢性疾患へのケアにも力点が置かれるようになり、医師や看護師による**在宅医療**も進展を遂げている。これにより医療活動と生活支援活動の双方の領域で**連携**の必要性が高まってきた。

184 **ICT**（情報通信技術）の発展により、国や地域を超えたつながり（**グローバリゼーション**）が促進され、住民のライフスタイルは多様化している。

185 経済的な貧困とともに、社会的孤立など関係性の貧困化、ダブルケアや**8050問題**など、多様化したニーズや複雑に絡みあった問題は、さまざまな社会保障制度や公的サービスなどを活用しても解決に至らない場合も多い。単一職種や機関ではなく多職種・多機関による包括的な援助が必要となる。

✏ ダブルケアとは、晩婚化と出産年齢の高齢化によって、親の介護と乳幼児の子育てに同時に直面することである。

✏ 8050問題とは、80歳代の親と50歳代の子どもが社会的に孤立し、病気・介護・貧困など複合的な生きづらさを抱える地域課題のことである。

◎精神保健福祉領域における連携の必要性

186 2014（平成26）年施行の改正精神保健及び精神障害者福祉に関する法律（精神保健福祉法）により策定された「**良質かつ適切な精神障害者に対する医療の提供を確保するための指針**」に基づき、医療計画と連動させた精神病床の機能分化が本格的に着手され始めた。

187 2017（平成29）年には、「**精神障害にも対応した地域包括ケアシステム**」の構築が理念に掲げられ、あらゆる人が共生できる包括的な地域づくりが強化された。

188 精神医療は、専門疾患別、対象別とした病床の機能分化が進み、医療機関内における**多職種連携**（**チームアプローチ**）が標準化されつつある。

189 地域における精神保健福祉活動においては、法律で定められた**在宅福祉サービス**の拡張や在宅医療ケアを担う訪問看護事業所が急増したが、サービスが細分化されたことによって包括的な支援が受けにくい状況にある。

190 近年では、精神障害者の高齢化による介護分野との連携のほか、触法精神障害者の社会復帰支援における司法分野との連携、さらには、児童生徒の生活課題への調整・介入における教育との連携、労働者のメンタルヘルス課題における産業分野との連携など、あらゆる世代や領域において連携が重要視されている。

191 近年では、国の施策により機能分化が強調されており、組織間・機関間が連携することは容易ではない。連携の構造については図表16のとおりであり、それぞれに特性があり、状況や目的で使い分けられる。

図表16 連携の構造

1．連携の段階：3段階に分けられる	
①つながり	特定の決まりごとや調整はされない
②調整・協調	ケアの提供のための調整はされるが、システムは別々
③協働・統合	多様なシステムによる要素が結集した体系的なサービス提供
2．連携の範囲：3つのレベルがある	
①クライエントレベル	クライエントに提供する直接支援
②コミュニティレベル	機関や組織が所在する地域の資源開発、調整
③ポリシーレベル	社会制度・自治体政策の計画や評価
3．構成主体：3種類に分けられる	
①専門職チーム	機関・組織に所属する専門職のみで構成
②非専門職チーム	地域住民、ボランティア等の非専門職のみで構成
③専門職・非専門職チーム	①と②を含めた関連する多様な人材で構成

出典：一般社団法人日本ソーシャルワーク教育学校連盟編『最新 精神保健福祉士養成講座⑥ソーシャルワークの理論と方法［精神専門］』中央法規出版、p.207、2021．より作成

多職種連携・多機関連携の留意点

192 協働体制とは、クライエントにかかわる多職種・多機関が援助の共通基盤のうえに立った役割と方法を共有し、チームとしてのアウトカムを生むプロセスである。

193 チームが機能するためには、具体的に設定された援助の目標が全体に**共有**されることが必要となる。精神保健福祉士には、目標や支援方法が常にチームの共通理解となるように、その時々のニーズに応じて柔軟な調整が求められる。

出 26-42

受験対策アドバイス

◆連携やチームアプローチでは、クライエント中心であることと、権利擁護の視点がポイントになります。

194 協働体制の中心には**クライエント**がいる。チームの一員である精神保健福祉士は、クライエントと援助関係を深めながら、クライエント自身が適切にチームに参加しているかを評価し、**権利擁護**の視点に基づく点検を十分に行う役割がある。

195 協働体制の成立や維持においては、チームにおける安全性の確保と信頼の醸成が欠かせない。そのためには、異なる専門職や機関がお互いの専門領域を侵さず、違いを認めて**対等性**を保つことが前提となる。

196 カンファレンスが開催される場合には、各機関や人同士が支援の権限と責任を等しくもちあい、それぞれが支援主体であるという**当事者意識**を

もって役割を遂行していくことが必要となる。

197 協働体制のなかで、効率的な支援を進めていくためには情報の一元化は重要である。個人情報の共有においては、**クライエントの了承**を得て、守秘に関するルールづくりを行うことが必要となる。

198 チームアプローチでは、専門職間で、対象者に関する基本的な意見の統一と処遇に関する一貫性が保たれ、対象者のニーズに柔軟に対応したサービス提供が共同で可能となる。多職種がそれぞれの専門的かつ客観的な知識と技術をもち寄るが、それぞれの職種で育まれた**経験知**や**臨床的直感**も尊重しあうことで、治療や援助に幅をもたせることが可能となる。特に保健医療分野でのチームアプローチを、近年は**専門職連携**（IPW）と呼んでいる。 出24-34

199 英国専門職連携教育推進センター（Centre for the Advancement of Interprofessional Education: CAIPE）は、それぞれの専門職間の垣根を越えて、互いの視点や技術についての理解を深め、実践に活かすための研修教育である**専門職連携教育**（IPE）を積極的に発信している。

200 **専門職連携教育**（IPE）とは複数の異なる領域の専門職（または専門職を目指す学生）が同じ場所で学ぶことである。多職種連携コンピテンシーにおける協働的コンピテンシーの醸成に役立つと考えられる。

チームビルディング

201 今日では、多職種等が連携したチームアプローチが有効とされているが、チーム構成員の**凝集性**が高まらなければ、チームアプローチの効力は発揮できない。

202 バーナード（Barnard, C. I.）は、チームの要素として、①共通の枠組み、②協働する意欲、③コミュニケーションを挙げている。

203 **チームビルディング**とは、チームを形成していくことであり、チームリーダーや**ファシリテーター**が、いかに短時間で効果的にチームとして活動できるようになるかを考えなければならない。

204 チームビルディングについては、心理学者のタックマン（Tuckman, B. W.）が五つの形成段階（形成期→混乱期→統一期→機能期→散会期）を示している**（図表17参照）**。 出25-31

図表17 チームビルディングの発展段階

出典：一般社団法人日本ソーシャルワーク教育学校連盟編『最新 精神保健福祉士養成講座⑥ソーシャルワークの理論と方法［精神専門］』中央法規出版、p.221、2021.

◎形成期

205 チームを構成するメンバーが決定した段階であり、メンバーはお互いのことをあまり知らず、チームのビジョンや目標なども理解されていない時期である。

206 形成期では、メンバーはほかのメンバーに対して遠慮が発生し、不安や内向性、緊張感がある。

207 リーダーには、①コミュニケーションと情報の「量」を共有する、②お互いを知るための短時間で気軽に楽しめるゲーム交流会を開催する（**アイスブレイク**）、③メンバーにプロジェクト趣旨を説明する、④明確な指示を出し、課題を進めることが求められる。

✏ アイスブレイクとは、初めて出会った人同士や会議の緊張をときほぐすための手法であり、コミュニケーションがとりやすい雰囲気をつくる。

◎混乱期

208 チームのビジョンや目標達成方法などを模索する段階であり、意見の食い違いや人間関係、業務の進め方について対立が生まれる段階である。

209 混乱期では、チーム内の**ヒエラルキー**を気にする動きが表出し、メンバーのエネルギーはチーム内部の競争に向けられ、チーム全体でモチベーションが下がるといった特徴がある。

210 リーダーは、①チームとしての活動方針、②役割分担の見直しなどの再設定を行う。

◎統一期

211 チームとしての目指すべき目的や、各メンバーの役割や特徴が共有され、行動規範や役割分担が形成される段階である。

212 統一期では、各メンバーの能力が発揮され、モチベーションが高まる。

213 リーダーは、相互に助けあえるような関係性が構築できるよう、お互

いの仕事の内容を紹介するなど、メンバー間のより深いコミュニケーション活動を推進していく。

◎機能期

214 チームとして機能し、成果を創出する段階である。

215 機能期では、共通のゴールに向かって、チームが一致団結し、個々のメンバーが能力を発揮するため、パフォーマンスとモチベーションが高まる。

216 機能期において、目的やミッションが達成されることで成功体験が共有でき、強い信頼関係が生まれる。

217 リーダーは、メンバー同士の役割を統一期の状態で固定するのではなく、状況に合わせて活動方針や役割分担を見直すことが重要である。

◎散会期

218 目標の達成、もしくは時間的制約により、チームが解散する時期である。

219 散会期では、上を目指そうとするメンバーが現れ、退職や異動を考えるメンバーが現れるといった特徴が出てくる。

220 リーダーは、チームの目標達成度と**チームマネジメント**について評価を行い、新たな目標設定とチーム構成を考えることが重要である。

◎リーダーシップ

221 チームを運営していくためには、コミュニケーション能力以外に、チームをマネジメントできる**リーダーシップ**やグループを適正な方向へ導くための**ファシリテーション力**が求められる。

222 リーダーシップにはいくつかの定義があるが、一般的には「方向性を示すこと」や「率先して行動すること」「目標達成に導く力」といわれている。

223 リーダーシップの力として、①**ビジョニング**、②チームビルディング、③コミュニケーション、④**意思決定**の四つの視点が必要とされる。

224 リーダーシップのスタイルとして、ゴールマン（Goleman, D.）は、①トップ・ダウン、②人間重視、③個々の意見尊重、④新ビジョンとイニシアティブ、⑤支援の五つの分類で整理されると述べている。

225 チームの形成段階である形成期の段階はトップ・ダウン、混乱期の段

階は新ビジョンとイニシアティブ、統一期の段階は個々の意見の尊重、機能期の段階は支援、散会期の段階はトップ・ダウンが主として求められる。

◎ファシリテーション

226 **ファシリテーション**とは、チームによる活動が円滑に行われるように支援することで、チームが目標を達成するために、中立的な立場でチームのプロセスを管理し、問題解決・合意形成・学習などを支援し促進することである。

227 進行役を担う者を**ファシリテーター**と呼び、四つのファシリテーションスキルを用い、チームの活性化を図り、**凝集性**を高める（図表18参照）。

図表18 四つのファシリテーションスキル

名称	内容
場のデザインのスキル	何を目的に、どのような人を集めて、どのような議論を進めていくのかを考える。ファシリテーターは、場をつくり、ゴールを明らかにし、そのプロセスをつくり上げるスキルや、チームの関係性を築き上げていくスキルが必要となる。
対人関係のスキル	ファシリテーターは、参加者が主体的に会議に参加できるように、それぞれの発言を受けとめ、意見を引き出すための促しなどの行動が必要となる。そのためには、傾聴、共感、相互作用の観察、質問、**ブレーンストーミング**などのスキルが必要となる。
構造化のスキル	議論を整理していくために、ファシリテーターは、議論を「見える化」するために、ロジックツリーやマトリックス、SWOTなどのフレームワークやホワイトボードを用いた**ファシリテーショングラフィック**を活用する。
合意形成のスキル	議論が成熟し、結論の方向性が絞られてくると、葛藤や矛盾の顕在化により**コンフリクト**の状況が生まれる。ファシリテーターは、対立を解消し、プロセスを共有し振り返ることができるマネジメントスキルが求められる。

228 **パワーゲーム**とは、組織やグループ等の人間関係のなかで繰り広げられる力の張り合いのことである。

受験対策アドバイス

◆チームの形態と特徴は頻出です。それぞれの違いについて、実際の例をイメージしながら理解しておきましょう。

出23-29

出26-29

チームの形態と特徴

◎チームの形態と特徴

229 チームの形態については、**マルチディシプリナリーモデル**、**インターディシプリナリーモデル**、**トランスディシプリナリーモデル**の三つがある（図表19参照）。チームの編成される場所や状況によって、どのモデルが最も適合するかは異なる。

図表19 チームアプローチのモデル

	階層関係	役割の流動性	相互作用	例
マルチディシプリナリーモデル	あり	固定的	小さい	精神科急性期病棟におけるチーム医療
インターディシプリナリーモデル	なし	おおむね固定的	大きい	地域生活支援におけるケアマネジメント体制
トランスディシプリナリーモデル	なし	流動的	大きい	精神科デイケアにおける多職種チーム ACT

230 マルチディシプリナリーモデルは、チームを構成する専門家間に階層関係があり、各専門職のチーム内での役割は**固定的**であり、相互作用も小さいものをいう。医療機関内における専門職チームがこれに該当し、医師がリーダーとなって指示に従って各々が仕事をすることで階層性（**ヒエラルキー**）が生じやすい。精神科救急や急性期にある患者へのアプローチはこのモデルに該当する。 出23-29

231 インターディシプリナリーモデルは、チームを構成するメンバー間に階層性はないが、各メンバーの役割はおおむね固定的であり、一部限定的に役割の流動性をもち、その分、相互作用がマルチディシプリナリーモデルよりも大きくなるものをいう。精神保健福祉領域では、地域移行支援会議や医療保護入院者退院支援委員会などを含むケア会議全般がこのような形態をとっている。また、サービス等利用計画に基づいた支援を実施する場合も、このチームとなることが多い。

232 トランスディシプリナリーモデルは、インターディシプリナリーモデルより、役割固定性がいっそう弱く、各専門職の役割代替が状況に応じて容認されるものをいう。精神保健福祉領域では、精神科デイ・ケアや精神科訪問看護、**ACT**（包括型地域生活支援）といったチームや福祉施設のチームがこの形態になりやすい。 出26-29

◎チームの機能

233 チームが効果的に機能するために求められる**タスク機能**とは、チームの目的達成、あるいはそのための課題を遂行していく機能である。チームの目標が明確化され、なおかつチーム・メンバーがそれを共有化していることを前提に、チーム内で「課題の明確化」「仮説の設定」「課題の分析」「計画策定」「仮説検証」という経過をたどる。

234 チームの**メンテナンス機能**とは、目的達成にあたって、効果的な活動を維持するための機能をいう。チームワークの経過のなかで、対処能力の強化、メンバーの関係性の補修が求められる。具体的にはチーム・オリエンテー 出23-32

ション（方向づけ）、リーダーシップ、メンバー間のコミュニケーション、バックアップなどが含まれる。

235 タスク機能とメンテナンス機能のどちらかがより重要ということはなく、バランスのとれた配分が必要である。

連携における精神保健福祉士の役割

236 精神保健福祉士は、精神科医療機関唯一の福祉職として、クライエントを「**生活者**」として捉える視点の固有性は、チーム医療に多様な視点をもたらす。

237 精神保健福祉士は、クライエントの**生活のしづらさ**に目を向け、精神疾患の治療という医療機関の限定的な機能にとどまらず、どのようにその人らしい生活を送っていくのか、多職種に発信し、多職種連携チームの**コーディネーター**としての役割を果たす。

238 **コンピテンシー**とは、専門職として業務を行う能力のことを指し、それは知識や技術にとどまらず、倫理観や態度、姿勢ということが含まれる考え方であり、多職種連携でもこのコンピテンシーが重要である。

239 多職種連携に求められる精神保健福祉士のコンピテンシーとして、①対人援助専門職としての共通的な能力、②精神保健福祉士としての専門職コンピテンシー、③多職種連携における協働的コンピテンシーの三つに整理される。

5 ソーシャルアドミニストレーションの展開方法

ソーシャルアドミニストレーションの概念とその意義

240 **障害福祉計画**は、障害者の日常生活及び社会生活を総合的に支援するための法律（障害者総合支援法）において、主務大臣が定める基本指針に即して、市町村・都道府県が作成するが、下記の項目を盛り込み作成する。

- 障害福祉サービス、相談支援および地域生活支援事業の提供体制の確保に係る目標
- 各年度における指定障害福祉サービス、指定地域相談支援または指定計画相談支援の種類ごとの必要な量の見込み
- 地域生活支援事業の種類ごとの実施に関する事項　等

241 ソーシャルアドミニストレーションとは、「**社会福祉運営管理**」と訳され、国や地域の社会福祉に関連する制度政策、福祉施設、医療機関などの組織運営･管理を、ソーシャルワークの観点から実践する技術のことである。

242 ソーシャル・ウェルフェア・アドミニストレーションとは、「**社会福祉施設運営管理**」と訳され、ソーシャルアドミニストレーションの狭義の意味合いとして、福祉施設や医療機関などの組織運営・管理を指す。

243 ソーシャルアドミニストレーションは、機能別、組織別に、①国の機関や組織による制度的レベル、②都道府県、市町村、広域連合などによる管理的レベル、③社会福祉施設やNPO（民間非営利組織）、福祉サービスの指定事業者などによる専門的レベルの3段階のレベルで整理できる。

244 精神保健福祉士は、個別支援を通して自らが所属する組織の**ガバナンス**や**コンプライアンス**など運営・管理の状況を適切に把握し、必要に応じて組織介入・改善を図るソーシャルアドミニストレーションを展開する必要がある。

✏ ガバナンスとは、統治と訳され、企業や国際社会も含め、管理運営システム全般を指すことが多い。具体的には、健全な経営を行うための管理体制の構築や企業の内部統治を指す。

✏ コンプライアンスとは、法令遵守のことであり、違法行為等を未然に防止する仕組みを構築して、事業所の業務運営の遵法性を高め、経営の健全性を確保し、社会全般からの信頼を確立していくことである。

245 ソーシャルアドミニストレーションの展開過程では、地域住民をはじめ、関係機関、企業等との協働により、精神障害に対する理解を地域の人々や関係機関に促し、メンタルヘルスに係る課題に「我が事」として主体的に取り組む「**参加型社会**」の形成を志向することが、対象者の福祉ニーズの解消と組織体制および提供するサービスの最適化へ結実する。

組織と精神保健福祉士の関係性

246 組織とは、特定の目的を達成するための人々の協働によって成り立つ。バーナード（Barnard, C. I.）は、組織を**公式組織**と**非公式組織**に整理し、両者は相互依存の関係にあるとした。

247 公式組織とは、「2人以上の意識的に調整された人間の活動や諸力の体系」と定義され、実体のあるものではなく、共通の目的や意図をもった複数の人間による協働システムのことである。

248 公式組織の成立要素は、①相互に意思を伝達できる人々がいること（コミュニケーション）、②その人々が協働によって貢献しようとする意欲をもっていること（貢献・協働意欲）、③その人々が共通目的の達成を目指していること（共通目的）の3点である。

249 非公式組織とは、「（どの公式組織によっても支配されていない）個人的な接触や相互作用の総合」と定義され、公式組織の発生源である。

250 非公式組織は、公式組織における伝達機能、凝集性の維持機能、個人の自尊心および自主的選択力の維持機能の三つの機能を有する。

251 支援組織のソーシャルアドミニストレーションでは、公式組織の評価および改善のみならず、非公式組織へのアプローチも考慮する必要がある。

252 医療や福祉に関するサービス提供において、運営組織として代表的なものは、医療法人や社会福祉法人、特定非営利活動法人である（図表20参照）。

253 医療機関や障害福祉サービス事業所の経営は、報酬制度の改定など施策の動向を受けやすい。そのため、精神保健福祉士は、ソーシャルアドミニストレーションの方法を用いて組織に関与することが必要である。

254 精神保健福祉士は、組織が提供するサービスが、クライエントの福祉の向上や**権利擁護**に沿ったものであるか点検し、安定したサービスを提供できるよう、持続可能な組織基盤の形成と適切な運営管理を行う。

図表20 精神保健福祉に係る民間法人

法人の種別	医療法人		社会福祉法人	特定非営利活動法人
		（社会医療法人）		
法人の根拠法	医療法第39条	医療法第42条の２	社会福祉法第22条	特定非営利活動促進法第２条
法人の定義	病院、医師もしくは歯科医師が常時勤務する診療所、介護老人保健施設または介護医療院を開設しようとする社団または財団	救急医療、へき地医療、周産期医療、精神救急医療など公益性の高い医療活動を行う法人	社会福祉事業を行うことを目的として、設立された法人	別表に掲げる活動＊＊に該当する活動であって、不特定かつ多数のものの利益の増進に寄与することを目的とするもの
法人の所管庁	都道府県知事（二つ以上の都道府県にまたがり開設する場合等は厚生労働大臣）	都道府県知事	市長、都道府県知事、厚生労働大臣のいずれか＊	都道府県知事、指定都市の長
法人の主たる財源	社会保険診療報酬による医業収入、介護保険による介護報酬、社会福祉事業等	社会保険診療報酬による医業収入、介護保険による介護報酬、社会福祉事業、収益事業等	寄付、補助金、助成金、措置費、介護保険による介護報酬、障害福祉サービス報酬等	寄付、補助金、助成金、措置費、介護保険による介護報酬、障害福祉サービス報酬等

＊・主たる事務所が市の区域内にある社会福祉法人であり、実施する事業が当該市の区域を越えないもの：市長（特別区の区長を含む）
・主たる事務所が指定都市の区域内にある社会福祉法人であり、実施する事業が１都道府県の区域内において、２以上の市町村の区域にわたるもの等：指定都市の長
・社会福祉法人で実施する事業が２以上の地方厚生局の管轄区域にわたるものであり、厚生労働省令で定めるもの：厚生労働大臣
＊＊保健、医療または福祉の増進を図る活動、社会教育の推進を図る活動、まちづくりの推進を図る活動など、20の活動が掲げられている。

255 精神保健福祉士は、所属する支援組織の職員としての立場と利用者の利益を追及する専門職としての立場がある。

256 利用者の利益や権利と支援組織の意思決定や介入との間に対立が生じた場合に、精神保健福祉士は、所属組織と利用者との間で、自らの立場や専門職性、倫理観にジレンマを抱くことになる。この状況を、リーマー（Reamer, F. G.）は「**ロイヤリティの分裂**」と称している。

組織介入・組織改善の実践モデル

257 ソーシャルワークの技法としてのソーシャルアドミニストレーションは、サービスの対象者の生活の全体像および福祉ニーズを、ミクロ、メゾ、マクロの各システムレベルから包括的、循環的に捉える**生活モデルの視点**をもって展開することが肝要である。

組織運営管理の実際

◎ソーシャルアドミニストレーション（社会福祉運営管理）の展開過程

258　制度的レベル、管理的レベルのソーシャルアドミニストレーションは、①計画管理、②財務・資源管理、計画管理および財務・資源管理を実施するための、③組織管理によって展開される。

259　計画管理は、ソーシャルアドミニストレーションの基軸であり、国および地方自治体が作成する行政計画と、社会福祉協議会などの民間組織によって作られる活動計画、行動計画がある。

260　行政計画では、地域福祉計画、障害者計画、**障害福祉計画**などがあり、行動・活動計画では、**地域福祉活動計画**、福祉のまちづくり計画などがある。

261　計画管理のソーシャルアドミニストレーションは、次のとおり展開される（図表21参照）。

図表21 計画管理のプロセス

①メンタルヘルスに関するニーズ、地域の支援組織の実態および取り巻く環境の変化や課題の評価。
②政策の課題と課題達成のための目標設定。
③目標達成のための具体的な施策とそれに係る資源と財源の確保および配分の構想。
④①～③について、市民を含む関係者で協議し、合意形成を図り、最終計画案を作成。
⑤最終計画案について、**パブリックコメント**や**タウンミーティング**の開催を通して広く意見聴取し、修正を図る。
⑥意思決定組織の承認を得て計画を確定し、施策を展開。
⑦計画の進捗管理（モニタリング）を展開。

262　財務・資源管理における財源の管理は、①財源の確保、②財源の配分、③事業の管理、④事業の費用対効果の測定、⑤配分の調整というプロセスを経る。

263　精神保健福祉士は、職能団体や患者会などのセルフヘルプグループ、サービス事業者、市民団体、大学研究機関などと協働し、ニーズの把握、**アクションリサーチ**による地域課題の抽出や施策の評価などのデータを行政に提示することで、行政による計画と財務の管理を後押しすることが求められる。

◎ソーシャル・ウェルフェア・アドミニストレーション（社会福祉施設運営管理）の展開過程

264 制度的レベルのソーシャル・ウェルフェア・アドミニストレーションでは、①活動管理、②組織管理、③経営管理という三つの運営管理上の課題に取り組む必要がある。

265 活動管理とは、支援組織の目的、目標を定めて、その達成に向けた活動を合理的、効率的に展開するための管理（マネジメント）のことを指す。

266 活動管理は、①支援組織の目的、目標の設定、②目的、目標を達成するための戦略および事業計画の策定、③計画に基づく事業の実施、④事業のモニタリングおよび効果測定、⑤目的、目標、戦略、事業計画の修正という循環的なプロセスにより展開される。

267 事業計画の修正は、PDCAサイクルの視点で実施する。PDCAサイクルは、Plan（計画）、Do（実施）、Check（確認・評価）、Act（処置）という4段階の行動を循環的に展開する企業における品質管理の手法である。

268 組織管理とは、支援組織の活動を合理的、効果的、継続的に展開するために、組織の均衡を維持し、合理的な協働システムを形成するための管理のことを指す。

269 組織管理は、ファヨール（Fayol, J. H.）による経営管理の原則論などを踏まえて展開する（図表22参照）。

図表22 **組織管理の原則**

名称	内容
専門化の原則	事業に係る業務の分業化と専門化によって、組織の活動の合理性、効率性を高めることを指す。
権限・責任の一致の原則	支援組織の役員や職員に委ねられる組織の意思決定に係る権限とその権限に係る職務上の責任のバランスが等しくなるようにすることを指す。
統制範囲一元化の原則（スパンオブコントロール）	支援組織の管理者や責任者が自らの権限と責任のもとで直接、指揮監督できる職員（部下）の人数は、物理的、能力的に限界があることを前提に、管理者、責任者による部下の統制範囲を適正に設定することを指す。

270 経営管理とは、活動管理、組織管理を展開するための条件や環境を整備するための管理のことをいう。

271 経営管理には、①ヒトの管理（人事労務マネジメント）、②モノの管

理（資産マネジメント）、③カネの管理（財務・経理マネジメント）、④知識の管理（ナレッジマネジメント）、⑤情報の管理（情報マネジメント）、⑥危険の管理（リスクマネジメント）という支援組織の経営上の課題に取り組む必要がある。

272 近年では、組織が蓄積した知識の共有、伝達と新たな知識の創造を連続的なプロセスとして捉え、主観的、経験的でIT化が困難な「暗黙知」と、客観的、合理的でIT化が可能な「形式知」の交互作用により知識を創造するナレッジマネジメントの「**組織的知識創造モデル**」（**SECIモデル**）がある（図表23参照）。

図表23「知識創造モデル（SECIモデル）」の概念図

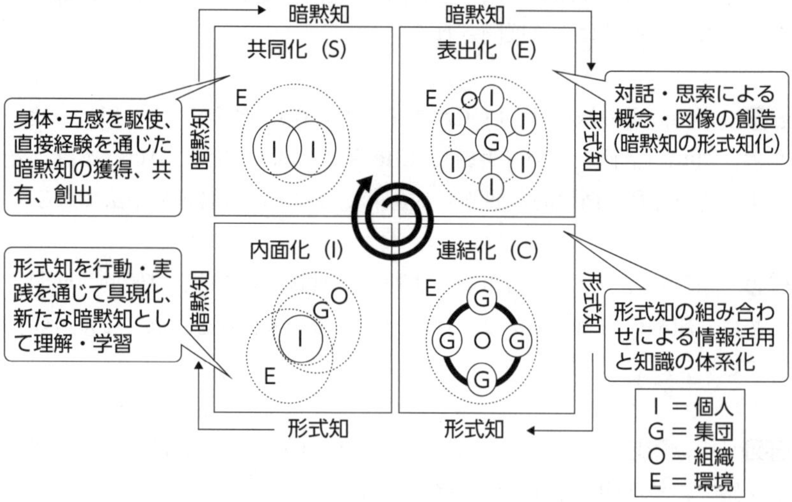

出典：野中郁次郎・紺野登『知識創造の方法論―ナレッジワーカーの作法』東洋経済新報社、p.57、2003.

出22-22 **273** リスクマネジメントとは、リスクをなくすのではなく、リスクと上手に付きあうための方法と仕組みである。

274 リスクマネジメントは、①リスクを見きわめる作業（**リスク評価**）、②リスクが生じないように策を講じて、見守る作業（**リスク管理**）、③リスク評価とリスク管理のために関係者の間で行われる意思疎通（**リスクコミュニケーション**）という三つの方法と仕組みで展開する。

◎人材確保と人材育成

275 精神保健福祉士の人材確保は、①積極的な採用促進、②**職場定着促進・離職防止**の両面から取り組む必要がある。

276 人材確保については、場当たり的な対応ではなく、組織内で十分に検討され、中・長期計画に則った採用計画に基づいて進められることが望ましい。

277 職場定着促進・離職防止においては、「働きやすさ」と「やりがい」の二つの側面から考える必要がある。

278 「働きやすさ」には、①安心して働ける環境、②安全に働ける環境、③**ライフイベント**に対応した環境がある。

279 精神保健福祉士の人材育成とは、精神保健福祉士として、その**価値**や**倫理**を遵守し、**専門性**を発揮しながら個人・組織・地域・社会に働きかけ、多様な生活課題やメンタルヘルス課題を軽減・解消・予防するために必要な能力や技術を高めるための学習を継続的に促進することである。

280 精神保健福祉士法第41条の2では、「精神保健福祉士は、精神保健及び精神障害者の福祉を取り巻く環境の変化による業務の内容の変化に適応するため、相談援助に関する知識及び技能の向上に努めなければならない」と**資質向上の責務**が定められている。

281 精神保健福祉士の資質向上は、①研修、②スーパービジョン、③自己研鑽の三つの学習形態によって促進される（図表24参照）。

出25-45

受験対策アドバイス

◆スーパービジョンの機能や形態、コンサルテーションとの違いについても理解しておきましょう。

図表24 資質向上を促進する三つの学習形態

名称	内容
研修	研修とは、職務遂行上必要な能力を修得する場・機会のことであり、OJT（on the job training）とOff-JT（off the job training）がある。 OJTは、実践の現場において、業務を通して上司や先輩が部下の指導を行う教育訓練であり、Off-JTは、研修や講習会、セミナーなどに参加する職場外訓練のことである。
スーパービジョン	スーパービジョンとは、精神保健福祉士（スーパーバイジー）が、上司や先輩などにあたるソーシャルワーカー（スーパーバイザー）から教育・訓練を受け、精神保健福祉士のアイデンティティの確立や能力向上を図る教育であり、プロセスである。
自己研鑽	精神保健福祉士としての資質向上を目的とした自己研鑽は、職能団体の活動への参加や役割の遂行、職場外の地域活動への参加、学会発表や仲間との自主的な勉強会など、多様な学びを指す。

282 精神保健福祉士の職能団体である日本精神保健福祉士協会では、生涯研修制度を設け、基幹研修、課題別研修、ソーシャルワーク研修、認定スーパーバイザー養成研修など多様な研修を実施している（図表25参照）。

283 **キャリアパス**とは、ある職位や職務に就くために必要な一連の業務経験とその順序、配置異動のルートなど、キャリアアップの道筋や基準・条件を明確化したものである。

図表25 日本精神保健福祉士協会 生涯研修制度の体系

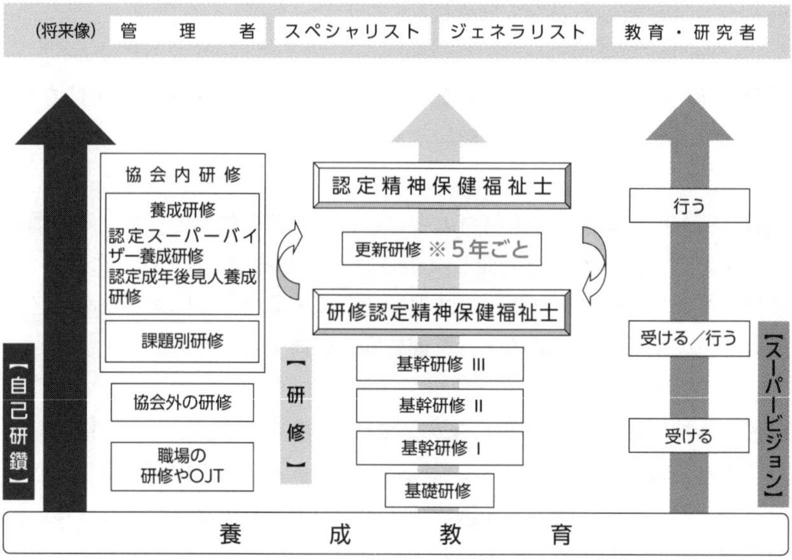

出典：公益社団法人日本精神保健福祉士協会　第18回日本精神保健福祉士協会全国大会（2019（令和元）年8月30日）発表用パワーポイントスライドを一部改変

284 **キャリアラダー**とは、一人ひとりがキャリアアップすることを目指した能力開発システムのことである。ラダーは「はしご」を意味し、はしごを上るようなイメージで、ステップごとに仕事の内容や必要な能力などが明示されている。

285 **SDS（自己啓発活動制度）**とは、学びを促進していくために必要な支援の仕組みのことであり、人が育つ環境づくりをすることである。費用補助等の経済的支援や時間的な支援、資格取得の奨励などがある。

6 コミュニティワーク

精神保健福祉分野におけるコミュニティワークの意義

286 **コミュニティワーク**とは、地域住民一人ひとりに起こり得る、さまざまな生活困難（いわゆる社会福祉問題）に対応し、専門機関が提供するフォーマルなサービスや、インフォーマルな資源等（地域住民組織、ボランティアなど）について、それぞれの有機的な連携を創出し、個々の利用者に提供する仕組みをつくる援助方法である。

287 **コミュニティワークの原則**として、①当事者を含めた地域住民の主体的参加、②地域の個別化、③全体性の重視、④協働する過程の重視、⑤住民の人権の保護の五つが挙げられる。

288 **コミュニティワークの過程**は、一般に、①問題の把握、②行動計画の策定、③行動計画の実施、④評価という局面へと進むが、そのためには調査や集団討議、広報活動、連絡調整、計画策定、資源の活用と開発、陳情行動などの多様な技術が必要となる。

289 日本の精神科病院の長期入院患者が多いことは、国の長年にわたる課題となっている。精神保健福祉士には、コミュニティワークの方法を用いて、退院可能な人たちの地域での生活環境や支援体制を構築していく役割がある。

◎地域共生社会

290 厚生労働省は、「地域共生社会」の実現を掲げ、「ニッポン一億総活躍プラン」（2016（平成28）年6月2日閣議決定）や、「『地域共生社会』の実現に向けて（当面の改革工程）」（2017（平成29）年2月7日「我が事・丸ごと」地域共生社会実現本部決定）に基づいて、その具体化に向けた改革を進めている。

291 厚生労働省の定義によると、**ソーシャルインクルージョン**とは、「すべての人々を孤独や孤立、排除や摩擦から援護し、健康で文化的な生活の実現につなげるよう、社会の構成員として包み支え合う」こととされている。 出 26-32

292 我が国では、精神障害者を**社会防衛的な視点**から精神科病院へ隔離・収容してきた歴史があり、社会の構成員として捉える考え方に至るまでには

長い年月がかかっている。

◎精神障害にも対応した地域包括ケアシステム

293 2004（平成16）年の「**精神保健医療福祉の改革ビジョン**」において「入院中心医療から地域生活中心へ」という理念が明確にされ、さまざまな施策が行われてきた。

受験対策アドバイス

◆「精神障害にも対応した地域包括ケアシステム」は進行中の施策です。内容の理解のほか、アウトリーチやコミュニティワークと関連づけて学習しましょう。

294 国は、精神障害者の地域移行を進めるための地域づくりの観点から「**精神障害にも対応した地域包括ケアシステム**」の構築を目指すことを明確化した。精神障害者が社会の一員として安心して暮らせる環境づくり、そのためには、医療、障害福祉・介護、住まい、社会参加、地域の助けあい、普及啓発（教育）を包括的に確保することが必要とされた（図表26参照）。

295 2017（平成29）年度からは、「精神障害にも対応した地域包括ケアシステムの構築推進事業」と「精神障害にも対応した地域包括ケアシステムの構築支援事業」が開始された。構築推進事業の内容については図表27のとおりである。

296 精神障害にも対応した地域包括ケアシステムの構築に向けて、地域づくりとして、各自治体に協議の場が設置されている（図表27①参照）。

地域における精神保健福祉の向上

297 2004（平成16）年の「**精神保健医療福祉の改革ビジョン**」では、「国民意識の変革」「精神医療体系の再編」「精神保健医療福祉施策の基盤強化」が掲げられ、障害のある人もない人も安心して生活できる地域づくりを目指した、コミュニティワーク実践が求められている。

298 2011（平成23）年に地域医療の基本方針となる**医療計画**に盛り込むべき疾病として指定してきたがん、脳卒中、急性心筋梗塞、糖尿病の４大疾病に、新たに精神疾患を加えて「５大疾病」とすることが決定された。

✏ 医療計画とは、各都道府県が、厚生労働大臣が定める基本方針に即して、かつ、地域の実情に応じて、当該都道府県における医療提供体制の確保を図るために策定する計画のことである。

299 今日的なメンタルヘルスの課題としては、①うつ病の増加、②若者の自殺、③違法な薬物使用の蔓延、④刑務所出所者の支援、⑤PTSD（心的外傷後ストレス障害）を抱える人の支援などがある。

300 メンタルヘルスの課題に対応するためには、医療や福祉の専門家だけでなく、教育、心理、法律などの専門家や行政、警察、児童・民生委員、自

図表26 精神障害にも対応した地域包括ケアシステム

精神障害にも対応した地域包括ケアシステムの構築（イメージ）

○ 精神障害者が、地域の一員として安心して自分らしい暮らしをすることができるよう、医療、障害福祉・介護、住まい、社会参加（就労）、地域の助け合い、教育が包括的に確保された地域包括ケアシステムの構築を目指す必要がある。
○ このような精神障害にも対応した地域包括ケアシステムの構築にあたっては、計画的に地域の基盤を整備するとともに、市町村や障害福祉・介護事業者が、精神障害の程度によらず地域生活に関する相談に対応できるように、圏域ごとの保健・医療・福祉関係者による協議の場を通じて、精神科医療機関、その他の医療機関、地域援助事業者、市町村などとの重層的な連携による支援体制を構築していくことが必要。

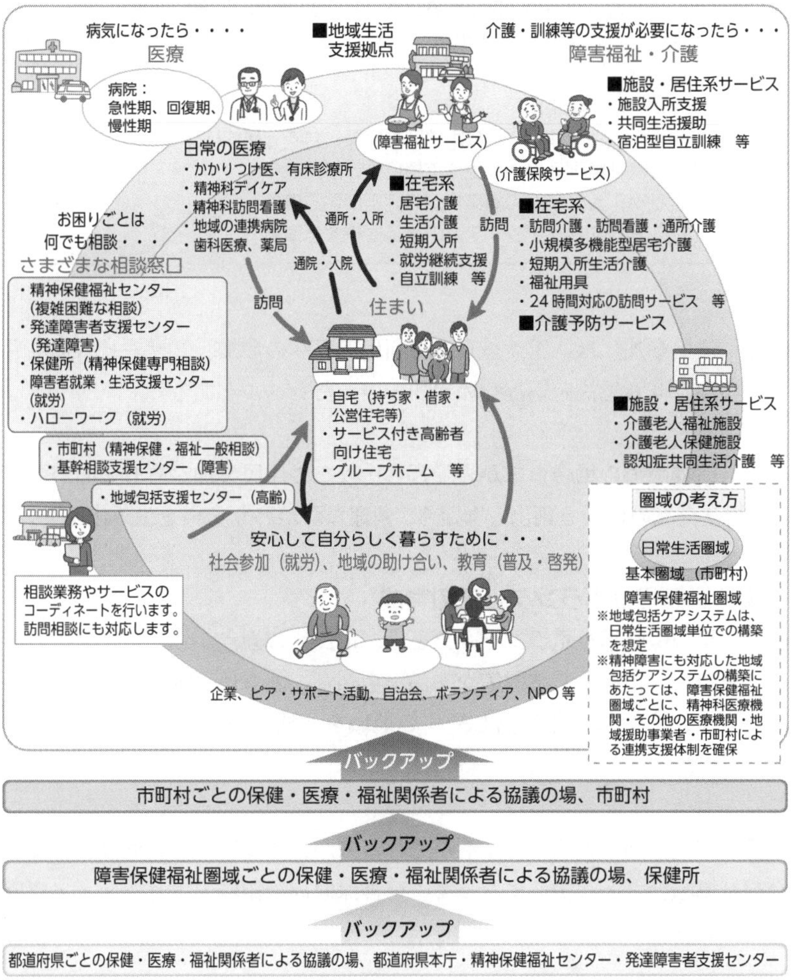

出典：厚生労働省

治会、ボランティアなどが、顔が見える関係のなかで協議を行いながら、協働していくことが求められる。

◎地域住民の精神保健福祉活動への参画

301 地域における精神保健福祉実践の特徴は**包括的アプローチ**であり、住民参加が欠かせない。地域の特性を把握したうえで、**フォーマル**な支援と、住民を中心とする**インフォーマル**な支援を統合していくところに、メンタルヘルス課題の解決の糸口が見出せる。

図表27 精神障害にも対応した地域包括ケアシステムの構築推進事業

①保健・医療・福祉関係者による協議の場の設置（必須）
②普及啓発に係る事業
③精神障害者の家族支援に係る事業
④精神障害者の住まいの確保支援に係る事業
⑤ピアサポートの活用に係る事業
⑥アウトリーチ支援に係る事業
⑦措置入院者および緊急措置入院者の退院後の医療等の継続支援に係る事業
⑧構築推進サポーターの活用に係る事業（2020（令和2）年度新規）
⑨精神医療相談に係る事業（2020（令和2）年度精神科救急医療体制整備事業からの組み替え）
⑩医療連携体制の構築に係る事業
⑪精神障害者の地域移行・地域定着関係職員に対する研修に係る事業
⑫入院中の精神障害者の地域生活支援に係る事業
⑬地域包括ケアシステムの構築状況の評価に係る事業
⑭その他、地域包括ケアシステムの構築に資する事業

302 住民参加には、①サービスの利用過程への参加、②サービス提供過程への参加、③意思決定過程への参加といったレベルがある。

303 精神障害の場合、ほかの障害と比較して住民参加が難しい面があるため、相互交流の機会を創出しながら、多様なかかわりあいを生み出していく。

◎精神保健福祉ボランティアの育成

304 **精神保健福祉ボランティア**とは、市民性の観点から、精神障害のある人と出会い、市民として対等な関係を活かし、ともに活動しながら、障害のある人々が自分らしく生活しやすい地域を一緒に築いていく人のことである。

305 住民参加の方法として活用されるのが、**ボランティア活動**である。社会福祉協議会などが中心になって、精神保健福祉領域のボランティア育成を行っている。

306 精神保健福祉士は、ボランティアに対して、精神障害者を支援するサポート集団の一員として、正確な情報や適切な支援を提供することにより、ボランティア育成の役割も担う必要がある。

307 ボランティアの性質として、自主性・主体性、社会性・連帯性、無償性・無給性が挙げられ、近年は創造性・開拓性も加えられている。また、ボランティアは、ボランティア活動の社会的価値を担っていることを忘れてはならず、**守秘義務**などのサービス提供者としての責任が求められる。ボランティアの主な役割として、市民に精神障害についての正しい情報を知らせることや、精神障害者の地域における交流の機会を増やすことがある。

◎予防的アプローチ

308 カプラン（Caplan, G.）は、『予防精神医学』で地域精神医学を予防精神医学と呼び、第一次予防、第二次予防、第三次予防という概念に分けて考えた（「02現代の精神保健の課題と支援」図表20参照）。ソーシャルワークの領域でも、予防的アプローチの重要性は認識されている。 出23-12

309 地域におけるニーズは多様化し、複雑化している。メンタルヘルス領域では、当事者がニーズを意識化していなかったり、かかわりを拒否するという状況もあり、**顕在化**しないニーズも存在する。

310 一次予防としては、市町村や保健所と連携しながら、うつ病、自殺、薬物依存などに関する正確な理解の周知、啓発が可能であり、すでに精神保健福祉士等が支援に関与してきた障害者等においては、再発防止の観点から見守ることが重要である。

311 地域における予防的アプローチが地域に根づくためには、地域の仕組みづくりのほか、多職種・多機関による統合的・包括的なアプローチを機能させることが重要となる。

7 個別支援からソーシャルアクションへの展開

基本的視点

◎ソーシャルアクションの基本的な視点

312 ソーシャルアクション（社会活動法）は、アリンスキー（Alinsky, S. D.）とクロワード（Cloward, R. A.）によって提唱された、国や地方自治体等に働きかけて、社会資源の開発をはじめ、社会福祉関連制度や施策・サービス等の社会変革を促すソーシャルワークの間接援助技術である。

出 22-25

313 ソーシャルアクションは、権利が侵害されている当事者の組織化を通じて、社会の権力構造を変革することを目的としている。精神障害当事者の声なき声を代弁する権利擁護の機能を果たすためのマクロソーシャルワークの一技術である。

314 ソーシャルアクションが、ソーシャルワークの援助技術である以上、精神障害当事者の主体的な社会参加や協働実践が必要不可欠である。

315 ソーシャルアクションの成功の鍵は、当事者をはじめとした地域住民との組織的な合意形成ができるかどうかである。

316 時代とともに物理的な社会資源は整ってきたが、それらの社会資源を活用する地域住民の価値観等の変革も視野に入れる必要がある。

◎ソーシャルアクションの歴史

317 日本においては、第二次世界大戦後から社会福祉制度に働きかけていく技術として、社会福祉運動の意味合いも含めながら、組織的活動として論じられた。

318 1980年代にかけて、公害反対運動など政策との対立を背景に、クライエントの権利を獲得するために、闘争・葛藤モデルのソーシャルアクションが展開された。

319 1968年に、アメリカのロスマン（Rothman, J.）は、コミュニティ・オーガニゼーションの機能という面から、コミュニティ・オーガニゼーションには、①小地域開発モデル、②社会計画モデル、③ソーシャルアクションモデルがあるとし、ソーシャルアクションモデルでは社会的に不利な立場に

ある人々の問題解決のため社会変革を示唆している。

320 近年では、行政や地域住民とのパートナーシップを重視した住民・行政パートナーシップモデルや市民・行政協働モデル、多様な主体と協働関係を構築する**協働モデル**など、地域の実情に応じた多様な実践モデルがある。

321 精神保健福祉領域においては、かねてより協働モデルに基づくソーシャルアクションが実践され、1980年代を中心に、**精神障害者共同作業所**設立運動が展開された。

✏ 精神障害者共同作業所とは、地域の精神障害者が仲間とともに交流する居場所や働く機会を提供する事業所。1974（昭和49）年に東京で設立された「あさやけ作業所」がその始まりといわれている。

322 2017（平成29）年度からは、**精神障害にも対応した地域包括ケアシステムの構築**を目的とし、各都道府県にモデル圏域を設定し、精神保健福祉士等をアドバイザーとして派遣する支援事業が開始した。

323 精神保健福祉領域のソーシャルアクションにおいては、「**精神障害者の社会的復権**」の視点が重要である。この視点は、1973（昭和48）年のY問題を契機に、1982（昭和57）年の日本精神医学ソーシャルワーカー協会の**札幌宣言**による基本方針である。

◎ソーシャルアクションの機能と展開

324 精神保健福祉士の権利擁護の実践モデルとして、①発見・アセスメント機能、②情報提供機能、③代弁・代行機能、④調整機能、⑤教育・啓発機能、⑥ネットワーキング機能、⑦**ソーシャルアクション機能**が示されている。 出25-28 出26-27

325 ソーシャルアクションは、**権利擁護機能**と連動して展開していくことが重要である。主な機能は、①社会資源の開発や活用、②社会福祉制度・施策の改善や開発、③権利擁護である。

326 ソーシャルアクションの展開過程は、①多種多様な個別ニーズの把握、②法制度等の課題と地域ニーズのみえる化、③関係機関等との連携・協働、④制度化やサービス改善・開発の交渉、⑤アクションの成果や課題の共有化である（図表28参照）。

327 ソーシャルアクションを展開するプロセスにおいては、精神障害当事者や家族と信頼関係を構築していくための基本的な**面接技術**のほか、関係者と協働関係を構築するための**ファシリテーション**やネットワーキングなどの技術が求められる（図表29参照）。

図表28 ソーシャルアクションの展開過程

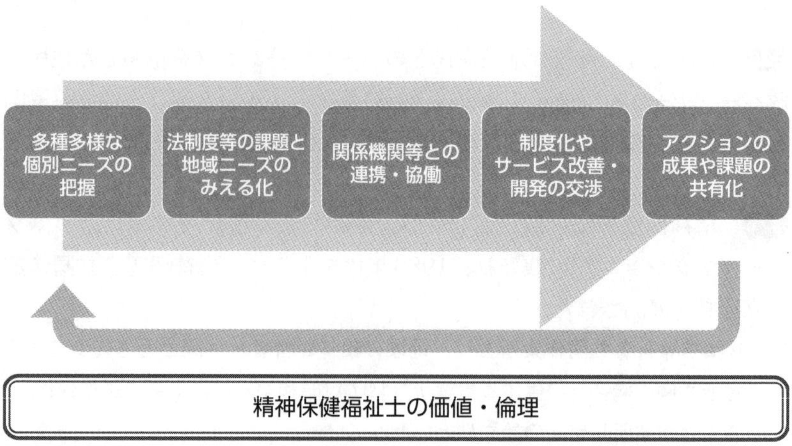

出典：一般社団法人日本ソーシャルワーク教育学校連盟編『最新 精神保健福祉士養成講座⑥ソーシャルワークの理論と方法［精神専門］』中央法規出版、p.168、2021.

図表29 ソーシャルアクションの展開過程と求められる援助技術

ソーシャルアクションの展開過程	求められる主な援助技術
①法制度等の課題とニーズの明確化	コミュニケーションスキル・面接技術
②法制度等の課題とニーズの可視化・共有化	ファシリテーション・ソーシャルリサーチ
③組織化	ネットワーキング ソーシャルアドミニストレーション
④非営利部門サービスや仕組みの開発	社会資源の活用・開発
⑤制度化交渉・協働	ネゴシエーション

出典：髙良麻子『日本におけるソーシャルアクションの実践モデル――「制度からの排除」への対処』中央法規出版、pp.155-169、2017. をもとに作成

個別支援から地域における体制整備

328 ソーシャルアクションは、マクロソーシャルワークの一技術であるが、最初からマクロ実践が始まるのではなく、ミクロからマクロへの連続的な展開が特徴である。

◎個別支援から地域ニーズへのソーシャルアクションの展開

329 精神障害者の生活支援において、精神保健福祉士は、ミクロレベルでは多種多様なニーズに触れる。個別ニーズの対応については、**個別支援会議（ケア会議）**における情報と課題の共有が大切である。

330 地域には、医療・保健・福祉・就労・教育などのさまざまな分野で共通課題が存在する。そのため、個別支援会議で把握された個別の課題を**地域課題**として集積していくことが必要となる。

331 潜在的なニーズを「みえる化」するためには、個人のプライバシーに配慮しながら、個別ニーズへの対応から明らかになった地域課題を地域の関係者で情報共有することで共通認識され、地域づくりの原動力となる。

332 精神障害当事者や家族が直面する多種多様なニーズを把握するためには、精神保健福祉士が積極的に**アウトリーチ**を行うことが重要である。

333 地域アセスメントのために駆使される調査法には、**量的調査**と**質的調査**がある。

受験対策アドバイス
◆量的調査と質的調査の特徴や代表的な調査法については過去にも出題されていますので、共通科目「**12** 社会福祉調査の基礎」の内容を理解しておきましょう。

334 量的調査とは、調査対象者の集団から、ある規模のデータを集め、集団の性質を統計学的に探ろうとする方法で、得られたデータを一定の手続きを用いて数量化し、集団の特徴および傾向を明らかにする。

335 調査対象者の全体を対象とし統計的にデータ処理を行うのが全数（悉《しっ》皆《かい》）調査であり、標本抽出法に基づき対象者の一部を対象に統計的にデータ処理を行うのが標本（サンプリング）調査である。

336 質的調査とは、特定の調査対象者の体験や価値観など、口述的な情報や映像、イメージなど数字に還元することが困難なデータを集め、特定の認識論に基づいてデータの意味や内容を解釈していく調査法である。 出22-69

337 質的調査は、主に**インタビュー調査**があるが、自由面接調査法や個別面接調査法などがある。

338 地域アセスメントにおいて、地域特性を把握するためには、**SWOT分析**が有効である。 出23-60

339 医療・保健・福祉・教育・労働などのさまざまな分野のネットワークの構築を通じて、ネットワークの構成メンバーがそれぞれの専門性や社会資源について認識の共有化を図ることで、分野間で重複または不足する社会資源を精査することになり、統一的・一体的な支援を行う社会資源として再構築される。

◎協議会を活用したソーシャルアクション

340 **協議会**には、医療・保健・福祉・教育・労働などのさまざまな分野の関係者が枠を越えて、相互の連絡調整や情報共有を図ることで、障害者等の支援に関する地域課題を共通認識として明確化し、官民協働で協議・解決していく機能がある。

✏ 協議会とは、障害者の日常生活及び社会生活を総合的に支援するための法律（障害者総合支援法）に基づき、障害児・者に対する相談支援の課題や情

報を共有し、その体制整備に取り組む機関のことである。都道府県・市町村に設置の努力義務がある。

341 相談支援事業における**基本相談支援・計画相談支援**と協議会は、車の両輪のような関係であり、個別の相談支援体制が機能しなければ、地域の課題は集約されず、協議会の機能も十分に果たされることはない。

342 協議会は、ソーシャルアクションのシステムといえ、**個別支援会議**において把握・共有された個人の課題を地域の課題として協議会で検討する。

343 障害者権利条約のスローガンに掲げられている「**私たちを抜きに私たちのことを決めないで**」を念頭に、直接的に当事者の生の声を聴くことが、ソーシャルアクションを展開する原動力につながっていく。

344 市町村が設置することができる**基幹相談支援センター**には、協議会の直接的な運営が期待され、官民協働をコーディネートする役割が求められる。

345 協議会が機能することで、世代・分野を越えた**ネットワークの構築**が可能となり、地域での暮らしをあきらめざるを得なかった重度の精神障害者の人々に対する地域生活支援の可能性を広げることにつながる。

346 協議会で共有された地域課題の解決に向けては、専門部会（プロジェクト）を設置し、どのような社会資源の開発・改善が必要かを検討する。そして、予算化や事業化にかかわる市町村や事業主体等に提案し、ソーシャルアクションを展開していく。

347 協議会には、策定された**障害福祉計画**を基本にした具体的な取り組みや、計画の達成状況、地域課題に対する対応ができているかなどの**モニタリング**が求められる。

348 精神保健福祉士には、協議の場へ精神障害当事者や地域住民の参画を進め、相互理解を深めることで、偏見や差別の軽減・解消へとつなげていく役割がある。

出25-18 349 社会資源の開発においては、地域住民による**施設コンフリクト**の問題が発生することがある。精神保健福祉士は、地域住民との合意形成に向けて信頼関係を構築していくことが求められる。

施設コンフリクトとは、精神障害者が活動する事業所の創設に際し、地域住民の反対運動が起こるなど、施設と地域の葛藤や対立の状況を指す。

350 地域共生社会の実現に向けて、第4期障害福祉計画（2015（平成

27）～2017（平成29）年度）の基本指針で、各市町村または各圏域に少なくとも一つは**地域生活支援拠点等の整備**を行うことが示された。

✏ 地域生活支援拠点等の整備とは、障害児・者の重度化・高齢化や「親なき後」を見据え、地域の実情に応じた創意工夫により、居住支援のための機能を整備し、障害児・者の生活を地域全体で支えるサービス提供体制を構築することである。

351 地域生活支援拠点等の整備にあたっては、①相談、②緊急時の受け入れ・対応、③体験の機会・場、④専門的人材の確保・養成、⑤地域の体制づくりの5機能をすべて備えることが原則とされている。

政策提言・政策展開

◎国及び広域圏において共通する課題の抽出・分析

352 日本におけるメンタルヘルス課題は、個人の**ライフサイクル**や**ライフステージ**によって、児童虐待やDV、**8050問題**、孤独死など、さまざまな様相をみせる。

353 入院患者や精神科デイ・ケア利用者、地域の社会資源の状況などの実態を把握するには、**630調査**（精神保健福祉資料）や**ReMHRAD**（**リムラッド**：地域精神保健医療福祉資源分析データベース）を活用する。

354 630調査とは、各自治体が毎年6月30日時点の統計数値を厚生労働省に報告し公開される統計資料である。国や都道府県単位での地域課題の把握や医療計画等の策定、施策推進のための基礎資料とされる。

355 ReMHRADとは、都道府県・市区町村別に、障害者総合支援法における障害福祉サービス事業所等の設置状況や、精神科病院に1年以上入院している人の状況、救急医療体制の整備状況等がデータベース化されている電子システムである。協議会での地域アセスメントや障害福祉計画の策定に向けた基礎データとして活用できる。

356 行政データ以外にも、精神保健福祉士がほかの分野の専門職との**連携・協働**を通して、現場の生の声など多面的なデータを集めることができる。

◎職能団体・関係団体間での課題の共有とエビデンスの集積

357 精神障害当事者や家族の個別ニーズや生活課題を一般化・社会化していくためには、協議会の活用のほか、日本精神保健福祉士協会など**職能団体**による調査研究や協会による行政機関等への**ロビー活動**が有効である。また、精神障害当事者団体や家族会、日本精神科病院協会、他の専門職団体など組織レベルで連携・協働体制を構築することも求められる。

✏ ロビー活動とは、政治家や行政機関等に対して行われる各種団体や陳情団などの働きかけをいう。

358 団体レベルでのソーシャルアクションにおいては、政治的な活動を含めたさまざまな関係団体との連携・協働によって、社会的な課題の共有と課題解決に向けた**エビデンス**の集積につながっていく。

◎法制度上の課題の解決に向けたアクションプランと実施

359 国や広域で共通する精神保健福祉分野の課題を解決するために、日本精神保健福祉士協会は、2021（令和3）年9月に2040（令和22）年までの実現を目指す「精神保健医療福祉の将来ビジョン」を掲げ、その中間点になる10年後の「長期目標」と、長期目標の達成に向けて本協会が取り組むべき項目を中心に「中期計画」(2022（令和4）～2026（令和8）年度）を策定している。

360 「中期計画」のようなアクションプランは、精神保健福祉士一人ひとりの日々の実践における課題意識を組織的に集約し、制度改正や社会資源の創出などの政策提言につなげることができる。

◎改善・創設された法制度の活用と評価

361 改善や創設された法制度によって、精神障害当事者が自分らしい生活を送ることができているのか、家族の負担は軽減されたのかなど、法制度の**モニタリング**や事後評価において、当事者や家族の声に耳を傾けることが重要である。

362 サービスやプログラムの有効性を評価する方法として、**プログラム評価**がある。継続的にサービスやプログラムの効果を確認する評価は、**プロセス評価**または**形成的評価**と呼ばれる。一方、最終的なプログラムの効果を評価することを**総括的評価**という。

8 関連分野における精神保健福祉士の実践展開

学校・教育分野

受験対策アドバイス

◆事例問題への対策として、各分野における精神保健福祉士の実践例を理解しておくとよいでしょう。『精神保健福祉士業務指針 第3版』の第Ⅲ部の事例集が参考になります。

363 文部科学省は、教育現場に福祉の視点を取り入れた**スクールソーシャルワーカー活用事業**を実施している。スクールソーシャルワーカーは、学校現場で福祉的な視点から子どもの生活や権利を守る役割をもつ。

364 多様化・複雑化した子どもたちの課題を学校の教員だけでは十分に解決できないことから、文部科学省は、2015（平成27）年の中央教育審議会で「**チームとしての学校**」の体制整備を打ち出した。

365 スクールソーシャルワーカーは、子どもを個人としてみるだけでなく、環境とともに支援を行う。子どもの可能性、**自己決定**を支援し、必要な環境調整を行う。また、子どもや保護者の**ストレングス**に目を向け、**エンパワメント**していくことが求められる。そのため、学校内だけでなく、地域の関係機関と連携し、諸問題の改善を図る。

366 大学へのソーシャルワーカーの配置も2006（平成18）年度以降徐々に全国的に広まり、**キャンパスソーシャルワーカー**という名称で活動している。

367 スクールソーシャルワーカーは、都道府県教育委員会管轄の教育事務所や市区町村管轄の教育委員会に配置され、配置形態は、配置型と派遣型、巡回型に分けられる（図表30参照）。

368 スクールソーシャルワーカーの職務内容は、「スクールソーシャルワーカー活用事業」において、以下の五つとしている。 出 22-52

①問題を抱える児童生徒が置かれた環境への働きかけ
②関係機関等とのネットワークの構築、連携・調整
③学校内におけるチーム体制の構築、支援
④保護者、教職員等に対する支援・相談・情報提供
⑤教職員等への研修活動

図表30 配置形態のメリットとデメリット

	配置型	派遣型
メリット	・子どもや保護者の直接的な対応がとりやすい。 ・教職員との信頼関係を構築しやすい。 ・緊急時の対応を迅速に行える。 ・学校の抱える課題等を直接把握しやすい。	・数校を担当することで、必要性の高い多くの事例にかかわることができる。 ・学校体制を客観的に把握し、アドバイスしやすい。 ・他校との現状を比較した対応ができる。
デメリット	・対応できる範囲が限られる。 ・スクールソーシャルワーカーの力量により、支援に影響が生じやすい。 ・他地域の情報を得にくい。	・教職員や子ども、保護者との関係を築きにくい。 ・学校の状況を把握しにくい。 ・個別対応に限界がある。 ・緊急時の対応が難しい。

出典：一般社団法人日本ソーシャルワーク教育学校連盟編『最新 精神保健福祉士養成講座⑥ソーシャルワークの理論と方法［精神専門］』中央法規出版、p.290、2021．を一部改変

産業分野

369 産業分野で働く精神保健福祉士に想定される職場は、①企業に直接雇用される、②企業およびそこで働く人を支援する機関で働く、に大別できる。

受験対策アドバイス
◆EAPやストレスチェックは繰り返し出題されています。内容についてよく理解しておきましょう。

370 企業において、精神保健福祉士は、健康管理部門、**EAP（従業員援助プログラム）**部門、人事や労務部門での業務が考えられる。

出 24-15

371 精神保健福祉士が働く支援機関は、医療機関（精神科病院、診療所、**リワーク・デイケア**）、行政機関（精神保健福祉センターや保健所）、その他の専門機関（EAP機関、研修やコンサルテーション、**ストレスチェック**の実施機関）などが想定される。

ストレスチェックとは、2014（平成26）年の労働安全衛生法改正により導入された制度である。50人以上の従業員がいる職場で実施が義務化されている。1年に1回実施され、医師、保健師のほか、一定の研修を受けた歯科医師、看護師、精神保健福祉士、公認心理師が実施できる。

372 産業分野におけるソーシャルワーカーは、日本の自殺者数の増加とその背景にある精神疾患の問題や、**精神障害の労災件数**が増加し、**労働者の心の健康の保持増進のための指針**が示されるなかで、必要性が高まり企業に採用されるようになってきた。

373 EAPにおける精神保健福祉士の業務は、精神疾患を抱える従業員に対し、面接相談、社会資源の活用や情報提供と他機関紹介、上司等へのコンサルテーションと**職場環境改善**や**合理的配慮**の提供など多岐にわたる。この際、ほかの産業保健スタッフ等との多職種連携によるチームアプローチや他

機関との連携が行われる。

374 面接相談では、**アサーショントレーニング**を意図した問いかけで本人の発言を促したり、**自己肯定感**を高められるように**ストレングス視点**で応答したり、**認知行動療法**を意識して本人の生活状況の確認などを行う。

375 精神保健福祉士は、メンタルヘルス不調の要因を本人が認識したり、自覚的な行動変容を促すほか、不調の原因が職場や職務によるものであれば、その改善に向けた希望を本人が上司等に対して言語化できるように支える。

376 精神疾患が疑われるクライエントに対して、連携しやすい専門の医療機関について情報提供し、受診勧奨を行う。また、クライエントが休職する際には、経済的な不安のない療養環境づくりを整えることを意識し、**傷病手当金**などの制度について案内する。

出22-78
出25-71

377 クライエントの復職については産業医が可否を判断することになるが、本人の同意のもと産業医と連携し、**試し出勤**や**リワーク・デイケア**等を活用しながら、本人の権利擁護や自己決定を尊重した支援を実施する。

378 雇用主や管理職である上司は、メンタルヘルス不調者への対応に慣れていないため、上司等の心配や困惑に対して**共感的理解**を示しつつ、不調者本人の同意のもとで疾患や障害の特性や療養状況、職場復帰までの道筋などについて相談にのり、情報提供や助言をする。

379 クライエントの復職後も通院や服薬が一定期間継続されることから、**障害への合理的配慮**や**就業上の配慮**などを事業場や上司に求める対応も考えられる。

380 精神保健福祉士は、**人としての尊厳の尊重**という視点を常にもち、疾病や障害があっても働きたいという人々の思いの実現を目指し、精神疾患に関する理解の促進や、職場環境の改善など、環境に働きかけることも重要となる。

司法分野

381 司法分野での精神保健福祉士の仕事は、犯罪予防、刑事手続きの過程での処遇、再犯の防止など多岐にわたり、加害者だけでなく、犯罪や事故の被害者等への支援も行う。

382 精神保健福祉士が働く場所としては、検察庁の社会復帰支援室、保護観察所などの行政機関、刑務所や少年院等の矯正施設、指定更生保護施設、

地域生活定着支援センターなどがある。

383 罪を犯す人のなかには、高齢や障害・疾病だけでなく、貧困や社会的孤立、虐待、暴力等の複合的な課題があるにもかかわらず、社会的な支援の網からこぼれ落ちている人たちが多くいる。

384 精神保健福祉士は、犯罪や非行に及んだ原因や疾病を**共感的**に理解し、制度や資源を説明したり、同行したりするなどして支援につなぎ、**人としての尊厳の回復**ができるよう援助関係を築いていく。

385 精神障害や精神疾患に対する社会の偏見は今も根強く、さらに犯罪行為を起こしたことで、対象者本人が**二重のスティグマ**を内面化させる。

✏ スティグマとは、元は奴隷などの身体に入れた焼き印を意味する。障害・性質のほか人種などについて特定のラベルを貼られ、正常との差異を負わされることで差別につながる。ここでいう「二重のスティグマ」は、①精神障害があること、②犯罪行為を起こしたことによって二つのラベルを貼られた状況にあることを指す。

386 **地域生活定着支援センター**の職員は、保護観察所や法テラス、家庭裁判所等と連携し、入所中から対象者の円滑な社会復帰ができるように斡旋や調整を行うほか、対象者の受け入れ機関に対しても必要な相談や助言等、フォローアップを行う。

出 23-67 ✏ 地域生活定着支援センターとは、高齢または障害を有するために福祉的な支援を必要とする矯正施設退所者等について、退所後直ちに福祉サービス等につなげるための準備を保護観察所等と協働して進めるための支援機関であり、2009（平成21）年から設置が進められている。

387 心神喪失等の状態で重大な他害行為を行った者の医療及び観察等に関する法律（医療観察法）の対象者に対する支援では、**ストレングス視点**のほか、対象者が病状の悪化等からの他害行為を行うことなく地域生活を送れるよう、「クライシスプラン」の活用など、**リスクアセスメントの視点**をもつ。

388 被害者等への支援においては、①回復段階に応じた支援と**二次被害**の防止、②生活支援の視点と家族支援、③被害者の権利と尊厳を守るの3点が留意点となる。

その他

389 **災害ソーシャルワーク**とは、被災した地域とそこに生きる人々が災害によって起こった環境の変化との相互関係のなかで直面する課題に対し、その解決に向けて取り組む支援のプロセスを指す。

390 日本精神保健福祉士協会は、「災害支援ガイドライン Ver. 2」(2016（平成28）年）において、被災地支援の心構えを示している **(図表31参照)**。

図表31 被災地支援の心構え

①現地の言葉や文化に関心をもち、さまざまな情報を知っておく。
②何ができるか、できないかを明確にしておく。
③どんな立場で入るのか、目的を明確にして入る。
④体力、精神共にタフであることが望ましいが、誰であってもセルフケア、支援後のケアは不可欠。
⑤支援に向かう前に、なるべく自らの状況を整えておく。
⑥現地では自前で行動し、現地に迷惑をかけない。
⑦現地職員への協力者である視点。
⑧現地の指示のもと迷惑にならないコミュニケーション。
⑨インフラ等が整備された段階で、現地の方々が日常の生活に戻れるような視点。
⑩次につながる活動となっている。

出典：公益社団法人日本精神保健福祉士協会『災害支援ガイドライン Ver.2』2016.（http://www.japsw.or.jp/ugoki/hokokusyo/20160630-guideline/all.pdf）

391 **ボランティアセンター**は、市区町村単位で社会福祉協議会と連携して設置されることが多く、ボランティアの活性化を図る組織である。平常時同様、災害時は被災地外からボランティアを受け入れ、**コーディネート**を行う役割を担っている。

392 **DPAT**（災害派遣精神医療チーム）が行う活動には、①災害により破綻した既存の精神医療システムの補完および機能回復の支援、②災害のストレスによって新たに生じたメンタルヘルスの問題を抱える一般住民への対応、③災害に関連した業務にあたる職員や支援スタッフのメンタルヘルスの問題に対応することがある。 出25-16

393 DPATにおいて精神保健福祉士は、業務調整員（**ロジスティクス**担当者）として参加し、担当地区の状況把握、各種支援団体とのエリア調整、後続隊への被災地情報の引き継ぎ等を行う。

ロジスティクスとは、ある目的を達成するために、計画に従って人や物資を確保し、管理し、補給するまでのすべての活動を指す。

394 大規模災害では、被災地域の医療・保健・福祉を補うために状況に応じた**連携**がより求められ、効率的な活動が必要となる。多職種の連携支援チームは図表32のとおりである。

図表32 さまざまな災害支援チーム

DMAT（災害派遣医療チーム） Disaster Medical Assistance Team
DPAT（災害派遣精神医療チーム） Disaster Psychiatric Assistance Team
DHEAT（災害時健康危機管理支援チーム） Disaster Health Emergency Assistance Team
日赤医療救護班
JMAT（日本医師会災害医療チーム） Japan Medical Association Team
JRAT（一般社団法人日本災害リハビリテーション支援協会） Japan Rehabilitation Assistance Team
DWAT（災害派遣福祉チーム） Disaster Welfare Assistance Team

395 突然の災害は、人々にさまざまなメンタルヘルスの問題を引き起こす。環境の変化によって**災害時要援護者**になりやすい精神障害者の支援を行うことは重要である。

✎ 災害時要援護者とは、必要な情報を迅速かつ的確に入手し、自らを守るための危険の回避や安全な場所への非難、その後の避難生活、復旧・復興活動等に対して、他者の支援を必要とする人々を指す。

実力チェック！一問一答

※解答の横の番号は、本科目で該当する重要項目や図表の番号です。

1 リカバリーとは、極度の不利な状況に直面しても、正常な平衡状態を維持することができる能力のことである。	1 × 15 16
2 モニタリングに利用者本人の評価は含まれない。	2 × 38
3 アメリカで発展した多職種チームによる24時間365日体制の包括的支援は、DPATである。	3 × 59
4 スクリーニングとは、クライエントの主訴をもとに支援の緊急性などから所属機関で支援を展開することが的確か否かを判断することである。	4 ○ 74
5 リファーラルは、ソーシャルワーク過程の最初の導入時期を意味する。	5 × 75
6 ジェノグラムは、ハートマンが考案し、生態地図といわれる。	6 × 86 87
7 ラポールとは、対等性や公平性に基づく信頼関係のことである。	7 ○ 92
8 感情の反映とは、クライエントが自分の問題を直視できるようにすることである。	8 × 図表8
9 ナラティヴアプローチでは、認知と行動の変容を目指す。	9 × 112 113
10 動機づけ面接では、ミラクルクエスチョンを用いる。	10 × 116
11 生活モデルは、人と環境の交互作用に焦点を当てる。	11 ○ 117
12 二つの矛盾した意味のメッセージを送るコミュニケーションを、クラフトという。	12 × 141
13 家族心理教育には、コミュニケーション技術の練習が含まれる。	13 ○ 165
14 タックマンによるチームビルディングは、四つの形成段階から成る。	14 × 204
15 チームメンバーが階層関係にあり、役割が固定的なのは、トランスディシプリナリーモデルである。	15 × 図表19
16「ロイヤリティの分裂」とは、チームメンバー間の対立を意味する。	16 × 256
17 キャリアアップの道筋や基準・条件を明確化したものを、SDSという。	17 × 283 285
18 ソーシャルアクションは、専門職を組織化する技術である。	18 × 313
19 SWOT分析は、地域特性を把握するために有効である。	19 ○ 338
20 協議会には、地域課題を明確化し、協議・解決していく機能がある。	20 ○ 340

05

精神障害リハビリテーション論

※【　】内は精神専門科目の問題番号
※▒は新カリにおける新規項目

⑤ 精神障害リハビリテーション論

大項目	中項目	小項目（例示）	出題実績		
			第 26 回	第 25 回	第 24 回
1 精神障害リハビリテーションの理念、定義、基本原則	1）精神障害リハビリテーションの理念と定義	・リハビリテーションの理念 ・権利の回復 ・生活環境への適応 ・技能の育成 ・自尊心の回復 ・環境面への介入			【57】
	2）医学的・職業的・社会的・教育的リハビリテーション	・医学的リハビリテーション ・職業リハビリテーション ・社会リハビリテーション ・教育リハビリテーション			
	3）精神障害リハビリテーションの基本原則	・基本原則			
	4）精神障害リハビリテーションとソーシャルワークとの関係	・障害とニーズ ・個人への介入 ・環境への介入			
	5）地域及びリカバリー概念を基盤としたリハビリテーションの意義	・リカバリー概念 ・ストレングスモデル ・地域を基盤とした精神障害リハビリテーションの意義			
2 精神障害リハビリテーションの構成及び展開	1）精神障害リハビリテーションの対象				
	2）チームアプローチ	・多職種連携	【42】*		
	3）精神障害リハビリテーションのプロセス	・ニーズ発見 ・インテーク ・アセスメント ・プランニング ・インターベーション ・モニタリング ・支援の終結と事後評価（エバリュエーション） ・アフターケア	【43】		
	4）精神障害リハビリテーションにおける精神保健福祉士の役割				
3 精神障害リハビリテーションプログラムの内容と実施機関	1）医学的リハビリテーションプログラム	・認知行動療法 ・行動療法 ・作業療法 ・健康自己管理のプログラム ・依存症回復プログラム ・デイ・ケアプログラム ・実施機関（精神科病院，精神保健福祉センター等）	【40】 【41】	【43】 【52】 【53】 【54】	【38】*
	2）職業リハビリテーションプログラム	・就労準備プログラム ・援助付雇用プログラム ・IPS モデル ・復職支援プログラム ・就労定着プログラム ・実施機関（就労移行支援事業所、就労継続支援事業所、障害者就業・生活支援センター、地域障害者職業センター等）	【56】* 【57】* 【76】 【80】*		【37】*

大項目	中項目	小項目（例示）	出題実績		
			第26回	第25回	第24回
	3）社会リハビリテーションプログラム	・社会生活技能訓練（SST、社会生活スキルトレーニング） ・心理教育プログラム ・WRAP ・生活訓練プログラム ・地域移行プログラム ・実施機関（生活訓練事業所、地域活動支援センター、共同生活援助，保護観察所等）	【50】 【76】		【38】* 【78】 【80】
	4）教育リハビリテーションプログラム	・特別支援教育プログラム ・障害学生支援プログラム ・実施機関（特別支援学校、放課後等デイサービス、児童発達支援等）			
	5）家族支援プログラム	・家族心理教育 ・家族による家族支援プログラム ・実施機関（セルフヘルプグループ等）			【37】*
4 精神障害リハビリテーションの動向と実際	1）精神障害当事者や家族を主体としたリハビリテーション	・ピアサポートグループとピア活動 ・ピアスタッフ ・家族による家族支援 ・当事者プログラム	【46】* 【49】	【34】 【60】	【37】* 【59】
	2）依存症のリハビリテーション	・断酒会 ・家族断酒会 ・AA ・GA ・NA ・アラノン ・ギャマノン ・ナラノン			【10】*

＊は複数の項目に該当する問題

1 精神障害リハビリテーションの理念、定義、基本原則

精神障害リハビリテーションの理念と定義

1 リハビリテーションの理念は、「疾病や外傷、老化などによって生じた障害に対する機能回復のための治療、訓練」とされている。しかし、これは一つのアプローチと理解し、人間らしく生きる権利の回復という**全人間的復権**と捉えることが重要である。リハビリテーションについてはさまざまな定義がある（図表1参照）。

◎精神障害リハビリテーションの定義

受験対策アドバイス

◆精神障害リハビリテーションの理念、定義、基本原則における権利や自尊心の回復、生活環境への適応は、精神障害リハビリテーションの基本的な知識として押さえておきましょう。

2 精神障害リハビリテーションの定義は、精神障害を有する人の地域社会における生活機能の回復および本人の生活を阻害する環境への対応の回復過程である。またその人を主人公として（person-centered）、科学的根拠に基づき多職種が協働し、弱さではなく強さ（ストレングス）に着目した**リカバリー**（personal recovery）を目指すことである。

3 精神障害リハビリテーションを構成する要素は、①疾病と障害に対する対策、②障害をもつ者自身が主人公、③目標と希望から始まる、④家族への支援、⑤専門家の技術、⑥社会環境の整備の六つである（図表2参照）。

- ①疾病と障害に対する対策：病気の特徴を理解し、薬物療法を適用すること、患者と家族に対する教育とサポートを提供することが重要である。これにより、患者と家族が症状の管理と対処を学ぶことができる。
- ②障害をもつ者自身が主人公：生活や人生の回復においては、自己主体性を重視したリカバリーが必要であり、リハビリテーションは当事者と支援者の協働に基づくべきである。
- ③目標と希望から始まる：リハビリテーションは、サービス利用者の生活目標と希望に基づき、自己決定した目標達成に向けて訓練を行う。
- ④家族への支援：家族はさまざまな心配や負担を抱えており、家族も支援が求められる。
- ⑤専門家の技術：多職種協働による病気の治療、障害特性を踏まえた認知行動の障害への対応と訓練や支援が求められる。
- ⑥社会環境の整備：支援が十分に活かされるには、社会環境の整備と社会環境に働きかけることもリハビリテーション活動に含められる。

図表1 リハビリテーションの定義

名称	内容
ベネット（Bennett, D.） イギリス　1978年	リハビリテーションを「できる限り一般の社会的環境のもとで、精神障害者が残っている能力を最大限に活用して、最高の能力を引き出せるように援助していくプロセス」と定義した。
ウイング（Wing, J. K.） モリス（Morris, D. B.） イギリス　1981年	精神科リハビリテーションを「精神障害に伴う重度の社会的原因を明らかにし、予防し、最小にすると同時に、個人が自らの才能を伸ばし、それを利用して、社会的役割の成功を通して自信と自尊心を獲得するのを助ける過程である」と定義した。
シェパード（Shepherd, G.） イギリス　1984年	「リハビリテーションの成功の基準は、個人が可能な限りの最高の適応を達成することであり、それは著しい生活能力の改善によるものであっても、そうでなくてもよい」と述べた。
アンソニー（Anthony, W. A.） コーエン（Cohen, M.） ファルカス（Farkas, M.） アメリカ　1983年	精神科リハビリテーションを「長期にわたり精神障害を抱える人が、専門家による最小限の介入で、その機能を回復するのを助け、自分で選んだ環境で落ち着き、自分の生活に満足できるようにすることである」と定義した。
全米リハビリテーション協議会 1942年	「リハビリテーションとは、障害者が可能な限り、身体的、精神的、社会的および経済的に、最高限度の有用性を獲得するよう回復させることである」と定義した。
世界保健機関（WHO） 1968年	「リハビリテーションとは、医学的、社会的、教育的、職業的手段を組み合わせ、かつ、相互に調整して、訓練あるいは再訓練することによって、障害者の機能的能力を可能な最高レベルに達せしめることである」と定義した。
国連「障害者に関する世界行動計画」 1982年	「リハビリテーションとは、身体的、精神的、かつまた社会的に最も適した機能水準の達成を可能とすることによって、各個人が自らの人生を変革していくための手段を提供していくことを目指し、かつ時間を限定したプロセスである」と定義した。
障害者の権利に関する条約 2006年	「障害者が、最大限の自立並びに十分な身体的、精神的、社会的及び職業的な能力を達成し、及び維持し、並びに生活のあらゆる側面への完全な包容及び参加を達成し、及び維持することを可能とするための効果的かつ適当な措置（障害者相互による支援を通じたものを含む。）をとる」（第26条「リハビリテーション」）

出 25-37

図表2 精神障害リハビリテーションの構成要素

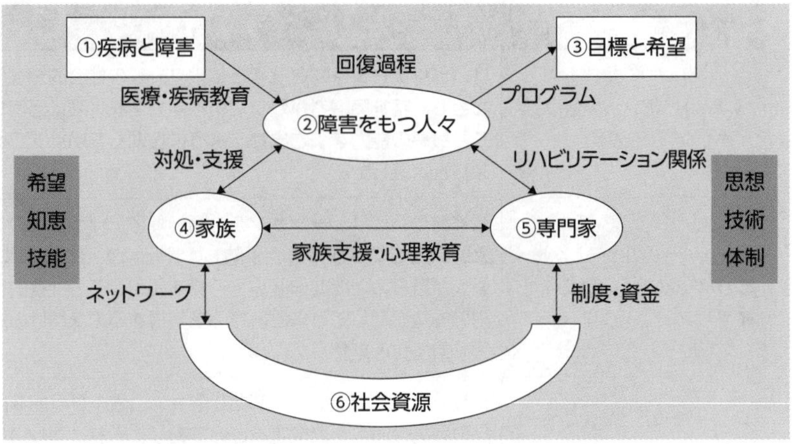

出典：野中猛『精神障害リハビリテーション論』岩崎学術出版社、p.18、2006.

4 精神科リハビリテーションの原理は、レスラー（Rössler, W.）とドレイク(Drake, R. E.)がリカバリーの理念を基盤として示している。さらに、原理として①自主性の尊重、②治療関係、③意思決定の共有、④スキルアップ、⑤機会の増加、⑥差別とスティグマを最小限にするための支援の提供と環境改善の六つを挙げている。

精神科リハビリテーションの六つの原理を実際に活用した支援の例として、個別就労支援プログラム（IPS）と科学的根拠に基づく援助付き雇用などがある。IPSは、就職したうえで実際の仕事に必要なスキルを学ぶことから効果が高いとされる。

5 1950年代以降の欧米の脱施設化運動により精神障害者の地域生活におけるリハビリテーションが重視された。第二次世界大戦後、西欧では、精神科病院への再入院の防止や入院の代替法として、精神科デイ・ケア（デイホスピタル、デイトリートメント）の活動が始まった。

医学的・職業的・社会的・教育的リハビリテーション

◎医学的リハビリテーション

6 医学的リハビリテーションの定義は、1969年のWHOによると「個人の身体的機能と心理的能力、また必要な場合には補償的な機能を伸ばすことを目的にし、自立を獲得し、積極的な人生を営めるようにする医学的ケアのプロセスである」とされている。

◎職業リハビリテーション

7 職業リハビリテーションの定義は、1955年の世界労働機関（ILO）によると「継続的及び総合的リハビリテーション過程のうち、障害者が適切な職業につき、かつ、それを維持することができるようにするための職業に

ついての施設（例えば、職業指導、職業訓練及び職業の選択紹介）を提供する部分をいう」とされている。

8 職業リハビリテーションについては、1969年のWHOの医学的リハビリテーション専門家委員会においても定義がまとめられている。「職業指導、訓練、適職への就職など、障害者がふさわしい雇用を獲得し、又は職場に復帰することができるように計画された職業的サービスの提供である」とされている。

◎社会リハビリテーション

9 社会リハビリテーションの定義は、1986年の国際リハビリテーション協会によると「**社会生活力**（social functioning ability : SFA）を高めることを目的としたプロセスである。社会生活力とは、さまざまな社会的な状況のなかで、自分のニーズを満たし、一人ひとりに可能な最も豊かな社会参加を実現する権利を行使する力を意味する」とされている。

◎教育リハビリテーション

10 教育リハビリテーションは、障害のある児童や人の能力を向上させ潜在能力を開発し、自己実現を図れるように支援することを目的にしている。つまり学齢前教育、学齢期教育、大学・大学院などの高等教育、社会人を対象とする社会教育や生涯教育なども含む、ライフサイクルを包含する幅広い教育活動のことである。

◎心理社会的リハビリテーション

11 心理社会的リハビリテーションは、WHOによれば自立を支援する包括的なプロセスである。このプロセスには、住宅、職業リハビリテーション、雇用およびソーシャルサポートネットワークが含まれ、個人のエンパワメントと社会的能力の向上を目指す。またコミュニティベースのメンタルヘルスケアの一つとして位置づけられている。

✏ 1996年のWHOの定義では、①精神疾患による障害を対象にすること、②障害者が地域で自身にとって最適な自立レベルでの生活を目指すこと、③個人の力を高めることと環境を変えることの両面を含むこと、④さまざまな分野とレベルを含む複合的であること、⑤提供する方法は地理的・文化的・政治的・組織的条件によって異なることが示されている。

12 心理社会的リハビリテーションの重要な要素は、①個別化、②希望、③クライエント指向、④スキルに焦点を当てる、⑤強さと能力、⑥環境固有、⑦環境サポート、⑧パートナーシップアプローチ、⑨継続的なサポート、⑩バランスの取れたスキルとサポートである。

精神障害リハビリテーションの基本原則

13 リハビリテーションの歴史において、1950年代にノーマライゼーションが発展し、1980年にWHOが**国際障害分類（ICIDH）**で障害の構造を示した。しかし、ICIDHは国際的な検討を経て2001年に**国際生活機能分類（ICF）**へと変わり、2006年には障害者の権利に関する条約が国連で採択され障害の捉え方が変化してきた。

出 23-38

受験対策アドバイス

◆アンソニーの精神科リハビリテーションの基本原則を学び、理念や定義を理解することが必要です。

14 **アンソニー**（Anthony, W. A.）は、精神科リハビリテーションの基本原則を九つ挙げている（図表3参照）。

図表3 アンソニーの精神科リハビリテーションの基本原則

①精神科リハビリテーションの最大の焦点は、精神障害をもつ人の能力を向上させることである。
②精神科リハビリテーションの当事者にとってのメリットは、必要な環境のなかにおける自らの行動が改善されることである。
③支援のなかで依存を増やすことは、結果的には当事者の自立につながる。
④当事者の技能開発と環境的開発が、精神科リハビリテーションの二大介入である。
⑤精神科リハビリテーションの焦点は、精神障害をもつ人の住居、教育、職業上のアウトカムを改善することである。
⑥リハビリテーションの当事者の積極的な参加と関与は、精神科リハビリテーションの土台である。
⑦長期の薬物療法はリハビリテーション介入の要素として必要ではあるが、十分に補完するものではない。
⑧精神科リハビリテーションは、さまざまな技術を駆使するという意味では臨機応変である。
⑨希望は精神科リハビリテーションの構成要素として不可欠である。

15 アンソニーの基本原則を踏まえた精神障害リハビリテーションの特性は、①当事者の参加、②個別性の重視、③生活環境への適応、④技能の育成、⑤環境面への介入、⑥多職種・当事者・市民との協働、⑦希望、⑧自尊心の回復、⑨科学的根拠に基づいた支援・協働の九つにまとめられる。

精神障害リハビリテーションとソーシャルワークとの関係

16 精神障害リハビリテーションにおいて個人への介入は、はじめに精神症状の軽減が重要視されるが、ソーシャルワークは、個人のウェルビーイングが侵害される状況に対する介入から始まり構造的な障壁の解消や権利擁護活動を行う。そして環境への介入として、個人を取り巻く環境の調整、社会環境の整備などを行う。

17 精神障害の障害特性の一つとして疾病と障害の併存がある。疾病が個人の日常生活に及ぼす影響だけでなく、生活上の問題から疾病に与える影響

を踏まえることが必要となる。このため、ソーシャルワークの視点により生活ニーズを把握し、精神障害リハビリテーションを展開することが重要である。

地域及びリカバリー概念を基盤としたリハビリテーションの意義

18 精神障害リハビリテーションの実践における重要な視点として、リカバリー、ストレングスモデル、エンパワメントアプローチ、レジリエンス（resilience）が挙げられる。これらの視点は、精神障害リハビリテーションの基盤となる価値や実践に影響を与えている。

19 **リカバリー**とは、「障害をもっていても社会のなかで生き、その人なりの人間らしい人生を送ることができる」という考え方のことである。リカバリーの概念として、パーソナルリカバリーと客観的リカバリーを合わせた概念が注目されている。 出24-46

- パーソナルリカバリーとは、精神障害を有する本人が体験する主観的なリカバリーである。当事者自身が、障害をもっていても自分なりに納得した回復をコントロールし、希望する人生を主体的に生きるプロセスのことである。当事者の内面的な回復と成長、自己実現に焦点を当てた概念となる。
- 客観的リカバリーとは、専門家や家族などの視点から見た客観的なリカバリーである。専門家が目的とする精神症状からの回復「医学的リカバリー」や仕事への復帰などの社会的回復「社会的リカバリー」、家族との関係が回復する「対人関係のリカバリー」のことをいう。

20 リカバリーについて、SAMHSA（Substance Abuse and Mental Health Services Administration：米国薬物乱用精神保健管理局）によれば、「リカバリーとは、個人が自分の病気がない状態（ヘルス：health）と元気な状態（ウェルネス：wellness）を改善し、自主的な生活を送り、潜在能力を最大限に発揮する変化のプロセスである」と説明している。

- SAMHSAは、リカバリーした人生をサポートする次の四つの主要な方法を説明している。①健康：身体的および情緒的な健康をサポートする健康的な選択をする、②ホーム：安定した安全な住まい、③目的：有意義な日常活動、自主的な生活を送る能力の向上、④コミュニティ：サポートなど。

21 **ストレングスモデル**についてラップ（Rapp, C. A.）らは、障害があっても人の潜在的なストレングス（長所・強さ）を活用していくモデルと提唱した。その人自身がもつストレングスと環境がもつストレングスがあり、弱点や問題点だけでなく、長所や残存能力を重視するアプローチである。 出24-23

22 **エンパワメント**についてソロモン（Solomon, B. B.）は、「スティグ

マ化された集団の構成メンバーであることに基づいて加えられた否定的な評価と差別的な待遇によってつくられたパワーの欠如状態（powerlessness）を減らすことを目的に、ソーシャルワーカーがクライエントとともに取り組んでいく過程」と定義している。

23 **エンパワメントアプローチ**とは、援助者との対等の関係を築きながら、社会構造的に生み出される問題によって無力感を抱いている当事者自身が問題を理解し、自己の力を取り戻して問題解決に取り組むための一連のプロセスを促進するアプローチである。

出22-26 出26-38

24 **レジリエンス**（resilience）は、復元力、回復力、跳ね返り、弾力という意味をもつ。ストレスや緊張のなかで柔軟性を保ち、前向きに適応する能力を指す。また生活上のストレスに対抗し、耐え抜き、対処し、立ち直る能力であり、社会的、身体的、情緒的な安定を保つことに関連している。

25 地域を基盤とした精神障害リハビリテーションは、訪問看護やACT、アウトリーチなど医療の関与が増えている。しかし、長期入院している精神障害者の地域移行推進には複雑な課題が多い。精神障害者の権利を尊重し、ソーシャルインクルージョンの実現を目指し、地域の強みを活かすネットワークの構築が求められる。

精神障害リハビリテーションの主人公は地域で暮らす精神障害者本人である。しかし、長期入院者の地域移行や精神障害者の差別・偏見への対策はいまだ十分とはいえない状況である。このため個人の回復プロセスを支援し、社会変革のため地域を基盤とした精神障害リハビリテーションの意義が大きい。

2 精神障害リハビリテーションの構成及び展開

精神障害リハビリテーションの対象

26 精神障害リハビリテーションによる支援の対象は、精神障害を有する人である。さまざまな精神疾患を対象とするが、主要な対象は統合失調症、双極性障害、うつ病などの重い精神障害を有する人である。精神保健福祉士などの支援者は、その人を主体的な存在として尊重し、自らの課題達成に向けて側面的に支える役割を担う。

27 精神障害の特性として、①理解されにくい、②疾患と障害を併せもつ、③障害の状態が固定されていない、④誤解や偏見、差別が解消されていないことが挙げられる。症状等の理解には時間と本人との関係形成を要し、治療や配慮が症状解消後も必要である。状態は変化することもあり、偏見や差別が社会復帰や参加を妨げている。

チームアプローチ

28 **チームアプローチ**とは、異なる専門職や当事者、家族が継続的に協働し、共通の目標を達成するために協力することである。複数の人の知識や技術を集めて問題解決を図る手法であり、共有された目標に向かって包括的なアプローチをとる。

29 チームアプローチや多職種チームについて、①専門職間の協働・連携の程度、②役割解放の程度の二つの軸から次のように類型化している。マルチディシプリナリーモデル、インターディシプリナリーモデル、トランスディシプリナリーモデルである。課題によって最も適したモデルを組み合わせて用いる（図表4参照）。

30 **マルチディシプリナリーモデル**は、専門職の独立実践が主体で、各専門職は高度な専門性を活かし、個別にアセスメント、計画、サービス提供が行われる。また各専門職の役割は明確だが、専門職種間のコミュニケーションは限定されるため、チームのリーダーシップが重要となる。 出 23-29

図表4 多職種チームのモデル

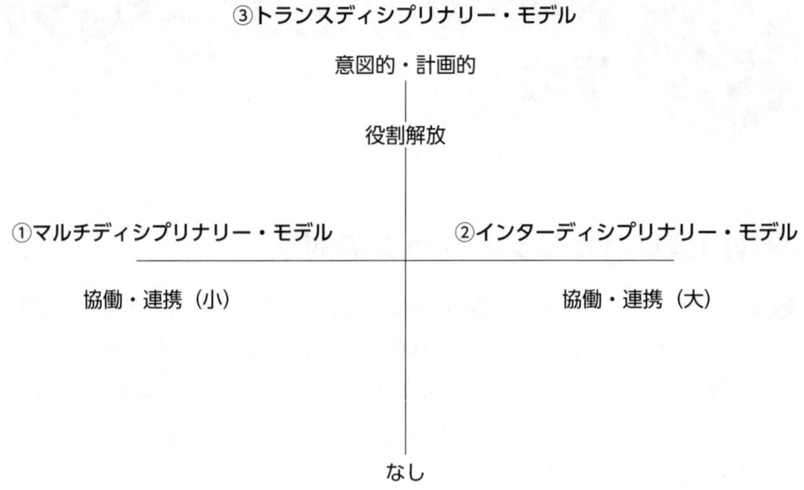

出典：菊地和則「多職種チームの3つのモデル――チーム研究のための基本的概念整理」『社会福祉学』第39巻第2号、p.283、1999.

31 **インターディシプリナリーモデル**は、協働連携の程度が大きく、平等性を重視し、ほかの専門職とのコミュニケーションに重点が置かれる。アセスメント、計画、サービス提供などを多職種協働で行う。綿密な協力が必要とされ、チーム内の一人が異なる意見を主張するとチームへの影響が強くでる。

出 26-29

32 **トランスディシプリナリーモデル**は、役割解放性が大きい。各専門職は、目標達成のためにチーム内で果たすべき役割を、専門分野を超えて横断的に共有する。また専門職の役割は代替可能で、相互にほかの職種の知識と技術を吸収したうえでサービスを提供することができる。デイケアやACTでの実践で取り入れられている。

出 24-39

33 精神障害リハビリテーションや医療機関におけるチームは、多職種による構成が基本となっている。医師、看護師、精神保健福祉士、作業療法士、公認心理師、薬剤師等が連携し、患者の治療、リハビリテーション、心理社会的支援を行う。また家族、ピアサポーター、ボランティア等のインフォーマルな支援もある。

受験対策アドバイス

◆チームアプローチの長所と短所や異なる専門職間での連携のあり方について理解しておきましょう。またチーム医療における精神保健福祉士の役割の理解も大切です。

34 チーム医療における精神保健福祉士の役割として、①医療と福祉の相互補完的な視点をチームにもたらす役割、②医療場面における人権擁護の専門家としての役割、③患者の多様なニーズを充足させるために、チーム内および外部機関との連携をとる（コーディネート力を発揮する）役割が求められている。

35 チームアプローチの長所として、①課題解決プロセスの質向上、②適切な資源を最大限に活用できる、③専門性向上の機会を得られる、④専門職

相互の違いによる葛藤を解決していくプロセスによって成長でき、バーンアウトのリスクの減少につながることが挙げられる。

36 チームアプローチの長所によって当事者に次のような利益が生じる。①自らの希望や意向を表明できる、②多職種に相談できる、③多職種から一貫した支援を受けられる、④利用するサービス全体とその提供者を把握できる、⑤多様な専門職の視点を含んだ包括的サービスが利用できる。

37 チームアプローチの短所として、①意見調整に手間暇がかかる、②管理や意思疎通にコストがかかる、③役割葛藤や混乱が生じやすい、④個人情報の漏洩リスク、⑤意見の一致への圧力が働き、創造的な問題解決の抑制となる危険がある、⑥当事者の意見表明や意思決定が困難になる可能性があることが挙げられる。

出 22-38

38 多職種連携コンピテンシーは、日本医学教育学会を中心に2016（平成28）年に開発された。チームが有効に機能するためにメンバーの個々の専門的能力とチーム形成のための能力が示されている。また患者・利用者・家族・コミュニティを中心に連携し、専門職相互の理解と尊重、そして、チームワークを意識した共感的理解などが重要となる（図表5参照）。

図表5 日本の多職種連携コンピテンシー

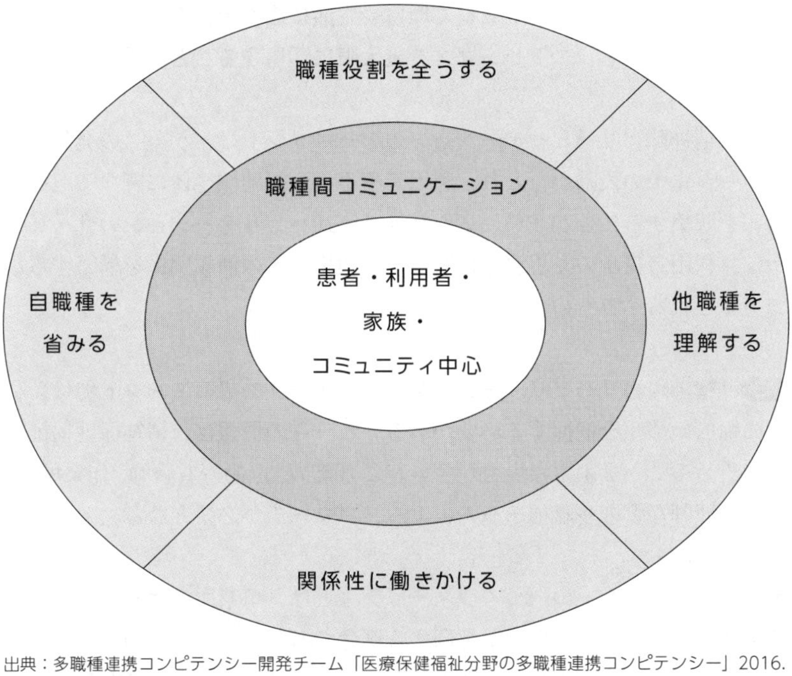

出典：多職種連携コンピテンシー開発チーム「医療保健福祉分野の多職種連携コンピテンシー」2016.
(http://www.hosp.tsukuba.ac.jp/mirai_iryo/pdf/Interprofessional_Competency_in_Japan_ver15.pdf)

精神障害リハビリテーションのプロセス

39 精神障害リハビリテーションは、EBP（根拠に基づく実践）とVBP（価値に基づく実践）を相互補完的に組み合わせ、利用者の自己決定を重視しつつ、利用者自身の固有の価値を重視する支援方法である。職種を超えたシステム的なプロセスであり、利用者の個別のニーズに合わせた支援が重要といえる。

✏ EBPは、量的および質的研究を通じて、効果が科学的に実証された実践モデルである。

✏ VBPは、利用者自身の価値観や好みに焦点を当て、それに基づいて行われる実践である。

受験対策アドバイス
◆精神障害リハビリテーションのプロセス全体の理解、特にニーズの把握、援助の判断と実施後の評価など、構成要素の各段階での理解が必要です。

40 精神障害リハビリテーションのプロセスには、①ケースの発見やインテーク（受け入れ面接）を含むアセスメント（査定面接）、②プランニング（計画）、③インターベンション（介入・サービス提供）、④モニタリング（追跡）／エバリュエーション（評価）がある。ケアマネジメントの構成やソーシャルワークの展開と共通する。

◎インテーク及びアセスメント

出 23-41

41 アセスメントとは、利用者の状況を収集し、ニーズを理解したうえで、問題解決のための支援計画を立てる分析のプロセスとなる。利用者に関する情報のみでなく、個人を取り巻く環境や生活に広く影響を及ぼす情報との相互関係にも考慮し、ストレングスを最大限に活用することが重要である。

42 精神障害リハビリテーションのアセスメントは、ケースの発見からインテークまでの段階が行われ、利用者や事業所、地域全体に関する包括的な情報を収集することが多い。また精神障害リハビリテーションのサービス開始は、利用者自身の意思決定に基づき、利用者との信頼関係を構築するなかで実施されるべきものである。

43 精神障害リハビリテーションのインテークやアセスメントでは、利用者の幅広い情報を把握する必要がある。これらの情報は、精神保健福祉士だけで集めることは困難な場合が多い。このため、医師や看護師、作業療法士、公認心理師などの多職種チームによるアプローチが必要となる。

44 アセスメントの一つのフィデリティとは、事業所のサービスが宣言する実践モデルどおりの提供か評価する概念であり、サービスの品質を評価する一環である。また組織の構造を評価するための専用ツールである「フィデリティ尺度」を使用して評価され、主に担当利用者数や職員配置、支援の形態などをチェックする役割を果たす。

◎プランニング

45 **プランニング**は、アセスメントで明らかになった利用者や家族のニーズ、利用可能なサービス、地域環境に合わせて包括的に計画される必要がある。支援者と利用者が一緒に状況を把握し、利用者の希望を中心に据えて、緊急性、臨床的、社会的、生活スキル的なニーズなどについて対応するサービスの内容やスケジュールを決める。

46 プランニングの際、支援者は、利用者の希望やニーズ、好みに対応する各サービスの効果について、科学的な評価と経験的知識を組み合わせて説明する役割と責任を担っている。利用者のサービスに対する好みやペースはプランニングの決定に重要な位置を占める。利用者と支援者が共同で今後のサービスを決める（図表6参照）。

◎インターベンション

47 精神障害リハビリテーションの**インターベンション**は、アセスメントやプランニングに基づいて、実際の介入やサービスを提供することである。利用者が直面する問題や困難から生じる包括的なニーズに対応するために複数の実践を組み合わせることが一般的となっている。インターベンションで提供する実践モデルを次に示す（図表7参照）。 出 26-40

◎モニタリング及びエバリュエーション

48 精神障害リハビリテーションは包括的な支援を提供する。このため、モニタリングとエバリュエーションについて、利用者ごとの個別レベルと、事業所や組織レベルの両方で実施する。個別レベルでは、利用者との関係性や提供されたサービスの効果などを評価する。事業所・組織レベルでは、フィデリティ尺度などを用いて評価を行う。

49 アフターケアは、計画された支援やサービスなどの終結後においてフォローアップとして実施される。利用者の病状や生活の変化によって、終結後に新たな課題が生じる場合がある。このため終結時に必要に応じて相談を受けることや支援を再開することができると伝えることが重要である。

精神障害リハビリテーションにおける精神保健福祉士の役割

50 精神保健福祉士は、利用者の心理社会的側面を理解し、自己決定を尊重しながら、生活上の課題を解決する支援を提供する役割がある。個人と環境の相互作用に焦点を当て、家族や社会環境に働きかけながら、精神障害者全体の課題やアドボカシーに取り組む。

図表6 科学的な効果検証によって推奨される実践モデル

モデル名	内容・特徴*	サービス種別		
		アウトリーチ	個別	集団
包括型地域生活支援（ACT）	重い精神障害をもつ人を対象とした集中的ケースマネジメント。多職種のアウトリーチチームが365日24時間体制で利用者の地域生活を支える（効果が期待されるアウトカム例：入院期間の減少）。	✓	✓	
疾患セルフケアトレーニング	個人あるいは集団で、自身の疾患やその対処について学ぶ機会を提供（効果が期待されるアウトカム例：再入院の防止、社会的機能の向上）。		✓	✓
援助付き雇用（IPS）	重い精神障害をもつ人を対象とし、就労支援と生活支援を統合したチームが、利用者の希望を重視する個別・定着サービスを提供（効果が期待されるアウトカム例：就労率や就労期間の向上）。	✓	✓	
家族介入／家族心理教育	家族に対する心理的サポートや疾患に対する正しい知識を提供（効果が期待されるアウトカム例：再発の防止、社会機能の向上、家族の対応能力の向上、家族負担の減少）。	✓	✓	✓
社会生活技能訓練（SST）	認知行動療法の一類型であり、集団を対象として、社会的な行動やコミュニケーション技術を学ぶ機会を提供（効果が期待されるアウトカム例：社会機能の向上）。			✓
認知機能リハビリテーション	認知機能の改善や低下している機能を補う生活スキルの獲得を目指す個人あるいは小グループを対象としたトレーニング（効果が期待されるアウトカム例：認知機能や社会機能の改善）。		✓	✓
運動・身体活動	身体を動かす機会（例：エアロビクス）を提供（効果が期待されるアウトカム例：症状の減退、抑うつ気分や生活の質の改善）。	✓	✓	✓
統合的早期介入	上記で紹介したサービス等を、疾患の発症初期段階から包括的に提供（効果が期待されるアウトカム例：症状の減退、生活の質や社会的機能の改善）。	✓	✓	✓

出典：Vita, A., Barlati, S., 'The implementation of evidence-based psychiatric rehabilitation: Challenges and opportunities for mental health services', *Frontiers in Psychiatry*, 10, p. 2, 2019. をもとに作成

*アウトカムとは転帰とも訳され、支援を提供した結果、変わると予想される測定指標（測定項目）を意味する。

図表7 リカバリーの視点によって推奨される実践モデル

モデル名	内容・特徴	サービス種別		
		アウトリーチ	個別	集団
ピアサポーターによる支援	精神疾患を経験した当事者が、同様の病を抱えるサービス利用者を、自身の経験に基づいて支援する。	✓	✓	✓
事前指示・計画	利用者が将来的に意思決定をすることが難しくなった場合に備えて、治療の好みや選択を明確に記しておく実践。あるいは急性的に症状の悪化が見られた場合の治療計画（クライシスプラン）を作成する実践。		✓	
元気回復行動プラン（WRAP）	当事者の発案によって生まれた自己ケアプログラムであり、自身が望む生活をするために、自身の調子のよいときや悪いときについて把握し、自分で対処法を考える生活管理プラン。仲間たちと一緒に作成することもできる。		✓	✓
疾病管理とリカバリー（IMR）	精神症状を自己管理するための情報と技術を身につけ、人生の目標に進むための、パッケージ化されたリカバリー志向の心理社会的介入プログラム。		✓	✓
リフォーカス（REFOCUS）	専門トレーニングを受けた支援者が、利用者と一緒に、希望に基づいた支援計画の作成、長所に焦点を当てたアセスメント、利用者主体の支援ゴールに向けた具体的な支援などを提供する包括的な地域精神保健サービス。	✓	✓	
ストレングスモデル	日常的なスーパーバイズを受けている支援者が、利用者と一緒に、長所に焦点を当てたアセスメント、希望に基づく支援計画の作成、利用者主体の支援ゴールに向けたアウトリーチ型の支援を提供する集中的ケースマネジメントの一形態（単純に長所を見る支援や哲学でない）。	✓	✓	
リカバリーカレッジ	利用者の生活や人生目標を、教育という観点から支える支援。実際のサービスは、地域に開かれており、利用者と支援者との共同創造・制作（co-production）である。利用者自身がリカバリーについてさまざまな講座を通して主体的に学ぶことに特徴がある。			✓
援助付き雇用（IPS）	重い精神障害をもつ人を対象とし、就労支援と生活支援を統合したチームが、利用者の希望を重視する個別・定着サービスを提供。	✓	✓	
ハウジングファースト／援助付き住居	特にホームレスの精神障害者などを対象に、まずは安全に居住できる場を確保し、その後に個人の生活・人生目標の達成を図る実践モデル。	✓	✓	
精神保健トライアローグ（mental health trialogues）	利用者、家族、友人、専門職、その他の市民などが参加して、精神保健の課題についてオープンな対話をする地域ミーティングである。精神保健トライアローグは、精神保健の課題についての個々の知識向上と地域文化の促進を図ることを目的とする。	✓		✓

出典：Slade, M., Amering, M., et al., 'Uses and abuses of recovery : implementing recoveryoriented practices in mental health systems', *World Psychiatry*, 13(1), pp. 12-20, 2014. をもとに作成

3 精神障害リハビリテーションプログラムの内容と実施機関

医学的リハビリテーションプログラム

51 医学的リハビリテーションの目的は、障害を負った人が再び自分らしい生活を送れるようにすることである。精神障害によって継続的に生活の支障がある人が対象となる。リハビリテーションは治療と並行して行われ、回復段階に応じてその目的が変化する。

受験対策アドバイス

◆医学的・職業・社会・教育リハビリテーションにおける各種専門療法やプログラムと実施機関を自作の表などで整理し、覚えておくことが大事です。

52 精神科リハビリテーションの専門療法は、作業療法、行動療法、認知行動療法、集団精神療法、依存症回復プログラム、健康自己管理プログラム、レクリエーション療法、デイケアプログラムなどが挙げられる。効果が認められた専門療法については、診療報酬の対象とされることで普及が図られてきた。

53 診療報酬で算定できる精神科特有の専門療法としては、精神科作業療法、入院生活技能訓練療法、精神科デイ・ケア、精神科ショート・ケア、精神科ナイト・ケア、精神科デイ・ナイト・ケア、重度認知症患者デイ・ケア、認知療法・認知行動療法、入院集団精神療法、通院集団精神療法、依存症集団療法などがある。

◎精神科作業療法

54 **作業療法**（occupational therapy）は患者に何らかの作業を実施させる治療法の総称である。理学療法士及び作業療法士法における作業療法の定義は、「身体又は精神に障害のある者に対し、主としてその応用的動作能力又は社会的適応能力の回復を図るため、手芸、工作その他の作業を行なわせることをいう」となっている。

✏ 日本作業療法士協会の定義では、「作業療法は、人々の健康と幸福を促進するために、医療、保健、福祉、教育、職業などの領域で行われる、作業に焦点を当てた治療、指導、援助」とある。また「作業とは、対象となる人々にとって目的や価値を持つ生活行為を指す」とされている。

55 精神科作業療法は、精神障害を抱える人の生活のしづらさの出現の予防や改善を図るものである。主な治療的意義は、精神機能の改善、現実検討力の向上、自己認知力や自己肯定感の向上、日常生活における技能の獲得や社会生活能力の向上、対人交流の促進、協調性や社会性の向上、対人刺激に対する対処能力の向上とされる。

56 精神科作業療法は、さまざまな精神疾患やその回復状態に応じて実施する。統合失調症やうつ病などの回復段階（急性期、回復期など）に合わせて、目的や内容を柔軟に変化させて行う。精神保健福祉士は、作業療法や作業療法士の役割を理解し、チームの一員として連携することが求められる。

◎行動療法

57 **行動療法**は、行動学習に基づく治療法、リハビリテーション技法で、行動主義のアプローチから**古典的条件づけ（レスポンデント条件づけ）**や**オペラント条件づけ（道具的条件づけ）**、**社会的学習理論**などの理論を応用し、不適切行動を修正・変容を図る手法である。

✏ 古典的条件づけは、反射によって引き起こされる不随意的な反応である。パブロフ（Pavlov, I. P.）が空腹の犬に餌を与えると唾液が出るという無条件反射をもとに、餌と別の刺激を結びつけて条件反射を生み出した。この原理を応用し、段階的に不安や恐怖を軽減させたのが、ウォルピ（Wolpe, J.）による行動療法の系統的脱感作法である。

✏ オペラント条件づけは、スキナー（Skinner, B. F.）が開発した実験装置（スキナーボックス）を用いた研究を発展させた考え方である。動物がたまたま行った行動のあとに報酬が得られるとその行動が増えるという原理である。この考え方はトークンエコノミーなどにも応用されている（図表8参照）。

◎認知行動療法

58 **認知行動療法**は、精神症状の原因となる認知のスタイルを特定し、認知と行動の両面に働きかけて、より現実的で適応的な対処法を目指す治療法である。1990年代以降、行動療法の技法とベック（Beck, A. T.）やエリス（Ellis, A.）の認知的アプローチを統合し、認知行動療法と呼ばれ、その名が広がってきた。 出 25-8

✏ 認知行動療法の特徴として、①意識された認知と行動を扱うため評価しやすい、②うつ病患者などを対象とした比較対象研究によって治療法の有効性が実証されている、③治療者と患者が協働で行うなどが挙げられる。この協働のプロセスは患者の主体性が尊重され、治療の効果を高める一因ともなっている。

59 認知行動療法では、自己の環境に対する認知（思考・イメージ）、気分・感情、行動・反応、身体的反応が相互に影響しあうと考える。特に、情動に影響されて湧き上がる自動思考と呼ばれる考え（認知）が重要視される。これらの思考はさまざまな人生経験に影響された中核的信念（スキーマ）によって形成される（図表9参照）。

✏ 人の反応を「認知（思考・イメージ）」「気分・感情」「行動・反応」「身体的反応」の四つに分ける。

図表8 精神障害リハビリテーションにおける行動療法

名称	内容
トークンエコノミー法	トークンとは、擬似貨幣の意味である。トークンエコノミーとは、擬似貨幣経済を意味する。この行動療法を行う施設の中では、適切な行動を行うと擬似貨幣を受け取ることができるが、不適切な行動を行うと擬似貨幣を支払わなければならない。その擬似貨幣の多寡によって、個体にとって快適な行動あるいは希望している行動をとることが許可されるなどの報酬を得ることができる。
出 26-28 シェイピング法	一定の目標行動に至るまでの行動を段階的に設定し、各段階の行動を順次遂行して目標行動をできるようにする。
出 26-28 モデリング法	他人の行動や行動の結果を観察することによって、新しい行動様式を獲得したり､反応様式を変化させたりする。
自己コントロール法	自己監視法（セルフモニタリング）、自己教示法（セルフインストラクション）、自己契約法（セルフコントラクト）の3種類がある。
問題解決技法	シェイピングの一種である。精神障害者がリハビリテーションを進めるうえで、いろいろな困難な問題にぶつかり、対応に苦慮する場合がある。その場合、問題を明確にして解決策を挙げ、そのなかでよりよい解決策を考えていく技法である。
出 26-28 自己対処技法（コーピングスキル）	病気や障害に対して自分なりに自己対処を行うことである。統合失調症の患者も、陽性症状に惑わされないように自分なりに工夫し、再発を引き起こすようなストレスを避けるなど、自らの病気と障害に自己対処を行っている。

図表9 認知行動療法の基本的考え方

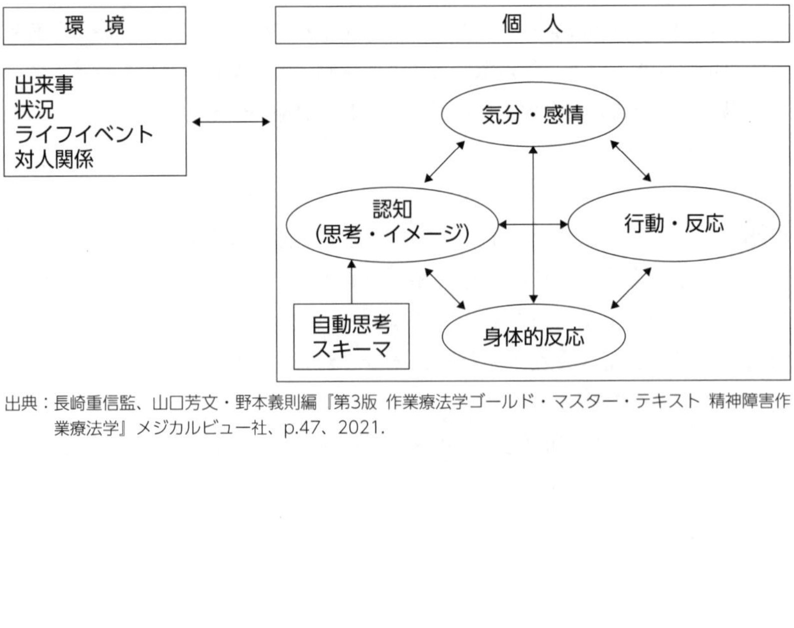

出典：長崎重信監、山口芳文・野本義則編『第3版 作業療法学ゴールド・マスター・テキスト 精神障害作業療法学』メジカルビュー社、p.47、2021.

60 認知行動療法では、自動思考に気づき、冷静に根拠を振り返り、代替思考を生み出すことで、不安や恐怖などの感情をコントロールし、より適応的な行動へと導くプロセスが重要視される。このプロセスを繰り返すことで、自ら思考のゆがみを修正し、最終的にはスキーマを修正することを目指す。

61 認知行動療法の診療報酬の対象は、入院中の患者以外でうつ病等の気分障害、強迫性障害、社交不安障害、パニック障害、心的外傷後ストレス障害または神経性過食症の患者となる。当該療法に習熟した医師が明確な治療構造をもって実施し、一連の治療計画を立て、患者に詳細な説明を行ったあと、30分以上の治療を行う場合に、最大16回まで算定される。

- 治療構造例として、挨拶と健康状態の確認から始まり、セッションの流れの確認、前回以降の認知と行動の振り返り、次回までの課題の確認、まとめ、となる。

◎集団精神療法

62 **集団精神療法**は、1人ないし複数の治療者（ファシリテーター）と共通の課題をもつ複数の参加者（メンバー）によって行われる療法である。集団の力動（ダイナミクス）となるメンバーと治療者の相互作用に加え、メンバー間の相互作用や治療者とほかのメンバーのやり取りを見聞きすることなどを利用して問題解決を図る。

63 精神科病院では、患者会や心理劇（サイコドラマ）などさまざまな目的に応じたグループがあり、集団精神療法が行われている。また家族療法では、家族をシステムとみなし、円環的なアプローチで問題を探る技法が用いられている。

- 心理劇では、治療者が監督となり、シナリオをつくりながら、主役が問題を洞察し、可視化させ、演技（行動）を通じて理解を共有し、解決法のヒントを見出すように導く。
- 依存症の人を対象とする集団精神療法においては、自由参加ではなく、事前に個別面接にて当事者の生育歴やコミュニケーション能力を把握したうえで、精神保健福祉士も加わり、構造化されたグループ運営を行う。

64 入院集団精神療法の診療報酬は、精神科医と1人以上の精神保健福祉士または公認心理師等により構成される2人以上の者が、1回につき最大15人、1日に1時間以上実施した場合に、入院の日から6か月を限度として週2回まで算定できる。通院集団精神療法は、同様の内容で1回につき最大10人、1日に1時間以上実施した場合に、開始日から6か月を限度として週2回まで算定できる。

◎依存症回復プログラム

65 **依存症回復プログラム**は、アルコール依存症などの依存症に対処する

ための総合的な方策であり、①身体の回復、②脳の回復、③心の回復、④人間関係の回復という「四つの回復」を目標とする。アルコール依存症における治療の基本は、断酒である。そのため、解毒期とリハビリテーション期の入院治療プログラムが標準となる。

66 アルコール依存症治療において、解毒期では、断酒後の離脱症状や身体疾患、精神症状を治療し、身体と脳の回復を行う。リハビリテーション期では、依存症の教育や共同作業を通じて退院後の生活の準備をし、自助グループである断酒会やAA（アルコホーリクス・アノニマス）への参加などで再飲酒しない環境を整え、心と人間関係の回復を支援する。

67 アルコール依存症治療において、リハビリテーション期では、回復意思をもつ患者を対象に、約2～3か月の期間にわたる集団プログラムが行われる。プログラムには、アルコールに関する心理教育、病棟患者会やグループミーティング、作業療法、スポーツやレクリエーションなどが含まれる。

68 患者は集団での経験を通じて否認を乗り越え、共感を生み出し、断酒への意思を高めることが期待される。また退院前には、自らの体験を共有し、今後の意思を語る場が設けられる。退院後は、外来通院や集団精神療法を受け、自助グループへの参加を継続する。

出25-53 69 依存症回復プログラムの診療報酬について、厚生労働大臣が定める施設基準や、医師、看護師、精神保健福祉士等による治療などの基準を満たす医療機関において依存症入院医療管理加算などの請求ができる。また依存症集団療法は、入院中以外の薬物依存症等の患者に、認知行動療法の手法を用いた指導を行った場合に算定できる。

◎健康自己管理プログラム

70 精神疾患の経験者は、健康維持や再発予防等のため服薬だけでなく、適切な食事摂取、睡眠、休息、節度ある飲酒、そして不調を感じたときの対処も重要となる。このため、医師や看護師は健康管理のための指導等を行っている。また**元気回復行動プラン**（**WRAP**）や**クライシスプラン**などのプログラムも有効となる。

◎レクリエーション療法

71 ダーキン（Dakin, R.）によれば、**レクリエーション**は仲間とともにする遊戯活動であり、人々の交遊を助け、親和の精神を発達させ、緊張を解きほぐす機会を与えて、誰もが快適な気分と幸福感を取り戻すように図るものである。また治療の一環であり、自発的な余暇活動が難しい人々を対象に、グループでの活動を通じて喜びや交流の楽しさを体験させることを目指す。

レクリエーション活動は、カラオケ、スポーツなど希望者が自発的に行う

活動のほか、盆踊りやクリスマス会などの年中行事として病院、学校、職場、地域などで行われる活動がある。

◎精神科デイ・ケア等

72 **精神科デイ・ケア**は、第二次世界大戦後、精神科の治療方針が入院から地域での生活支援へと変わるなかで発展してきた。1946年にカナダのモントリオールの病院でキャメロン（Cameron, D. E.）が退院患者の再発予防に焦点を当てた「デイホスピタル」を創始し、これが精神科デイ・ケアのはじまりとされる。

キャメロンがデイホスピタルを始めた頃、ロンドンの社会精神医学研究所のビエラ（Bierer, J.）が外来治療と入院治療の中間的なデイホスピタルのプログラムを提案した。これらは、精神分析志向の個人療法や集団精神療法、身体療法、作業・レクリエーション療法、ソーシャルクラブ機能を組み合わせたものであった。

73 日本では、精神科デイ・ケアは、1953（昭和28）年に浅香山病院、1958（昭和33）年に国立精神衛生研究所で実験的に始まり、1974（昭和49）年に診療報酬の対象となった。それ以降、施設基準を満たす多くの精神科医療機関で実施されるようになり、その後ナイト・ケア、デイ・ナイト・ケア、ショート・ケアが診療報酬の対象となり、今日に至っている。

74 東大DH（デイホスピタル）での実践を踏まえて、宮内勝は精神科デイ・ケアで期待できることについて、次を挙げている。①同じ悩みをもつ仲間の存在に気づく、②友達をつくる、③新鮮な遊びの体験をする、④集団生活を楽しむ、⑤メンバー間の相互作用、⑥責任や役割を担うことで周囲の信頼を得る、⑦就労可能性を高める。

これらを踏まえ、精神科デイ・ケア利用の目的は、①生活リズムの確立（立て直し）、②対人関係の改善、③再発防止、④日常生活の自立、⑤社会性の向上、⑥就労・復職など、幅広いといえる。

75 精神障害者のデイ・ケアは、グループワークとしての機能に加え、「生活をする場」「人とかかわる場」「何かをする場」として位置づけることができ、また定期的なデイ・ケアの参加が適度な生活リズムを維持する助けとなる。プログラムは、統合失調症や重度認知症、リワークなど参加者の疾患や状態によりさまざまに展開される。

76 精神科デイ・ケアは、多様な背景や状況をもつ利用者が参加し、多職種チームが協働でプログラムの運営を行う。このため、コミュニケーションを重視し、利用者の希望を取り入れつつ、定期的な情報共有と記録が大切である。個別の状況、グループの状況などを面接や訪問などで的確に把握し、家族面接や心理教育なども提供する。

受験対策アドバイス

◆医療機関における精神科デイ・ケア等について、施設基準の実施時間や人員配置などの概要を押さえておきましょう。

77 医療機関では、医療保険の診療報酬制度の施設基準（図表10参照）に従って、患者1人当たり1日につき、精神科デイ・ケアで6時間、精神科ショート・ケアで3時間、精神科ナイト・ケアで4時間、精神科デイ・ナイト・ケアで10時間を標準として実施されている。なお、精神科ナイト・ケアは開始時間を午後4時以降としている。

図表10 精神科デイ・ケア等の診療報酬と施設基準（概要）

	参加人数	保険点数（2024（令和6）年改訂）	実施時間	施設面積（m^2）	一人当たり面積（m^2）	人員配置
精神科デイ・ケア	小規模（30人まで）	590	6	40以上	3.3	精神科医師および専従する2人の従事者（作業療法士、精神保健福祉士または公認心理師等のいずれか1人、看護師1人）
	大規模（50人まで）	700	6	60以上	4	精神科医師および専従する3人の従事者（作業療法士または看護師（※1）のいずれか1人、看護師1人、公認心理師、精神保健福祉士の1人）の4人
	大規模（70人まで）	700	6	60以上	4	大規模デイ・ケア（50人まで）の4人に、精神科医師1人および精神科医師以外の従事者1人を加えた6人
精神科ショート・ケア	小規模（20人まで）	275	3	30以上	3.3	精神科医師および専従する1人の従事者（看護師、作業療法士、精神保健福祉士または公認心理師のいずれか1人）
	大規模（50人まで）	330	3	60以上	4	精神科の医師および専従する3人の従事者（作業療法士または看護師（※1）のいずれか1人、看護師1人、公認心理師、精神保健福祉士のいずれか1人を含む）
	大規模（70人まで）	330	3	60以上	4	大規模ショート・ケア（50人まで）の4人に、精神科医師1人および精神科医師以外の従事者1人を加えた6人
精神科ナイト・ケア	小規模（20人まで）	540	4	40以上	3.3	精神科医師および専従する2人の従事者（作業療法士または看護師（※2）のいずれか1人、看護師または精神保健福祉士もしくは公認心理師等のいずれか1人）
精神科デイ・ナイト・ケア	小規模（30人まで）	1000	10	40以上	3.3	精神科医師および専従する2人の従事者（作業療法士または看護師（※3）のいずれか1人および看護師、精神保健福祉士、公認心理師または栄養士のいずれか1人）
	大規模（50人まで）	1000	10	40以上	3.3	精神科医師および専従する3人の従事者（作業療法士または看護師（※3）のいずれか1人、看護師または准看護師のいずれか1人および精神保健福祉士、公認心理師または栄養士のいずれか1人）

	大規模（70人まで）	1000	10	40以上	3.3	大規模デイ・ナイト・ケア（50人まで）の4人に、精神科医師以外の従事者2人を加えた6人
重度認知症患者デイ・ケア	25人まで	1040	6以上	60以上	4	精神科医師および専従する3人の従事者（作業療法士1人、看護師1人および精神科病棟に勤務した経験を有する看護師、精神保健福祉士または公認心理師のいずれか1人）
	50人まで	1040	6以上	60以上	4	重度認知症患者デイ・ケア（25人まで）の4人に精神科医師1人および専従する3人の従事者（作業療法士1人、看護師1人および精神科病棟に勤務した経験を有する看護師、精神保健福祉士または公認心理師のいずれか1人）を加えた8人

※1）精神科ショート・ケア、精神科デイ・ケアの経験を有する看護師
※2）精神科ショート・ケア、精神科デイ・ケアもしくは精神科ナイト・ケアの経験を有する看護師
※3）精神科ショート・ケア、精神科デイ・ケア、精神科ナイト・ケアもしくは精神科デイ・ナイト・ケアの経験を有する看護師

78 精神科デイ・ケア等の精神保健福祉士は、ほかの専門職と連携・協働してプログラムを運営し、参加者の支援を行う。このため、プログラム運営やほかの専門職のサポートをする技術を身につける必要がある。担当の利用者には利用終了まで相談支援を継続し、チーム内の連携や関係性に気を配り、外部支援者とも情報共有、調整を行う。

◎医学的リハビリテーションの実施機関

79 医学的リハビリテーションの実施機関は、精神科を標榜する病院および診療所、または訪問看護ステーション、精神保健福祉センター等である。精神病床を有する病院は、2023（令和5）年度の630調査によると全国で1556か所あり、許可病床は約30万9000床であった。

精神保健福祉センターは、都道府県および指定都市に設置が義務づけられている。精神保健福祉センターの業務は、企画立案、技術指導および技術援助、人材育成、普及啓発、調査研究、精神保健福祉相談、組織の育成、精神医療審査会の審査に関する事務ならびに自立支援医療（精神通院医療）および精神障害者保健福祉手帳の判定などである。

職業リハビリテーションプログラム

80 職業リハビリテーションは、対象者の機能回復および職業生活を阻害する環境の回復への対応である。リハビリテーションの過程において、対象者のリカバリーに向けて、本来もっているストレングスに着目し、多職種協働による支援を行う。また職場環境の調整、ネットワーク構築など効果的に支援することも求められる。

81 職業リハビリテーションの目的について、ILOは障害者が適切な雇用

に就いて持続し、さらに能力などを向上することまで含めている。精神保健福祉士など支援者らが、リカバリーの視点をもつことが対象者の自尊心回復や本来の力を取り戻すために重要となる。

82 職業リハビリテーションの過程は、職業相談からスタートする。そして、インテーク、アセスメント、プランニングと、ソーシャルワークの援助と同じ過程がある。しかし、労働側では職業指導、職業評価と呼ぶことが一般的である。また離職防止などのため就職後のフォローアップを従業員と事業主の両方に実施する。

83 職業リハビリテーションの支援の対象は、精神障害者保健福祉手帳の所持者、またはまだ所持していないが同等の支援が必要な者である。精神疾患やその他の障害により、長期間にわたって職業生活のなかで特別な支援が必要な状況にある者となる。

84 職業リハビリテーションの支援の焦点では、さまざまな精神障害に共通する職業上の障害を整理し、支援の重点を明確にする。個人の側面では、「認知機能の障害」と「自信と自尊感情の低下」に焦点を当てた支援が必要である。また、環境の側面として、雇用主や同僚が障害を正しく理解するための働きかけも重要となる。

85 リカバリーの視点に基づく職業リハビリテーションプログラムの展開に不可欠なポイントは次のとおりである。①対象者の強みを重視し活かすこと、②対話と協力を通じた支援関係の構築、③対象者の自己決定を尊重し支援するといった対象者主体の支援関係の構築、④対象者の希望を重視し、試行錯誤を学びの機会と捉えること。

◎就労準備プログラム

86 **就労準備プログラム**は、就職活動の前に、主に施設内で職業生活に必要なスキルを獲得し、自信や自尊心を取り戻すことで、就労準備を整えてから就職活動に臨む取り組みである。長所は働くリズムを身につけられ、就職に伴う不安を軽減できる。しかし、就労意欲の減退や認知機能障害によって効果が得にくいことが指摘されている。

87 アセスメントに基づき、就職前の就労準備を促進するプログラムは、レディネスモデルとされる。このプログラムは、認知機能の制約を抱えつつも職業生活を送るうえでのスキル獲得と、自信と自尊感情の回復に焦点を当てている。特に自信と自尊感情の回復はリカバリーと密接な関係にある。

88 作業活動の効果を上げるため、職場環境を模した雇用場面での活動や、対象者が自己の特徴と職場での合理的配慮を理解するためのアセスメントを

重視する必要がある。また実際の職場への移行前のウォーミングアップとして位置づけること、そして職業生活リズムの獲得を目指すことが重要となる。

89 最近の就労準備プログラムでは、作業活動に加え、障害のある人が就職や職業生活を維持するためのスキル獲得を目指している。これらのプログラムは、集団での活動を通じて、参加者同士が支えあい、教えあい、互いに学びあうことで自信や自尊心の回復につながる効果が期待されている。

90 就労準備プログラムには、①就職活動の技能に関するプログラム、②職業生活に必要とされる技能に関するプログラム、③職業生活維持に関するプログラム、④基本的な仕事の技能に関するプログラムなどが取り入れられている。

- 認知行動療法の手法を取り入れたアサーショントレーニングやSST（社会生活技能訓練）、アンガーコントロールなど。心理教育としてIMR（疾病管理とリカバリー）など。

◎援助付き雇用プログラム

91 **援助付き雇用プログラム**は、施設内での就労準備プログラムを行わず、まずジョブコーチなどが職場開拓をし、雇用契約を結び、その後職場に出向いて支援を行う方法である。これは職場の仕事、従業員、ルール、職場の文化への適応を支援する。しかし、1人の対象者に対する支援者の労力が大きく、高度な支援技術が求められる。

- 特に認知機能の障害がある対象者に効果的である。
- 対象者だけでなく企業を同時に支援し、職場環境を整えることが可能である。

92 援助付き雇用プログラムの基本的なプロセスは、準備期、集中支援期、フォローアップ期に分けられる。

93 準備期では、対象者の希望や能力・適性に基づいて職場を探したうえで企業を訪問する。作業内容と職場環境や支援者の職場体験を分析し、アセスメントを行う。そして、事業主の了解を得て企業が決定する。

94 集中支援期では、仕事や職場環境への適応を目指して対象者と従業員双方を下記の内容で支援する。集中支援期の終了後、フォローアップ期へ移行する。フォローアップ期に移行後も継続的に双方と連絡をとりあい、再度職場での支援が必要な場合は介入する。

- 集中支援期の支援は次の三つである。①対象者と従業員のために一緒にいて見守り、不安を和らげ、安心感を与える。②モデリングやロールプレイ、メモや絵・写真を活用するなどわかりやすく伝え、その伝え方を従業員にも共有する。③対象者の自立を促進するため、支援量を徐々に減らし、自然に

サポートできるようにする。

◎IPSモデル

95 **IPSモデル**は、重度精神障害者に対する援助付き雇用プログラムである。次の八つの原則に基づいて行われる（図表11参照）。

✏ IPSモデルはアメリカにおいて、本人の主体性、ストレングスモデルを大切にし、医療や援助付き雇用プログラムなど包括的な支援プログラムとして開発された。

✏ 日本においても、ACTチームや就労移行支援事業所で取り入れられ始め、成果を上げている。

図表11 IPSモデルの八つの原則

①支援対象は希望者
②就業支援と医療保健のチーム
③目標は一般企業への就労
④本人の興味や選択に基づいた職探し
⑤迅速な職場探し
⑥継続的なサポート
⑦経済的支援
⑧希望を尊重した雇用主との関係づくり

◎復職支援プログラム

96 メンタル不調などで休職した従業員の復職支援は、復職して勤務が継続できるように、「医療」「リハビリテーション」「復職に向けての企業との調整」の3本柱で構成される。復職にあたって、対象者の意向を尊重し、企業と医療機関との調整を行う必要がある。

✏ リハビリテーションとして、復職に向けた準備プログラム、再発予防のためのストレスマネジメントなどを行う。

◎就労定着プログラム

97 **就労定着プログラム**は、本人の望まない形での離職を防ぎ、問題解決を行う支援である。事業主と対象者の双方を対象として、①個別相談、②半セルフヘルプグループによる相互支援組織の育成と支援、③職場における再集中支援などの方法で支援を行う。障害者の日常生活及び社会生活を総合的に支援するための法律（障害者総合支援法）において**就労定着支援事業**として制度化された。

98 就労定着プログラムの半セルフヘルプグループによる育成と支援では、対象者同士が月に1～2回集まり、レクリエーションや話し合いを通して相互支援を行う。また、プログラム後の茶話会等で各自の近況や悩みも共有する。支援者は、問題を把握した場合、個別相談や企業・関係機関との調整等を行う。

◎職業リハビリテーションプログラムの実施機関

99 **地域障害者職業センター**は、全国の都道府県に設置されており、障害者に対して、職業評価、職業指導、職業準備訓練および職場適応援助者（ジョブコーチ）、職場復帰支援（リワーク）等の職業リハビリテーションを実施するとともに、事業主に対して、雇用管理上の課題を分析し、雇用管理に関する助言その他の援助を実施する。

100 **障害者就業・生活支援センター**は、障害者の雇用の促進等に関する法律（障害者雇用促進法）に規定され、障害者の身近な地域において、就業面と生活面の一体的な相談・支援を行う。実施主体は、都道府県知事が指定する障害者の就労支援に実績を有する社会福祉法人、NPO法人などである。

101 **障害者就業・生活支援センター**において、就業面では、職業準備訓練や職場実習のあっせんなどの就業に関する相談支援、事業所への助言や関係機関との連絡調整を就業支援担当者が行う。また生活面では、日常生活や地域生活に関する助言や関係機関との連絡調整を生活支援担当者が行う。

102 **ハローワーク（公共職業安定所）**は、厚生労働省設置法に定められた国の機関であり、求職者のための職業相談・職業紹介を中心業務に、雇用の安定を図り職業安定法の目的を達成するためにさまざまな業務を行っている。

103 **障害者職業能力開発校**は、一般の職業能力開発校で職業訓練を受けることが困難な障害者を対象とした施設である。障害の特性に配慮した施設や訓練カリキュラム、技法によって職業訓練を実施し、全国に19か所設置されている。精神障害者や知的障害者の訓練カリキュラムのなかでは、就労準備プログラムの内容が多い。

104 **就労移行支援事業所**および**就労継続支援事業所**は、障害者総合支援法に基づくサービスである。このなかで職業リハビリテーションとして、就労準備プログラム、援助付き雇用（職場体験実習およびトライアル雇用に限る）プログラム、IPSモデル、復職支援プログラムなどが展開されている。

社会リハビリテーションプログラム

◎社会生活技能訓練（SST）

105 **社会生活技能訓練（SST）**とは、社会生活のなかの、主に対人接触にかかわる状況において、状況に応じた適切なストレス回避や認知、行動様式（コーピング）を、段階を経て学んでいく認知行動療法である。また呼称について、SST普及協会では「社会生活スキルトレーニング」の和語を用いることを提唱している。

受験対策アドバイス

◆社会リハビリテーションの社会生活技能訓練（SST）に関する設問は、過去の国家試験で頻出問題となっています。その目的や手順、方法などを確認して覚えておきましょう。

106 SSTは、認知行動療法の一つとして位置づけられており、利用者の認知の改善と、具体的な行動の改善という二つの側面が重要とされる。本人の意見を最大限取り入れ、できていないところではなく、今できているところに着目し練習をすることで、できる行動を少しずつレベルアップさせ、学んでいく。

出25-45

107 SSTのセッションでは、数人から10人程度のグループで行うことが多い。また、セッションの頻度は週1回以上、1回1時間程度が標準とされている。SSTグループには、リーダー、コリーダー、板書（記録係）の役割があり、共同して進行する。SSTは、社会的学習の原理に基づいて進める（図表12参照）。

図表12 SST練習の順序

1	練習することを決める
2	場面をつくって1回目の練習をする（必要ならばお手本を見る）
3	よいところをほめる
4	さらによくする点を考える
5	もう一度練習する（必要ならばお手本を見る）
6	よくなったところをほめる
7	チャレンジする課題を決める（宿題）
8	実際の場面で実行する
9	次回に結果を報告する
10	次のステップに進む

出典：一般社団法人日本ソーシャルワーク教育学校連盟編『最新 精神保健福祉士養成講座③精神障害リハビリテーション論』中央法規出版、p.141、2021.

出24-38
出25-38

108 SSTでは、対象者の対人行動を見守り、個別に問題をアセスメントし、それに応じたプランを立て、援助的介入や教育をしていくことが必要である。また、行動療法で用いられるモデリングや促し行動（プロンプティング）、行動形成（シェイピング）などが取り入れられる。

109 SSTは、入院生活技能訓練療法として診療報酬が算定できる。入院生活技能訓練療法は、精神疾患を有する入院患者に対し、行動療法の理論に基づいた手法で、服薬習慣、再発への対処技能、金銭管理等の基本生活技能と対人関係保持能力などから病状の改善と社会生活機能の回復を図る治療法である。

出23-57

110 SSTには、グループではなく、一対一で実施する「ひとりSST」がある。基本的な進行はグループSSTと同じである。しかし、ひとりSSTはふだんの面接場面のなかで必要に応じてタイムリーに活用することができることが特徴である。

111 SSTの実践は、精神保健医療福祉領域以外においても展開されている。

刑務所や保護観察、更生保護事業などの司法・矯正領域、学校や特別支援学校などの教育領域、就労支援や職場のメンタルヘルスなどの産業領域など、実践領域は幅広い。また家族に対するSSTも家族会や家族教室などで行われている。

◎心理教育プログラム

112 **心理教育プログラム**とは、精神障害やエイズなど受容しにくい問題をもつ人たちに対して、病気や障害によって引き起こされるさまざまな問題や困難に主体的に対処するための情報と知識、方法などを提供することである。また、相手の心理状態や特有の状況に十分配慮し、尊重することが重要である。

113 心理教育プログラムの発展してきた背景には、EE（感情表出）研究の影響は大きい。統合失調症患者の再発率を下げるためには、家族が心理教育を受け、病気に関する知識をもち、適切な対処技能を身につけることが効果的とされる。EE研究によって、家族への支援も治療の重要な部分であることが明らかとなった。

出25-9
出26-45

114 イギリスにおいて1950年代後半から、統合失調症に関する研究がその病因よりも経過に焦点が当てられるようになっていた。1959年にブラウン（Brown, G. W.）らの研究において、統合失調症の再発率が精神症状や就労能力よりも、退院後の生活環境、特に家族との関係に大きく影響されることが明らかにされた。

- ブラウンらは、「家族の相互関係」を測るEEという概念を用いて家族関係を測定する家族面接を行い、敵意、批判、情緒的巻き込まれすぎの三つの指標を用いて家族のEEの高低を評価した。その結果、高EEを示す家族の元に退院した患者は、退院後9か月以内に50％以上の高い再発率を示し、さらに週に35時間以上家族と接する場合は再発率が69％にも上ることが判明した。これに対し、低EEの家庭に戻った患者の再発率は13～15％にとどまった。
- 高EEが生じる要因として、①病気や症状、治療法、社会資源に対する知識や情報の不足、②不慣れな対応方法や不適切な対処技術、③家族成員のネットワークの断絶や貧困、④家族の主観的な生活負担のバロメーターが考えられ、家族関係の心理社会的側面への理解を深める契機となった。

115 心理教育プログラムの主な構成要素は、「教育プログラム」と「グループワーク」「対処技術習得プログラム」である（図表13参照）。また、対象は精神障害の本人だけではなく、家族が複数名参加する「複合家族グループ」、当事者も含めた家族全体を対象とする「単家族心理教育」など、いくつかの形態で実施することができる。

図表13 教育プログラムで伝える項目・内容

項目	内容
精神疾患に関する情報	ストレス―脆弱性モデル、フィルター理論、長期予後など
症状に関する情報	陽性症状、陰性症状、再発のサインなど
薬物療法などの治療法	薬の種類と副作用など
利用できる社会資源	リハビリテーションの資源、経済的なサポートなど
本人への家族の対処の工夫	コミュニケーションのコツ、症状への対処など
家族自身のストレスマネジメント	家族の健康への留意、家族自身の時間確保など

出典：一般社団法人日本ソーシャルワーク教育学校連盟編『最新 精神保健福祉士養成講座③精神障害リハビリテーション論』中央法規出版、p.145、2021.

116 心理教育プログラムは、精神障害者やその家族が問題解決の力を身につけ、援助資源を主体的に利用できることを目的としている。このため、多職種によるチームアプローチを用いて、ほかのプログラムや地域の関係機関とも連携することが求められる。

◎元気回復行動プラン（WRAP）

出 26-30

117 元気回復行動プラン（WRAP）は、アメリカで精神的困難を抱えたコープランド（Copeland, M. E.）を中心としたピアグループによって考案された、困難な感情や行動を軽減・予防し、生き方の選択肢を増やし、生活の質を向上させることを目的としたツールである。自分自身のリカバリーやウェルネスのためにできることを自分のプランとしてつくる点が特徴とされる。

118 WRAPは、リカバリーに大切な五つ（希望、責任、学ぶこと、自己権利擁護、サポート）を基本において、日常生活に活用していくための元気に役立つ道具箱と六つのプラン（日常生活管理プラン、引き金、注意サイン、調子が悪くなったとき、クライシスプラン、脱クライシスプラン）のツールを使い、自分のWRAPをつくる（図表14、図表15参照）。

図表14 リカバリーに大切なこと（key recovery concepts）

希望	誰もがリカバリーできる、元気になり、元気であり続けることができる、自分の望む生き方ができる
責任	主体性。リカバリーとウェルネスのために自分でできることを自分で選んでやっていく
学ぶこと	自分にとってよい選択ができるように知る、情報を得る
自己権利擁護	誰もが尊重され幸せになる権利があり、自分で擁護していく
サポート	自分からサポートに手を伸ばすこと、一方的でなく双方的に支えあう

出典：*Wellness Recovery Action Plan*, Human Potential Press, 2018. を参考に作成

図表15 WRAP（六つのプラン）

日常生活管理プラン （デイリープラン）	いい感じの自分 いい感じの自分でいるために毎日するとよいこと いい感じの自分でいるために時々するとよいこと
引き金 （ストレッサー）	自分にとっての引き金 引き金のためのアクションプラン
注意サイン	自分にとっての注意サイン 注意サインのためのアクションプラン
調子が悪くなったとき	自分にとって調子が悪いと感じるとき 調子が悪くなったときに即座に対応するプラン
クライシスプラン	クライシスプランを使うとき クライシスになったときに委ねたい人、委ねたいこと、 よくなるためにサポートしてほしいことなど
脱クライシスプラン	脱クライシスを使うとき ゆっくりと日常に戻るためのプランなど

出典：*Wellness Recovery Action Plan*, Human Potential Press, 2018. を参考に作成

◎当事者研究

119 **当事者研究**とは、浦河べてるの家において精神障害のある当事者による活動や暮らしのなかから始まった取り組みである。「自分の研究者」となることを理念とし、仲間と生きやすさのテーマを見つけ、自分に合った自分の助け方を創造していくプロセスとして展開される（図表16参照）。 出 26-30

120 浦河べてるの家の当事者研究では、「専門家が症状を取り除くという発想から脱却し、ユーザーが自身の経験を理解し管理する方法を見つける」というリカバリーの理念にも通じるもので、当事者の語りや仲間とのつながりを取り戻すことを可能にした。

◎地域移行プログラム

121 **地域移行プログラム**は、精神科病院や入所施設に入院・入所中の精神障害者の地域移行に向けて行われる支援のことである。医療、福祉、行政等の関係者、相談支援専門員、ピアサポーター等で多機関・多職種で支援する。

✎ 地域移行プログラムは、①相談スタート期、②退院に向けての準備期、③地域で暮らす準備期に分けて進める。精神障害者を主人公として、丁寧に本人の声に耳を傾け、病院内の多職種チームと多機関との間で連携を図っていくことが重要である。

図表16 当事者研究の基本的な展開イメージ

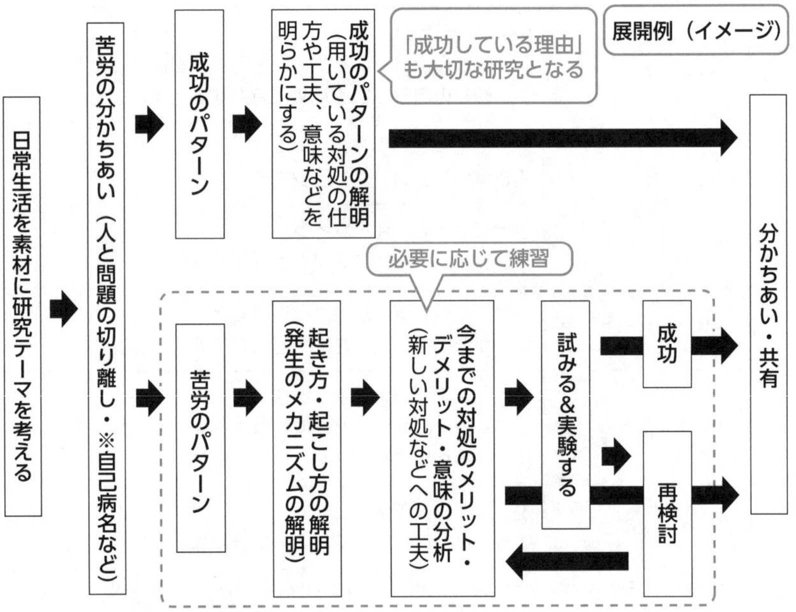

※自己病名＝医学的な診断ではなく、自分の理解と発想に基づいた病名で、「苦労ネーム」ともいう
例）上昇志向過剰型ガンバリ症候群

出典：向谷地生良「当事者研究」日本統合失調症学会監、福田正人・糸川昌成・村井俊哉・笠井清登編『統合失調症』医学書院、p.614、2013.

122 日本精神保健福祉士協会による『医療・福祉・行政関係者が共有して活用できる長期入院精神障害者の地域移行推進ガイドライン』では、地域移行支援を推進するにあたり、①相談支援体制の整備、②権利行使支援としての周知、③医療と福祉の連携、④意思表明の支援の四つが大事であるとされている。

123 精神障害のある本人にとって、退院がゴールではない。これからも続く人生のなかで、自分の希望する生活を実現していくために、本人と周囲の支援者や家族等との協働は続いていく。地域移行プログラムを進めるうえで、特に支援者はこのことを大切にする必要がある。

◎生活訓練プログラム

124 生活訓練プログラムは、障害者総合支援法に基づく自立訓練（機能訓練、生活訓練）の一つである。精神科病院や入所施設を退院・退所した精神障害者、知的障害者などを対象とし、調理や洗濯等の日常生活スキルの獲得、服薬管理等、社会生活スキルを身につけるためのプログラムである。また訪問による支援を行う事業所もある。

◎社会リハビリテーションの実施機関

125 社会リハビリテーションの実施機関として、生活訓練事業所、地域活動支援センター、共同生活援助（グループホーム）、保護観察所などがある。

保護観察所では、心神喪失等の状態で重大な他害行為を行った者の医療及び観察等に関する法律（医療観察法）処遇中の対象者に社会復帰調整官が面接のなかで「ひとりSST」を活用することもある。また、対象者の家族等に対して「家族教室」を開催する保護観察所もある。

教育リハビリテーションプログラム

126 1979（昭和54）年、国際連合教育科学文化機関（United Nations Education, Scientific and Cultural Organization：UNESCO）が主催した特殊教育に関する専門家会議は、特別支援教育の概念の基盤を形成する重要な会議であった。会議では、特別支援教育の政策、計画立案、職員の訓練などが議論された。また、障害児の教育権の保障や義務教育の法制化、教育プログラム策定などの必要性が示された。

127 日本では2003（平成15）年、特別支援教育の新たな定義が提示され、学習障害（LD）や注意欠如・多動症（ADHD）、高機能自閉症も含むようになった。この教育は、障害のある児童生徒一人ひとりの個別の教育的ニーズに基づいて、その能力を伸ばし、学習や生活上の困難を緩和または克服するための適切な教育や支援を提供する。

◎特別支援教育プログラム

128 **特別支援教育プログラム**とは、主に障害のある児童・生徒に対して、その教育的ニーズに応じた教育を提供するためのカリキュラムや支援方法のことである。障害の程度により特別支援学校や小中学校の特別支援学級、通級による指導などで展開される。また、校内支援体制として特別支援教育コーディネーターの指名が必要となる。

129 特別支援教育コーディネーターは、校内委員会の推進役として校内の関係者や校外の医療・福祉等の関係機関との連絡調整、保護者に対する学校の窓口、関係づくりなどの役割を担う。また、スクールカウンセラーやスクールソーシャルワーカー等と連携し支援を行う。

130 中央教育審議会初等中等教育分科会は、2012（平成24）年7月に公表した報告書の中で、インクルーシブ教育システムとは、障害のある児童生徒と障害のない児童生徒がともに学ぶ教育システムのことであると示した。また、実現には個々の教育ニーズに応じた教育支援が不可欠とした。

✎ 報告書では次の五つの主要な柱が提案された。①共生社会の形成に向けて、②就学相談・就学先決定のあり方について、③障害のある子どもが十分に教育を受けられるための合理的配慮およびその基礎となる環境整備、④多様な学びの場の整備と学校間連携等の推進、⑤特別支援教育を充実させるための教職員の専門性向上等。

✏ 共生社会の形成に向けてインクルーシブ教育システムをつくることを最終目標とし、特別支援教育を推進していくという報告が示された。

131 全国の特別支援学校では、個別の指導計画と個別の教育支援計画の作成を行うことになっている。また、2017（平成29）年の学習指導要領の改訂では、通常学級の特別支援学級や通級指導教室における「個別の指導計画」「個別の教育支援計画」の作成が義務づけられた。

132 近年、発達障害の子どもたちの不登校率の高さが課題となっている。このため、発達障害の子どもたちへの特別支援教育が推進されている。自閉スペクトラム症の子どもたちへのアプローチには、場の意味や見通しなどを伝える構造化や感情理解を助けるCAT-Kit、物事の意味などを文章で本人に説明するソーシャルナラティヴなどがある。

✏ CAT-Kitは、アスペルガー症候群の教育支援の権威であるトニー・アトウッド（Tony Attwood）博士によって開発された7歳～成人までを対象とした感情教育の指導法である。

✏ ソーシャルナラティヴは、自閉スペクトラム症の行動上の問題やコミュニケーションスキルの改善に向けた教育技法の一つである。社会的状況を記述した文章や挿絵を含む物語を用い、その場面における社会的意味や期待される行動などを記述する。

◎障害学生支援プログラム

133 日本の障害学生支援プログラムについて、2012（平成24）年、文部科学省に「障がいのある学生の修学支援に関する検討会」が設置され、大学等高等教育においての検討が行われることになった。そして、障害のある学生が教育機関で平等な教育機会を享受できるため、合理的配慮に関する方法が示された。

134 日本の障害学生支援プログラムについて、「教育環境の調整、進学への移行支援、就労への移行支援等の課題」「社会で活躍する障害学生支援プラットフォームの形成」に関しても触れられており、教育から社会へのスムーズな移行を支援するための方策や障害のある学生が社会において活躍するための支援体制の構築が提案されている。

135 アメリカのノースカロライナ大学によるTEACCH Autism Programでは、自閉スペクトラム症の学生への支援プログラム（T-STEP）を実施している。このプログラムは、大学授業の一環として、学生の目標設定、整理統合、コーピング、キャリアプランニングに関する指導を行う。また、キャリアプラン形成のサポートのためインターンシップ制度を利用する。

✏ T-STEPは、大学卒業後の生活を見据えた支援体制が重要であると捉えている。このため認知行動療法、スケジュールなど視覚的な見通し支援、モデリ

ングやビデオモニタリング、ソーシャルナラティヴなどが用いられる。これらを通じて学生は自己の障害に対する理解を深め、進路決定や社会的ふるまいに関するスキルを学んでいる。

◎教育リハビリテーションプログラムの実施機関

136 教育リハビリテーションの実施機関として、特別支援学校や障害児通所支援、障害児入所支援がある。障害児通所支援には、児童発達支援、医療型児童発達支援、放課後等デイサービス、居宅訪問型児童発達支援、保育所等訪問支援がある。

家族支援プログラム

137 精神障害リハビリテーションにおいて、精神障害のある本人とその家族の関係は密接に関連している。家族がより生き生きとしていくことは、本人と家族のリカバリーを促進することにつながる。しかし、基本的に本人を中心に治療やリハビリテーションは考えられるため、家族支援プログラムを意識する必要がある。

受験対策アドバイス
◆家族支援プログラムの内容や方法、精神保健福祉士の役割について押さえておく必要があります。

138 精神保健福祉士や支援者にとって、家族も権利の主体者として捉える視点は重要である。家族には、「ケアする権利」、あるいは「ケアしない権利」が保障される必要がある。これらの権利を行使できるように社会に働きかけていくことも精神保健福祉士には求められている。

◎世界の介護者支援法（ケアラー支援）

139 家族を権利の主体者として支援するため、介護者支援に関する法制度の整備は重要である。世界各国の介護者支援法制度は、イギリスのケアラーズ法（Care Act：2014年制定）、オーストラリアのケアラー認識法（Carer Recognition Act：2010年制定）、アメリカのRAISE家族介護者法（the Recognize, Assist, Include, Support and Engage（RAISE）Family Caregivers Act：2018年制定）、フィンランド・親族介護支援法（Act on Support for Informal Care：2005年制定）などがある。

✏ 介護者は家族・親族に加え、パートナーや友人あるいは隣人までを含む。また介護者の健康はもとより、職業生活を含む家庭生活、教育や余暇を含む社会生活へと影響が及ぶと考えられる。よって社会的排除（ソーシャルエクスクルージョン）や、社会的包摂（ソーシャルインクルージョン）を理念に整備されてきた。

◎家族支援プログラムの方法

140 家族支援として訪問型による方法がある。訪問看護や行政からの訪問指導、生活訓練（訪問型）による訪問支援、相談支援事業所による訪問相談支援などが挙げられる。また日本では十分普及していないが、メリデン版訪

問家族支援や**オープンダイアローグ**といった方法もある。またACTによる多職種チームの訪問型支援も有効である。

オープンダイアローグは、フィンランド北部の西ラップランド保健圏域で実践されている対話中心の精神医療保健福祉システムの名称であり、その地域における対話手法の呼称でもある。緊急時、精神科アウトリーチチームが24時間以内に訪問し、患者、家族、関係者との対話を重視した地域ベースのサービスを提供する実践である。

◎家族心理教育

出24-37

141 **家族心理教育**とは、治療者や支援者が、精神障害者の病態の改善、精神障害者およびその家族の態度や行動の変化を促すことを目的に、精神障害者およびその家族に対して病気の性質や治療法・対処法などの回復に必要な正しい知識や情報を提供することである。

142 家族心理教育は、①疾病・障害と治療についての情報の共有、②それら疾病や障害による日常的なストレスへの対処能力の向上、③共通した困難を抱えるもの同士のサポート（集団で実施される場合）と社会的ネットワークの強化の3点を基本構造として組み立てられる。

143 家族のストレス対処技法について、ファルーン（Falloon, I. R. H.）らは、基本的コミュニケーション技法として、①うれしい気持ちを伝える、②建設的な依頼をする、③不快な気持ちを表現する、④傾聴技能の4点を家族に求めている。

144 **CRAFT**（community reinforcement and family training：コミュニティ強化と家族トレーニング）とは、1990年代にカナダのメイヤーズ（Meyers, R. J.）らによって開発された。アルコールや薬物などの依存症が疑われる人が精神科を受診しようとしないときに、家族が患者本人に積極的に働きかけることで、治療などにつなげるためのプログラムである。

145 CRAFTは、行動理論が理論的背景にあり、患者本人を変えるのではなく家族のかかわりを変えていくことによって、患者本人に自ら治療を選んでもらうことを目指している。また、家族の精神的・身体的・人間関係がよくなることも目標である。プログラムには本人と家族のコミュニケーションを変化させる方法として「PIUS」がある。

146 PIUSとは、「Positive：本人のよい点から話を始める」「"I" message：「私」という一人称を使って自己の感情や考えを伝える」「Understanding：本人が置かれた立場に理解を示す」「Share：あえて家族が問題の責任の一端を背負ってみせる態度」の四つの要素から構成される。

147 CRAFTは、次の八つの構成要素から成る。①家族の動機を高める、②当事者の物質使用行動の機能分析、③家庭内暴力の予防、④コミュニケーショントレーニング、⑤当事者の望ましい行動を増やす、⑥当事者の望ましくない行動を減らす、⑦家族の生活の質を高める、⑧当事者への治療の提案。

148 CRAFTは、PIUSを身につけ、さまざまな衝突のパターンを記録し分析し、新しいかかわり方を創っていくプログラムである。個人またはグループで12回、各1時間のセッションを行うのが基本である。日本では、ひきこもりの本人とその家族にも適用され、ひきこもり地域支援センターや精神科診療所等の家族教室において実践されている。

◎家族による家族支援プログラム

149 家族会とは、家族による家族のためのセルフヘルプグループ（自助グループ）である。セルフヘルプグループとしての家族会には、主に三つの機能がある。①わかちあい（家族相互の自助機能）、②学びあい（学習会等の開催）、③働きかけ・運動（地域住民に対する知識普及・啓発活動、地域精神保健福祉の改善・開発運動）が挙げられる。

150 公益社団法人全国精神保健福祉会連合会（みんなねっと）が精神障害者家族会の全国組織として活動している。

✏ 家族として中心的な役割を担ってきた父母の高齢化もあり、世代交代の可能性も挙げられるなかで、兄弟姉妹（きょうだい）の会が生まれてきている。

151 みんなねっとは、家族相談の意義を、①さまざまな出会いの場、②病気や障害の受容の場、③隠さない生き方を学ぶ場、④学びあい成長する場の四つに整理している。また、家族相談の特徴として、①非専門家同士であること、②同じ体験を共有する同士であること、③問題解決に即決は期待できないことを挙げている。

152 セルフヘルプグループとは、病気や障害などの生活上の困難や問題を抱える人が、共通の問題を抱えつつ生きる人々と出会い、経験をわかちあって、自分で問題に対処できるようになるとともに、相互に支援しあうために組織され運営されるグループのことである。 出26-30

153 セルフヘルプグループは、19世紀以降の生産者組合（ギルド）が起源で、1935年に結成されたアメリカのアルコール依存症者のグループであるAA（アルコホーリクス・アノニマス）に始まるマイノリティ活動である。障害者運動としては、1972年にアメリカのカリフォルニア大学バークレー校で始まった自立生活運動（IL運動）がある。

154 ガートナー（Gartner, A.）とリースマン（Riessman, F.）は、ヘルパー 出22-12

出 26-46

セラピー原則として、「援助をする側が最も援助を受ける」ことで、自尊感情や自己効力感の回復ができるとした。家族会では体験を他者と共有することで家族の心理的負担の軽減ができる。それは家族会活動の基盤となり、会の発展にも重要である。

155 セルフヘルプグループと専門職の関係は、互いに支配したり従属したりする関係ではなく、対等である必要がある。また精神保健福祉士は、セルフヘルプグループのメンバー自身の心理的課題や行動障害の治療に焦点を当てた介入を行うとき、対人関係の改善やメンバーを取り巻く環境に対する働きかけを心がける必要がある。

◎精神保健福祉士による家族会への支援

156 精神保健福祉士に求められることは、家族会は家族のリカバリーに不可欠なセルフヘルプグループであるという認識である。また個別の家族面接に加え、家族心理教育・集団精神療法を行い、支援者主導のサポートグループなどを実施するとともに、家族会がセルフヘルプグループとして活動できるように支援する。

4 精神障害リハビリテーションの動向と実際

精神障害当事者や家族を主体としたリハビリテーション

157 ピアサポートは、同じ立場にある人同士の支え合いである。精神保健福祉分野でのピアサポートは、1907年のアメリカでビアーズ（Beers, C. W.）の精神衛生運動から始まった。また1935年にアルコール依存症者によって結成されたAA（アルコホーリクス・アノニマス）などで展開された。日本においてもAAや断酒会、病院患者会から広がっている。 出24-24

158 日本メンタルヘルスピアサポート専門員研修機構は、ピアサポートは「仲間同士の支えあいの営みのすべて」とし、ピアスタッフは「自分の人生経験を生かして事業所等で職員として働き、利用者のリカバリーに寄与する人」と定義している。

159 日本メンタルヘルスピアサポート専門員研修機構は、精神障がい者ピアサポート専門員を育成することを目的として、2015（平成27）年から養成研修を行っている。ピアサポーターは、精神科デイ・ケアや精神科病院等からの地域移行支援における地域移行推進員（自立支援員）などで活動している。

◎マインドフルネス

160 マインドフルネスは、「今・ここ」に意識を向ける瞑想法である。誰もが取り組むことのできるストレス緩和、気分の安定、集中力を高めるといったことを目的としたセルフケアの方法である。メンタルヘルス領域で開発され、効果の認められているマインドフルネスストレス低減法、マインドフルネス認知療法がある。

161 マインドフルネスストレス低減法を開発したカバットジン（Kabat-Zinn, J.）は、「マインドフルネスとは、意図的に、今この瞬間に、価値判断をすることなく注意を向けること」と定義した。マインドフルネス瞑想法を行い、注意を集中するスキルを用いた自己管理トレーニングである。ストレス軽減、抑うつ感、不安感、悲嘆緩和に効果がある。

162 1990年代にマインドフルネスストレス低減法を基にマインドフルネス認知療法が開発された。シーガル（Segal, Z. V.）、ウィリアムズ（Williams,

J. M. G.)、ティーズデール（Teasdale, J. D.）により、うつ病再発予防のプログラムとして開発され、実証研究によって効果が確認されている。

163 マインドフルネスストレス低減法とマインドフルネス認知療法の二つの共通するエクササイズは次のとおりである。①体の力を抜き、自分の呼吸に集中し、心の動きをありのまま観察する、②呼吸法、③レーズン瞑想、④ボディスキャンとなる。

◎リカバリーカレッジ

出26-30

164 **リカバリーカレッジ**は、精神的健康に困難を抱える人々や家族、専門職がともに学びあう場である。治療や支援の場とは異なり、大学のように講座等を選択でき、講師と学生が対等に学べる安心な環境である。このモデルの源流はアメリカにあるといわれているが、リカバリーの可能性を広げる場として、特にイギリスをはじめ世界中で展開されている。

165 リカバリーカレッジで提供される講座には、精神的健康の困難の経験者と専門職が共同で計画し、精神的健康についての講座、ありたい自分・ありたい状態へ進むことに関係する講座などがある。これがリカバリーカレッジの特徴ともいえる。

依存症のリハビリテーション

166 1980年代にカンツィアン（Khantzian, E. J.）らが提唱した自己治療仮説は、依存症を抱える人々について理解を深めるものである。その仮説では、依存症になる人は、依存症を発症する前から心理的な苦痛を抱えており、無意識のうちにその苦痛を一時的にでも緩和するために役立つ物質を選択的に使用する結果として依存症に陥るとされる。

167 依存症を抱えたクライエントのなかには、幼少期の被虐待や学校でのいじめ、ドメスティックバイオレンスの被害などトラウマティックな経験を有する者が少なくない。トラウマの想起やつらく苦しい感情を回避するための方法として薬物使用が短期的に役立つ場合もあるため、その可能性を含めた見方が不可欠となる。

168 依存症のクライエントを「心の苦痛をもちながら自己対処を試みる人」として理解することは重要である。特に、ただでさえ信頼関係の構築が難しいクライエントに対して精神保健福祉士など支援者が強い直面化を行うことは、さらに信頼関係を築くことを困難にし、支援から遠ざけるリスクを含んでいるため注意が必要である。

169 依存症を抱えたクライエントは、精神的・身体的健康以外にも対人関

係、就労など社会生活全般にかかわる問題を抱えていることが多い。このため、アセスメントの際にはこれらの問題を幅広く評価する必要がある。ASI（Addiction Severity Index）は、薬物やアルコールなど物質依存症患者の状態を評価するための半構造化面接として最も用いられている（**図表17参照**）。

図表17 Addiction Severity Index（ASI）で評価する七つの領域

領域	評価項目
医学的状態	過去における医学的な問題による入院回数、慢性疾患の有無など
雇用／生計状態	教育および職業訓練歴、資格・技能の有無、常勤の仕事期間、最近の雇用状態など
薬物使用	薬物使用歴、断薬歴、大量服用歴、治療歴など
アルコール使用	アルコール使用歴、断酒歴、振戦せん妄の有無、治療歴など
法的状態	過去の逮捕歴、有罪確定件数、最近の違法行為など
家族／人間関係	婚姻状態の安定度・満足度、同居形態の安定度・満足度、関係者との深刻なトラブルの有無など
精神医学的状態	精神心理的問題に関する治療歴、最近および生涯の精神医学的症状など

出典：一般社団法人日本ソーシャルワーク教育学校連盟編『最新 精神保健福祉士養成講座③精神障害リハビリテーション論』中央法規出版、p.222、2021.

170 アセスメントの際には、必要に応じて依存症のスクリーニングや重症度評価のためのツールも活用する。アルコール関連問題のスクリーニングとしてはAUDIT（Alcohol Use Disorders Identification Test）、薬物依存の重症度を測定するのにはDAST-20（Drug Abuse Screening Test）、ギャンブル障害のスクリーニングテストとしてはSOGS（South Oaks Gambling Screen）などがある。

出 26-16

171 依存症の治療プログラムとして認知行動療法は効果的とされる。日本においては、SMARPP（スマープ：Serigaya Methamphetamine Relapse Prevention Program：せりがや覚せい剤依存再発防止プログラム）が依存症の治療プログラムとして、医療機関や精神保健福祉センターなどで実施されている。2016（平成28）年度の診療報酬改定においては、薬物に関する「依存症集団療法」として保険診察の対象と認められるようになった。

受験対策アドバイス
◆依存症のリハビリテーションとして治療プログラムやアセスメントツール、自助グループと家族への支援に対する理解を深める必要があります。

172 SMARPPの主な内容には、依存症や回復過程に関する理解を深める心理教育、薬物やアルコールの害に関する学習が含まれる。また、再使用を促す引き金の特定と、それらを避ける方法や直面した際の対処スキルの習得も重要である。そしてファシリテーターの役割や、動機づけ面接の基本精神（PACE）と中核スキル（OARS）の理解が求められる（**図表18、図表19、図表20参照**）。

図表18 SMARPPにおけるファシリテーターの役割

1　明るく受容的なグループの雰囲気をつくる
2　両価性を受け入れ、一方の立場（例：薬物・アルコール使用をやめる）を擁護する姿勢に陥らない
3　再発予防の考え方が正しく理解できるよう、丁寧な解説、例示、質問、当事者スタッフの経験を活用する
4　よい変化を強化する
5　治療的な場の雰囲気を維持する

出典：一般社団法人日本ソーシャルワーク教育学校連盟編『最新 精神保健福祉士養成講座③精神障害リハビリテーション論』中央法規出版、p.223、2021.

図表19 動機づけ面接の基本精神（PACE）

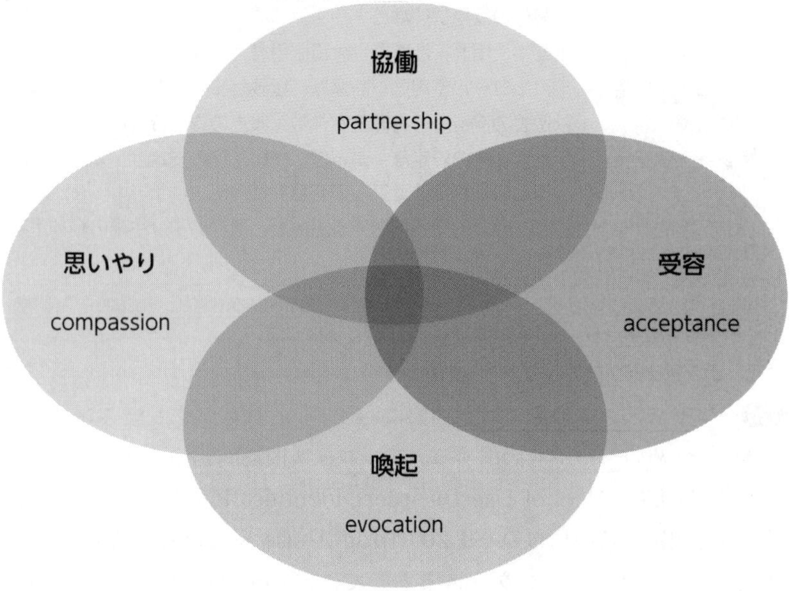

出典：Miller, R. W., Rollnick, S., *Motivational Interviewing, Third Edition: Helping People Change (Applications of Motivational Interviewing)*, Guilford Press, 2012, p.22. をもとに作成

図表20 動機づけ面接の中核スキル（OARS）

O：open question	開かれた質問
A：affirming	認める、是認
R：reflection	聞き返し（単純な聞き返し、複雑な聞き返し）
S：summarizing	要約

出典：一般社団法人日本ソーシャルワーク教育学校連盟編『最新 精神保健福祉士養成講座③精神障害リハビリテーション論』中央法規出版、p.224、2021.

173　ミラー（Miller, W. R.）らによって開発された動機づけ面接は、依存症だけでなく、医療保健、教育、司法などの分野で使用される協働的な面接スタイルで、クライエントの変化に対する動機を高め、決心を強化することを目指す。この面接では、行動変容に伴う両価性を丁寧に扱い、クライエントの変化への動機づけを強化する。

174 依存症の自助グループとして、アルコール依存症では**AA**（Alcoholics Anonymous：アルコホーリクス・アノニマス）、薬物依存症では**NA**（Narcotics Anonymous：ナルコティクス・アノニマス）、ギャンブル依存症では**GA**（Gamblers Anonymous：ギャンブラーズ・アノニマス）が世界的によく知られている。 出24-10

依存症の家族のための自助グループとして、アルコール依存症ではアラノン（Al-Anon Family Groups：Al-Anon）、薬物依存症ではナラノン（Nar-Anon Family Groups：Nar-Anon）、ギャンブル障害ではギャマノン（Gam-Anon Family Groups：Gam-Anon）がある。

175 依存症の自助グループでは、メンバーの発言に対して意見や批判をせずにただ傾聴する「言いっぱなし・聞きっぱなし」のミーティングを中心とした活動を行っている。また、特徴としては、無名性、スポンサーシップ、献金制、12のステップなどが挙げられる。 出23-66 出24-10

176 依存症の回復支援施設には、**ダルク**（Drug Addiction Rehabilitation Center：DARC）や**マック**（Maryknoll Alcohol Center：MAC）がよく知られており、居住型と通所型の2種類がある。これらの特徴として、職員のほとんどが依存症の当事者であること、自助グループと同様に12ステッププログラムを柱とした支援を行っていることなどが挙げられる。

177 日本のアルコール依存症者のための組織として、1890（明治23）年に東京禁酒会が結成されたあと、各地に禁酒会が結成された。1950年代に入りAAをモデルとした取り組みが始まり、1975（昭和50）年には日本語によるAAミーティングが開始された。その後、AAの12のステップ、12の伝統を用いた活動が、ほかの自助グループにも広がった。 出25-60

178 GAは、1957年にアメリカで始まり、日本では1989（平成元）年に最初のグループが結成されている。 出22-14

179 NAは、1950年代にアメリカで始まり、日本では1980年代に最初のグループが結成されている。

180 **アラノン**は、身近な人のアルコールの問題に影響を受けている、または受けたと感じている人たち、依存症者の家族、友人、そして子どもの頃にアルコール依存症の影響を受けたと感じているアダルトチルドレン（AC）の人たちの自助グループである。 出25-59

181 **ナラノン**は、身近な人の薬物依存の問題によって、影響を受けてきた家族や友人の自助グループである。

出22-14
出25-59

182 **ギャマノン**は、身近な人のギャンブル依存症の問題により影響を受けた家族や友人の自助グループである。

実力チェック！一問一答

※解答の横の番号は、本科目で該当する重要項目や図表の番号です。

1	リハビリテーションの重要な理念は、全人間的復権である。	1 ○	1
2	リカバリーは、精神障害リハビリテーションの目標である。	2 ○	2
3	家族支援は、精神障害リハビリテーションの構成要素に含まれる。	3 ○	3
4	IPSは、精神障害リハビリテーションの原理を活用した支援である。	4 ○	4
5	精神科リハビリテーションの基本原則では、当事者の環境を改善する介入を最大の焦点とする。	5 ×	図表3
6	レジリエンスは、ストレス状況下で回復する能力のことをいう。	6 ○	24
7	チームアプローチとは、当事者以外の専門職や家族の協働的アプローチを指す。	7 ×	28
8	チームアプローチによって課題解決プロセスの質向上につながる。	8 ○	35
9	多職種連携コンピテンシーとして、専門職相互の共感的理解が重要となる。	9 ○	38
10	フィデリティは、事業所のサービスを評価する概念である。	10 ○	44
11	精神障害リハビリテーションのプランニングでは、支援者が今後のサービスを決定する。	11 ×	45
12	IMRは、精神症状を自己管理するためのプログラムである。	12 ○	図表7
13	医学的リハビリテーションプログラムには、IMRや当事者研究などがある。	13 ×	52
14	依存症回復プログラムの診療報酬は、入院中以外の薬物依存症等の患者に、認知行動療法による依存症集団療法を行った場合に算定できる。	14 ○	69
15	精神科デイ・ケアは、対人関係の改善や就労・復職など幅広い目的がある。	15 ○	74
16	IPSモデルは、本人主体のストレングスに着目した援助付き雇用プログラムなどの包括的な支援プログラムである。	16 ○	95
17	SSTは、対人関係における認知や行動の改善を行う認知行動療法である。	17 ○	105
18	WRAPは、利用する本人の六つのプランを作成し実践する。	18 ○	118
19	CRAFTは、アルコールや薬物などの依存症患者を治療につなげるためのプログラムである。	19 ○	144
20	ピアサポートとは、専門家による専門的な介入を含む支援の形態である。	20 ×	157

06

精神保健福祉制度論

※【　】内は精神専門科目の問題番号
※共【　】内は共通科目の問題番号
※　は新カリにおける新規項目

⑥ 精神保健福祉制度論

大項目	中項目	小項目（例示）	出題実績		
			第26回	第25回	第24回
1 精神障害者に関する制度・施策の理解	1）精神障害者に関する法律の体系	・障害者基本法 ・障害者総合支援法 ・精神保健福祉法		【62】 【72】 【73】	【62】 【70】* 【73】*
2 精神障害者の医療に関する制度	1）精神保健福祉法の概要と精神保健福祉士の役割	・入院形態 ・入院の方法（移送制度等） ・人権擁護（退院請求、精神医療審査会、指定医制度） ・精神保健福祉法における精神保健福祉士の役割（退院後生活環境相談員等）	【26】* 【61】 【70】 【77】	【61】 【70】*	【61】
	2）医療観察法の概要と精神保健福祉士の役割	・審判・処遇の流れ ・処遇の内容 ・精神保健参与員の役割 ・社会復帰調整官の役割 ・医療観察法における精神保健福祉士の役割	【67】 【68】	【66】* 【67】	【67】 【68】
	3）精神障害者の医療に関する課題	・非自発的入院 ・意思決定支援 ・家族等の同意 ・アウトリーチ ・精神科救急医療システム ・地域移行、地域定着 ・医療観察法の課題	【66】* 【67】* 共【76】	【71】	【63】* 【71】
3 精神障害者の生活支援に関する制度	1）相談支援制度と精神保健福祉士の役割	・相談支援制度の概要 ・相談支援制度における精神保健福祉士の役割	【64】 【71】*		【72】* 【76】*
	2）居住支援制度と精神保健福祉士の役割	・居住支援制度の概要 ・居住支援における精神保健福祉士の役割	【72】* 【73】	【74】 【75】*	【60】* 【73】* 【79】
	3）就労支援制度と精神保健福祉士の役割	・就労支援制度の概要 ・就労支援における精神保健福祉士の役割	【74】 【78】* 【80】*	【76】 【78】* 【79】* 【80】*	【74】
	4）精神障害者の生活支援制度に関する課題	・相談支援制度における課題 ・居住支援における課題 ・就労支援における課題	【75】 【79】*		
4 精神障害者の経済的支援に関する制度	1）生活保護制度と精神保健福祉士の役割	・生活保護の概要 ・生活保護制度における精神保健福祉士の役割	共【63】 共【64】 共【65】 共【66】	【64】* 共【63】 共【64】 共【65】 共【66】	共【63】 共【64】 共【65】 共【66】 共【67】 共【68】
	2）生活困窮者自立支援制度と精神保健福祉士の役割	・生活困窮者自立支援制度の概要 ・生活困窮者自立支援制度における精神保健福祉士の役割	共【68】	共【67】 共【69】	
	3）低所得者への支援と精神保健福祉士の役割	・生活福祉資金貸付制度 ・無料低額診療所 ・無料低額宿泊所 ・法律扶助 ・災害救助等 ・低所得者支援における精神保健福祉士の役割	【63】 共【67】	共【68】	【65】* 共【69】
	4）精神障害者の経済的支援制度に関する課題	・精神障害者の生活実態から見える経済的支援の課題 ・無年金問題 ・生活保護被保護者の地域移行の課題			

＊は複数の項目に該当する問題

1 精神障害者に関する制度・施策の理解

精神障害者に関する法律の体系

◎障害者基本法

1 **障害者基本法**は、障害の有無にかかわらずすべての国民が、基本的人権を有する個人として尊重されること、さらには、障害の有無によって分け隔てられずに、相互に人格と個性を尊重しながら共生する社会を実現するための基本原則を定めている。

2 障害者基本法では、用語の定義として、**「障害者」**は、「身体障害、知的障害、精神障害（発達障害を含む。）その他の心身の機能の障害がある者であって、障害及び社会的障壁により継続的に日常生活又は社会生活に相当な制限を受ける状態にあるもの」としている。**「社会的障壁」**を「障害がある者にとって日常生活又は社会生活を営む上で障壁となるような社会における事物、制度、慣行、観念その他一切のもの」としている。

3 法律で定められている内容は、差別の禁止、国際的協調、国および地方公共団体の責務、国民の理解、国民の責務、障害者週間、施策の基本方針、障害者基本計画等の、障害者施策全体に影響する内容となっている。

◎障害者総合支援法

4 障害者自立支援法（現・障害者の日常生活及び社会生活を総合的に支援するための法律（障害者総合支援法））は、2005（平成17）年11月に公布され、2006（平成18）年4月および10月から施行された。それまで、障害種別ごとに異なる法律に基づいて実施されていた福祉サービスや公費負担医療などを共通の制度のなかで提供する仕組みにするとともに、障害種別を問わず、生活支援を必要とする障害者へのサービス提供の仕組みが新たに導入された。

5 障害者総合支援法第4条において、障害者の定義が示されている（**図表1参照**）。

6 障害者総合支援法におけるサービスを大別すると、利用者への個別給付である**自立支援給付**と、地域の実情に応じて市町村・都道府県が実施する**地域生活支援事業**の二つに分けることができる（**図表2参照**）。

図表1 障害者総合支援法における総則事項

法律の目的 (第1条)	①障害者および障害児が、基本的人権を享有する個人としての尊厳にふさわしい日常生活や社会生活を営むことができるよう、障害福祉サービスに係る給付、地域生活支援事業等の総合的支援を行い、障害者および障害児の福祉の増進を図ること ②障害の有無にかかわらず国民が相互に人格と個性を尊重し安心して暮らすことのできる地域社会の実現に寄与すること これらの実現は、障害者基本法の基本的な理念にのっとり、身体障害者福祉法、知的障害者福祉法、精神保健福祉法、児童福祉法等の関係各法と相まって行われるものとしている。
基本理念 (第1条の2)	法に基づく日常生活・社会生活の支援が、共生社会を実現するため、社会参加の機会の確保および地域社会における共生、社会的障壁の除去に資するよう、総合的かつ計画的に行われること。
国民の責務 (第3条)	すべての国民は、その障害の有無にかかわらず、障害者等が、自立した日常生活または社会生活を営めるような地域社会の実現に協力するよう努めなければならない。
対象者の範囲 (第4条)	**「障害者」**を、 ①身体障害者福祉法第4条に規定する身体障害者 ②知的障害者福祉法にいう知的障害者のうち18歳以上である者 ③精神保健福祉法第5条第1項に規定する精神障害者（発達障害者を含み、知的障害者を除く）のうち18歳以上である者 ④政令で定める難病等により厚生労働大臣が定める程度の障害がある者のうち18歳以上である者 とし、 **「障害児」**を、 児童福祉法第4条第2項に規定する障害児 としている。 【児童福祉法第4条第2項】 「障害児」とは、身体に障害のある児童、知的障害のある児童、精神に障害のある児童（発達障害児を含む）または政令で定める難病等により障害がある児童をいう。

図表2 障害者総合支援法の給付・事業

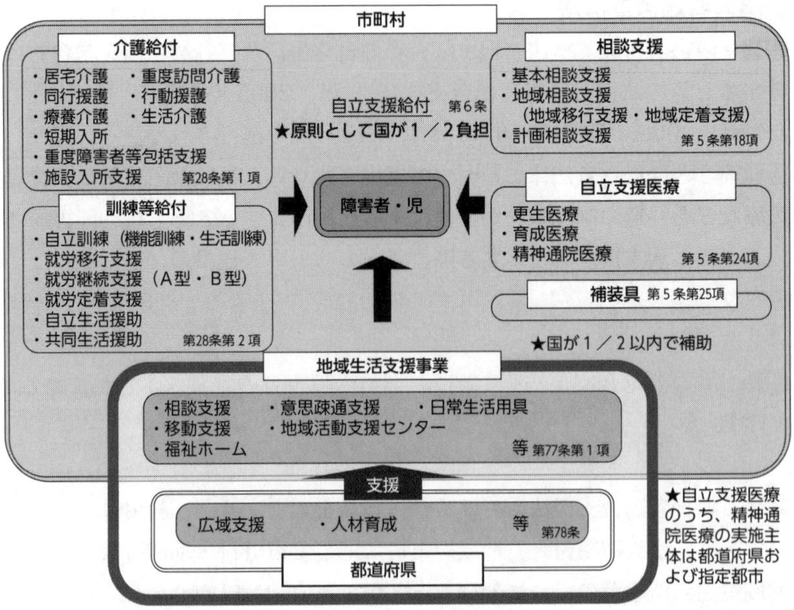

出典：厚生労働省資料

7 **自立支援給付**は、①介護給付、②訓練等給付、③相談支援、④自立支援医療、⑤補装具に分けることができる（図表2、図表3参照）。これらは国の義務的経費として、国（2分の1）、都道府県（4分の1）、市町村（4分の1）で負担される（自立支援医療の精神通院医療、育成医療については国（2分の1）、都道府県（2分の1）となる）。 出24-70

8 障害者総合支援法による**訪問系**サービスには、介護給付として居宅介護（ホームヘルプ）、重度訪問介護、同行援護、行動援護、重度障害者等包括支援、訓練等給付として自立生活援助、また、市町村地域生活支援事業として移動支援事業がある。 出22-63

9 障害者総合支援法による**日中活動系**サービスには、介護給付として療養介護、生活介護、短期入所（ショートステイ）、訓練等給付として自立訓練（機能訓練）、自立訓練（生活訓練）、就労移行支援、就労継続支援（A型）、就労継続支援（B型）、就労定着支援、市町村地域生活支援事業として地域活動支援センターがある。

10 障害者総合支援法による**居住系**サービスには、介護給付として施設入所支援、訓練等給付として共同生活援助（グループホーム）、また、都道府県等地域生活支援事業として福祉ホームがある。 出22-65

11 地域の多様なニーズに対応するために、例えば、一つの施設で就労移行支援事業と就労継続支援事業を実施するなど、複数の事業を組み合わせて柔軟に運営できる多機能型のサービス体制をとることができる。対象となる事業には、生活介護、自立訓練（生活訓練）、就労移行支援、就労継続支援などがある。

12 地域の実情に応じて柔軟に実施されることが望ましい事業として、**地域生活支援事業**が位置づけられている。地域生活支援事業の実施主体は市町村（図表4）と都道府県（図表5）に分けられる。 出25-72

13 政策的な課題に対応する事業を計画的に実施し、障害者等の福祉の増進を図るとともに、障害の有無にかかわらず、国民が相互に人格と個性を尊重し安心して暮らすことができる地域社会の実現に寄与することを目的に2017（平成29）年4月より、**地域生活支援促進事業**が実施されている。

図表3 介護給付と訓練等給付

介護給付	
①居宅介護（ホームヘルプ）	自宅で、入浴、排泄、食事の介護等を行う。
②重度訪問介護	重度の肢体不自由者または重度の知的障害もしくは精神障害により、行動上著しい困難を有する者で常に介護を必要とする者に、自宅で、入浴、排泄、食事の介護、外出時における移動支援、入院時の支援などを総合的に行う。
③同行援護	視覚障害により、移動に著しい困難を有する者に、移動に必要な情報の提供（代筆・代読を含む）、移動の援護等の外出支援を行う。
④行動援護	自己判断能力が制限されている者が行動するときに、危険を回避するために必要な支援や外出支援を行う。
⑤重度障害者等包括支援	常に介護を必要とし、またその介護の程度が著しく高い者に、居宅介護等複数のサービスを包括的に行う。
⑥短期入所（ショートステイ）	自宅で介護する者が病気の場合などに、短期間、夜間も含め施設で、入浴、排泄、食事の介護等を行う。
⑦療養介護	医療と常時介護を必要とする者に、医療機関で機能訓練、療養上の管理、看護、介護および日常生活の支援を行う。
⑧生活介護	常に介護を必要とする者に、昼間、入浴、排泄、食事の介護等を行うとともに、創作的活動または生産活動の機会を提供する。
⑨施設入所支援（障害者支援施設での夜間ケア等）	施設に入所する者に、夜間や休日に、入浴、排泄、食事の介護等を行う。
訓練等給付	
①自立訓練	自立した日常生活または社会生活ができるよう、一定期間、身体機能または生活能力の向上のために必要な訓練を行う。機能訓練と生活訓練がある。
②就労移行支援	一般企業等への就労を希望する者に、一定期間、就労に必要な知識および能力の向上のために必要な訓練を行う。
③就労継続支援（A型：雇用型、B型：非雇用型）	一般企業等での就労が困難な者に、働く場を提供するとともに、知識および能力の向上のために必要な訓練を行う。雇用契約を結ぶA型と、雇用契約を結ばないB型がある。
④就労定着支援	一般就労に移行した者に、就労に伴う生活面の課題に対応するための支援を行う。
⑤自立生活援助	一人暮らしに必要な理解力・生活力等を補うため、定期的な居宅訪問や随時の対応により日常生活における課題を把握し、必要な支援を行う。
⑥共同生活援助（グループホーム）	共同生活を行う住居で、相談や日常生活上の援助を行うとともに、入浴、排泄、食事の介護等の必要性が認定されている者には介護サービスも提供する。また、一人暮らし等を希望する者に対する支援や退居後の相談を行う。

出典：全国社会福祉協議会「障害福祉サービスの利用について（2021年4月版）」をもとに作成

図表4 市町村地域生活支援事業

理解促進研修・啓発事業（必須事業）	障害者等や障害特性等に関する地域住民の理解を深めるための、または「心のバリアフリー」の推進を図るための研修および啓発活動を実施することにより、障害者等が日常生活および社会生活を営むうえで生じる「社会的障壁」の除去および共生社会の実現を図る。
自発的活動支援事業（必須事業）	障害者等が自立した日常生活および社会生活を営むことができるようにするための障害者等、その家族、地域住民等による地域における自発的な活動を支援することにより、「心のバリアフリー」の推進および共生社会の実現を図る。
相談支援事業（必須事業）	障害者等、障害児の保護者または障害者等の介護を行う者などからの相談に応じ、必要な情報の提供等の便宜を供与することや、権利擁護のために必要な援助を行うことにより、障害者等が自立した日常生活または社会生活を営むことができるようにする。
基幹相談支援センター等機能強化事業	市町村等における相談支援事業が適正かつ円滑に実施されるよう、一般的な相談支援事業に加え、基幹相談支援センターに特に必要と認められる能力を有する専門的職員を基幹相談支援センターに配置し、基幹相談支援センターが地域における相談支援事業者等に対する専門的な指導・助言、情報収集・提供、人材育成の支援、自治体と協働した協議会の運営等による地域づくりの取り組みを実施することにより、相談支援機能の強化を図る。
住宅入居等支援事業（居住サポート事業）	賃貸契約による一般住宅（公営住宅および民間の賃貸住宅）への入居を希望しているが、保証人がいない等の理由により入居が困難な障害者等に対し、入居に必要な調整等に係る支援を行うとともに、家主等への相談・助言を通じて障害者等の地域生活を支援する。
成年後見制度利用支援事業（必須事業）	障害福祉サービスの利用の観点から成年後見制度を利用することが有用であると認められる知的障害者または精神障害者に対し、成年後見制度の利用を支援することにより、これらの障害者の権利擁護を図る。
成年後見制度法人後見支援事業（必須事業）	成年後見制度における後見等の業務を適正に行うことができる法人を確保できる体制を整備するとともに、市民後見人の活用も含めた法人後見の活動を支援することで、障害者の権利擁護を図る。
意思疎通支援事業（必須事業）	聴覚、言語機能、音声機能、視覚、失語、知的、発達、高次脳機能、重度の身体などの障害や難病のため、意思疎通を図ることに支障がある障害者等に、手話通訳、要約筆記等の方法により、障害者等とその他の者の意思疎通を支援する手話通訳者、要約筆記者等の派遣等を行い、意思疎通の円滑化を図る。
日常生活用具給付等事業（必須事業）	障害者等に対し、自立生活支援用具等の日常生活用具を給付または貸与すること等により、日常生活の便宜を図り、その福祉の増進に資することを目的とする。
手話奉仕員養成研修事業（必須事業）	手話で日常会話を行うのに必要な手話語彙および手話表現技術を習得した者を養成し、意思疎通を図ることに支障がある障害者等の自立した日常生活または社会生活を営むことができるようにする。
移動支援事業（必須事業）	屋外での移動が困難な障害者等について、外出のための支援を行うことにより、地域における自立生活および社会参加を促す。
地域活動支援センター機能強化事業（必須事業）	障害者等を通わせ、創作的活動または生産活動の機会の提供、社会との交流の促進等の便宜を供与する地域活動支援センターの機能を強化し、もって障害者等の地域生活支援の促進を図る。
任意事業	福祉ホームの運営など

図表5 都道府県地域生活支援事業

専門性の高い相談支援事業（必須事業）	特に専門性の高い相談について、必要な情報の提供等の便宜を供与し、障害者等が自立した日常生活または社会生活を営むことができるようにする。
専門性の高い意思疎通支援を行う者の養成研修事業（必須事業）	手話通訳者、要約筆記者、盲ろう者向け通訳・介助員、失語症者向け意思疎通支援者を養成することにより、聴覚、言語機能、音声機能等の障害のため、意思疎通を図ることに支障がある障害者等が自立した日常生活または社会生活を営むことができるようにする。
専門性の高い意思疎通支援を行う者の派遣事業（必須事業）	特に専門性の高い意思疎通支援を行う者を派遣する体制を整備することにより、広域的な派遣や市町村での実施が困難な派遣等を可能とし、意思疎通を図ることが困難な障害者等が自立した日常生活または社会生活を行うことができるようにする。
意思疎通支援を行う者の派遣に係る市町村相互間の連絡調整事業（必須事業）	手話通訳者、要約筆記者等の派遣に係る市町村相互間の連絡調整体制を整備することにより、広域的な派遣を円滑に実施し、意思疎通を図ることが困難な障害者等が自立した日常生活または社会生活を行うことができるようにする。
広域的な支援事業（必須事業）	市区町村域を超えて広域的な支援を行い、障害者等が自立した日常生活または社会生活を営むことができるようにする。
任意事業	障害支援区分認定調査員等研修事業など

◎精神保健福祉法

14 精神保健及び精神障害者福祉に関する法律（**精神保健福祉法**）は、日本における精神保健福祉に関する基本的な考え方や施策を規定している法律である。具体的には、精神科病院への入院形態や入院に際しての手続き、その診察を実施する精神科医の身分制度、手帳制度や都道府県、市町村における精神保健福祉業務の内容などを定めている。

15 2022（令和4）年12月に「障害者の日常生活及び社会生活を総合的に支援するための法律等の一部を改正する法律」が成立し、そこに精神保健福祉法の一部改正も含まれている。改正の趣旨は精神障害者の希望やニーズに応じた支援体制の整備であった。

16 **15**の主な改正点としては、法律の目的に障害者基本法の基本的な理念にのっとり、権利擁護に関する点が盛り込まれ、家族等に関する定義が改められたことがある。また、入院手続きの際の告知について、本人だけでなく家族にも告知することとされた。また、入院措置をとること・退院請求に関することに加え、入院措置をとる理由も告知することとした。

17 2024（令和6）年4月からは、措置入院者の退院を促進するため、**退院後生活環境相談員**を選任することや、医療保護入院の入院期間を**6か月**以内とし、指定医の診察の結果、本人に同意能力がなく、入院が必要と判断したうえで、退院支援委員会の開催・家族等の同意の確認・更新届の提出の要件を満たした場合のみ入院期間を更新できることとなった。

18 入院者訪問支援事業が新設され、研修を修了した**入院者訪問支援員**が、本人の希望により、精神科病院を訪問し本人の話を丁寧に聴くとともに、必要な情報提供等を行うことで外部との交流機会を確保し、権利擁護を図ることとしている。

19 精神科病院での虐待防止に向けた取り組みを推進するため、①従事者への研修や患者への相談体制の整備等の措置を行うことを管理者に義務づけ、②業務従事者による虐待を受けたと思われる患者を発見した者に通報することを義務づけ、併せて業務従事者が通報したことを理由に解雇等の不利益な取り扱いを受けないことを明確化、③都道府県等は、毎年度、業務従事者による虐待状況等を公表する、④国は、業務従事者による虐待に係る調査研究を行うものとした。

受験対策アドバイス

◆障害者基本法・障害者総合支援法・精神保健福祉法の各法律の目的、役割について把握しておくとともに、障害者権利条約の批准に際して改正された内容を押さえておくことが大切です。

2 精神障害者の医療に関する制度

精神保健福祉法の概要と精神保健福祉士の役割

20 精神保健福祉法の目的は、①障害者基本法の基本的な理念を基に、精神障害者の権利の擁護を図り、医療および保護を行い、障害者の日常生活及び社会生活を総合的に支援するための法律（障害者総合支援法）と相まって、②精神障害者の社会復帰の促進、③精神障害者の自立と社会経済活動への参加の促進のために必要な援助を行う。また、④精神障害の発生の予防、⑤国民の精神的健康の保持および増進に努めることによって、精神障害者の福祉の増進および国民の精神保健の向上を図ることである**（法第1条）**。

21 国民の義務として、①精神的健康の保持および増進に努めること、②精神障害者に対する理解を深め、精神障害者がその障害を克服して社会復帰をし、自立と社会経済活動への参加をしようとする努力に対し、協力するように努めることを定めている**（法第3条）**。

22 精神保健福祉法における精神障害者の定義は、「統合失調症、精神作用物質による急性中毒またはその依存症、知的障害その他の精神疾患を有する者」であり**（法第5条）**、2022（令和4）年の改正時に「精神病質」が削除された。

23 この法律で「家族等」とは、精神障害者の配偶者、親権を行う者、扶養義務者および後見人または保佐人をいう。家族等から虐待・暴力等が行われているまたは疑われる場合は「家族等」として取り扱わない。

24 都道府県および指定都市は、精神保健の向上および精神障害者の福祉の増進を図るための機関として、**精神保健福祉センター**を置くものとされている**（法第6条第1項）**。精神保健福祉センターは、精神保健および精神障害者の福祉に関する総合的技術センターとして、地域精神保健福祉活動推進の中核となる機能を備えなければならない。

25 **地方精神保健福祉審議会**は、精神保健および精神障害者の福祉に関する事項を調査審議するとともに、都道府県知事（指定都市市長）の諮問に答え、意見を具申することができる。都道府県（指定都市）が条例に基づき設置する**（法第9条）**。

26 **精神保健指定医**は、患者本人の意思によらない入院や行動制限の判定を行う。一定の精神科実務経験と研修を修了することが必要であり、厚生労働大臣が指定する（法第18条）。指定医の職務は、①医療機関等における医療保護入院等の入院の要否や行動制限の要否の判定、②公務員として行う措置入院の要否判定などがある（法第19条の4）。 出 22-71

27 都道府県は、精神科病院を設置しなければならない（法第19条の7）。また、指定病院とは、措置入院患者の入院に対応するため、一定の基準に適合する民間の精神科病院を都道府県知事（指定都市市長）が指定したものをいう（法第19条の8）。

図表6 入院形態の特徴

入院形態	入院要件			備考
	本人の同意	家族等の同意	指定医診察	
任意入院	必要	不要	不要	
措置入院	不要	不要	必要 2名以上	・自傷他害のおそれがある ・都道府県知事の決定による
緊急措置入院	不要	不要	必要　1名	・72時間以内 ・自傷他害のおそれがある ・都道府県知事の決定による
医療保護入院	不要	必要	必要　1名	
応急入院	不要	不要	必要　1名	・72時間以内

受験対策アドバイス

◆精神科病院における各入院形態とその手続きについて理解しておきましょう。また、入院中から退院に向けての取り組みについても確認しておくことが望ましいです。

◎任意入院

28 **任意入院**は、精神障害者本人の同意に基づく入院形態である。精神科病院の管理者は、精神障害者を入院させる場合には、本人の同意に基づいて入院が行われるように努めなければならないとされている（法第20条）。

29 任意入院を行う場合には、入院中の権利事項等について書面で説明を行い、患者から入院同意書を得なければならない（法第21条第1項）。任意入院者から退院の申出があった場合は退院させなければならない（法第21条第2項）。ただし、精神保健指定医による診察の結果、医療および保護のため入院を継続する必要があると認めたときは、**72**時間に限り退院制限することができる（法第21条第3項）。一定の要件を満たしている医師である、特定医師の診察による場合は**12**時間を限度として制限を行うことができる（法第21条第4項）。 出 26-70

30 任意入院患者から入院後1年経過時および以後2年ごとに同意書の提出が求められ、書面によって入院に係る同意の再確認が行われる。また、精神科病院において入院患者の隔離および身体的拘束等の行動制限に関し一覧

性のある台帳を整備することとされている。

31 都道府県知事（指定都市市長）は条例により、改善命令等を行った精神科病院の管理者に対し任意入院患者の定期病状報告を求めることができる（法第38条の2第2項）。

◎措置入院

出23-61 **32** **措置入院**は、2名以上の精神保健指定医が、精神障害のために自傷他害のおそれがあると認めた場合に、都道府県知事（指定都市市長）の権限により行われる入院形態である。国、都道府県および地方独立行政法人が設置した精神科病院または指定病院に入院させることができる（法第29条）。

33 措置入院は、一般人申請や警察官、検察官等の通報を都道府県知事（指定都市市長）が受理・調査し、必要な場合に精神保健指定医の診察の実施を経てその要否が決定される。

34 2022（令和4）年の改正により、2024（令和6）年4月から措置入院時に都道府県から精神医療審査会に「措置入院決定報告書」が提出され、当該措置入院の必要性の有無が審査対象となった。

35 措置入院については医療保険制度が先に適用され、医療保険の自己負担部分について公費負担される。公費負担の内訳は、国が4分の3、都道府県（指定都市）が4分の1である。

36 **緊急措置入院**は、急速を要し、通常の措置入院の手続きを踏むことができない場合、72時間に限り、1名の精神保健指定医の判定で入院させることができる（法第29条の2）。

◎医療保護入院

37 **医療保護入院**は、①精神保健指定医による診察の結果、精神障害があるため入院の必要があり、かつ、任意入院ができない状態にある者、または、②都道府県知事による精神保健指定医の診察に基づき医療保護入院のために移送された者で、家族等のうちいずれかの者の同意があるときに、本人の同意がなくても入院させることができる入院形態である（法第33条第1項）。

38 2022（令和4）年の改正により、2024（令和6）年4月から、医療保護入院の入院期間は、**6**か月以内で厚生労働省令で定める期間となった（**55**参照）。

出26-61 **39** 2022（令和4）年の改正により、2023（令和5）年4月から、措置入院（緊急措置入院）および医療保護入院の入院手続きの際の告知について、

本人だけでなく措置入院のために通知を行った家族等、同意を行った家族等にも行うこととした。また、「入院措置をとること」「退院請求に関すること」に加え、「入院措置をとる理由」も告知することとした（法第29条第3項、法第33条の3第1項）。

40 家族等がない場合またはその家族等の全員がその意思を表示することができない場合には、**市町村長**が医療保護入院の同意の判断を行う（法第33条第3項）。 出 25-70

41 精神科病院の管理者は、医療保護入院させた場合、10日以内に最寄りの保健所長を経て都道府県知事（指定都市市長）に入院届（入院診療計画書を添付）を提出しなければならない（法第33条第9項）。また、退院させたときにも同じく10日以内に最寄りの保健所長を経て都道府県知事（指定都市市長）に退院届を提出しなければならない（法第33条の2）。 出 23-65 出 26-61

◎応急入院

42 **応急入院**は、急速を要し、その家族等の同意を得ることができない場合に、精神保健指定医の判定により、本人の同意がなくとも、72時間に限り応急入院指定病院に入院させることができるものである（法第33条の6）。

43 都道府県知事（指定都市市長）は、精神保健指定医の診察の結果、緊急に入院を必要とするにもかかわらず、任意入院ができない状態にあると判定された精神障害者を医療保護入院および応急入院させるため、応急入院指定病院に移送することができる（法第34条）。

44 医療保護入院および応急入院のための移送制度は、緊急に入院を必要とする状態にあるにもかかわらず、精神障害のために患者自身が入院の必要性を理解できず、家族や主治医等が説得の努力を尽くしても本人が病院に行くことを同意しないような場合に限り、本人に必要な医療を確保するため、都道府県知事（指定都市市長）が公的責任において適切な医療機関まで移送する。

45 医療機関および診察する医師が一定の要件を満たしている場合に限り、緊急やむを得ない場合に、12時間を限度として、精神保健指定医の診察がなくとも**特定医師**の診察により、任意入院患者に対する退院制限、医療保護入院または応急入院を行うことができる。 出 22-70

◎人権擁護

46 **精神医療審査会**は、入院患者の人権に配慮した処遇の確保を図るため都道府県（指定都市）に設置された審査機関である。退院請求・処遇改善請求に関する審査および措置入院・医療保護入院の届出、措置入院の定期病状 出 22-61 出 24-61 出 26-77

報告・医療保護入院の入院期間更新届の審査を行う（法第12条）。

47 **精神医療審査会**において、精神障害者の人権擁護の観点から審査の迅速性を確保するため、合議体を構成しない委員を、合議体での審査の前提となる意見聴取や診察を行うための予備委員として置くことができるとしている。

出22-72 48 退院または処遇改善の請求は、精神科病院に入院中の者またはその家族等およびその代理人である弁護士が請求者となる。ただし精神科病院に入院中の患者が請求する場合で、弁護士を選任することが困難な場合は、弁護士でない者を代理人とすることができる。請求方法は書面を原則とするが、精神科病院に入院中の患者が請求する場合で、当該患者が口頭（電話を含む）による請求の受理を求めるときはそれを認めるものとする。

49 **精神医療審査会**は、退院または処遇改善請求をした者および該当者が入院している精神科病院の管理者の意見（代理人を含む）を聞かなければならない。ただし、精神医療審査会が請求受理以前6か月以内に意見聴取を行っている等、これらの者の意見を聞く必要がないと特に認めたときはこの限りではない。

◎精神保健福祉法における精神保健福祉士の役割

出22-62
出23-68
出25-61
50 **退院後生活環境相談員**は、措置入院者および医療保護入院者の退院を促進するため、精神科病院の管理者により、精神保健福祉士その他厚生労働省令で定める資格を有する者のうちから、入院から7日以内に選任される。退院後の生活環境に関し入院者およびその家族等からの相談に応じさせるとともに、それらの者に対する必要な情報の提供、助言その他の援助を行わせなければならない（法第29条の6、第33条の4）。

出24-26 51 退院後生活環境相談員は、退院支援において中心的役割を果たす。退院に向けた取り組みにあたっては、医師の指導を受けつつ、多職種連携ならびに行政機関を含む院外の機関との調整に努める。支援にあたっては入院者の意向に十分配慮するとともに、個人情報保護に十分留意する。以上の責務・役割を果たすため、退院後生活環境相談員は業務に必要な技術および知識を得て、その資質の向上を図らなければならない。その業務内容は図表7のとおりである。措置入院者についても、2024（令和6）年4月から選任することとなった。

52 精神科病院の管理者は、措置入院者および医療保護入院者またはその家族等から求めがあった場合や、退院による地域生活への移行のために必要があると認められる場合には、一般相談支援事業者や特定相談支援事業者または居宅介護支援事業者等の**地域援助事業者**を紹介しなければならない（法

図表7 **退院後生活環境相談員の業務**

①措置入院者および医療保護入院者またはその家族等に対し、退院促進へのかかわりについて説明を行うこと
②措置入院者および医療保護入院者またはその家族等からの相談に応じるほか、退院に向けた意欲の喚起や具体的な取り組みの工程の相談等を積極的に行うこと
③地域援助事業者等の紹介を行うこと
④医療保護入院者退院支援委員会に関すること
⑤居住の場の確保等、退院調整に関すること　等

第29条の7、第33条の4)。2022（令和4）年の改正により、2024（令和6）年4月から、これまで努力義務であった地域援助事業者の紹介が義務化された。

53 精神科病院の管理者は、必要に応じて地域援助事業者と連携を図りながら、医療保護入院者の地域生活への移行を促進するために必要な体制の整備や措置を講じなければならない（法第33条の5)。精神科病院の管理者は、医療保護入院者の退院に向けた取り組みや、「推定される入院期間」を超えて継続して入院する必要性の有無等を審議する**医療保護入院者退院支援委員会**を設置する。

◎入院継続の手続き

54 措置入院は入院から3か月後、それ以後は入院から6か月ごとに、定期病状報告書を最寄りの保健所長を経て都道府県知事（指定都市市長）に提出しなければならない（法第38条の2)。

55 2022（令和4）年の改正により、2024（令和6）年4月から、医療保護入院の入院期間は、入院から6か月を経過するまでは3か月以内、6か月を経過後は6か月以内で定める期間となっている。入院中に精神保健指定医の診察の結果、本人に同意能力がなく、入院の必要があると判断した場合に限り、図表8の要件を満たすことで入院期間を更新することができることになった。

図表8 **医療保護入院の継続手続き**

①退院支援委員会を開催し、入院継続にあたり必要な退院支援措置の検討をする
②家族等に連絡したうえで、同意を確認
③更新届の提出（更新した時から10日以内に保健所長を経て都道府県知事に届出）

56 2024（令和6）年4月以降に入院した市町村長同意による医療保護入院者等を対象に、**入院者訪問支援事業**が新設された。研修を修了した入院者訪問支援員が、精神科病院を訪問し本人の希望や話を丁寧に聴くとともに、必要な情報提供等を行い外部との交流機会の確保と権利擁護を図る。

◎虐待の防止

57　2024（令和6）年4月から、精神科病院での虐待防止に向けた取り組みについて、病院管理者のリーダーシップのもと、職員等への研修やマニュアルの作成、虐待防止、早期発見、再発防止に向けた風土づくり等を、組織全体で推進するため図表9の内容を規定した。また、虐待が疑われる場合は、都道府県等が事前の予告期間なしに実地指導を実施するなどの指導監督の強化が図られた。

図表9 精神科病院における虐待防止対策の取り組み内容

①業務従事者への研修や患者への相談体制の整備等の措置を行うことを管理者に義務づけ
②業務従事者による虐待を受けたと思われる患者を発見した者に通報することを義務づけ、併せて業務従事者が通報したことを理由に解雇等の不利益な取扱いを受けないことを明確化
③都道府県等は、毎年度、業務従事者による虐待状況等を公表
④国は、業務従事者による虐待に係る調査研究を行う

◎良質かつ適切な精神障害者に対する医療の提供を確保するための指針

58　精神保健福祉法第41条に基づき「良質かつ適切な精神障害者に対する医療の提供を確保するための指針」が定められた（2014（平成26）年4月1日から適用）。同指針は入院医療中心の精神医療から精神障害者の地域生活を支えるための精神医療への改革の実現に向け、精神障害者に対する保健・医療・福祉に携わるすべての関係者が目指すべき方向性を定めたものである（図表10参照）。

図表10 精神障害者の医療の提供を確保するための指針の内容

①精神病床の機能分化に関する事項
②精神障害者の居宅等における保健医療サービスおよび福祉サービスの提供に関する事項
③精神障害者に対する医療の提供にあたっての医師、看護師その他の医療従事者と精神保健福祉士その他の精神障害者の保健および福祉に関する専門的知識を有する者との連携に関する事項
④その他良質かつ適切な精神障害者に対する医療の提供の確保に関する重要事項

◎精神障害者保健福祉手帳

出23-64
59　精神障害者保健福祉手帳は、一定の精神障害の状態にあることを認定して交付することにより、手帳交付者に対する各種福祉サービスを受けやすくし、精神障害者の自立と社会参加の促進を図ることを目的とするものである（法第45条）。手帳制度に基づく各支援施策には、図表11のものがある。

60　手帳の申請は、医師の診断書（初診日から6か月経過したもの）または障害年金の年金証書の写しと、精神障害者の写真を添えて、市町村の窓口

図表11 手帳制度に基づく支援施策

①等級に応じた所得税、住民税等の控除および各種税制（相続税や贈与税の控除、自動車税の減免、利子等の非課税等）
②生活保護の障害者加算（1、2級のみ）
③生活福祉資金の貸付
④自治体によっては、バスや地下鉄など公共交通機関の運賃割引（2025（令和7）年4月からJR旅客運賃の割引が開始予定）
⑤自治体によっては、上下水道や文化施設など各種公共施設利用料の減免　等

を経由し都道府県知事（指定都市市長）に提出することにより行われる。

61 手帳の障害等級は、障害の程度に応じて、重度のものから1級、2級、3級とされている（図表12参照）。精神疾患（機能障害）の状態とそれに伴う生活能力障害の状態の両面から総合的に判定される。判定業務は、**精神保健福祉センター**で行われる。

図表12 障害等級における精神障害の状態

1級：日常生活の用を弁ずることを不能ならしめる程度のもの
2級：日常生活が著しい制限を受けるか、または日常生活に著しい制限を加えることを必要とする程度のもの
3級：日常生活もしくは社会生活が制限を受けるか、または日常生活もしくは社会生活に制限を加えることを必要とする程度のもの

62 手帳は**都道府県知事**（**指定都市市長**）によって交付される。手帳の有効期間は**2**年間である。

63 精神障害を支給事由とする年金証書等の写しが添付された申請は、精神保健福祉センターでの判定を要することなく手帳が交付される。この場合、年金1級であれば手帳1級とされ、年金等級と手帳等級は等しくなる。

医療観察法の概要と精神保健福祉士の役割

◎医療観察法の意義と内容

64 2003（平成15）年7月、心神喪失等の状態で重大な他害行為を行った者の医療及び観察等に関する法律（医療観察法）が制定され、2005（平成17）年7月15日から施行された。同法の目的は、①心神喪失等の状態で**重大な他害行為**を行った者に対し、適切な処遇を決定し、継続的かつ適切な医療ならびにその確保のために必要な観察および指導を行うこと、②病状の改善およびこれに伴う同様の行為の再発の防止を図り、社会復帰を促進することにある。 出26-68

65 この法律で「重大な他害行為」とは、**殺人**、**放火**、**強盗**、**不同意性交等**、**不同意わいせつ**、**傷害**（軽微なものを除く）のことである。

66 医療観察法では、対象となる者の入院や通院の処遇決定を**地方裁判所**における審判で行う。心神喪失等の状態で重大な他害行為を行い、不起訴や無罪になった者については検察官から地方裁判所に適切な処遇の決定を求める申立てがなされる（**図表13参照**）。

受験対策アドバイス

◆医療観察法からは、法律の目的や処遇の流れについて、多くの出題がされています。また、医療観察法と精神保健福祉法の入院方法の違いや、入院から退院に向けてどのような機関や組織が関与するのかについても学習する必要があります。

図表13 医療観察制度の概要

医療観察制度における処遇の流れ

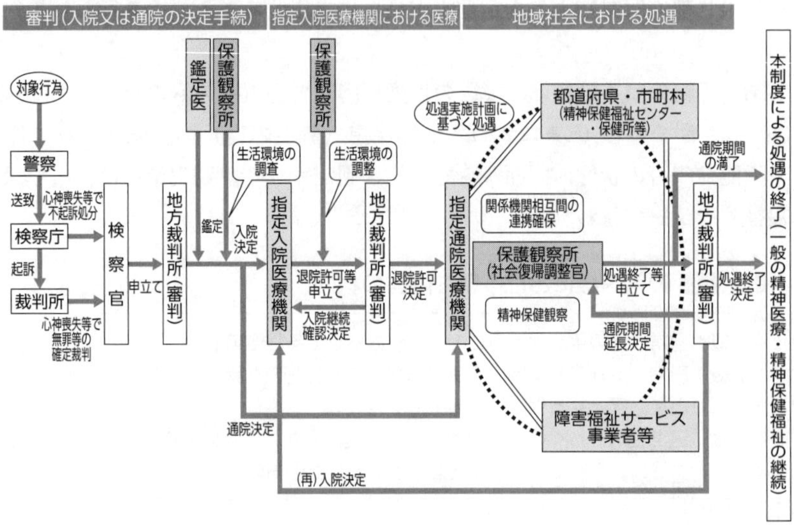

資料：法務省保護局

67 対象者は、精神障害により重大な他害行為を行ったが、不起訴処分になった心神喪失者、心神耗弱者、または、責任能力を理由に無罪判決が確定した心神喪失者、限定責任能力を理由として刑の減軽により執行猶予等となった心神耗弱者である。

68 対象者の処遇は、地方裁判所において、裁判官と**精神保健審判員**から成る合議体により医療的判断と法的判断の両面から決定される。審判の過程では詳細な鑑定が行われるほか、保護観察所による生活環境調査が行われる。

✎ 精神保健審判員は、精神保健判定医のなかから地方家庭裁判所に任命された精神科医が担う。

69 裁判所では、鑑定結果を基礎とし、生活環境を考慮して、精神保健福祉の専門家である**精神保健参与員**の意見を聞いたうえで処遇を決定する。また、対象者の人権を擁護するため、弁護士である付添人を選任することができる。

70 医療観察法における医療は、**厚生労働大臣**が指定する指定入院医療機

関または指定通院医療機関で行われる。指定入院医療機関は国、都道府県または特定独立行政法人等が開設する病院のうちから指定され、指定通院医療機関は公立病院のほか一定水準の医療が提供できる民間精神科病院も指定される。指定医療機関での医療は全額国費により賄われる。

71 医療観察法の入院処遇中は、精神保健福祉法の入院等に関する規定は適用されない。一方、通院処遇中は、医療観察法と精神保健福祉法の双方が適用される。なお精神保健福祉法に基づく入院期間中も、通院処遇としての精神保健観察は続けられることから、医療観察法の通院期間に算入される（**図表14参照**）。

図表14 医療観察法と精神保健福祉法との関係

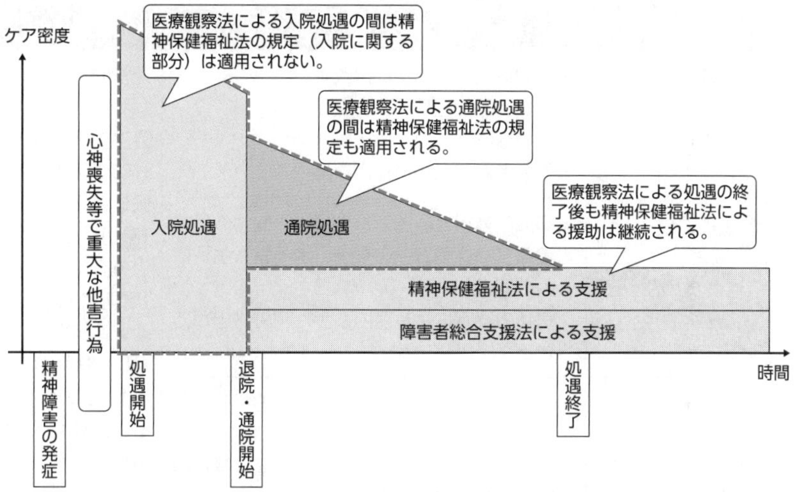

資料：厚生労働省「障害保健福祉関係主管課長会議（社会・援護局障害保健福祉部精神・障害保健課）資料」（平成26年3月7日）

◎鑑定入院

72 検察官により医療観察法に基づき地方裁判所に申立てがなされると、裁判官は対象者が同法による医療を受けさせる必要が明らかにないと認める場合を除き、鑑定その他の医療的観察のため対象者に鑑定入院を命じなければならない（**法第34条第1項**）。 出25-66

73 鑑定期間は命令が執行された日から起算して2か月を超えることはできない。ただし地方裁判所が必要と認めるときは、1か月を超えない範囲で期間を延長することができる。

74 鑑定入院においては、治療反応性を評価するうえで必要な薬物療法を中心とした急性期治療を実施しながら、医療観察法による医療を受けさせる必要があるか否かについて、**鑑定医**による鑑定が行われる。 出22-67

75 鑑定医は、法における医療の要否判断および責任能力の有無、疾病性、

治療反応性、社会復帰要因などを評価し鑑定書を作成する。

◎入院処遇

受験対策アドバイス
◆精神保健福祉法と医療観察法の入院に至るまでの手続きの違いを理解しておきましょう。

76 入院の決定を受けた対象者は、**指定入院医療機関**において、専門的で手厚い医療を受ける。入院対象者の治療は、急性期（3か月間）、回復期（9か月間）、社会復帰期（6か月間）の3段階に分類される（**図表15参照**）。指定入院医療機関の管理者は、原則として入院の決定があった日から6か月が過ぎる日までに地方裁判所に対し、入院継続の確認の申立てをしなければならない。指定入院医療機関の管理者による退院許可または入院継続の確認の申立てがあった場合、地方裁判所はその要否を決定する。

図表15 入院処遇のステージ分類と各期の目標

ステージ	目標	会議
急性期目標 （3か月） （治療計画の策定）	・病的体験・精神状態の改善 ・身体的回復と精神的安定 ・治療への動機づけの確認 ・対象者との信頼関係の構築	運営会議 （月1回） 外部評価会議 （年2回程度） 倫理会議 （原則月2回） 治療評価会議 （原則週1回） 地域連絡会議 （関係機関および地域住民の関係者、少なくとも年1回）
回復期目標 （9か月） （退院後の生活環境調整）	・病識の獲得と自己コントロール能力の獲得 ・治療プログラムへの参加による日常生活能力の回復 ・病状の安定により院内散歩、院外外出ができる	
社会復帰期目標 （6か月） （処遇の実施計画（案）策定）	・病状の安定により院外外出と外泊ができる ・治療プログラムへの参加による障害の受容 ・社会生活能力（服薬管理、金銭管理等）の回復と社会参加の準備	
退院許可申立て	・入院治療終了の評価と退院の準備 ①病状が安定している ②必要な医療を自律的に求めることができる ③適切な支援体制が整えられている	
退院		

資料：「入院処遇ガイドライン」より作成

77 医療観察法に基づく入院による医療を受けている者またはその保護者は、厚生労働大臣に対し、指定入院医療機関の管理者に対し処遇改善のために必要な措置を採ることを命ずることを求めることができる（**法第95条**）。当該処遇改善請求は、社会保障審議会医療観察法部会で審議される（**法第96条第2項**）。

◎通院処遇

78 審判により、入院によらない医療を受けさせる旨の決定を受けた対象者は**指定通院医療機関**で医療を受ける。保護観察所の長は、指定通院医療機関の管理者ならびに当該決定を受けた者の居住地を管轄する都道府県知事お

よび市町村長と協議のうえ、処遇の実施計画を策定する。保護観察所の**社会復帰調整官**は、本人の通院治療状況や生活状況を視察し、必要な指導・助言（**精神保健観察**）を行う。

79 通院対象者への医療は、原則3年間で期間満了となり、処遇は終了する。通院期間を通院前期（6か月間）、通院中期（18か月間）、通院後期（12か月間）の3期に分けて目標を設定し、3年以内の一般精神医療への移行を目指して、対象者ごとに治療計画を作成している（**図表16参照**）。ただし通院医療の継続が必要とされる場合は、保護観察所の長が通院期間の延長の申立て（**法第54条第2項**）を行うことができる。 出23-62 出24-67

図表16 通院医療（3年間）の概要

退院に向けた準備　⇒　退院決定 ・病状の改善（継続的かつ適切な医療の確保） ・病中の再発防止と一般医療への移行	・処遇の実施計画案を3期に分けて設定し、評価に基づき治療を計画的に行う。 ・ケア会議の開催、処遇の実施計画案作成
通院処遇	・ケア会議の開催、処遇の実施計画案作成

▽

<table>
<tr><td>前期通院医療（通院開始後6か月で中期通院医療へ移行）</td><td>治療目標　通院医療への適切かつ円滑な導入（1週間に1回の指定通院医療機関への外来通院、訪問看護の開始、金銭管理等社会生活能力の維持）</td><td rowspan="3">・精神保健観察
・処遇実施計画の策定
・訪問援助
・個別の治療計画作成
・ケア会議開催</td></tr>
<tr><td>中期通院医療（通院開始後24か月で後期通院医療へ移行）</td><td>治療目標　限定的な社会活動への参加と定着（2週間に1回の指定通院医療機関への外来通院、訪問看護、疾病の自己管理、金銭管理等社会生活能力の維持）</td></tr>
<tr><td>後期通院医療（退院許可決定から36か月で処遇終了へ）</td><td>治療目標　2週間に1回の指定通院医療機関への外来通院、訪問看護、確実な服薬、社会参加の促進、処遇終了後の準備（通院期間延長決定があれば通院対象者の病状に応じて最大5年を上限に延長あり）</td></tr>
</table>

資料：「通院処遇ガイドライン」より作成

◎社会復帰調整官と精神保健参与員の役割

80 保護観察所におかれる**社会復帰調整官**は、対象者の処遇のコーディネーターとなり社会復帰を支援する（**図表17参照**）。保護観察所の長により定められる「処遇の実施計画」には、社会復帰調整官が実施する精神保健観察についての内容および方法などが記載される。地域における処遇は、この処遇計画に基づき、関係機関が相互に連携協力しながら進められる。 出24-68

図表17 社会復帰調整官の業務

①**生活環境調査**：入院または通院による医療の決定等に際し、地方裁判所の求めに応じ、対象者の住居や家族の状況、利用可能な精神保健福祉サービスの現況など、その生活を取り巻く環境について調査する。
②**生活環境調整**：入院決定を受けた対象者の社会復帰の促進を図るため、入院当初から継続的にかかわり、対象者やその家族等の相談に応じ、関係機関と連携しながら、退院後の生活環境の調整を行う。
③**精神保健観察**：通院決定を受けた対象者に対し、その期間中、継続的な医療を確保することを目的に、本人との面接や関係機関からの報告などを通じて、対象者の通院状況や生活状況を見守り、必要な指導や助言を行う。
④**関係機関相互間の連携の確保**

出 22-64
出 25-67

81 **精神保健参与員**は医療観察法第15条に規定され、精神保健福祉士等の精神障害者の保健および福祉に関する専門的知識と技術を有する者と定められている。精神保健参与員は地方裁判所の特別職公務員であり、厚生労働大臣が作成した候補者名簿に基づき選任される。同法の規定に基づく職務の執行に関して知り得た人の秘密を正当な理由がなく漏らすことを禁じる守秘義務が課せられている。

受験対策アドバイス
◆社会復帰調整官と精神保健参与員についてそれぞれの特徴を入れ替えて出題されたことがありますので、それぞれの役割を整理しておきましょう。

82 精神保健参与員は合議体の必須の構成員ではないが、医療観察法第36条において原則的には審判に参加することを示唆している。精神保健参与員は、精神保健福祉、社会福祉の知見をもつ者として、意見を述べることが求められており、特に対象者の権利擁護の立場からの視点が重要である。

精神障害者の医療に関する課題

83 精神保健福祉法において**非自発的入院**という本人の意思と異なる入院形態が存在している。そのため、人権擁護のため通信・面会、身体的拘束、任意入院患者の開放処遇の制限について基本的な考え方が示されている。さらには、退院請求や処遇改善請求を精神医療審査会へ請求できることとなっている。

84 意思決定支援について「障害福祉サービスの利用等にあたっての意思決定ガイドライン」に定義が示されており、意思決定が必要な場面において、本人が自ら意思決定できるように支援することであり、いかに本人に理解してもらう工夫をするかが重要となっている。

85 本人の意思を尊重することが困難な場合、「最善の利益」を関係者が協議しなければならないが、メリットとデメリット、相反する選択肢の両立、自由の制限の最小化について留意する必要がある。

86 精神障害者の家族が歴史的に担わされてきた責任として、精神病者監

護法下では監護義務者として、精神衛生法下では保護義務者として、精神保健福祉法下では保護者の同意から家族等の同意へ変わってはいるが、一定の負担は残っている。

87 精神科病院における社会的入院解消については、2000年代に入り国策もあり各地域においてさまざまな取り組みが実施されているが、精神障害にも対応した地域包括ケアシステムの構築などにあるように精神障害当事者によるピアサポートも含めた取り組みが進められている。

88 **精神障害にも対応した地域包括ケアシステムの構築推進事業**においては、精神障害の有無にかかわらず、誰もが安心して暮らすことができるように医療、障害福祉・介護、住まい、社会参加、地域の助け合い、普及啓発が包括的に確保され、協議の場において基盤整備や取り組みが進められることが必要とされている。この重層的な支援体制を構築することによって、地域の課題が共有化され、地域移行や地域定着のいっそうの推進が期待されている。

89 地域移行・地域生活支援事業として**アウトリーチ事業**が導入され、地域生活の継続を積極的に支える多職種チームによって症状の重症化予防と入院・再入院を防ぐことを期待されている。

90 **精神科救急医療システム**は、精神科救急医療体制整備事業により進められており、精神科救急医療圏ごとの状況について評価・検証を行い体制の整備等を図る精神科救急医療体制連絡調整委員会、身体疾患合併患者等を含め緊急な精神疾患患者等の搬送に関して円滑な医療機関との連絡調整を行う精神科救急情報センターをはじめ、移送体制などが主な取り組みとなっている。

91 精神科病院の課題としては、入院期間がさまざまな取り組みによって短縮していることが明らかとなっているが、入院が長期化してしまう人が一定数存在している。支援者のペースや考えを優先させず、本人の気持ちやペースを大切にして地域移行を進める必要がある。また、地域定着支援についても、本人が安心して暮らしを組み立てることができるように地域の多様な支援者と連携することが必要となる。

92 医療観察法において、国の指定医療機関数については目標を達成しているものの、地域偏在の課題や障害福祉サービスや介護保険施設等においても理解不足が明らかとなっている。

3 精神障害者の生活支援に関する制度

相談支援制度と精神保健福祉士の役割

93 障害者総合支援法に基づく「相談支援」は、基本相談支援、地域相談支援および計画相談支援に分けられる。基本相談支援および地域相談支援のいずれも行う事業を**一般相談支援事業**といい、基本相談支援および計画相談支援のいずれも行う事業を**特定相談支援事業**という。

94 基幹相談支援センターは、地域における相談支援の中核的な役割を担う機関で、市町村または当該業務の実施の委託を受けた者が設置する（図表18参照）。2024（令和6）年4月より、設置が市町村の努力義務とされた。

図表18 基幹相談支援センターの業務

総合相談・専門相談	・障害の種別や各種ニーズに対応する 　・総合的な相談支援（3障害対応）の実施 　・専門的な相談支援の実施 ・成年後見制度利用支援事業 ・虐待防止 ・権利擁護
地域の相談支援体制の強化の取り組み	・相談支援事業者の人材育成と支援の質向上のための取り組みの支援（専門的な助言、スーパーバイズ） ・学校や企業、地域包括支援センター、生活困窮者自立相談支援機関、こども家庭センター等との間での各種情報の収集・提供や連携のための取り組みの実施、障害者等の支援に係る専門的助言等
自治体と協働した協議会の運営等による地域づくりの取り組み	・協議会の事務局を担ったうえでの、関係機関との緊密化の取り組み ・地域の多様な相談機関との連携強化の取り組み ・他地域の支援機関等、障害福祉分野以外の支援機関等と連携・協働の促進の取り組み

出23-70
出23-71
出23-72

95 地域相談支援とは、**地域移行支援**および**地域定着支援**をいう。

96 地域移行支援は、精神科病院等から地域に退院する不安の軽減を図りながら、地域での生活に必要な住居確保の支援、日中生活の支援の調整および相談を提供するもので、支給決定期間は6か月である。必要に応じ、更新ができる。

97 地域定着支援は、地域生活に移行した後、地域生活が不安定な人などに、緊急時の対応など「見守り」の支援を行うことで、障害のある人の地域生活の継続ができるように、24時間の相談支援を提供するもので、支給決定期間は1年である。必要に応じ、更新ができる。

98 計画相談支援とは、**サービス利用支援**および**継続サービス利用支援**をいう。サービス利用支援とは、障害者の心身の状況、そのおかれている環境等を勘案し、利用するサービスの内容等を定めたサービス等利用計画案を作成し、支給決定等が行われた後に、支給決定等の内容を反映したサービス等利用計画の作成等を行うことをいう。継続サービス利用支援とは、サービス等利用計画が適切であるかどうかを一定期間ごとに検証し、その結果等を勘案してサービス等利用計画の見直しを行い、サービス等利用計画の変更等を行うことをいう。 出 24-72

99 障害者総合支援法では、障害福祉サービスを利用する際の、障害支援区分の認定とサービスの支給決定を市町村が行う。市町村は、支給要否決定を行うにあたって、支給決定の申請にかかる障害者または障害児の保護者に対し、**サービス等利用計画案**の提出を求めることとし、**サービス等利用計画案**の提出があった場合には、それを勘案して支給要否決定を行う。

100 障害支援区分とは、障害福祉サービスの種類や量などを決定するための判断材料の一つとして、障害者等の障害の多様な特性その他の心身の状態に応じて必要とされる標準的な支援の度合を総合的に示す区分をいう。

101 市町村はサービスの利用申請を受けると、認定調査員が障害者本人および保護者等と面接し、3障害および難病等対象者共通の調査項目について認定調査を行う。認定調査の結果は、コンピュータ処理により一次判定が行われ、介護給付を希望する場合には、一次判定結果、概況調査、特記事項および医師の意見書により、市町村審査会で二次判定が行われる。市町村は、市町村審査会の審査判定に基づき、区分1～6の障害支援区分を認定する。

102 障害福祉サービスの利用者負担額は、負担能力に応じた額（家計の負担能力などをしん酌して定められた額）が原則（いわゆる応能負担）である（ただし、サービス量が少なく、1割負担のほうが低い場合には1割）。また、高額障害福祉サービス費について補装具費と合算することで、利用者の負担を軽減する。

103 相談支援事業の担い手として**相談支援専門員**が位置づけられている。2002（平成14）年に作成された「障害者ケアガイドライン」に基づいて障害者ケアマネジメントが行われてきている。

104 障害者ケアマネジメントについては、リカバリーや当事者主体、セルフマネジメント等の理念が組み込まれており、精神保健福祉士の視点に通じている。

受験対策アドバイス
◆障害者総合支援法における相談支援の仕組みについて理解しておきましょう。

105 相談支援制度において精神保健福祉士は、相談支援専門員として相談支援に従事する場合がある。

居住支援制度と精神保健福祉士の役割

◎居住支援制度の概要

106 居住支援とは、疾病や障害を抱える人々の「居住の場」における暮らしの定着、安定にかかる事柄に注目し、必要な支援を提供するための制度・施策および相談援助活動のことをいう。

107 わが国の精神障害者の居住支援制度は、大きく分けると国土交通省による住宅行政と厚生労働省による福祉行政の制度として整理することができる。

108 居住支援を支える制度の一つが国土交通省による**公営住宅制度**である。公営住宅制度の目的は、国および地方公共団体が協力して、健康で文化的な生活を営むに足りる住宅を整備し、これを住宅に困窮する低額所得者に対して低廉な家賃で賃貸し、または転貸することにより、国民生活の安定と社会福祉の増進に寄与することである（公営住宅法第１条）。

109 **公営住宅**とは、地方公共団体が、建設、買取りまたは借上げを行い、低額所得者に賃貸し、または転貸するための住宅とされている（公営住宅法第２条第２号）。

110 公営住宅の入居者資格については、現に住宅に困窮していることが明らかであることのほか、入居収入基準を、事業主体である市町村および都道府県が条例で定めることとしている（公営住宅法第23条）。

111 公営住宅法では、障害者の日常生活及び社会生活を総合的に支援するための法律（障害者総合支援法）に基づく共同生活援助（グループホーム）、老人福祉法に基づく認知症対応型老人共同生活援助事業などを運営する社会福祉法人等による公営住宅の使用等が認められている（公営住宅法第45条）。

112 福祉行政においては、生活保護法に基づく救護施設が、精神障害者の病院外の居住施設として代替されてきた。また、一部の更生施設や宿泊提供施設でも受け入れが行われてきた。

113 障害者総合支援法による居住支援には、**施設入所支援**、**共同生活援助（グループホーム）**、**宿泊型自立訓練**、**福祉ホーム事業**があり、日中活動の場と居住支援の場が分けられている。

114 **共同生活援助（グループホーム）**は、障害者につき、主として夜間において、共同生活を営むべき住居において相談、入浴、排泄もしくは食事の介護その他の日常生活上の援助を行い、併せて一人暮らし等を希望する利用者に対する支援や退居後の一人暮らし等の定着のための相談等の援助を行うと障害者総合支援法に定められている。 出24-73 出26-73

- 「介護サービス包括型指定共同生活援助」は、共同生活援助事業者自らが介護の提供を行う。
- 「外部サービス利用型指定共同生活援助」は、共同生活援助事業者が外部の居宅介護事業者に介護の提供を委託する。
- 「日中サービス支援型指定共同生活援助」は、常時介護を要する者に対し、共同生活援助事業者が昼夜を通じて介護を提供する。

115 本体住居との密接な連携を前提として、入居定員を1人とするサテライト型住居（アパート等の一室を活用）がある。

116 障害者支援施設やグループホーム等から一人暮らしへの移行を希望する知的障害者や精神障害者などの地域生活を支援するための施策として、**自立生活援助**が2018（平成30）年度より始まった。一定の期間（1年間、市町村の審査会の判断により延長可）にわたり、定期的な巡回訪問や随時の対応により、家事、公共料金等の支払い、体調管理、近隣との関係など総合的に地域生活の支援をするため、適時適切な支援を行う。 出25-75

◎高齢の精神障害者に対応した居住支援サービス

117 **特別養護老人ホーム**は、身体または精神上著しい障害があるため常時介護を必要とし、居宅では困難な要介護者に入浴、排泄、食事などのサービス提供を行う。入所要件は原則要介護3以上となっている。

118 **養護老人ホーム**は、環境上の理由と経済的な理由により、居宅では生活が困難な65歳以上の者を対象としている。市町村の措置により入所が決定される。

119 **軽費老人ホーム**は、家庭環境や住宅事情等の理由により、居宅では生活することが困難な60歳以上の者が無料または低額な料金で利用できる。

120 **有料老人ホーム**は、介護付、住宅型、健康型の3種類があり、食事、介護、健康管理、家事等のサービスを提供する。

121 **サービス付き高齢者向け住宅**は、外部の介護サービスが入ることができる一般型と施設職員が介護サービスを行う介護型の2種類があり、基本は安否確認と生活相談が付随する高齢者向け賃貸住宅である。

出24-73 122 **住宅入居等支援事業（居住サポート事業）**は、市町村地域生活支援事業の必須事業の一つである相談支援事業のメニューである。保証人がいない
出25-74 等の理由により、入居が困難な障害者等に対し、入居に必要な調整等に係る支援を行うとともに、家主等への相談・助言を通じて障害者等の地域生活の支援を行っている。

出25-74 123 居住サポート事業は、2022（令和4）年4月時点で、1741市町村のうち293市町村が実施しており、実施率は17％に留まっている（「障害者相談支援事業の実施状況等について」（令和4年調査）より）。

◎居住支援における専門職の役割

124 精神障害者の居住支援を行う専門職としては精神保健福祉士、ホームヘルパー、訪問看護師、保健所や市町村の保健師、精神保健福祉相談員などが、専門機関としては社会福祉協議会、相談支援事業所、地域活動支援センター、自立訓練または就労支援事業所などが挙げられる。そのなかで、各機関に所属する精神保健福祉士は、それぞれの支援を行う機関をリンケージ（連結）し、マネジメント・プランニングを行うことが期待される。

125 精神保健福祉士は、精神障害者が安心して地域生活を営むために、他の専門職が提供するサービスを円滑に利用できるよう、相談に応じるとともに、個々の状況に応じた適切な支援に結びつけ、ネットワークを構築することが重要な役割となる。また、そのネットワークは、精神保健福祉領域にとどまらず、事業者、雇用、教育、医療、不動産業者、地域住民等に発展させていくことで、よりさまざまな状況に対応ができ、支援の厚みが増すことになる。

126 精神科病院で長期入院を経験した者は、住む場所の喪失、家族との関係の希薄化、さらには陰性症状やホスピタリズムによる社会生活機能、対処技能、自発性、活力などの低下によって、重層的に生活課題を有することが多い。

127 居住支援にかかるニーズには、住環境整備に関すること、日常生活に関すること、セルフケアに関すること、対人関係に関すること、社会参加に関することがある。

128 居住支援は、ICF（国際生活機能分類）を活用し、当事者の抱える暮らしの問題がその人とその人を取り巻く環境との相互作用の結果として生じ

ると捉える「生活モデル」の視点をもつことが重要である。また、ストレングスモデルに基づいて当事者の希望や願望を引き出し、当事者のライフスタイルの形成と目標達成ができるよう支援することが重要である。

129 居住の場では、災害、健康面、金銭面、対人関係、精神症状の悪化などさまざまな危険が潜んでいる。当事者やコミュニティがその危機を予測（リスクアセスメント）し、自身で対応するセルフマネジメントを含めて対応策を準備しておくことが必要である。

130 2007（平成19）年度に住宅確保要配慮者に対する賃貸住宅の供給の促進に関する法律（住宅セーフティネット法）が施行され、民間の空き家・空き室を活用して、**住宅確保要配慮者**の入居を拒まない賃貸住宅の登録制度が創設された。

住宅確保要配慮者とは、低額所得者、被災者、高齢者、障害者、子どもを育成する家庭その他住宅の確保に特に配慮を要する者のことである。

131 2017（平成29）年には住宅セーフティネット機能を強化するための、住宅確保要配慮者に対する賃貸住宅の供給の促進に関する法律の一部を改正する法律（新しい住宅セーフティネット法）が施行され、住宅確保要配慮者が入居できる住まいを拡充し、賃貸住宅などで空き家・空き室となっている物件の登録を促した。

132 新しい住宅セーフティネット法では、住宅確保要配慮者が入居できる住まいの安定確保の推進を図るために補助金や登録住宅の改修への補助金制度も設け、賃貸人への経済的支援も行うようにした。また、住宅確保要配慮者に対する居住支援として居住支援法人が賃貸住宅への入居に係る情報提供・相談、見守りなどの生活支援、登録住宅の入居者への家賃債務保証等の業務を行えるようにした（図表19参照）。

図表19 新しい住宅セーフティネット制度

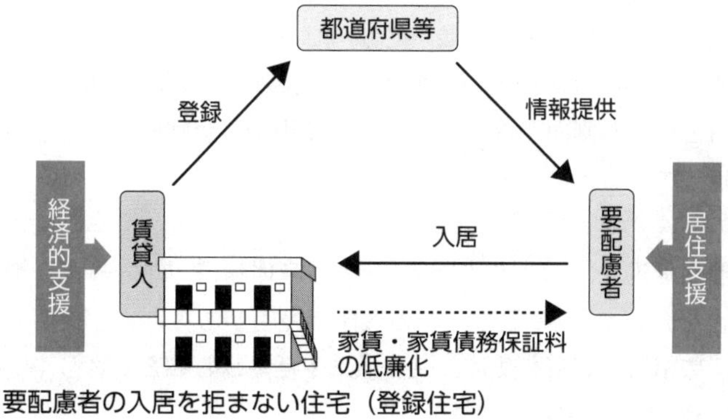

出典：国土交通省HP「新たな住宅セーフティネット制度について」

出25-74

133 **居住支援協議会**は、住宅確保要配慮者に対し、民間賃貸住宅への円滑な入居の促進を図るため、地方公共団体や関係業者、居住支援団体等が連携し、住宅確保要配慮者および民間賃貸住宅の賃貸人の双方を支援するために任意で設置できる。現在、全都道府県と一部の自治体が設置している。

134 住宅確保にあたっては保証人の有無が大きな課題となる。保証人がいない場合には、民間、地方自治体、NPO法人、一般財団法人などが行う保証人代行制度等が利用されている。家賃債務保証制度では、基本約定を締結した賃貸住宅において、高齢者世帯、障害者世帯、外国人世帯、子育て世帯もしくは解雇等による住居退去者世帯の入居を受け入れている。

135 居住支援では、障害者が安定して暮らせる日常生活の支援を通して、不動産業者や家主、地域住民に対して障害者が地域で暮らすことへの理解を促すことができる。そのため、危機介入も含めケアマネジメントに基づいた地域の支援機関（市町村の障害福祉担当、生活保護担当、保健センター、相談支援事業所、地域活動支援センター、各障害福祉サービス事業所、社会福祉協議会、訪問看護事業所、医療機関、保健所など）相互の連携と地域住民（民生委員､近隣住民など）との連携および交流が支援するうえで重要となる。

136 公営住宅のグループホームとしての活用を促進するためには、地方公共団体における住宅部局と福祉部局の連携が重要となる。このため、国土交通省は地方公共団体向けに「公営住宅のグループホーム事業等への活用に関するマニュアル」を配布し、住宅・福祉部局間の連携についての考え方を示している。

就労支援制度と精神保健福祉士の役割

◎障害者雇用促進法

137 **障害者の雇用の促進等に関する法律**（**障害者雇用促進法**）は､1960（昭和35）年に制定され、障害者の雇用の促進と職業の安定を図ることを目的として、①職業生活での自立を図る職業的リハビリテーションの推進、②障害者に対する差別の禁止、③障害者の雇用を義務づけた障害者雇用率制度、④障害者の雇用を経済的側面から支える障害者雇用納付金制度、⑤紛争の解決について規定している。

138 障害者雇用促進法における障害者とは、「身体障害、知的障害、精神障害（発達障害を含む。）その他の心身の機能の障害があるため、長期にわたり、職業生活に相当の制限を受け、又は職業生活を営むことが著しく困難な者」（第2条第1号）と規定されている。

139 障害者雇用促進法において、職業リハビリテーションの意義を「障害

者に対して職業指導、職業訓練、職業紹介その他この法律に定める措置を講じ、その職業生活における自立を図ることをいう」(第2条第7号)としている。

140 障害者雇用促進法において、その基本的理念を「障害者である労働者は、経済社会を構成する労働者の一員として、職業生活においてその能力を発揮する機会を与えられるものとする」(第3条)としている。

141 2013(平成25)年の障害者雇用促進法の改正では、精神障害者が法定雇用率の算定基礎に加えられた。

142 2013(平成25)年の改正により、雇用の分野における障害者に対する差別の禁止および障害者が職場で働くにあたっての支障を改善するための措置(合理的配慮の提供義務)が規定されることとなり、これを踏まえて障害者差別禁止指針と合理的配慮指針が策定された。ともに対象となる事業主の範囲は、すべての事業主である。

143 **障害者差別禁止指針**では、募集・採用、賃金、配置、昇進、降格、教育訓練などの各項目において、障害者であることを理由に障害者を排除すること、障害者に対してのみ不利な条件とすることなどが差別に該当するとして、整理している。

✏ 障害者差別禁止指針の正式名称は、「障害者に対する差別の禁止に関する規定に定める事項に関し、事業主が適切に対処するための指針」である。

144 **合理的配慮指針**では、多くの事業主が対応できると考えられる措置を合理的配慮の事例として紹介している。精神障害者については、採用後の例として、業務の優先順位や目標を明確にし、指示を一つずつ出す、作業手順をわかりやすく示したマニュアルを作成する等の対応を行うこと、出退勤時刻・休暇・休憩に関し、通院・体調に配慮することなどを挙げている。

✏ 合理的配慮指針の正式名称は、「雇用の分野における障害者と障害者でない者との均等な機会若しくは待遇の確保又は障害者である労働者の有する能力の有効な発揮の支障となっている事情を改善するために事業主が講ずべき措置に関する指針」である。

145 障害者の就労意欲の高まりと障害者雇用の確実な進展のなかで、今後、さらに雇用機会確保を進めることに加え、雇用の質の向上に向け取り組むために、障害者総合支援法とともに障害者雇用促進法も、2022(令和4)年12月に改正された(図表20参照)。

146 **障害者雇用義務制度**は、1960(昭和35)年の障害者雇用促進法制定 出 23-76
時に身体障害者を対象とした努力義務として創設され、1976(昭和51)年の改正により、法的義務へと強化された。また、1987(昭和62)年の改正

図表20 障害者雇用促進法の改正内容（2022（令和4）年）

短時間労働者に対する実雇用率算定等
①週所定労働時間が特に短い（10時間以上20時間未満）の精神障害者、重度身体障害者および重度知的障害者について、雇用率への算定が可能に ②あわせて、特例給付金の廃止
障害者雇用調整金等の見直しと助成措置の強化
①事業主が一定数を超えて障害者を雇用する場合、当該超過人数分の障害者雇用調整金や報奨金の支給額を調整 ②事業主の取組支援のため、雇入れや雇用継続を図るために必要な一連の雇用管理に関する相談援助の支援などに対する助成金の新設
【施行日】
2024（令和6）年4月1日

により、知的障害者に対する雇用率の適用に関する特例（実雇用率の算定特例）が設けられた。その後、1997（平成9）年の改正により知的障害者にかかる雇用率制度上の取扱いが法的に整備され（雇用義務化）、その算定基礎に知的障害者を含む障害者雇用率が設定された。さらに、2005（平成17）年の改正により精神障害者に対する雇用率の適用に関する特例（実雇用率の算定特例）が設けられた。

147 障害者の法定雇用率は、2024（令和6）年4月に引き上げられ、民間企業**2.5**％（対象となる事業主の範囲は従業員40.0人以上）、国、地方公共団体、特殊法人等**2.8**％、都道府県等の教育委員会**2.7**％である。障害者の法定雇用率は今後も段階的に引き上げられる予定である（図表21参照）。

図表21 法定雇用率の引き上げ

	2021（令和3）年3月から	2024（令和6）年4月から	2026（令和8）年7月から
民間企業	2.3%	2.5%	2.7%
国・地方公共団体等	2.6%	2.8%	3.0%
都道府県等の教育委員会	2.5%	2.7%	2.9%

148 障害者雇用率の算定にあたっては、短時間労働者（週所定労働時間が20時間以上30時間未満）は、1人を0.5人としてカウントする。ただし、短時間の重度身体障害者、重度知的障害者は1人としてカウントし、週所定労働時間が30時間以上の重度身体障害者、重度知的障害者は1人を2人としてカウントする（いわゆるダブルカウント）。また、短時間の精神障害者についても要件を満たせば0.5人を1人としてカウントする（図表22参照）。

図表22 **実雇用率のカウントの方法**

週所定労働時間		30時間以上	20時間以上30時間未満	10時間以上20時間未満※2
身体障害者		○	△	－
	重度	◎	○	△
知的障害者		○	△	－
	重度	◎	○	△
精神障害者		○	△※1	△

○＝1カウント、◎＝2カウント、△＝0.5カウント
※1：当分の間、1カウント
※2：2024（令和6）年4月1日施行

149 短時間労働者については、1992（平成4）年の改正で、まず重度身体障害者および重度知的障害者が算定の対象となり、その後、2005（平成17）年の改正で精神障害者が、次いで2008（平成20）年の改正によって重度以外の身体障害者、知的障害者がその対象となった（**図表22参照**）。

150 雇用率制度におけるダブルカウント制度は、重度身体障害者または重度知的障害者の雇用をいっそう促進するため、事業主に対して職域の拡大の努力を促すとともに、その雇用には施設、設備の改善等に多くの負担を伴うことを考慮し、雇用率制度の適用上有利に取り扱うこととしたものである。

151 2024（令和6）年4月1日から、週所定労働時間が10時間以上20時間未満の精神障害者、重度身体障害者および重度知的障害者は1人を0.5人とカウントするようになった（**図表22参照**）。

152 **特例子会社制度**は、障害者の雇用の促進および安定を図るため、事業主が障害者の雇用に特別の配慮をした子会社を設立し、一定の要件を満たす場合には、特例としてその子会社に雇用されている労働者を親会社に雇用されているものとみなして、実雇用率を算定できることとした制度である。また、特例子会社をもつ親会社については、関係する子会社も含め、企業グループによる実雇用率算定を可能としている（グループ適用）。

153 企業グループ算定特例とは、一定の要件を満たす企業グループとして厚生労働大臣の認定を受けたものについては、特例子会社がない場合であっても、企業グループ全体で実雇用率の通算が可能となるものである。

154 事業協同組合等算定特例とは、中小企業が事業協同組合等を活用して協同事業を行い、一定の要件を満たすものとして厚生労働大臣の認定を受けたものについて、事業協同組合等（特定組合等）とその組合員である中小企業（特定事業主）で実雇用率の通算が可能となるものである。

155 障害者雇用納付金制度は、常用労働者が100人を超える企業の事業主で、雇用率が未達成の場合、その不足人数に月額5万円を乗じた額を独立行政法人高齢・障害・求職者雇用支援機構に納付するものである。納付金は、法定雇用率達成事業者に対する**障害者雇用調整金**、**報奨金**、**各種助成金**として支給され、障害者の雇用促進が図られる（図表23参照）。

図表23 障害者雇用納付金制度の概要

障害者の雇用に伴う事業主の経済的負担の調整を図るとともに、全体としての障害者の雇用水準を引き上げることを目的に、雇用率未達成企業（**常用労働者100人超**）から納付金を徴収し、雇用率達成企業に対して調整金、報奨金を支給するとともに、障害者の雇用の促進等を図るための各種の助成金を支給している。

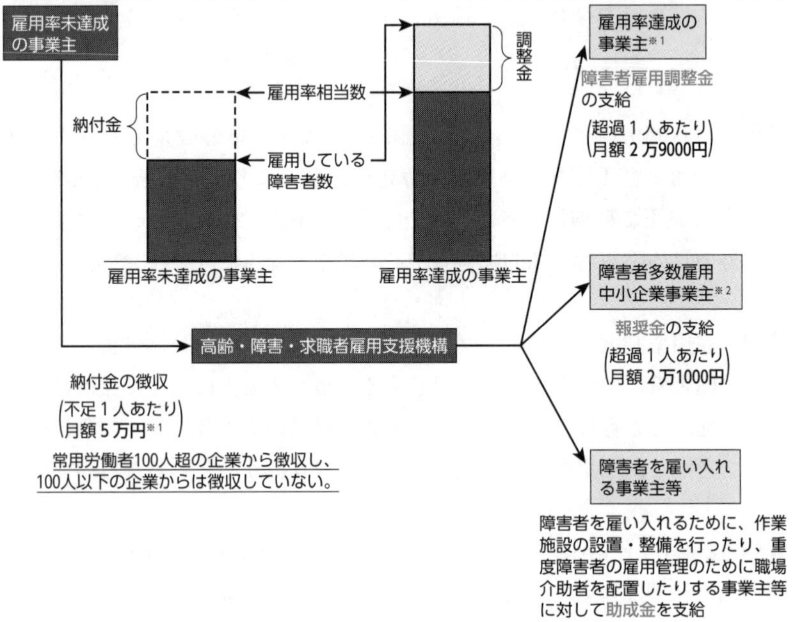

※1　常用労働者100人超
※2　常用労働者100人以下で障害者を４％又は1月6人のいずれか多い数を超えて雇用する事業主（2015（平成27）年4月より常用労働者100人以下の事業主となった。）
＊　上記のほか、障害者雇用納付金制度においては、在宅就業障害者又は在宅就業支援団体に仕事を発注した事業主に対して、特例調整金又は特例報奨金を支給している。
資料：厚生労働省

156 **障害者雇用調整金**は、常用労働者が100人を超える企業の事業主で、雇用率以上に障害者を雇用している場合、その超えた人数に月額2万9000円を乗じた額が支給される（図表23参照）。2022（令和4）年の改正により、2024（令和6）年4月から障害者雇用が一定数を超える場合の超過人数分の障害者雇用調整金の単価が引き下げられた。

157 **報奨金**は、常時労働者数が100人以下の事業主で、各月の雇用障害者数の年度間合計数が一定数（各月の常時労働者数の４％の年度間合計数または72人（6人×12か月）のいずれか多い数）を超えて障害者を雇用している場合に、その超えた人数に2万1000円を乗じた額が支給される（図表23参照）。

158 2019（令和元）年に障害者雇用促進法が改正され、2020（令和2）年4月から、特に短い時間であれば働くことができる労働者を雇用する事業主への支援として、**特例給付金制度**が創設された。①障害者手帳を保持する障害者、②1年を超えて雇用される障害者（見込み含む）、③週所定労働時間が10時間以上20時間未満の労働者（実労働時間が10時間未満であった場合は対象に含まず、また所定労働時間が20時間以上でも実労働時間が10時間以上20時間未満であった場合は対象に含まれる）のいずれも満たす障害者が支給対象となった。2022（令和4）年の改正により、支給対象となる障害者が障害者雇用率に算定可能となるため、特例給付金は廃止された(2024（令和6）年4月施行)。

159 在宅就業障害者または在宅就業支援団体に仕事を発注し、業務の対価を支払った場合、雇用率達成または未達成の事業主に対しては**在宅就業障害者特例調整金**が、障害者多数雇用中小企業事業主には**在宅就業障害者特例報奨金**が、それぞれ支給される。

160 障害者雇用対策として、障害者を雇い入れた場合や障害者が働き続けられるよう支援する場合の助成金などがある（図表24参照）。

161 公共職業安定所（ハローワーク）または民間の職業紹介事業者等の紹介により、一定期間の試用雇用（トライアル雇用）をし、新たに障害者を労働者として雇用しようとする事業主に対して、**トライアル雇用助成金制度**が設けられている。①障害者トライアルコースと、②障害者短時間トライアルコースの二つが設けられている。

162 障害者トライアルコースは、原則3か月（精神障害者の場合は原則6～12か月）の雇用期間で、1週間の所定労働時間20時間以上となっている。トライアル雇用を行う事業主に対しては、トライアル雇用助成金が最長3か月（精神障害者の場合は最長6か月）支給される。

163 障害者短時間トライアルコースは、直ちに週20時間以上勤務することが難しい精神障害者および発達障害者の求職者について、3～12か月の期間をかけながら20時間以上の就業を目指す。事業主には最長12か月助成金が支給される。 出 25-76

164 障害者などの就職が特に困難な者を、ハローワークまたは民間の職業紹介事業者等の紹介により、継続して雇用する労働者等として雇い入れる事業主に対して、**特定求職者雇用開発助成金制度**が設けられている。①特定就職困難者コースと、②発達障害者・難治性疾患患者雇用開発コースの二つが設けられている。

図表24 障害者雇用に係る助成金等　（2023（令和5）年8月現在）

採用前（新たに労働者を雇い入れる）	
トライアル雇用助成金	障害者トライアルコース
	障害者短時間トライアルコース
雇い入れ時	
特定求職者雇用開発助成金	特定就職困難者コース
	発達障害者・難治性疾患患者雇用開発コース
採用後（労働者の雇用環境の整備を図る等）	
障害者作業施設設置等助成金	第１種作業施設設置等助成金
	第２種作業施設設置等助成金
障害者福祉施設設置等助成金	
障害者介助等助成金	職場介助者の配置または委嘱助成金
	職場介助者の配置または委嘱の継続措置に係る助成金
	手話通訳・要約筆記等担当者の委嘱助成金
	障害者相談窓口担当者の配置助成金
	職場復帰支援助成金
	職場支援員の配置または委嘱助成金
	重度訪問介護サービス利用者等職場介助助成金
職場適応援助者助成金	訪問型職場適応援助者助成金
	企業在籍型職場適応援助者助成金
重度障害者等通勤対策助成金	重度障害者等用住宅の賃借助成金
	指導員の配置助成金
	住宅手当の支払助成金
	通勤用バスの購入助成金
	通勤用バス運転従事者の委嘱助成金
	通勤援助者の委嘱助成金
	駐車場の賃借助成金
	通勤用自動車の購入助成金
	重度訪問介護サービス利用者等通勤援助助成金
重度障害者多数雇用事業所施設設置等助成金	
キャリアアップ助成金	障害者正社員化コース
人材開発支援助成金	障害者職業能力開発コース

出典：高齢・障害・求職者雇用支援機構障害者助成部作成「障害者雇用に係る助成金等ガイドブック」2023.

165 特定就職困難者コースは、高年齢者（60歳以上）や障害者、母子家庭の母等を雇い入れる事業主に対する助成で、身体・知的障害者（重度または45歳以上）、精神障害者を雇用する場合は助成金が増額される。

166 **職場適応援助者助成金**は、職場適応に課題を抱える障害者に対して、職場適応援助者（ジョブコーチ）による支援を行う場合にかかる費用の一部を助成するもので、①訪問型職場適応援助者助成金と、②企業在籍型職場適応援助者助成金の二つが設けられている。

167 **訪問型職場適応援助者助成金**は、対象となる障害者で地域障害者職業センターが作成する職業リハビリテーション計画があるものに対する、訪問型職場適応援助者による支援の事業を行う法人に対して助成され、支給期間は最長1年8か月（精神障害者は最長2年8か月）で、精神障害者の場合には助成金が増額される。また、訪問型職場適応援助者養成研修の受講料の2分の1も助成される。

168 **企業在籍型職場適応援助者助成金**は、対象となる障害者に対する企業在籍型職場適応援助者による支援を行う場合に助成され、支給期間は最長6か月で、精神障害者の場合には助成金が増額される。

169 **キャリアアップ助成金**は、非正規雇用の労働者の企業内でのキャリアアップを促進する取組みを実施した事業主に対する助成である。障害者正社員化コースでは、障害のある有期雇用労働者等を正規雇用労働者等に転換した事業主に対して助成され、重度身体障害者、重度知的障害者および精神障害者の場合は助成金が増額される。

170 **人材開発支援助成金**として障害者職業能力開発コースが設けられ、訓練対象障害者に障害者職業能力開発訓練事業を実施する場合に、施設設置費と運営費に対して助成が行われる。

171 **職場適応訓練**は、ハローワークが窓口となり、都道府県知事が事業主に委託し、障害者の能力に適した作業を6か月以内で訓練（中小企業および重度障害者にかかる訓練は1年以内）するものである。障害者の作業能力の開発を図るとともに職場環境に適応することを容易にし、訓練終了後は事業所に雇用されることを目的とする事業である。なお、雇用の見込みがある場合は、実際の仕事を経験させることにより職場への適応を容易にさせることを目的として、2週間（重度障害者は4週間）の短期間訓練も可能となっている。訓練を行った事業主には職場適応訓練費が支給され、訓練生には雇用保険の失業等給付もしくは訓練手当が支給される。

172 2004（平成16）年に厚生労働省が示した「心の健康問題により休業 出26-80

した労働者の職場復帰支援の手引き」（2009（平成21）年および2012（平成24）年に改訂）による職場復帰支援の流れは、「02 現代の精神保健の課題と支援」図表13の5ステップからなる。

173　障害者就労施設、在宅就業障害者および在宅就業支援団体の受注の機会を確保することを目的に、**国等による障害者就労施設等からの物品等の調達の推進等に関する法律（障害者優先調達推進法）**が2012（平成24）年6月に成立、公布され、2013（平成25）年4月1日から施行された。国、地方公共団体等は障害福祉サービス事業所、多くの障害者を雇用する事業所、在宅就業障害者等から優先的に物品・サービスを購入する努力義務を負い、調達方針・実績等について公表しなければならないとされた。

174　ハローワークでは、障害者に対する専門の窓口を設置し、就職促進指導官が障害者に職業紹介、職業指導（職業相談、就職後の職場適応指導）を行っている。主な支援として、①ハローワークを中心とした障害者向けチーム支援、②精神障害者雇用トータルサポーターの配置、③トライアル雇用、が行われている。

175　障害者向けチーム支援として、ハローワークが中心となり障害者就業・生活支援センター、地域障害者職業センター、就労移行支援事業所、特別支援学校、医療機関等の関係機関で「障害者就労支援チーム」をつくり、就職に向けた準備から職場定着まで一貫して支援を実施している。

出24-74

176　ハローワークに**精神障害者雇用トータルサポーター**を配置し、精神障害者の求職者に対して精神症状に配慮したカウンセリングや就職に向けたプログラムを実施している。なお、2024（令和6）年度からは新たに**精神・発達障害者雇用サポーター**が設置され、業務内容も一部変更されている。

177　事業主に対して、精神障害者等の雇用に関する啓発や理解促進活動を行うほか、就職準備プログラムおよび精神障害者等の雇用に係る課題解決のための相談援助等も行っている。

178　ハローワークは障害者トライアル雇用事業を実施し、事業所が障害者を一定期間試用雇用の形で受け入れ、障害者の適性や業務遂行可能性を見極め、障害者と事業主の相互理解を推進すること等を通じて、常用雇用への移行を促進している。

出24-74

179　**地域障害者職業センター**は、障害者雇用促進法に基づき、高齢・障害・求職者雇用支援機構が各都道府県に1か所ずつ設置し運営している（図表25参照）。

図表25 地域障害者職業センターの業務

①職業評価・職業指導および職業リハビリテーション計画の策定	障害者個々の就職の希望等を把握したうえで職業評価・職業相談を行い、これらを基に就職および就職後の職場適応に必要な支援内容等を含んだ計画の策定を行う
②障害者の職業準備支援	障害者に対して、就職または職場適応に必要な障害特性や職業上の課題の把握とその改善を図るための支援や、職業に関する知識取得のための支援および社会生活技能等の向上のための支援を行う
③障害者の職場適応援助者（ジョブコーチ）支援事業	障害者が円滑に職場適応することができるよう、就職時のみならず雇用後においても事業所に職場適応援助者（ジョブコーチ）を派遣し、障害者に障害特性を踏まえた専門的支援を行う。また、事業主に対して雇用管理に必要な助言や職場環境改善の提案等の援助も行う。さらに、安定した雇用継続を図るためのフォローアップも行う。ジョブコーチには、①配置型、②訪問型、③企業在籍型の三つがある
④精神障害者等に対する総合雇用支援	精神障害者および事業主に対して、主治医との連携の下、新規雇用、職場復帰、雇用継続のそれぞれの雇用段階に応じた専門的支援を総合的に行う。特に、休職中の精神障害者およびその人を雇用する事業主に対してはリワーク支援を進めている
⑤事業主に対する相談・援助	障害者雇用の相談や情報提供を行うほか、障害者の雇用に関する事業主のニーズや雇用管理上の課題を分析し、必要に応じて「事業主支援計画」を作成し、雇用管理に関する専門的な助言・援助を体系的に行う。障害者を雇用したい、あるいは現在障害者の雇用管理に際して課題や、困っていることがある事業主に対し、障害者職業カウンセラーが具体的な解決策について相談に応じている
⑥地域の就労支援機関に対する助言・援助	ハローワーク、障害者就業・生活支援センター、就労支援機関等に対し職業リハビリテーションに関する技術的事項の助言・援助を行う

180 **障害者職業総合センター**は、障害者雇用促進法に基づき、高齢・障害・求職者雇用支援機構が設置し運営している。広域・地域障害者職業センターの運営、職業リハビリテーションに関する研究、技法の開発およびその成果の普及等を行っている。

181 **障害者就業・生活支援センター**は障害者雇用促進法に規定され、障害者の身近な地域において、就業面と生活面の一体的な相談・支援を行う（**図表26参照**）。実施主体は、都道府県知事が指定する障害者の就労支援に実績を有する社会福祉法人、NPO法人などである。

182 5人以上の障害のある従業員が働いている事業所では、障害者雇用促進法により厚生労働省の定める資格を有する従業員のうちから障害者職業生活相談員を選任し、職業生活全般における相談・指導を行うよう義務づけら

図表26 障害者就業・生活支援センターの業務内容

就業面	職業準備訓練や職場実習のあっせんなどの就業に関する相談支援、事業所への助言や関係機関との連絡調整を就業支援担当者が行う
生活面	日常生活や地域生活に関する助言や関係機関との連絡調整を生活支援担当者が行う

れている。

出25-78 出26-74

183 **就労移行支援**は、障害者総合支援法に基づくサービスで、一般就労等を希望し、知識、能力の向上、実習、職場探し等を通じ、適性に合った職場への就労が見込まれる原則65歳未満の障害者（要件を満たせば65歳以上の者も利用可能）を対象に、就職後の職場定着支援も含めて就労支援を行うものである。

出24-74

184 就労移行支援事業所には、管理者、職業指導員、生活支援員、就労支援員、サービス管理責任者などが配置され、障害者の就労への援助を行っている。職業指導員は就労に向けて職業指導を行い、生活支援員は就労に向けた日常生活の指導を行い、就労支援員は求職活動の支援、職場の開拓、および就職後の職場定着への支援を行い、サービス管理責任者は支援計画策定、評価など支援全体の管理を行う。

185 **就労継続支援**は、障害者総合支援法に基づくサービスで、A型（雇用型）とB型（非雇用型）に分けられる。

出22-75 出23-78

186 就労継続支援A型（雇用型）は、雇用契約に基づく就労の機会を提供する事業で、就労継続支援B型（非雇用型）は、雇用契約を結ばず、労働法規が適用されない就労形態である。管理者、職業指導員、生活支援員およびサービス管理責任者が配置されている。

出25-80

187 **就労定着支援**は就職後の体調管理、勤怠などさまざまな問題が発生し継続的な雇用が困難となる場合があるため、継続的にフォローする目的で、最長で3年間にわたってサポートを行うサービスとして、2018（平成30）年度から新たに創設された。

出24-74

188 地域活動支援センターは、創作的活動または生産活動の機会の提供、社会との交流促進を行う。地域活動支援センターは利用者の数、職員配置などによって三つの類型に分けることができる（図表28参照）。創作的活動や生産活動は職業リハビリテーションに分類される活動ではあるが、地域活動支援センターは、今は働くことを希望しない精神障害者が活動に参加することを重視している。施設長および指導員が配置されている。

図表27 障害者総合支援法における就労系障害福祉サービス

	利用期間	対象者	職員
就労移行支援	2年	一般就労等を希望し、知識･能力の向上、実習、職場探し等を通じ、適性に合った職場への就労等が見込まれる障害者 ・65歳未満 ・65歳に達する前5年間支給決定を受けていて、65歳に達する前日に就労移行支援を受けていた65歳以上の者	管理者 職業指導員 生活支援員 就労支援員 サービス管理責任者
就労継続支援A型	制限なし	通常の事業所に雇用されることが困難であって、適切な支援により雇用契約に基づく就労が可能な障害者	管理者 職業指導員 生活支援員 サービス管理責任者
就労継続支援B型	制限なし	就労移行支援事業等を利用したが一般企業等の雇用に結びつかない者や、一定年齢に達している者などであって、就労の機会等を通じ、生産活動にかかる知識および能力の向上や維持が期待される障害者	管理者 職業指導員 生活支援員 サービス管理責任者
就労定着支援	3年	就労移行支援、就労継続支援、生活介護、自立訓練の利用を経て一般就労へ移行した障害者で、就労に伴う環境変化により生活面・就業面の課題が生じている者であって、一般就労後6か月を経過した者	管理者 就労定着支援員 サービス管理責任者

図表28 地域活動支援センターの類型

	事業内容[*1]	職員配置	利用者数等
Ⅰ型	専門職員（精神保健福祉士等）を配置し、医療・福祉および地域の社会基盤との連携強化のための調整、地域住民ボランティア育成、障害に対する理解促進を図るための普及啓発等の事業を実施。相談支援事業を併せて実施または委託を受けていることが要件	基礎的事業[*2]による職員のほか、1名以上を配置し、うち2名以上を常勤とする	1日当たりの実利用人員がおおむね20名以上
Ⅱ型	地域において雇用・就労が困難な在宅障害者に対し、機能訓練、社会適応訓練、入浴等のサービスを実施	基礎的事業による職員のほか、1名以上を配置し、うち1名以上を常勤とする	1日当たりの実利用人員がおおむね15名以上
Ⅲ型	①地域の障害者のための援護対策として地域の障害者団体等が実施する通所による援護事業の実績をおおむね5年以上有し、安定的な運営が図られている ②このほか、自立支援給付に基づく事業所に併設して実施することも可能	基礎的事業による職員のうち1名以上を常勤とする	1日当たりの実利用人員がおおむね10名以上

＊1：事業内容については、基礎的事業（地域活動支援センターの基本事業として利用者に対し創作的活動、生産活動の機会の提供等地域の実情に応じた支援を行うこと）に加え、Ⅰ～Ⅲ型の事業を行う。
＊2：基礎的事業における職員配置は、2名以上とし、うち1名は専任者とする。

189 全国社会就労センター協議会（「セルプ協」）は、社会福祉法人全国社会福祉協議会のなかに事務局を置いている。全国の障害者の働く施設（旧授産施設）関係者により結成された組織で、全国約1400の障害者就労施設・事業所がセルプ協に加盟し、それぞれのブロック組織、都道府県組織に所属している。セルプ協は、厚生労働省と連携をとりながら障害者福祉や社会就労センターにかかる事項の協議および活動を行っている。

190 福祉的就労支援機関の生産規模が小さく、一般企業から大量の下請け業務を受注する場合、共同受注など支援機関の連携・ネットワークは重要である。都道府県の社会就労センター協議会などでは、障害者施設でつくられている授産製品の斡旋販売、授産製品の改良・開発の研究や共同受注の仕組みの調整などの活動を行っている。

◎就労支援の実際

出23-75 **191** 2023（令和5）年の「障害者雇用状況の集計結果」（厚生労働省）を
出23-76 みると、民間企業（43.5人以上規模の企業：法定雇用率2.3％）に雇用され
出26-75 ている障害者の数は64万2178.0人であった。内訳は、身体障害者が36万157.5人（前年比0.7％増）、知的障害者が15万1722.5人（同3.6％増）、精神障害者が13万298.0人（同18.7％増）で、精神障害者の雇用の伸びが高かった。実雇用率では2.33％で、法定雇用率達成企業の割合は50.1％であった（図表29参照）。

図表29 民間企業や公的機関などにおける2023（令和5）年の「障害者雇用状況の集計結果」

	法定雇用率※	雇用障害者数	実雇用率
民間企業	2.3％	64万2178.0人 身体障害者　36万157.5人 知的障害者　15万1722.5人 精神障害者　13万298.0人	2.33％
公的機関	2.6％ ［教育委員会2.5％］	国　9940.0人 都道府県　1万627.5人 市町村　3万5611.5人 ［教育委員会　1万6999.0人］	国　2.92％ 都道府県　2.96％ 市町村　2.63％ ［教育委員会　2.34％］
独立行政法人など	2.6％	1万2879.5人	2.76％

※法定雇用率については、2023（令和5）年度のものであり、2024（令和6）年4月より民間企業の法定雇用率は2.5％、国や地方公共団体の法定雇用率は2.8％、都道府県等教育委員会は2.7％となる。

出26-75 **192** 2023（令和5）年の「障害者雇用状況の集計結果」（厚生労働省）によれば、法定雇用率の未達成企業のうち、障害者を1人も雇用していない企業（0人雇用企業）の割合は58.6％である。

193 2023（令和5）年度「障害者雇用実態調査」によると、従業員5人以上の規模の事業所に雇用されている精神障害者は21万5000人となっている。2018（平成30）年度調査と比べると精神障害者で雇用されている者は増加している（前回は20万人）。身体障害者は52万6000人、知的障害者は27万5000人であった。

194 2023（令和5）年度「障害者雇用実態調査」によると、事業所規模では、精神障害者では、5～29人規模で53.6％と最も多く、次いで30～99人規模20.6％、100～499人規模17.5％、1000人以上規模4.5％、500～999人規模3.9％の順になっている。

195 2023（令和5）年度「障害者雇用実態調査」によると、平均勤続年数をみると、身体障害者では12年2か月、知的障害者では9年1か月、精神障害者では5年3か月、発達障害者では5年1か月となっている。

196 ハローワークにおける障害者の職業紹介状況は、2012（平成24）年度と2022（令和4）年度を比較すると、新規求職申込件数では7万1488人**増加**し、就職件数では3万4216人**増加**している。

197 ハローワークにおける障害者の職業紹介状況は、身体障害者では、 出 26-75
2012（平成24）年度と2022（令和4）年度を比較すると、新規求職申込件数では1万703人**減少**し、就職件数では4,659人**減少**している。

198 ハローワークにおける障害者の職業紹介状況は、知的障害者では、 出 26-75
2012（平成24）年度と2022（令和4）年度を比較すると、新規求職申込件数では5,385人**増加**し、就職件数では4,543人**増加**している。

199 ハローワークにおける障害者の職業紹介状況は、精神障害者では、 出 26-75
2012（平成24）年度と2022（令和4）年度を比較すると、新規求職申込件数では6万6238人**増加**し、就職件数では3万213人**増加**している。

200 福祉的就労においても、働く精神障害者の「働きたい」「できれば高い賃金がほしい」「働きがいのある仕事がしたい（ディーセント・ワーク）」という気持ちに応えることが求められる。

201 国際労働機関（ILO）においては、「『ディーセント・ワーク（働きがいのある人間らしい仕事）』の実現」を、ILO憲章により与えられた使命達成のための主目標の今日的な表現であると位置づけている。

202 日本では、**ディーセント・ワーク**（働きがいのある人間らしい仕事）が、図表30のように整理されている。

図表30 ディーセント・ワーク

①働く機会があり、持続可能な生計に足る収入が得られること
②労働三権などの働くうえでの権利が確保され、職場で発言が行いやすく、それが認められること
③家庭生活と職業生活が両立でき、安全な職場環境や雇用保険、医療・年金制度などのセーフティーネットが確保され、自己の鍛錬もできること
④公正な扱い、男女平等な扱いを受けること

203 長時間就労の困難な精神障害者の特性を理解した就労支援は、多様な支援が必要となる。

204 精神障害者の就労支援では、いまだ偏見や障害特性の理解不足のため、障害を開示して就労するには困難な状況も起こっている。利用者と雇用主、行政機関、医療機関とのさらなる連携強化が必要となり、さまざまな方面へのアドボカシーとコンサルテーションが求められている。

205 ソーシャルファーム(ソーシャルコーポレイティブ(社会的協同組合))とは、1970年代末にイタリアで入院治療が必要でなくなった者が地域に住み就労する際、偏見や差別意識から雇用する企業が現れなかったため、病院職員と患者が一緒になって仕事をする企業を自らつくったことから始まる。その後、ヨーロッパ各地に広がり、欧州では一定の定義がある。

206 一部の市町村は、障害者の一般就労の機会を広げるとともに、障害者が安心して働き続けられるよう、身近な地域において就労面と生活面の支援を一体的に提供できるよう市町村障害者就労支援センターの設置を進めている。

受験対策アドバイス

◆近年の雇用率の変化や支援施策の展開を押さえておくこと、さらには、各就労支援機関の特徴と役割を把握しておくことが大切です。

207 市町村障害者就労支援センターは、ハローワーク、商工会、事業主団体、特別支援学校、福祉事務所・保健所、障害福祉サービス事業所、生活寮・通勤寮、障害者就業・生活支援センター等との就労支援ネットワークの整備を行うとともに、就労支援コーディネーターおよび生活支援コーディネーターを配置し、職業相談、就職準備支援、職場開拓、職場実習支援、職場定着支援などとともに、日常生活および社会生活上必要な生活支援を行っている(図表31参照)。

図表31 市町村障害者就労支援センターの業務（例）

職業相談	支援対象者やその家族、事業主などからの就労全般に関する相談への対応
就職準備支援	利用者の適性などを把握し、就労意欲や職業能力を高めるなど、就職に向けた支援
職場開拓	公共職業安定所（ハローワーク）への同行や独自の職場開拓など利用者の求職活動の支援
職場実習支援	利用者が職場に慣れるために職場実習を行うとともに、事業主の利用者に対する理解を求め、職場環境の調整を行うなどの支援
職場定着支援	各種の不安や悩みを解消するための相談などの支援 定期的または随時の事業所訪問による利用者、家族、事業主などへの助言や調整

精神障害者の生活支援制度に関する課題

208 2022（令和4）年の精神保健福祉法の改正に伴い、都道府県・市町村が実施する精神保健に関する相談支援について、精神障害者のほか精神保健に課題を抱える者も対象となったことから、都道府県は、市町村の相談支援の体制整備とバックアップを行うことが明確化された。

209 2022（令和4）年の精神保健福祉法の改正に伴い、精神保健福祉士法も定義が一部改正され、相談援助対象が、精神障害者のみならず精神保健に関する課題を抱える者の精神保健に関する相談へと拡充された。

210 精神障害者の医療現場と地域における相談のあり方には格差がある。疾病・障害に焦点が置かれる医療現場では本人の意思が尊重されない状況に置かれがちである。一方で、地域での相談では希望や意思を問われるようになり、戸惑いが生じることがある。

211 障害者総合支援法が申請主義のため、障害支援区分認定を受けない人や、自立支援医療のみの精神障害者は、相談支援制度に結びつかないこともあり多様なニーズが見逃されてしまっている現状がある。

212 精神障害にも対応した地域包括ケアシステムの構築においても、保健・医療と福祉の連携だけでなく、他分野との連携・協働が必要となり、精神障害を含め住宅確保要配慮者の住宅確保の構築に関与することが求められる。

213 精神障害者のさまざまな働き方に対して、各種就労支援制度の活用と本人らしい働き方を支えることが求められ、就労面に加え生活面も支えるネットワークを構築することで定着支援が継続され自己実現が見えてくる。

4 精神障害者の経済的支援に関する制度

生活保護制度と精神保健福祉士の役割

◎生活保護制度

出 25-64

214 **生活保護制度**は、生活に困窮するすべての人に対し、その困窮の程度に応じて必要な保護を行い、健康で文化的な最低限度の生活を保障するとともに、自立を助長することを目的とする。生活困窮状態に至っているか判断するため、資産や収入等に対する資力調査（ミーンズ・テスト）が行われる。保護の種類は図表32のとおりで、生活を営むうえで必要な各種費用に対応して扶助が支給される。

図表32 保護の種類

扶助の種類	生活を営むうえで生じる費用
生活扶助	日常生活に必要な費用（食費・被服費・光熱費等）
住宅扶助	アパート等の家賃
教育扶助	義務教育を受けるために必要な学用品費
医療扶助	医療サービスの費用、通院移送費
介護扶助	介護サービスの費用
出産扶助	出産費用
生業扶助	就労に必要な技能の修得等にかかる費用
葬祭扶助	葬祭費用

215 生活保護制度は、4原理：①国家責任の原理、②無差別平等の原理、③最低生活保障の原理、④保護の補足性の原理と、4原則：①申請保護の原則、②基準及び程度の原則、③必要即応の原則、④世帯単位の原則からなる（図表33参照）。

216 **福祉事務所**は、社会福祉法第14条に規定され、福祉六法（生活保護法、児童福祉法、母子及び父子並びに寡婦福祉法、老人福祉法、身体障害者福祉法および知的障害者福祉法）に定める援護、育成または更生の措置に関する事務を行う社会福祉行政機関である。都道府県および市（特別区を含む）は設置が義務づけられ、町村は任意で設置することができるとされている。

217 生活保護法では、**保護施設**として、①救護施設、②更生施設、③医療

図表33 生活保護の原理原則

① 国家責任の原理	最低限度の生活の保障と自立の助長を国が責任をもって行う
② 無差別平等の原理	要件を満たすことで保護の請求権を無差別に保障する
③ 最低生活保障の原理	健康で文化的な生活水準を保つことを保障する
④ 保護の補足性の原理	利用できる資産や能力の活用、扶養義務者の扶養や他法他施策が優先される

① 申請保護の原則	要保護者、その扶養義務者またはその他の同居の親族からの申請によって開始する
② 基準及び程度の原則	厚生労働大臣が定める基準で要保護者の最低限度の生活を測定し不足分を補う
③ 必要即応の原則	要保護者の年齢別、性別、健康状態等を考慮して、有効かつ適切に行う
④ 世帯単位の原則	住居と生計を同一にしている生活共同体を世帯とし扱う

保護施設、④授産施設、⑤宿所提供施設が規定されている。

218 就労自立給付金とは、保護受給中の就労収入のうち、収入認定された金額の範囲内で別途一定額を仮想的に積み立て、安定就労の機会を得たことにより保護廃止に至ったときに支給する制度である。生活保護脱却後に生じる税や社会保険料等の負担増を緩和し、保護脱却のインセンティブを強化するとともに、安定的に就労して生活を維持し、再度生活保護に至ることなく着実に自立に至ることを目的とする。

219 生活保護の障害者加算は、精神障害者においては国民年金法施行令別表による1級および2級である者のほか、精神障害者保健福祉手帳1級・2級所持者が対象となっている。なお、手帳所持者でも3級の場合は加算の対象とはならない。

出 25-64

受験対策アドバイス

◆生活保護制度に関する知識は、精神障害者の権利擁護を行ううえで必要不可欠なものです。地域で生活を成立、展開するうえでも経済的な機能の中核的な制度になります。

◎生活保護制度における精神保健福祉士の役割

220 精神保健福祉士は入院中からの地域移行支援など、経済的な支援や地域生活を維持するために生活保護を活用して支援することがある。申請手続きなどで同行する場面などが想定される。

221 福祉事務所には、所の長、指導監督を行う所員、現業を行う所員（現業員）等が配置される。精神保健福祉士は現業員として生活保護業務を行うこともある。また、クライエントを支援するうえで現業員と連携する場合が

ある。

生活困窮者自立支援制度と精神保健福祉士の役割

◎生活困窮者自立支援制度

222 生活困窮者に対し、生活保護に至る前の段階の自立支援策の強化を図るための所要の措置を講ずるため、2013（平成25）年3月に生活困窮者自立支援法が公布された（2015（平成27）年4月1日施行）。**生活困窮者自立支援制度**による支援は図表34のとおりである。

図表34 生活困窮者自立支援制度による支援

必須事業	自立相談支援事業	①就労の支援その他の自立に関する問題につき、生活困窮者や家族その他の関係者からの相談に応じ、必要な情報の提供および助言ならびに関係機関との連絡調整を行う事業、②生活困窮者に対し、認定生活困窮者就労訓練事業の利用についてのあっせんを行う事業、③生活困窮者に対し、当該生活困窮者に対する支援の種類や内容等を記載した計画の作成、その他の生活困窮者の自立の促進を図るための支援が包括的かつ計画的に行われるための援助等を行う
	住居確保給付金	生活困窮者のうち離職等により経済的に困窮し、居住する住宅の所有権等を失い、または現に賃借して居住する住宅の家賃を支払うことが困難となったものであって、就職を容易にするため住居を確保する必要があると認められるものに対し支給する給付金
努力義務	就労準備支援事業	雇用による就業が著しく困難な生活困窮者に対して利用者ごとに就労準備支援プログラムを作成し、日常生活の自立や社会生活の自立、就労自立で構成されたプログラムに基づき入所や通所で支援を行う
	家計改善支援事業	自らの家計状況を把握し家計改善への意欲を向上させ、滞納の解消や各種給付制度の利用支援、債務支援や貸付あっせん等を行う
任意事業	一時生活支援事業	住居がない、または失うおそれのある所得が一定以下の生活困窮者に対して、一定期間（原則3か月、最長6か月）の宿泊場所・食事・衣類等の提供が行われる
	子どもの学習・生活支援事業	生活困窮者の子どもに対する学習援助のほか、生活習慣や育成環境改善について保護者に対する助言、進路や就労等に関する相談、情報提供、助言、関係機関との連絡調整を子どもとその保護者に行う

223 生活困窮者自立支援制度の基本理念は、生活困窮者の尊厳の保持を図りつつ、生活困窮者の就労の状況、心身の状況、地域社会からの孤立の状況等に応じて、包括的かつ早期に行わなければならないとされている（**生活困窮者自立支援法第2条第1項**）。

224 生活困窮者自立支援法における生活困窮者とは、「就労の状況、心身の状況、地域社会との関係性その他の事情により、現に経済的に困窮し、最低限度の生活を維持することができなくなるおそれのある者」をいう（**法第3条**）。

225 生活困窮者自立相談支援事業は、主任相談支援員、相談支援員、就労支援員の3職種が自立相談支援機関に配置され、主任相談支援員が、相談支援業務のマネジメントやスーパービジョン、高度な相談支援等の役割を担うこととされているが、それぞれの役割にしばられすぎるのではなく柔軟に対応することとされている。

226 生活保護制度と比較し生活困窮者自立支援事業は、経済的な問題を抱える幅広い層を対象としていることから、各関連施策との連携や関係機関同士の相互理解が必要となる。

227 生活困窮者自立支援制度は、支援策としては比較的新しいものではあるが、生活困窮状態の相談者の課題を精神保健福祉士は把握し、支援を展開することが求められる。

低所得者への支援と精神保健福祉士の役割

228 社会手当は、保険料などの拠出を前提としない。資力調査（ミーンズ・テスト）を行わず、一定の要件に該当すれば給付が行われる所得保障制度であり、児童扶養手当、特別児童扶養手当、障害児福祉手当、特別障害者手当などが該当する。 出 24-65

229 労働者が、業務または通勤が原因となった負傷や疾病による療養のため労働することができず、そのため賃金を受けていないときは、第4日目から休業補償給付（業務災害の場合）または休業給付（通勤災害の場合）が支給される。 出 26-79

230 雇用保険は、労働者が失業した場合や、継続雇用の困難が生じた場合、職業についての教育訓練を受けた場合に、労働者の生活や雇用の安定と就職の促進のために支給される**失業等給付**（求職者給付、就職促進給付、教育訓練給付、雇用継続給付）と**育児休業給付**、失業の予防、雇用状態の是正および雇用機会の増大、労働者の能力の開発および向上その他労働者の福祉の増進を図る**雇用保険二事業**（雇用安定事業、能力開発事業）がある。

231 **生活福祉資金貸付制度**は、低所得世帯、高齢者や障害者のいる世帯に対し、資金の貸付けと必要な相談支援を行うことにより、その世帯の経済的自立や生活意欲の助長促進、在宅福祉や社会参加の促進を図り、安定した生活を送ることができるようにすることを目的とした制度である。実施主体は都道府県社会福祉協議会であり、窓口業務等は市町村社会福祉協議会で実施されている（図表35参照）。

図表35 貸付資金の種類

資金名	内容
①総合支援資金	生活支援費、住宅入居費、一時生活再建費
②福祉資金	福祉費、緊急小口資金
③教育支援資金	教育支援費、就学支度費
④不動産担保型生活資金	低所得の高齢者世帯向け、要保護世帯向け

232 **無料低額宿泊所**は、社会福祉法第2条第3項第8号に規定する施設のことであり、生計困難者のために、無料または低額な料金で簡易住宅や宿泊所を提供するものである。

233 2020（令和2）年より、無料低額宿泊所のなかで、被保護者の日常生活支援を行う体制整備がされている施設については、都道府県知事が生活保護法第30条第1項における日常生活支援住居施設として生活扶助を行うことになった。

234 **無料低額診療所**は、社会福祉法第2条第3項第9号に規定する医療機関のことであり、生計困難者のために、無料または低額な料金で診療を提供するものである。

✎ 利用については、ホームレスや避難中のDV被害者、不法滞在などの外国人等、医療費の支払いが困難な者を対象としており、被保険者証を持参しておらず全額自己負担になる場合であっても、本人の経済状況に応じた金額で医療サービスを受けることができる。

235 日本司法支援センター（法テラス）は、総合法律支援法に基づき法律に関する相談窓口に関する情報提供や、収入が一定以下の者の無料法律相談援助、弁護士等の費用の立て替え、犯罪被害者支援、国選弁護人候補の指名等の業務を行っている。

236 法テラスの行う業務のなかに、高齢者や障害者等の認知機能が十分でない者が法的なトラブルに遭った際に本人を支援する弁護士や司法書士が法律相談を行う特定援助対象者法律相談援助がある。

237 災害救助として、住宅が被害を受けた場合は、被災者生活再建支援金（被災者生活再建支援法）があり、災害により死亡した者の遺族に対しては、災害弔慰金（災害弔慰金の支給等に関する法律）、災害により重度の障害を受けた者に対しては、災害障害見舞金（災害弔慰金の支給等に関する法律）の支給が行われる。

238 生活福祉資金貸付制度においては、既存の貸付のほかに被災者世帯に対して、手続きの簡略化や、措置期間や償還期間の延長など特例の貸付が行われている。

精神障害者の経済的支援制度に関する課題

239 障害年金は、年金制度に加入している間に病気やけがによって一定の障害のある状態になった場合に、その後の生活保障のために金銭給付が受けられる制度である。 出22-68 出24-65

240 国民年金では、障害等級1級・2級の**障害基礎年金**があり、厚生年金保険からは障害基礎年金に上乗せする1級・2級の**障害厚生年金**が支給される。また、障害の状態が2級に該当しない軽度の場合でも、一定の障害の状態に該当する場合は、3級の障害厚生年金または障害手当金（一時金）が支給される（図表36参照）。

図表36 障害年金の概要

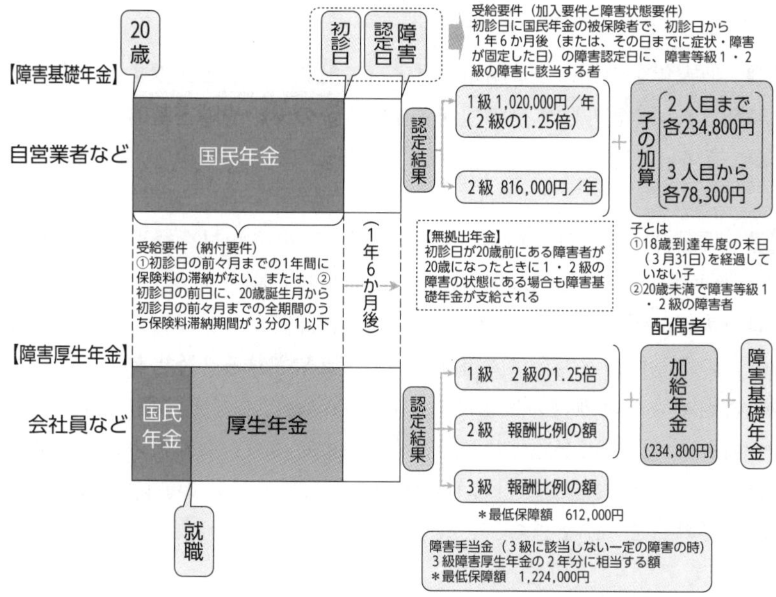

注：図中は2024（令和6）年度の額

241 日常生活において常時特別な介護が必要な状態にある在宅で暮らす20歳以上の者については**特別障害者手当**（2024（令和6）年4月以降月額2万8840円）が支給される（所得制限有り）。さらに、2019（令和元）年10月から消費税率引き上げ分を活用した障害年金生活者支援給付金が支給されている。

242 障害基礎年金は、国民年金の加入中に初診日があり、一定の条件の保険料を拠出しているものに支給される拠出年金と、20歳前に初診日があり

保険料の拠出を条件としていない無拠出年金に区別することができる。拠出制の障害基礎年金は、図表37の三つの要件を満たしている場合に支給される。

図表37 拠出制の障害基礎年金の要件

①原則として被保険者期間中に初診日のある傷病であること
②障害認定日（初診日から1年6か月を経過した日、あるいはその期間内に傷病が治った場合はその日）において障害等級表に定められた程度の障害の状態にあること
③初診日の前日において初診日の属する月の前々月までの国民年金の被保険者期間のうち3分の2以上の保険料納付済期間（免除期間も含む）があること

243 障害年金を請求するためには、受給要件を満たしていることを確認するために、**初診日**を明らかにすることができる書類（診断書等の医療機関の証明）の添付が必要であったが、厚生労働省令の改正により、2015（平成27）年10月1日からは、**初診日**を証明する書類が添付できない場合であっても、**初診日**を合理的に推定できるような一定の書類により、本人が申し立てた日を**初診日**と認めることができるようになった。

244 障害年金の受給後に結婚等によって配偶者や子を扶養するようになった場合でも、障害厚生年金の配偶者加給年金の受給や障害基礎年金の子の加算ができる。

245 **障害認定日**とは、初診日から起算して1年6か月を経過した日あるいはその期間内にその傷病が治った日（その症状が固定し治療の効果が期待できない状態に至った日を含む）をいい、障害認定日に、障害等級に定められた障害の状態にある場合に障害基礎年金が支給される。障害認定日に、障害等級に定められた障害の状態に当たらない場合でも、その後65歳に達する日の前日までに障害が悪化し、障害等級表に定められた障害の状態に至った場合には、65歳に達する日の前日までの間に請求を行い、障害基礎年金の支給を受けることができる。これを事後重症制度という。

246 都道府県間において障害基礎年金の認定率に大きな格差が生じていたことから、2016（平成28）年9月からは「国民年金・厚生年金保険 精神の障害に係る等級判定ガイドライン」に基づく審査が行われている。

247 無年金問題は、学生等の加入が任意となっていた期間に障害年金の給付を受けることができない問題が発生し、全国的な訴訟運動となった。

出 24-65 **248** **特別障害給付金制度**は、国民年金加入が任意だった時代に未加入のまま障害を負い、障害基礎年金を受け取れない無年金障害者に対し、給付金を支給する制度である。2024（令和6）年度の支給額は、障害基礎年金1級に

該当する者に基本月額5万5350円、障害基礎年金2級に該当する者に基本月額4万4280円である。対象者は、①1991（平成3）年3月以前に国民年金任意加入対象であった学生、②1986（昭和61）年3月以前に国民年金任意加入対象であった被用者等の配偶者であって、任意加入していなかった期間内に初診日があり、現在、障害基礎年金1級・2級の障害の状態にある者である。請求の窓口は住所地の市区町村役場である。

249 「平成28年生活のしづらさなどに関する調査」によると、1か月当たりの平均収入は精神障害者手帳を所持している18歳以上65歳未満の者で、6万円以上～9万円未満が最も多く、1か月当たりの平均支出も6万円以上～9万円未満が最も多いことから、厳しい状況であることがわかる。

◎低所得者対策における精神保健福祉士の役割

250 低所得者対策については、各自治体で取り組み内容が異なっている場合もあり、精神保健福祉士は身近な自治体の情報収集に努める必要がある。

251 金銭的な問題は、相談関係があったとしてもなかなか話しにくいことから、精神保健福祉士は、生活状況を丁寧に把握し、変化を見逃さず制度につなぐことが求められる。

実力チェック！一問一答

※解答の横の番号は、本科目で該当する重要項目や図表の番号です。

問題	解答
1 精神保健福祉法上の家族等とは、精神障害者の配偶者、扶養義務者および後見人または保佐人のほかに親権を行う者である。	1 ○ 23
2 精神保健福祉センターは、都道府県（指定都市）が設置する。	2 ○ 24
3 措置入院は、都道府県知事（指定都市市長）の権限による入院形態である。	3 ○ 32
4 緊急措置入院は、1名の特定医師によって行うことができる。	4 × 36
5 医療保護入院は、診察結果が、精神障害者であり、家族等の同意があれば、入院させることができる入院をいう。	5 × 37
6 2022（令和4）年12月の精神保健福祉法改正により、「入院措置をとる理由」を患者本人だけでなく家族等にも告知することとした。	6 ○ 39
7 精神医療審査会は、医療保護入院者の入院届、更新届、退院請求、処遇改善請求の審査を行う機関である。	7 ○ 46
8 退院後生活環境相談員は、病院管理者が任意入院時に選任する。	8 × 50
9 病院管理者が医療保護入院者の退院に向けた入院の必要性の有無を審議するため、医療保護入院者退院支援委員会を設置する。	9 ○ 53
10 入院者訪問支援事業は、市町村長同意で入院治療を受けている者に、傾聴や生活に関する相談、情報提供等を行う訪問支援員を派遣する。	10 ○ 56
11 精神障害者保健福祉手帳は、市町村長により交付される。	11 × 62
12 医療観察法において、対象者の処遇決定に際し、裁判所は処遇の要否およびその内容につき、必要に応じて精神保健参与員の意見を求める。	12 ○ 69
13 医療観察法による入院決定を受けた者は、入院設備があるすべての精神科病院で対応できる。	13 × 76
14 医療観察法による通院決定を受けた者に対し、継続的な医療を確保し、通院状況等を見守り、指導や助言を行うことを精神保健観察という。	14 ○ 78
15 社会復帰調整官は、生活環境調査・調整、精神保健観察等の業務を行う。	15 ○ 図表17
16 精神障害にも対応した地域包括ケアシステムは、精神障害の有無や程度にかかわらず、誰もが安心して自分らしく暮らすことができるよう、医療、障害福祉・介護、住まい、社会参加等が包括的に確保されたシステムのことである。	16 ○ 88
17 自立生活援助は、グループホーム等から一人暮らしに移行した障害者等の地域生活を支援するため、定期的な巡回訪問や随時対応を行う。	17 ○ 116
18 住宅確保要配慮者とは、低額所得者、高齢者、障害者の3者のことである。	18 × 130
19 障害者の雇用率には、短時間労働者はカウントされない。	19 × 148
20 生活困窮者支援制度は、生活保護の受給を前提としている。	20 × 222

精神保健福祉士の倫理綱領

公益社団法人日本精神保健福祉士協会

（2013年4月21日採択／2018年6月17日改訂）

前　文

われわれ精神保健福祉士は、個人としての尊厳を尊び、人と環境の関係を捉える視点を持ち、共生社会の実現をめざし、社会福祉学を基盤とする精神保健福祉士の価値・理論・実践をもって精神保健福祉の向上に努めるとともに、クライエントの社会的復権・権利擁護と福祉のための専門的・社会的活動を行う専門職としての資質の向上に努め、誠実に倫理綱領に基づく責務を担う。

目　的

この倫理綱領は、精神保健福祉士の倫理の原則および基準を示すことにより、以下の点を実現することを目的とする。

1．精神保健福祉士の専門職としての価値を示す
2．専門職としての価値に基づき実践する
3．クライエントおよび社会から信頼を得る
4．精神保健福祉士としての価値、倫理原則、倫理基準を遵守する
5．他の専門職や全てのソーシャルワーカーと連携する
6．すべての人が個人として尊重され、共に生きる社会の実現をめざす

倫理原則

1．クライエントに対する責務

⑴クライエントへの関わり

精神保健福祉士は、クライエントの基本的人権を尊重し、個人としての尊厳、法の下の平等、健康で文化的な生活を営む権利を擁護する。

⑵自己決定の尊重

精神保健福祉士は、クライエントの自己決定を尊重し、その自己実現に向けて援助する。

⑶プライバシーと秘密保持

精神保健福祉士は、クライエントのプライバシーを尊重し、その秘密を保持する。

⑷クライエントの批判に対する責務

精神保健福祉士は、クライエントの批判・評価を謙虚に受けとめ、改善する。

⑸一般的責務

精神保健福祉士は、不当な金品の授受に関与してはならない。また、クライエントの人格を傷つける行為をしてはならない。

2．専門職としての責務

⑴専門性の向上

精神保健福祉士は、専門職としての価値に基づき、理論と実践の向上に努める。

⑵専門職自律の責務

精神保健福祉士は同僚の業務を尊重するとともに、相互批判を通じて専門職としての自律性を高める。

⑶地位利用の禁止

精神保健福祉士は、職務の遂行にあたり、クライエントの利益を最優先し、自己の利益のためにその地位を利用してはならない。

⑷批判に関する責務

精神保健福祉士は、自己の業務に対する批判・評価を謙虚に受けとめ、専門性の向上に努める。

⑸連携の責務

精神保健福祉士は、他職種・他機関の専門性と価値を尊重し、連携・協働する。

3．機関に対する責務

精神保健福祉士は、所属機関がクライエントの社会的復権を目指した理念・目的に添って業務が遂行できるように努める。

4．社会に対する責務

精神保健福祉士は、人々の多様な価値を尊重し、福祉と平和のために、社会的・政治的・文化的活動を通し社会に貢献する。

倫理基準

1．クライエントに対する責務

⑴クライエントへの関わり

精神保健福祉士は、クライエントをかけがえのない一人の人として尊重し、専門的援助関係を結び、クライエントとともに問題の解決を図る。

⑵自己決定の尊重

a　クライエントの知る権利を尊重し、クライエントが必要とする支援、信頼のおける情報を適切な方法で説明し、クライエントが決定できるよう援助する。

b　業務遂行に関して、サービスを利用する権利および利益、不利益について説明し、疑問に十分応えた後、援助を行う。援助の開始にあたっては、所属する機関や精神保健福祉士の業務について契約関係を明確にする。

c　クライエントが決定することが困難な場合、クライエントの利益を守るため最大限の努力をする。

⑶プライバシーと秘密保持

精神保健福祉士は、クライエントのプライバシーの権利を擁護し、業務上知り得た個人情報について秘密を保持する。なお、業務を辞めたあとでも、秘密を保持する義務は継続する。

a　第三者から情報の開示の要求がある場合、クライエントの同意を得た上で開示する。クライエントに不利益を及ぼす可能性がある時には、クライエントの秘密保持を優先する。

b　秘密を保持することにより、クライエントまたは第三者の生命、財産に緊急の被害が予測される場合は、クライエントとの協議を含め慎重に対処する。

c　複数の機関による支援やケースカンファレンス等を行う場合には、本人の了承を得て行い、個人情報の提供は必要最小限にとどめる。また、その秘密保持に関しては、細心の注意を払う。クライエントに関係する人々の個人情報に関しても同様の配慮を行う。

d　クライエントを他機関に紹介する時には、個人情報や記録の提供についてクライエントとの協議を経て決める。

e　研究等の目的で事例検討を行うときには、本人の了承を得るとともに、個人を特定できないように留意する。

f　クライエントから要求がある時は、クライエントの個人情報を開示する。ただし、記録の中にある第三者の秘密を保護しなければならない。

g　電子機器等によりクライエントの情報を伝達する場合、その情報の秘密性を保証できる

よう最善の方策を用い、慎重に行う。

⑷クライエントの批判に対する責務

精神保健福祉士は、自己の業務におけるクライエントからの批判・評価を受けとめ、改善に努める。

⑸一般的責務

a　精神保健福祉士は、職業的立場を認識し、いかなる事情の下でも精神的・身体的・性的いやがらせ等人格を傷つける行為をしてはならない。

b　精神保健福祉士は、機関が定めた契約による報酬や公的基準で定められた以外の金品の要求・授受をしてはならない。

2．専門職としての責務

⑴専門性の向上

a　精神保健福祉士は専門職としての価値・理論に基づく実践の向上に努め、継続的に研修や教育に参加しなければならない。

b　スーパービジョンと教育指導に関する責務

1）精神保健福祉士はスーパービジョンを行う場合、自己の限界を認識し、専門職として利用できる最新の情報と知識に基づいた指導を行う。

2）精神保健福祉士は、専門職として利用できる最新の情報と知識に基づき学生等の教育や実習指導を積極的に行う。

3）精神保健福祉士は、スーパービジョンや学生等の教育・実習指導を行う場合、公正で適切な指導を行い、スーパーバイジーや学生等に対して差別・酷使・精神的・身体的・性的いやがらせ等人格を傷つける行為をしてはならない。

⑵専門職自律の責務

a　精神保健福祉士は、適切な調査研究、論議、責任ある相互批判、専門職組織活動への参加を通じて、専門職としての自律性を高める。

b　精神保健福祉士は、個人的問題のためにクライエントの援助や業務の遂行に支障をきたす場合には、同僚等に速やかに相談する。また、業務の遂行に支障をきたさないよう、自らの心身の健康に留意する。

⑶地位利用の禁止

精神保健福祉士は業務の遂行にあたりクライエントの利益を最優先し、自己の個人的・宗教的・政治的利益のために自己の地位を利用してはならない。また、専門職の立場を利用し、不正、搾取、ごまかしに参画してはならない。

⑷批判に関する責務

a　精神保健福祉士は、同僚の業務を尊重する。

b　精神保健福祉士は、自己の業務に関する批判・評価を謙虚に受けとめ、改善に努める。

c　精神保健福祉士は、他の精神保健福祉士の非倫理的行動を防止し、改善するよう適切な方法をとる。

⑸連携の責務

a　精神保健福祉士は、クライエントや地域社会の持つ力を尊重し、協働する。

b　精神保健福祉士は、クライエントや地域社会の福祉向上のため、他の専門職や他機関等と協働する。

c　精神保健福祉士は、所属する機関のソーシャルワーカーの業務について、点検・評価し同僚と協働し改善に努める。

d　精神保健福祉士は、職業的関係や立場を認識し、いかなる事情の下でも同僚または関係者への精神的・身体的・性的いやがらせ等人格を傷つける行為をしてはならない。

3．機関に対する責務

精神保健福祉士は、所属機関等が、クライエントの人権を尊重し、業務の改善や向上が必要な際には、機関に対して適切・妥当な方法・手段によって、提言できるように努め、改善を図る。

4．社会に対する責務

精神保健福祉士は、専門職としての価値・理論・実践をもって、地域および社会の活動に参画し、社会の変革と精神保健福祉の向上に貢献する。

索　引

A～Z

あ

い

う

え

お

か

き

く

け

こ

さ

し

す

せ

そ

た

ち

つ

て

と

な

に

ね

の

は

ひ

ふ

へ

ほ

ま

み

む

め

も

や

ゆ

よ

ら

り

る

れ

ろ

わ

●編集協力者

木太直人（きた・なおと）　公益社団法人日本精神保健福祉士協会

●執筆者

01 精神医学と精神医療

戸次　誠（へつぎ・まこと）　福島学院大学福祉学部講師

02 現代の精神保健の課題と支援

浦田泰成（うらた・やすなり）　名寄市立大学保健福祉学部講師

03 精神保健福祉の原理

平林恵美（ひらばやし・えみ）　関西福祉大学社会福祉学部准教授

04 ソーシャルワークの理論と方法（専門）

坂入竜治（さかいり・りゅうじ）　昭和女子大学人間社会学部専任講師

05 精神障害リハビリテーション論

高木善史（たかぎ・よしふみ）　岩手県立大学社会福祉学部講師

06 精神保健福祉制度論

鈴木　剛（すずき・たけし）　田園調布学園大学人間福祉学部准教授

〈参考文献〉

最新 精神保健福祉士養成講座１ 精神医学と精神医療
最新 精神保健福祉士養成講座２ 現代の精神保健の課題と支援
最新 精神保健福祉士養成講座３ 精神障害リハビリテーション論
最新 精神保健福祉士養成講座４ 精神保健福祉制度論
最新 精神保健福祉士養成講座５ 精神保健福祉の原理
最新 精神保健福祉士養成講座６ ソーシャルワークの理論と方法［精神専門］
（以上、中央法規出版）

■本書に関する訂正情報等について

弊社ホームページ（下記URL）にて随時お知らせいたします。

https://www.chuohoki.co.jp/foruser/mental/

■本書へのご質問について

下記のURLから「お問い合わせフォーム」にご入力ください。

https://www.chuohoki.co.jp/contact/

精神保健福祉士国家試験
受験ワークブック2025
専門科目

2024年6月15日　発行

●編　集　　公益社団法人日本精神保健福祉士協会

●発行者　　荘村明彦

●発行所　　中央法規出版株式会社

〒110-0016　東京都台東区台東3-29-1　中央法規ビル

Tel 03(6387)3196

https://www.chuohoki.co.jp/

●印刷・製本　　株式会社太洋社

●装幀・本文デザイン　　木村祐一、濱野実紀（株式会社ゼロメガ）

●装幀キャラクター　　坂木浩子

定価はカバーに表示してあります。

ISBN978-4-8243-0036-2

A036